AF628616

Roger Fritz

Boulevard der Eitelkeiten

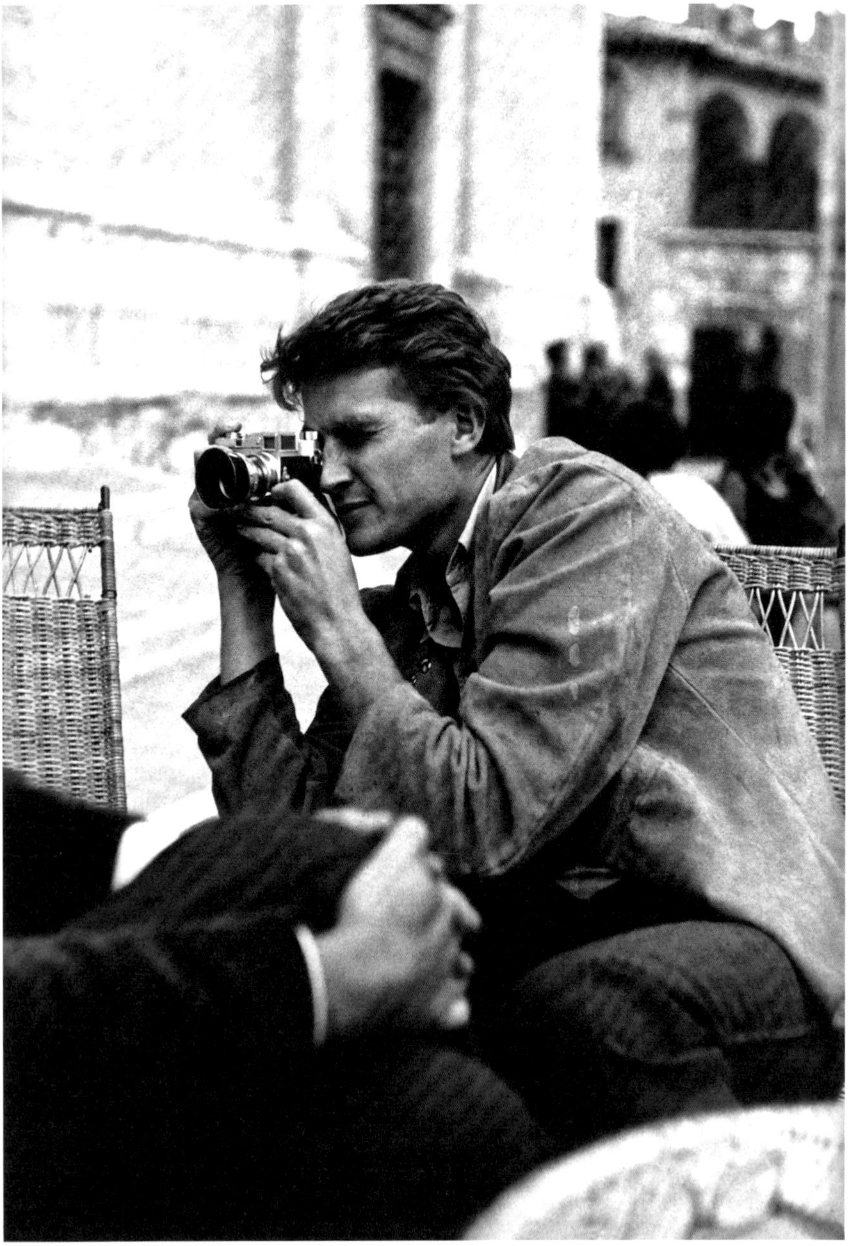

Roger Fritz. Fotografiert von Herbert List. Spoleto, 1972

Roger Fritz
Boulevard der Eitelkeiten

235 Porträtfotografien und 80 persönliche Erinnerungen von den 50er Jahren bis heute

Mit einem Geleitwort von
Hubert Burda

Schirmer/Mosel

Geleitwort

Als ich Roger Fritz im Jahr 1966 kennenlernte, war ich als Verlagsleiter der Fernsehzeitschrift *Bild und Funk* gerade dabei, den Umzug der Redaktion von Offenburg nach München zu organisieren. Mit dem agilen, selbstsicheren Helmut Markwort als Chefredakteur und Christian Diener, dem hochbegabten, stilsicheren Art Director bildete ich ein junges, stets nach Innovationen fahndendes Triumvirat, das seine Zukunft noch vor sich hatte. Christian Diener brachte eines Tages Roger Fritz mit in die Redaktion in der Arnulfstraße, einen auffallend gut aussehenden Mann um die vierzig, dem der Ruf vorausging, zum Hoch-Gott des damaligen Kunstkinos, Luchino Visconti, beste Beziehungen zu unterhalten, ja, und als Schauspieler neben Alain Delon und Romy Schneider gespielt zu haben, kurz: ein Mann, der in der europäischen Filmwelt zu Hause war und dessen Aktionsradius über die Grenzen des damals so lebenslustigen Schwabing hinausreichte. Diener und Fritz waren bei der Gründung von *Twen* dabei, einer Zeitschrift, die zu jener Zeit als Höhepunkt kreativer Blattgestaltung galt, als Trendsetter.

Was mir gefiel, waren seine Nahaufnahmen von Menschen, von Gesichtern, meist in Schwarz-Weiß, die er mir zeigte. Sie hielten stets die Mitte zwischen Nähe und Ferne. Seinen Fotografien von „Stars“, von „Celebrities“ war häufig ein Schuss Realismus beigegeben. Diese Balance zwischen Verherrlichung und prosaischer Wirklichkeit – die Ästhetik von Roger Fritz verdankte sich der damaligen italienischen und französischen Filmkunst. Er selbst verstand sich stets als ein In-Szene-Setzer, als Filmemacher.

Von unserem ersten Treffen an entstand eine jahrzehntelange Zusammenarbeit, besonders als ich später 1976 die Chefredaktion von *Bunte* übernahm. Dass es auf die „Leute“, auf die Bilder, die von ihnen gemacht werden, ankommt, dass illustrierte Zeitschriften nur im Format von People-Magazinen eine Zukunft haben würden, war unser Credo schon Ende der 60er Jahre.

Unsere Freundeskreise überschnitten sich. Wir feierten in St. Moritz mit Gunter Sachs, schwärmten von der Cote d'Azur, aber unser Hauptinteresse galt München, seiner Zukunftschance als kulturell anziehende Olympiastadt. Schwabing war das Zentrum des „Jungen Deutschen Films“. Die Schamoni-Brüder, Volker Schlöndorff, Bernhard Wicki oder Klaus Lemke, um nur wenige zu nennen, waren in die Isarstadt gezogen. Alles, was das deutsche Kino noch bis 1990 zu bieten hatte, wollte das Lebensgefühl „hinter dem Siegestor" erleben, diese Leichtigkeit des Seins, das Ausprobieren neuer Lebensstile.

Das „Schwabinger Gefühl", diese Aufbruchsstimmung Ende der 60er, Anfang der 70er Jahre, war eine seltene Mischung von höchsten ästhetischen Ansprüchen – ich nenne Wim Wenders oder die Galerie Friedrich & Dahlem (sie befand sich zwar in der Maximilianstraße, aber man lebte in Schwabing) – und burleskem Klatsch, *Hunter*, die *AZ*, Consul Styler oder Rudolph Moshammer. „High" und „Low" mischten sich ungeniert. Da es nur wenige Lokale gab, in denen man verkehrte, war ein Ausweichen und Sich-Abgrenzen kaum möglich.

Das „Schwabinger Gefühl" war die Erlebniswelt eines aufgekratzten Milieus, keineswegs parochial, vielmehr neugierig auf die letzten Attraktionen aus Los Angeles, New York, Paris und London. Nichts Menschliches, Allzumenschliches sollte ihm fremd bleiben. Diese Weltoffenheit schuf ein Gespür für Innovationen in der Welt der Medien. Noch war es ein Suchen nach den erfolgreichsten Kommunikationsformen, die uns antrieb. Wie entdeckt man „interessante, begabte und schöne Menschen", den Stoff jeder Reportage, jeder spannenden Geschichte? Wer erregt Aufsehen? Mittendrin in dieser Welt des Suchens und Findens kreiste Roger Fritz – einer ihrer genauesten Chronisten.

Dr. Hubert Burda

Inhalt

1. Herbert List empfängt Besuch, 1953

Fotograf, geboren am 7. Oktober 1903 in Hamburg,
gestorben am 4. April 1975 in München

Ainmillerstraße 26 in München, vier Stockwerke ohne Lift. Im Parterre rechts, gleich nach den zwölf Stufen, das Labor des Fotografen. Der Geruch von Entwickler schlug einem an der Haustür entgegen, wenn Herbert List seine Fotos vergrößerte. Dort stand ich in der Dunkelkammer, rieb an einem Foto, das im Entwickler schwamm, wie Herbert List es mir beigebracht hatte. Bilder aus einem Stahlwerk von Thyssen in Duisburg. Wo ich ihm, den Blitz haltend, durch die Werkshallen hinterherlief.

So ging das schon einige Wochen, seitdem er mich an der Autobahnauffahrt in Nürnberg, Richtung München, aufgelesen hatte, im Beisein von Jo von Kalckreuth, Kunstmaler, der auch in der Ainmillerstraße 26 wohnte. Abgesetzt in München wurde ich in der Kaulbachstraße bei Ponny Friedel, die drei Söhne in meinem Alter hatte; Michael wurde Fotograf, wie ich. Da hatte ich auch noch Platz. Ponny besorgte mir dann ein Zimmer in der Ainmillerstraße 37, ein altes Maleratelier im 4. Stock. So stand ich also im Labor des Fotografen, nach einem Schnellkurs zum Fotoentwickeln unter Mithilfe von Reinhart Wolf (später berühmter Werbefotograf in Hamburg), der – wie praktisch! – Lehrer in der Bayerischen Lehranstalt für Fotografie am Habsburgerplatz war und Freund des Hamburger Fotografen Herbert List.

Während ich fleißig die Fotos auf die Trockentrommel spannte, konnte ich durch das Fenster zum Habsburgerplatz sehen, wie Herbert List einem älteren Herrn aus dem Auto half und mit ihm im Haus verschwand. Dann hörte ich noch durch die Tür zum Treppenhaus Herbert in extrem britischem Englisch tausend Entschuldigungen vorbringen, dass es drei Stockwerke seien.

Frau Liewald, Haushälterin und bravouröse bayrische Kochkünstlerin, hatte mich wissen lassen, dass ein berühmter Mann kommt. Dass ich, bitte, nicht einfach reinplatzen solle während des Essens. Also wartete ich neugierig, volle 45 Minuten.

Die fertigen Bilder waren schnell beschnitten, mit ihnen in der Hand begab ich mich in den dritten Stock. Im zweiten, als hätte er darauf gewartet, kam Stefan Moses aus seiner Wohnungstür, wollte die Bilder sehen, ganz nebenbei fragend: „Wer war denn der alte Mann?“

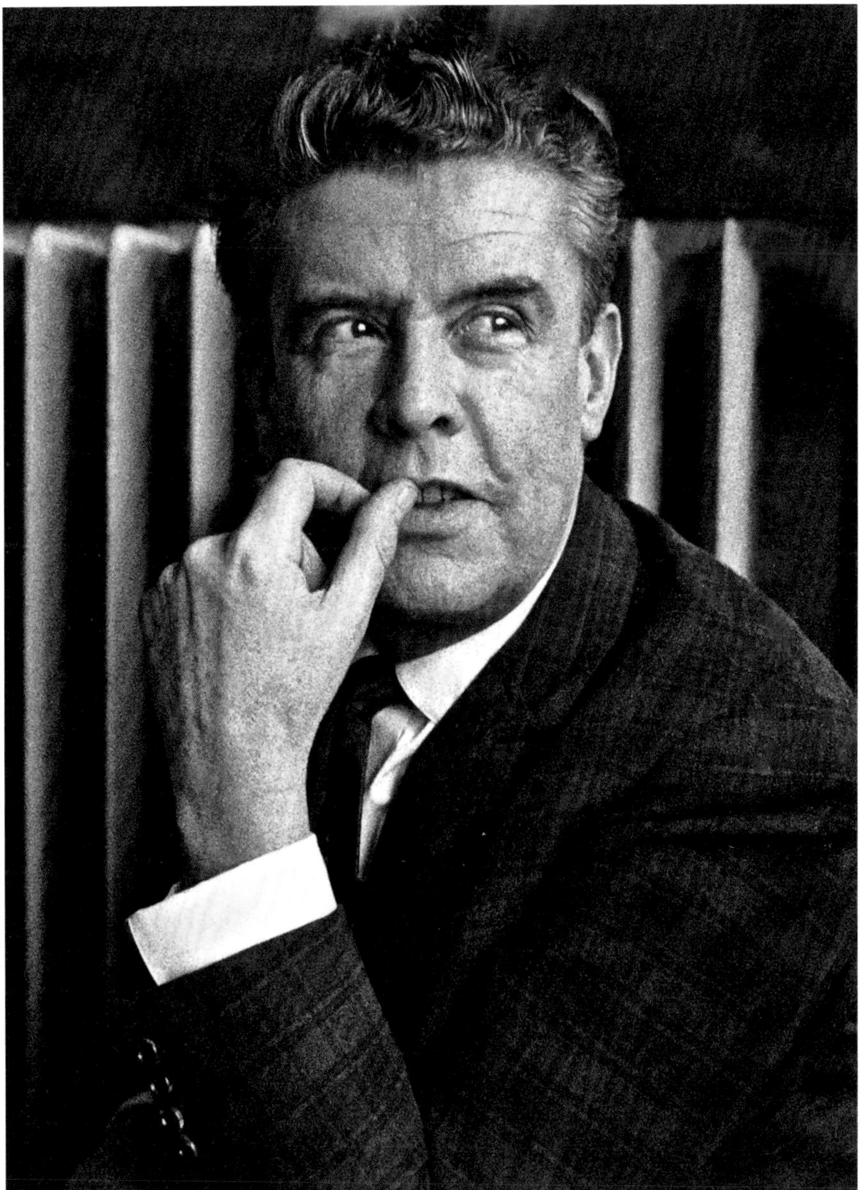

Herbert List. München, 1963

„Somerset, Somerset … irgendwas." Selber wusste ich eigentlich gar nichts darüber, wer da oben saß. Berühmt. Ich war gespannt.

Leise schloss ich die Wohnungstür im dritten Stock auf. Die Tür von Jo von Kalckreuth nebenan stand weit offen, und ich hörte ihn mit lauter Stimme seine unendlichen Geschichten über Korinth in Griechenland vortragen. Da kommt mir Herbert entgegen, nimmt die Fotos und stellt mich ganz stolz dem älteren Herrn vor. Der sich, elegant und halb liegend, auf der Chaiselongue ausgebreitet hatte. Freundlich gab er mir seine knochige Hand, er war sehr dürr.

„So, jetzt Platz da!" Frau Liewald, mit dem Spieltisch, klappt die vier Beine aus und stellt das mit grünem Filzstoff bespannte Quadrat vor die Beine des englischen Herrn. Weiße Tischdecke drüber – „Jetzt wird gegessen!" Jo von Kalckreuth und ich verschwanden in Jos Wohnung nebenan, wissend, dass nur zwei Personen am Tisch Platz hatten. Er klärte mich dann auf, um wen es sich bei dem Gast handelte: der weltberühmte britische Schriftsteller W. Somerset Maugham stattete Herbert List einen Besuch ab.

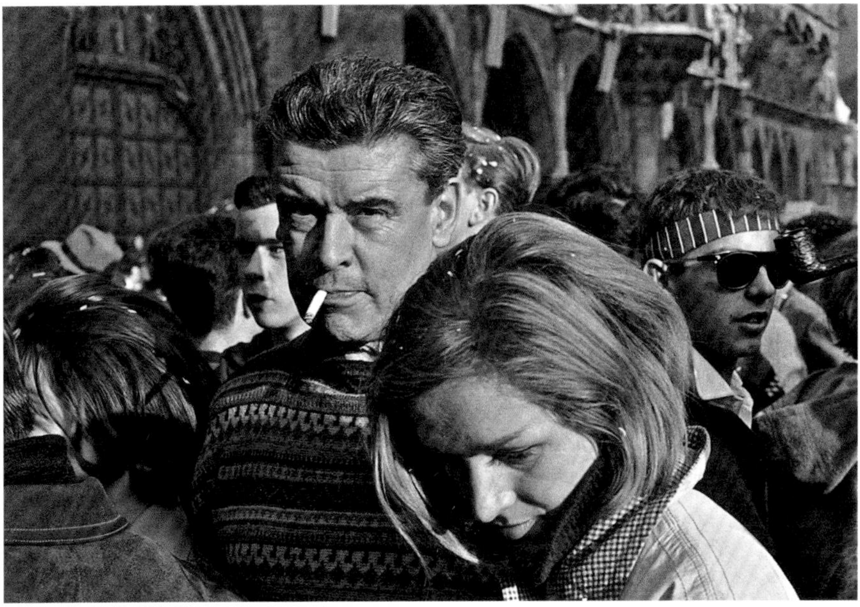

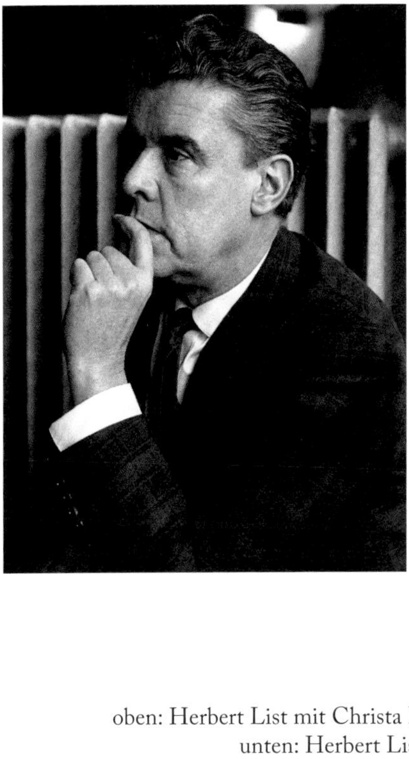

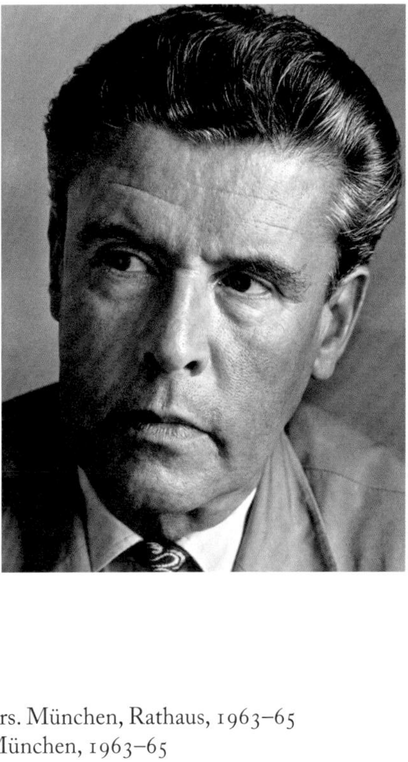

oben: Herbert List mit Christa Peters. München, Rathaus, 1963–65
unten: Herbert List. München, 1963–65

2. Christa Peters, 1954

Fotografin, geboren 1933 in Lübeck, gestorben 1981 in London

Photokina, 1954, Riesenspektakel in Köln-Deutz. Dort stand ich – achtzehn Jahre alt, erster Anzug – einer Gruppe von Herren gegenüber: Karl Heinz Chargesheimer, Fotograf, Leo Fritz Gruber, Organisator von *Jugend fotografiert*, Alfred Neven DuMont, Verlegersohn, Bundespräsident Dr. Theodor Heuss, der mir den Photokina-Preis in die Hand drückte: „Mach weiter so, Junge."

Neben mir Christa Peters, die total aufgeregt war. Attraktiv, gut angezogen, immer Blicke mit Alfred Neven DuMont tauschend. Alles fremdes Land für mich, nur Alfred Neven DuMont kannte ich schon aus München, als Regieassistent in den Kammerspielen, Freund der Familie Friedel, und Michael Friedel (Jahrgang 1935) gehörte auch zu den Gewinnern. Alfred Neven DuMont sagte zu mir: „Roger, ich bin der diesjährige Faschingsprinz und übernehme den Herausgeberposten in unserem Verlag. Bleib in Köln und arbeite für uns." Drehte sich zu Christa Peters um: „Bist du auch der Meinung? Er gefällt dir doch! Ich hole den Michael, dann gehen wir essen."

Daraus entwickelte sich eine lange Freundschaft zwischen Christa und mir. Alfred stellte seine Wohnung in Köln-Rodenkirchen zur Verfügung, für den Anfang. Bei Christas verschiedenen Besuchen in dieser Wohnung, in der sie sich sehr gut auskannte, sogar wusste, wo die Wäsche war, wurde mir bewusst, dass sie die Freundin von Alfred war. Das erzeugte einige Unstimmigkeiten – ich verlor die Wohnung mit dem schönen Rheinblick: keine Dampfer mehr mit dem gurgelnden Wasser-Motorengeräusch.

Und doch blieb es eine Freundschaft mit Alfred und seiner Familie. Köln-Buchforst, im zweiten Stock des Einfamilienhauses bei Familie Peters, war meine nächste Wohnstätte: Herr Peters war mit Tochter Christa und dem Eierhandel von Lübeck nach Köln gezogen – „Ruhr-Ei" wurde der Spitzname von Christa.

Christa Peters, geboren 1933 in Lübeck, war eine voll emanzipierte Person. Niemand konnte sie beeindrucken, ein Freigeist, der mir manchmal zu weit ging. Meisterschule für Fotografie in Stuttgart. Lette-Verein in Berlin. Herr Wormland in Hannover, Herrenmodehäuser und Kunstsammler, wurde wahrscheinlich von ihr überrannt mit der Idee „Twen-Moden": Christa Peters machte riesige Bilder für die Schaufenster. Stephan Wolf und Adolf Theobald

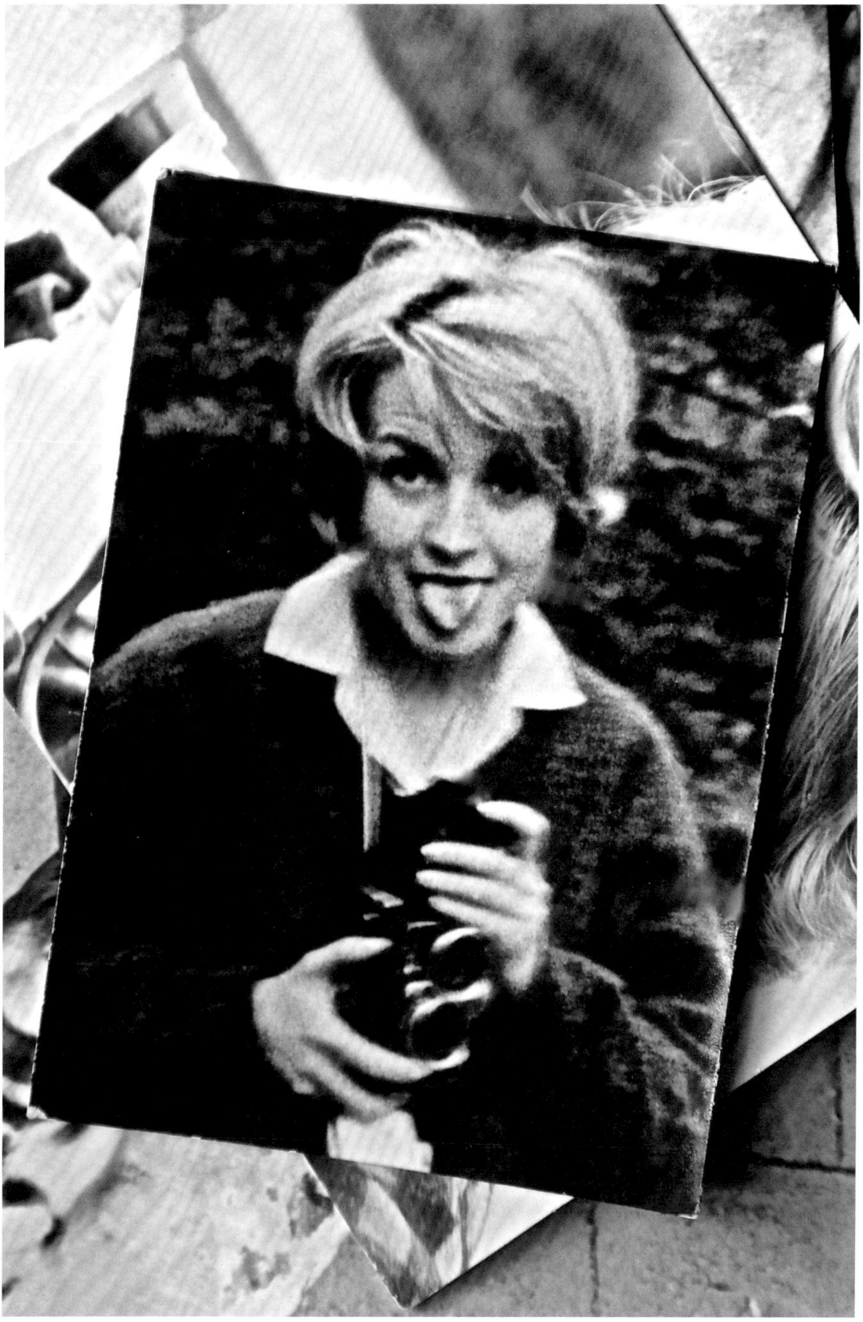

Christa Peters. Köln, 1954

planten eine neue Jugendzeitschrift, *Feuerkreis*, Willy Fleckhaus baute noch immer die Gewerkschaftsjugend-Zeitschrift *Aufwärts* mit unseren Fotos zusammen – da kam Christa dazu: Zuerst wurde Willy Fleckhaus mit einbezogen, dann holte sie die Werbeabteilung von Wormland mit ins Boot, dann noch Herrn Wormland selber. Aus *Feuerkreis* wurde *Twen*. Mit großen Erfolg ging die Monatszeitschrift an die Kioske. Dr. Joseph Ratzinger verteufelte *Twen* später als ein Produkt der 1968er-Revolution, dabei übersah unser deutscher Papst, dass *Twen* bereits seit 1959 auf den Markt war.

Das „Ruhr-Ei" stand in meiner Wohnung, ich war umgezogen auf den Eigelstein 147. Gegenüber, am Ebertplatz 9, war die *Twen*-Redaktion. Sogar Willy Fleckhaus konnte ich von meinem Fenster aus erkennen. Das „Ruhr-Ei" wartete, als Osterei in Zellophan verpackt, natürlich nackt und lebensgroß, mit bunten Schleifen verziert, dass ich es entdeckte. Auf meinem Teppich. Es war irre. Jahrelang habe ich geraten, wer sie verpackt haben könnte. Aber Christa gab keine Antwort.

Sie zog dann nach New York, dort lernte sie den Fotografen Chadwick Hall kennen, bekam zwei Kinder von ihm und eröffnet anschließend ein Fotostudio in London. 1981 verstarb sie plötzlich.

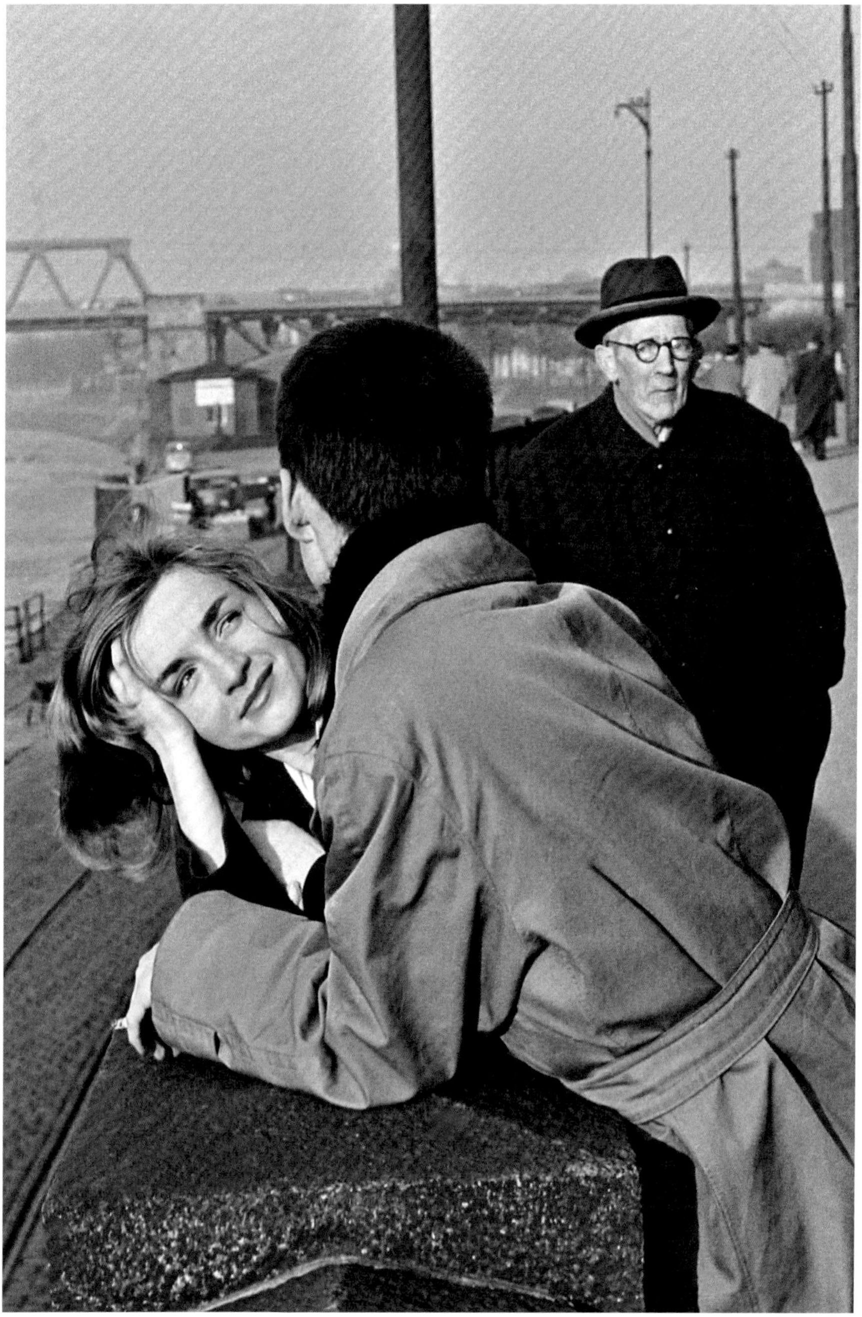

Christa Peters mit Klaus Neu. Düsseldorf, 1956

3. Paul Bowles, 1955

Schriftsteller, geboren 1910 in New York, gestorben 1999 in Tanger

Drei Wochen unterwegs, mit einem Freund und VW Cabrio. Ewig staubige Straßen durch Spanien, es gab noch keine Autobahnen. Eigentlich wollten wir meinen Geburtstag, den 22. September, mit Herbert List in Tanger feiern. Doch er war schon einige Tage vorbei. Spanien wurde 1955 in die UNO aufgenommen, aber Telefonieren war immer noch eine Katastrophe. In Algeciras angekommen, klappte dann doch die Telefonverbindung nach Tanger. Am Apparat Jane Bowles, Herbert List sei unterwegs: „Ich richte es aus."

Das Fährschiff geht in sieben Stunden, natürlich das mit Auto, ohne Auto in einer Stunde. Die Fähre verrostet, uralt, leider keine Segel mehr, wie die *Santa Crucificio* aus der Armada von 1586. Zweieinhalb Stunden für ca. sechzehn Kilometer.

Herbert List steht am Hafen, winkt. Neben seinem Volkswagen Cabrio. „Ihr kommt spät, wir sind eingeladen, von Paul Bowles im Milleuno." Hotelzimmer, Koffer rauf, Herbert wartete unten, ging auf und ab. Rein ins Auto, zum alten Stadtteil. Am Ende der Kasbah ein Steilhang zum Meer, große alte Paläste. „Tausendundeine Nacht", als gäbe es keinen anderen Namen. Das Lokal: eine Mischung aus Esszimmer, Cabaret, Tanzsalon. Der Besitzer, Kanadier, berühmter Künstler, Brion Gysin, brachte uns zu Paul und Jane Bowles an den Tisch. Jane saß eingeklemmt in der Ecke, bemühte sich gar nicht erst, Hallo zu sagen.

Herbert stellte uns vor. Paul Bowles rauchte, nahm die Zigarettenspitze dabei nicht aus dem Mundwinkel. Ein sehr eleganter Mann, britisch und überaus höflich. Schriftsteller, Komponist, Charmeur, ca. fünfundvierzig Jahre alt.

Dann kam das Essen, Couscous aus Gries für Jane, mit stark aromatischen Soßen. Tajine, eine Keramikschale mit einem schön verzierten Deckel, darin Zwiebeln mit Lamm – schmeckte ausgezeichnet. Eine Gruppe von neun Tanzjungen, alle gleich angezogen, alle ca. zwölf bis vierzehn Jahre alt, tanzten eng aneinander mit stampfenden Schritten, wie ein Block aus Mensch und Kostüm, durch den Raum. Kamen nahe an unseren Tisch, wie eine Lokomotive, vorwärts, zurück, zur Seite und wieder auf uns zu, sie lachten verschmitzt, es war wie eine Werbung, wie ein Angebot. Der Maschine fehlte nur der Rauch, doch der war bereits in der Luft, eine kräftige Wolke aus Haschisch schwebte durch den

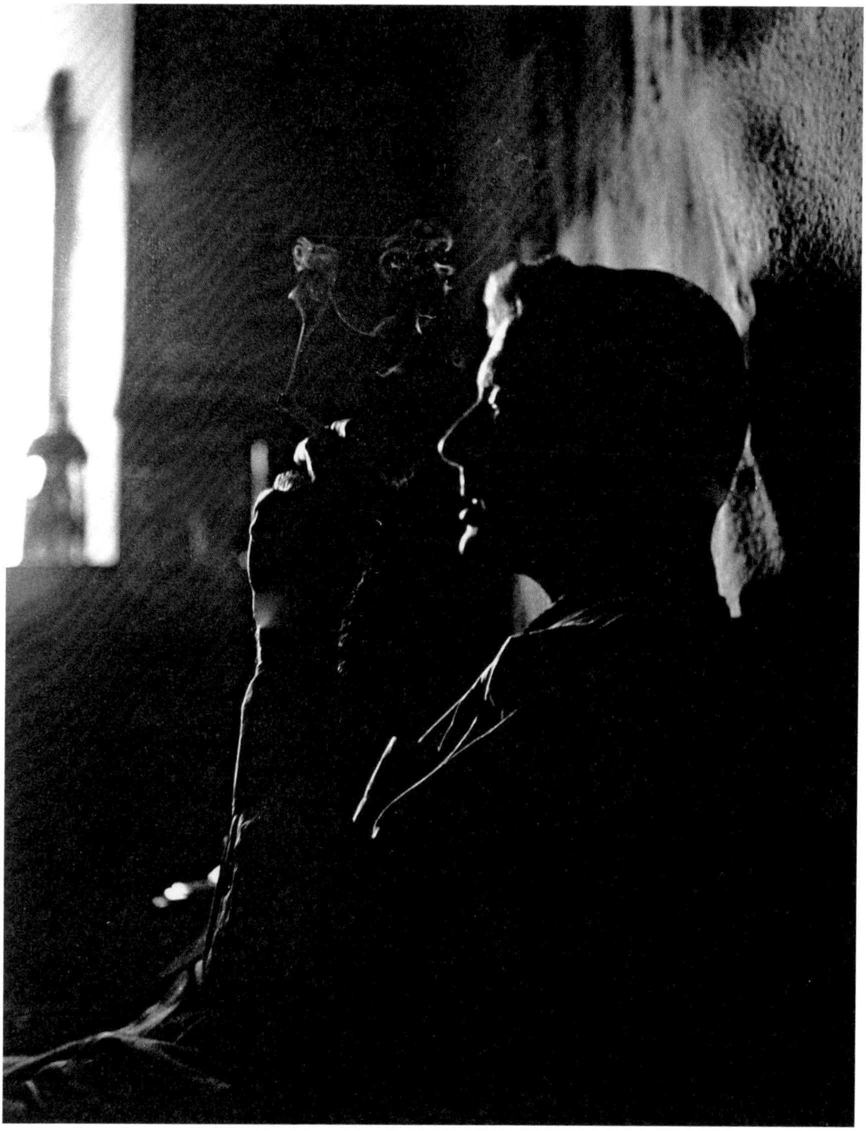

Paul Bowles. Tanger, 1955

Raum. Wurde vom Scheinwerfer, der die Tanzenden verfolgte, wie eine Lichtsäule durch den Raum gezeichnet. Bei Bowles zu Hause, ohne Jane, aber mit Ahmed – Jane ist unterwegs mit der marokkanischen Markthändlerin Cherifa. Sie sind verliebt.

Paul quetschte mit einem Stößel einen Brei im Marmormörser: Mandeln, Datteln, Haschischsamen und verschiedene, stark riechende Gewürze, dann noch irgendwelche Baumrinden. Das Ganze wurde in einer Pfanne auf offener Flamme erhitzt, gebraten und geschmolzen. Ein braune, marmeladenähnliche Masse war das Endprodukt. Davon sollte ich unbedingt einen Teelöffel voll probieren. Machte ich prompt, neugierig wie ich bin. Ich hatte noch eine Verabredung mit Brion Gysin und seinem Schlangenbeschwörer. Ahmed lachte, nickte Paul zu: „Du weißt, wie du hinkommst." Auf dem Weg, der immer weiter wurde, verbogen sich die Häuser. Das war diese Marmelade, man hatte mich davor gewarnt.

Also nimm dich zusammen! Doch dann hatte ich eine Eierschale um mich, durfte nirgendwo anstoßen. Sonst zerbräche ich, außerdem verlor ich dauernd Farbe. Doch die Farbe war mein Schatten. Jetzt ging es dauernd bergauf oder bergab. Irgendwie erreichte ich das Milleuno. Brion guckte mich besorgt an, fragte: „Das erste Mal?" Ich nickte.

„Wir lassen das heute, vergiss den Schlangenbeschwörer."

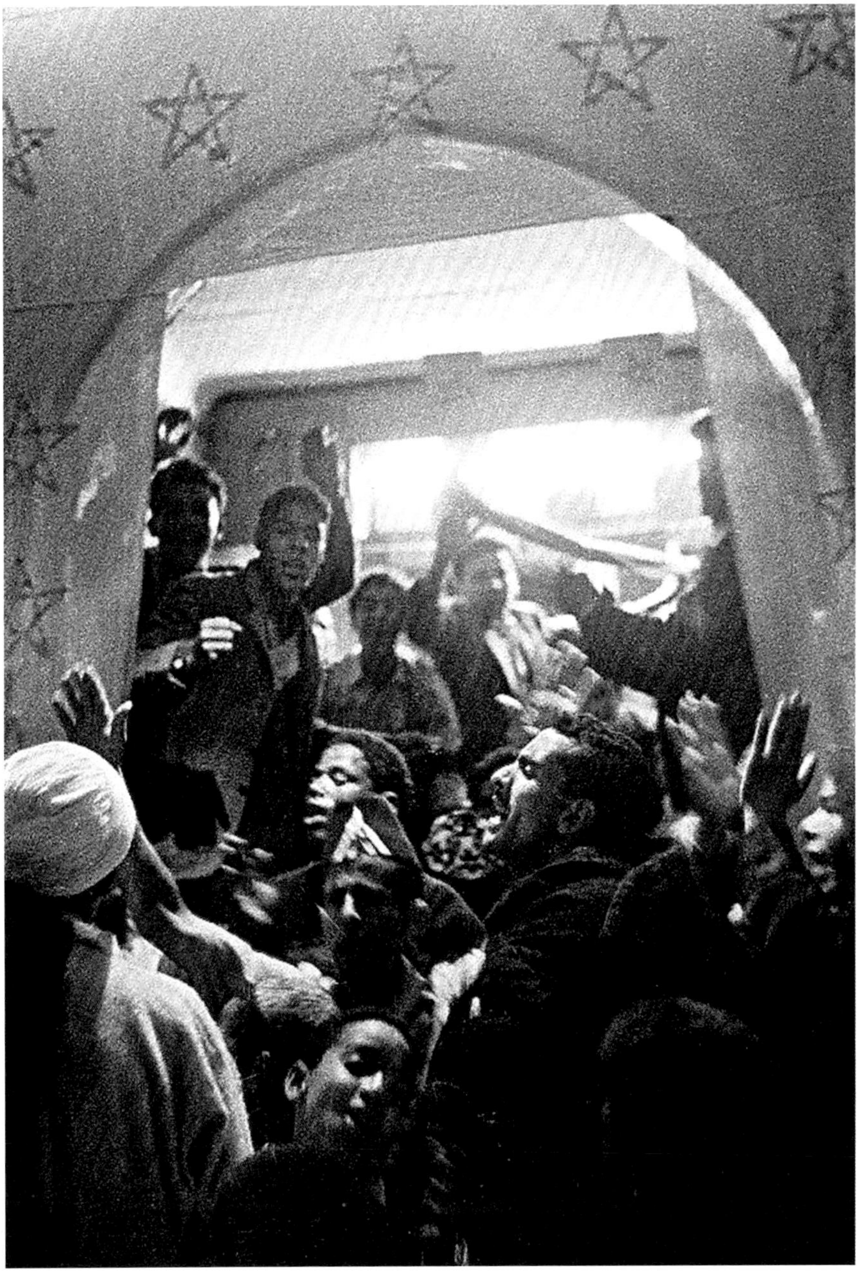

Tanger, Marokko. 1955

4. Hjalmar Schacht, 1956

Reichsbankpräsident, geboren 1877 in Tingleff, gestorben 1970 in München

Kufsteiner Platz in München, über dem Zeitschriftenladen im dritten Stock hatte ich eine Verabredung, sollte dort einen nicht bestraften Nazi oder so was fotografieren. Herrn Schacht, war mir nicht bekannt, Politik war 1956 nicht wichtig.

Eine freundliche Frau machte auf, ca. fünfzig Jahre alt: „Mein Mann erwartet Sie schon." Wie eine Sekretärin lief sie vor mir, öffnete eine Tür: „Hier, bitte", und trat zur Seite. Vor dem Fenster, mir den Rücken zeigend, den Arm angewinkelt, demonstrativ auf die Uhr guckend – „Spät sind Sie" – dreht sich Herr Schacht um, sieht mir direkt ins Gesicht. „Ich weiß schon, ist schon gut, kein Parkplatz und so weiter …! Also, wie und wo soll ich mich hinstellen!?" Verblüfft sehe ich ihn an, überlege, ob ich gehen soll. „Also, Herr Schacht, es soll doch ein gutes, lebendiges Bild werden, oder …? Sie machen, was Sie wollen, arbeiten weiter. Ich bin nicht da. Okay?" Brav setzte er sich an seinen Schreibtisch, um in den Papieren zu lesen.

Horace Greeley Hjalmar Schacht, war steinalt oder sah zumindest so aus. Geboren 1877, am 22. Januar in Tingleff, Nordschleswig. Die beiden Vornamen hat er zu Ehren des US-Verlegers und Politikers Horace Greeley von seinem Vater Wilhelm Leonhard Ludwig Maximilian Schacht bekommen; wie seine Mutter, die Baronin Justine Sophie von Eggers, die Namen fand, war damals egal. Seine Familie war arm, die Eltern gaben ihr letztes Geld für ihre drei Söhne, damit alle auf die Gelehrtenschule des Johanneums in Hamburg gehen konnten. Dann Medizinstudium an der Christian-Albrechts-Universität in Kiel, wechselte zur Germanistik und schließlich Volkswirtschaft nach München an die Ludwig-Maximilians-Universität. Dann Kiel, Leipzig, Berlin, auch die Sorbonne in Paris.

Er war von 1923 bis 1930 und von März 1933 bis 1939 Reichsbankpräsident sowie Reichswirtschaftsminister von 1934 bis 1937. Hermann Göring, Joseph Goebbels und Adolf Hitler traf er bei einem gemeinsamen Essen, von Hitler war er sehr beeindruckt.

Im Oktober 1931 hielt Schacht eine polemische Rede zur Geldpolitik der Reichsbank auf einem Treffen der NSDAP. Er unterzeichnete den Aufruf an Paul von Hindenburg, Hitler als Reichskanzler einzusetzen. Am vierten Jahres-

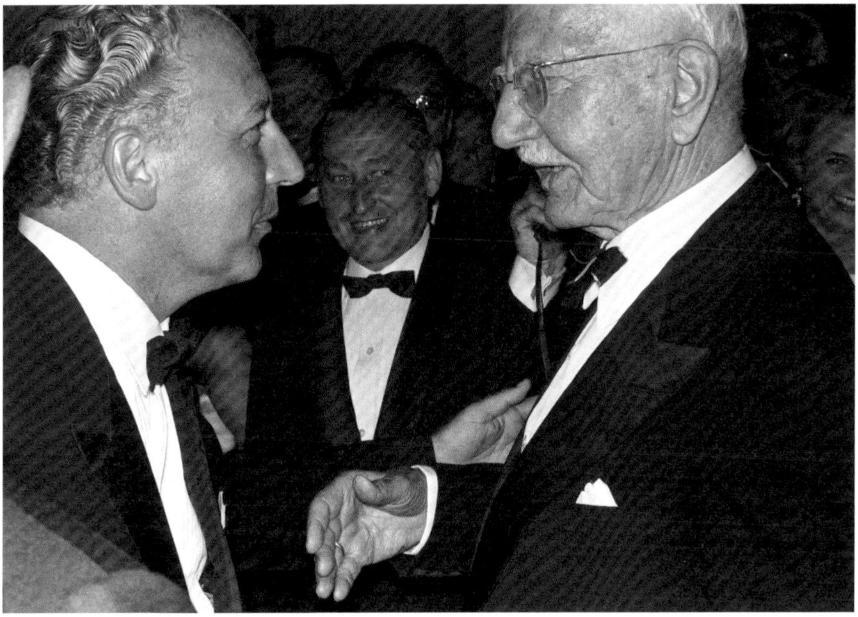

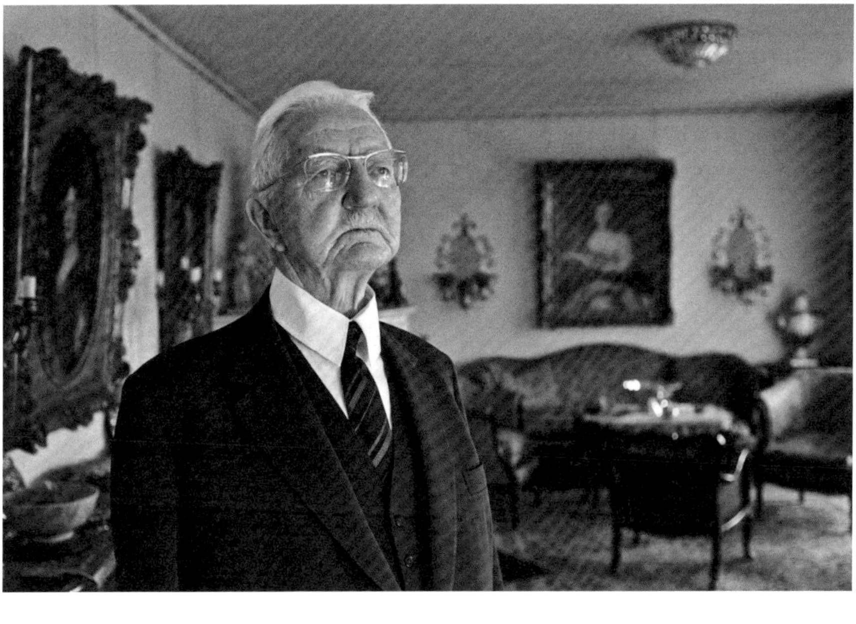

oben: Walter Scheel mit Hjalmar Schacht. Salzburg, 1965
unten: Hjalmar Schacht. München, 1956

tag der Machtergreifung überreichte Hitler ihm das goldene Parteiabzeichen. Um es einfach zu formulieren: Schacht war die Person, die es verstand, die Deutsche Wehrmacht zu finanzieren und damit eine gewaltige Kriegsmaschine aufzubauen.

Wegen angeblicher Nähe zu den Attentätern vom 20. Juli 1944 internierte ihn die Gestapo in den KZs Ravensbrück, Flossenbürg und Niederdorf, Südtirol. Befreit von den Amis, wurde er nach Nürnberg gebracht, gehörte er zu den vierundzwanzig Kriegsverbrechern, wurde freigesprochen. Dieses Gesicht drückt für mich alles über diese schreckliche Vergangenheit aus. Auch über die Zeit, sogar ohne Nazis.

Der amerikanische Psychologe, der die Aufgabe hatte, die Dummheit der Nürnberger Angeklagten festzustellen, zeichnete Hjalmar Schacht mit einem IQ von 143 aus. Höchststufe unter den angeklagten Nationalsozialisten.

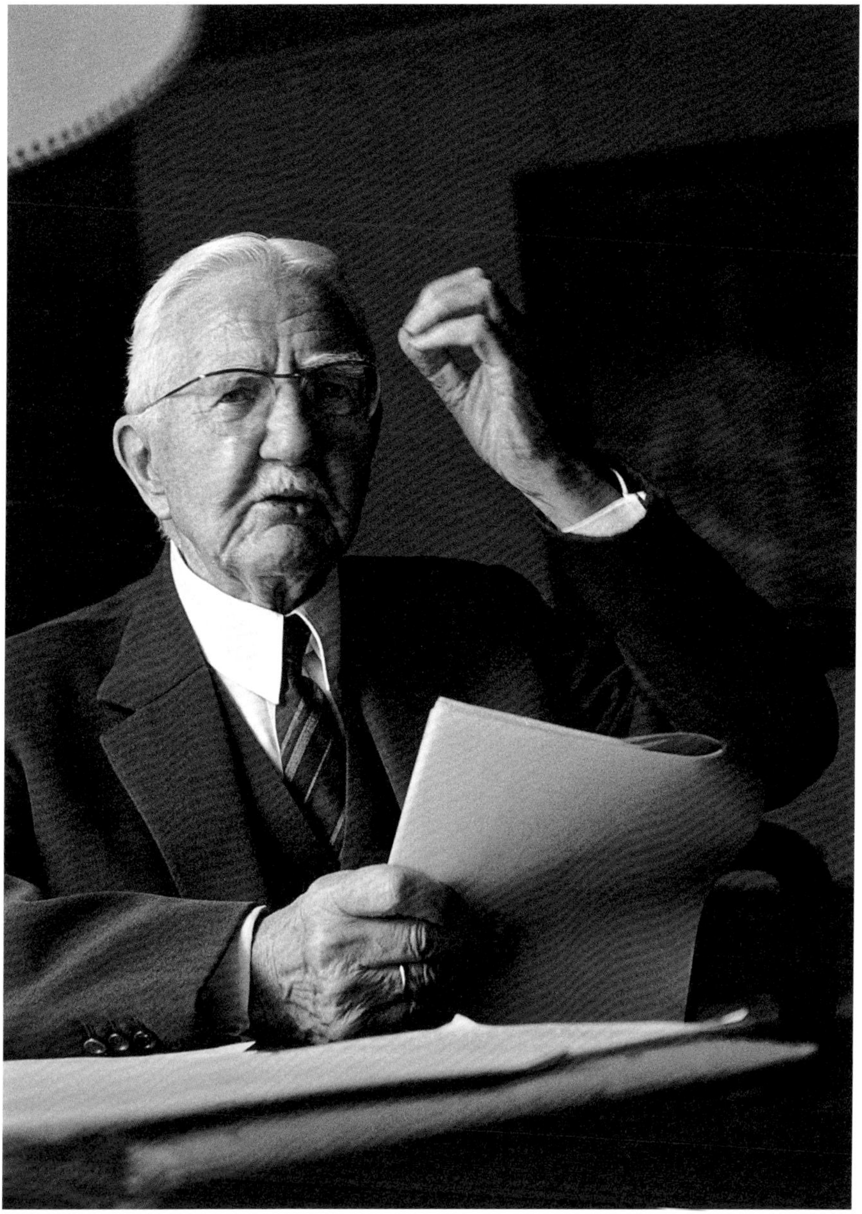

Hjalmar Schacht. München, 1956

5. Willy Fleckhaus – Der Titelmacher, 1956

Grafikdesigner, geboren 1925 in Velbert, gestorben 1983 in Castelfranco di Sopra

Er konnte mit seinem ausgeprägten optischen Sinn wirklich aus jedem bescheuerten Bild eine gute Magazinseite fabrizieren. Das war sein größtes Können. Die schriftliche, literarische Seite kam erst langsam dazu. Im *Aufwärts*, vor der Erfindung des *Feuerkreis* – Sie werden es nicht glauben, so sollte *Twen* mal heißen: Theobald, der CDU sehr zugeneigt und Herausgeber von *Student im Bild*, hatte das vor. Christa Peters, Fotografin, hatte mit dem Bekleidungshaus Wormland den Begriff *Twen* in die Welt gesetzt und mithilfe eines finanziellen Zuschusses in Form von Werbeseiten von Wormland schließlich *Twen* als Titel durchgesetzt. Ich glaube, auch Fleckhaus hat sie durchgesetzt, ihn aus der gewerkschaftlichen Jugendzeitschrift rausgelöst und ins Redaktionsbüro von *Twen* am Ebertplatz in Köln entführt.

Wilhelm August Fleckhaus, in Velbert am 21. Dezember 1925 geboren, war als Soldat zwischen 1943 und '45 im Krieg, wurde dann aber kurz vor Ende des Dritten Reiches in Norditalien gefangen genommen. 1948 vom Christophorus Verlag in Freiburg im Breisgau für die Zeitschrift *Fährmann* als Redakteur angestellt. 1950 wechselte Fleckhaus zum gewerkschaftlichen *Aufwärts*.

Fritz Gruber beauftragt ihn mit der grafischen Bearbeitung der Broschüren für die Photokina. Mit *Twen* begann seine große Karriere. Die Redaktion ging nach München, in die Brienner Straße zur *Quick*, Fleckhaus wurde Mitglied im Art Directors' Club Deutschland, kam in die „Hall of Fame" im Art Directors' Club New York.

Die Neugestaltung der *Quick* wurde von Fleckhaus inszeniert, bei einem Besuch in der Ainmillerstraße zeigte ihm Herbert List die Zeitschrift *Querschnitt* aus den Vorkriegsjahren – im Februar 1931 erschien zum ersten Mal das rote Q auf dem Titel, von Willi Baumeister als Blickfang umgestaltet. Willy Fleckhaus, angetan von seinem Vornamensvetter, nahm den Buchstaben und platzierte das *Querschnitt*-Q auf der *Quick*.

1972 bis 1973 war Willy Fleckhaus Präsident des Art Directors' Clubs. Als Professor für Kommunikationsdesign betreute er die Schüler an der Bergischen Universität Wuppertal. Wobei er seine Vorlesungen an seinem zweiten Lieblingsort, Castelfranco di Sopra in der Toskana, abgehalten hat. Es wurde viel gefeiert und damit beendete Fleckhaus am 12. September 1983 sein Leben.

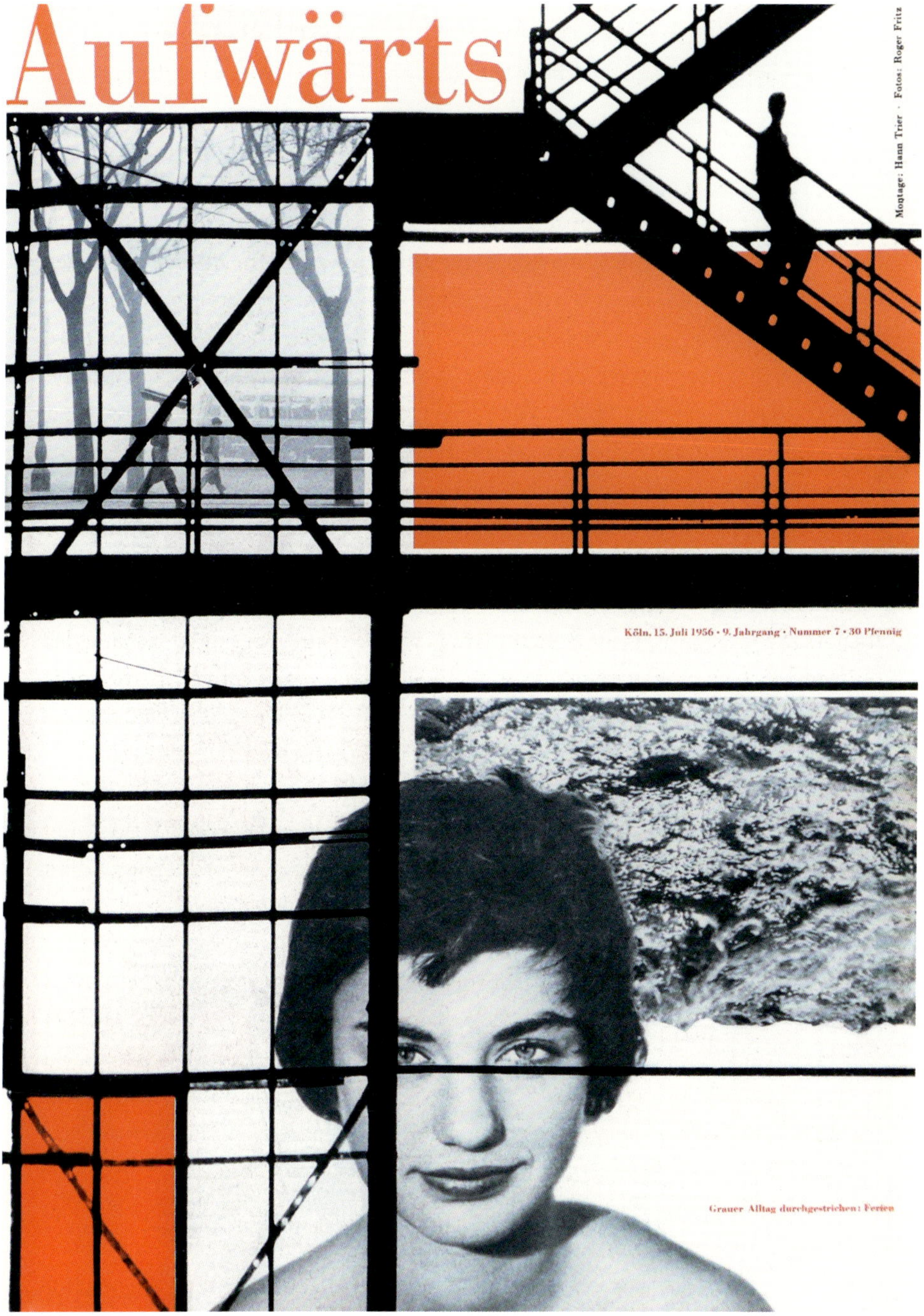

Fleckhaus-Cover *Aufwärts* (Mary Russell). 15. Juli 1956

6. Gian Carlo Menotti, nach 1958

Komponist, geboren 1911 in Cadegliano-Viconago, gestorben 2007 in Monte-Carlo

Ein harter Schlag für die Musikwelt, als Gian Carlo Menotti 2007 am 23. Februar im Princess-Grace-Krankenhaus in Monaco starb, während seiner Inszenierung zur sehr erfolgreichen Oper *The Medium*. In dem wunderschönen Opernhaus habe ich einst Menotti assistiert bei einem Einakter, der Opera buffa *The Telephone*.

Gian Carlo Menotti wurde in Cadegliano am Luganer See am 9. März 1910 geboren, lernte mit vier Jahren Klavierspielen, mit elf Jahren schrieb er seine erste Oper. Lernte am Konservatorium. Seine Familie reiste nach Amerika, dort lernte er viele Musiker kennen. Arturo Toscanini, niemand Geringeres, war begeistert von dem Musiktalent aus seiner Heimat. Brachte ihn als Schüler ins Curtis Institute of Philadelphia, *Amelia goes to the Ball* feierte am 3. März 1938 in der Metropolitan Opera, New York, Premiere. Seine Oper *Der Konsul* brachte ihm den Pulitzerpreis. Die Kritiker nannten ihn „das größte italienische Musiktalent nach Giacomo Puccini".

Er lebte zusammen mit dem Komponisten Samuel Osborne Barber, meistens in New York State, Mount Cisco, Capricorn. Mitten im Wald gab es dort ein Gästehaus. Ich lag im Bett, morgens. Wurde durch einen irrsinnigen Lärm wach. Vor meinem Bett standen ca. fünfundzwanzig Männer in Jagdkleidung und mit Gewehren. Einer schrie mich an, ob ich der XY wäre. Als ich ihm klarmachte, immer noch im Bett liegend, dass ich Gast von Menotti war, verschwanden sie alle blitzschnell. Sie suchten einen Einbrecher, ein Kommando Selbstjustiz, gefährlich in den USA.

Zehn Jahre habe ich zur Festivalzeit im Sommer in Spoleto verbracht und am Ende auch noch den Spielfilm *Häschen in der Grube* dort gedreht.

Festival dei Due Mondi: Gian Carlo Menotti hat es 1958 gegründet, später nach Charleston, USA, noch später nach Australien gebracht. Opern, Konzerte,. Theater und Ballett, viele berühmte Regisseure arbeiteten dort, der damalige Metropolitan-Dirigent Tommy Schippers war Musikdirektor. Der Ort burgähnlich an einen Berg angelehnt, gekrönt mit einer Festung, in der Schwerverbrecher ihrem Lebensende entgegendämmern. Eine Große Treppe vor dem Dom, ideal für Freiluftkonzerte, altes römisches Theater, zwei Opernhäuser.

Gian Carlo Menotti inszenierte überall in der Welt, nicht nur seine Musik.

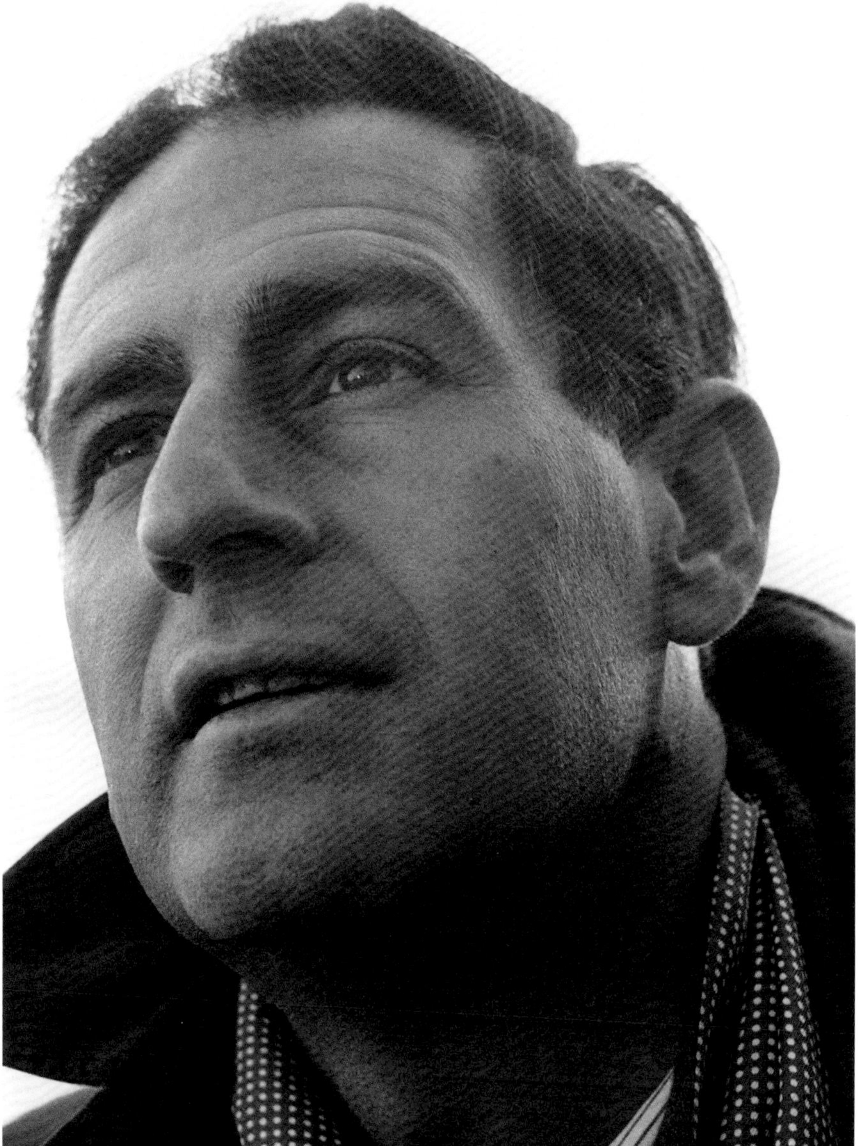

Gian Carlo Menotti. Spoleto, 1962

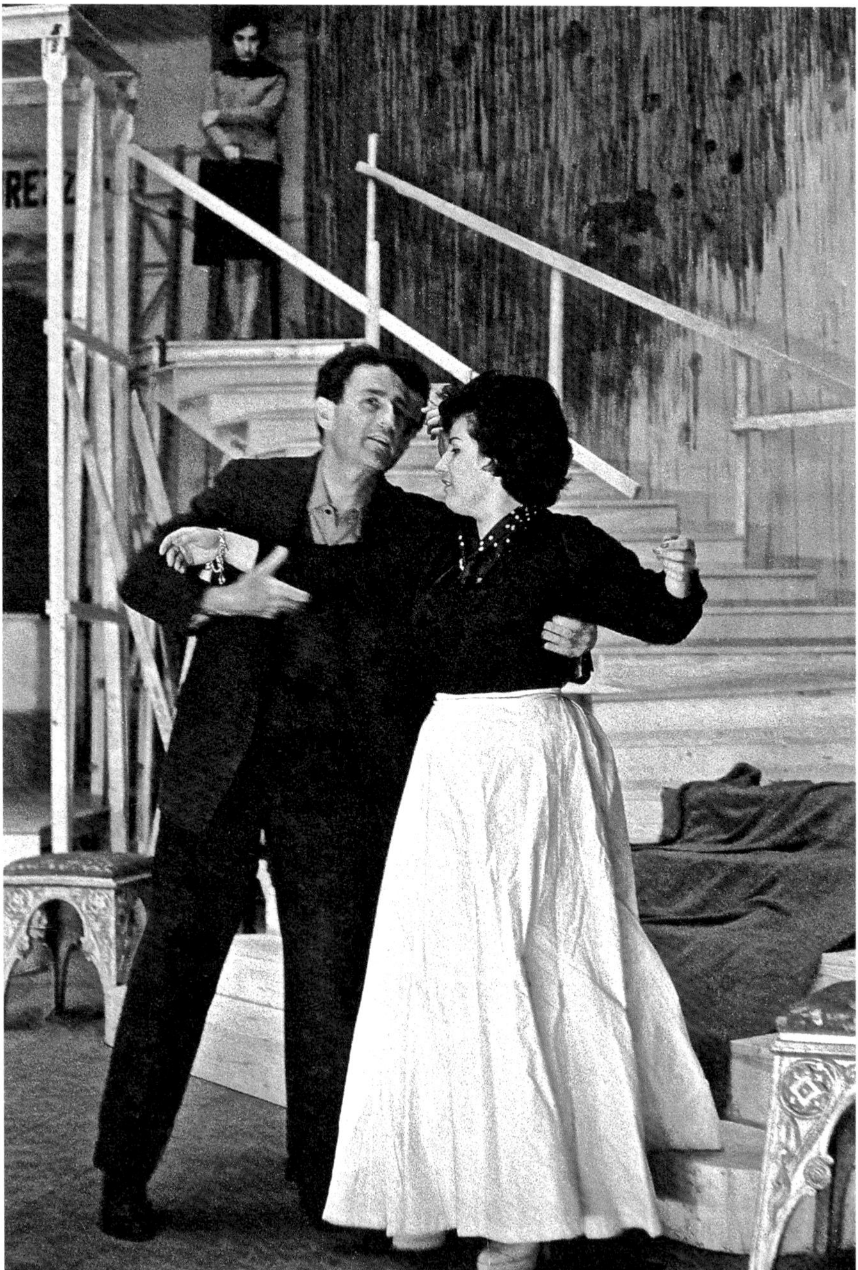

Gian Carlo Menotti bei einer Opernprobe von *Vanessa*. Spoleto, 1958

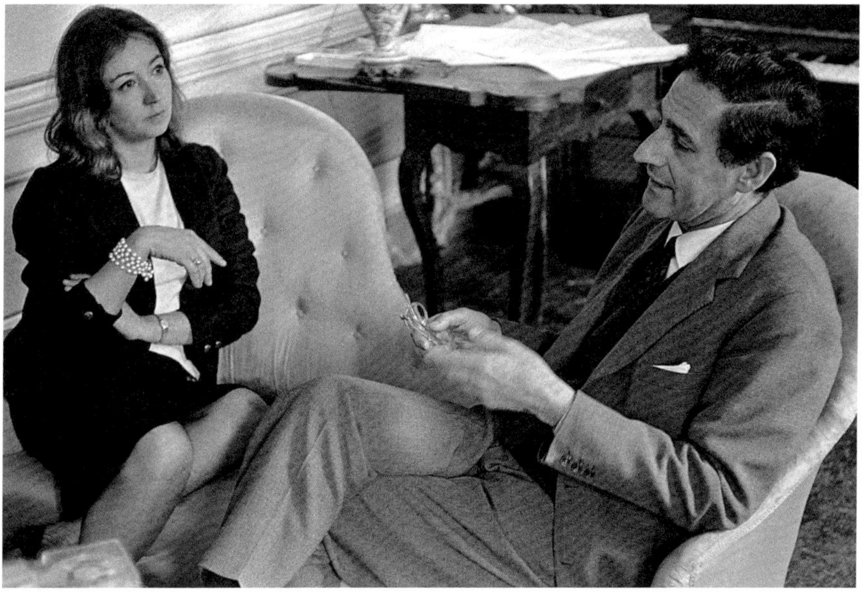

Gian Carlo Menotti mit Oriana Fallaci. Rom, 1962

Ich habe zugesehen im Gärtnerplatztheater, in der Met, in Salzburg und an vielen anderen Musikstätten. Paris, Oper *The Last Savage*, Uraufführung, war ich dabei. Doch eigentlich braucht er keinen Assistenten.

Menotti zog die Menschen an in seiner Zeit: Louis Armstrong, Kennedy, alle wichtigen italienischen Politiker, Liz Taylor, Richard Burton, Lollobrigida, alle berühmten Musik-Menschen, Polański inszenierte eine Oper. Helmut Berger tanzte in der Eiswürfelwanne. Louis Malle drehte mit Brigitte Bardot den Film *Privatleben* und die Hauptsponsorin war Mrs. Heinz (Heinz Ketchup).

Das Tolle: der Ort verträumt, mit Lokalen, die nur zum Festival offen waren, ohne große Aufmachung, alle Künstler gemischt mit den Besuchern.

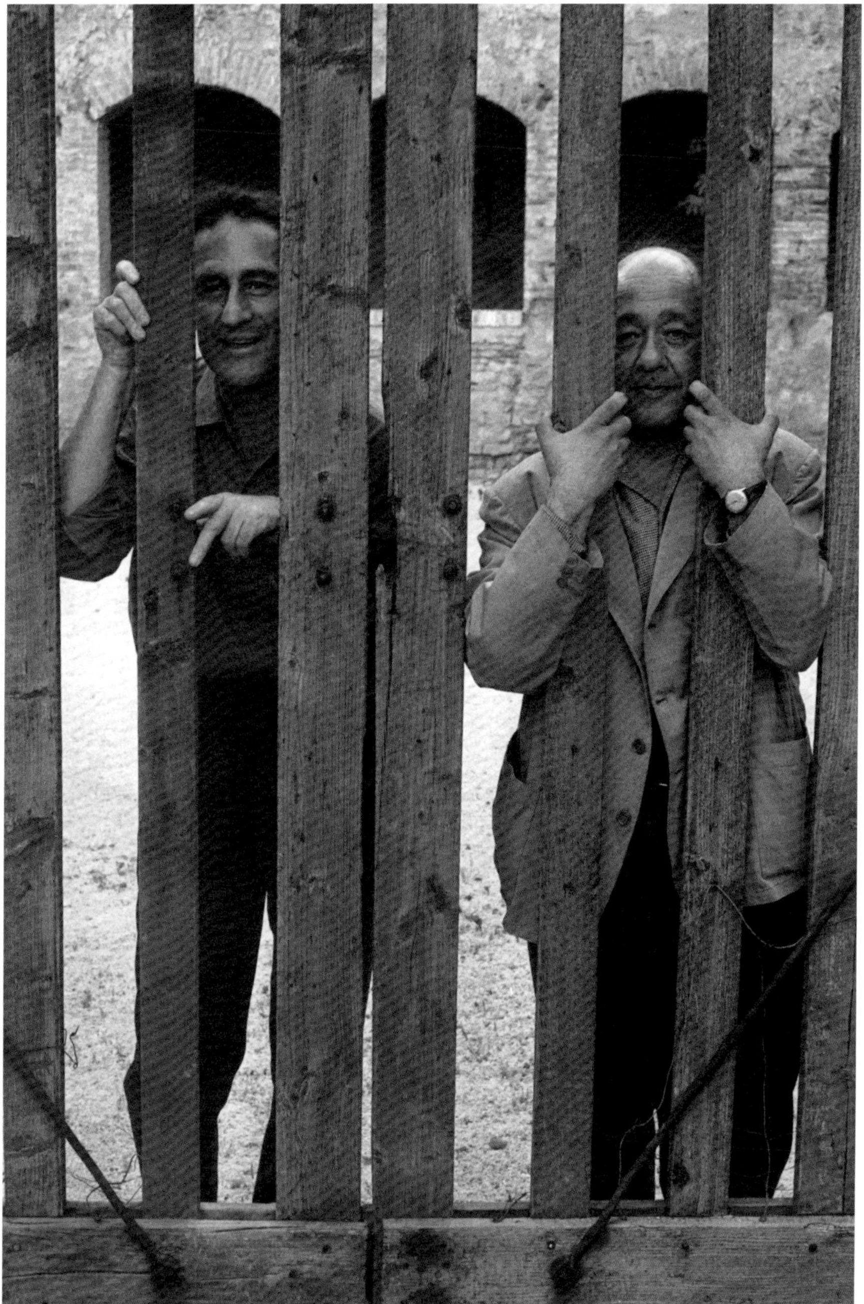

Gian Carlo Menotti mit Eugène Ionesco. Spoleto, 1960

7. Luchino Visconti, 1959–61

Regisseur, geboren 1906 in Mailand,
gestorben 1976 in Rom

1936 fuhr Luchino Visconti nach Paris, wurde Assistent von Regisseur Jean Renoir. Ich kam gerade auf die Welt, in Mannheim-Käfertal. Fünfundzwanzig Jahre später in Paris: Rolf Palm, Journalist, ich, Fotograf für die *Quick*, turnten um Romy Schneider-Alain Delon herum. Luchino Visconti inszenierte mit den beiden *Schade, dass sie eine Hure ist*, im Theatre de Paris.

20. Mai 1961, Luchino Visconti fragt mich: „Was machst du?" – „Fotograf, wie Sie sehen, außerdem habe ich gerade die Ufa-Nachwuchsschule in Berlin mit Abschluss verlassen. Als Schauspieler, will aber Regie machen." Visconti sieht mich an, kritisch: „Okay. in ein paar Wochen mache ich *Salome* in Deutsch, in Spoleto, Italien. Es ist eine Oper, kein Film, ich brauche einen Deutsch sprechenden Assistenten. Va bene, sehen wir uns dort!"

Und dort war ich dann also auch, in einer Villa am Monteluco, mit Jean Marais, Alain Delon, Romy Schneider, meiner Freundin Christa Peters und Luchino Visconti. Ein irrer Blick auf das Land Umbrien. Die alte Festung über der Stadt, ein Gefängnis für Schwerverbrecher zu dieser Zeit.

Im Teatro Nuovo wurde, mit Tommy Schippers als Dirigent, *Salome* geprobt. „Gib mir den Kopf des Jochanaan" – dieser Satz schwirrt mir heute noch durch das Gehirn, wie eingebrannt. Auf einem Stuhl am Bühnenrand, klassisch angezogen, es fehlt nur eine Blume im Knopfloch, sitzt Luchino.

Er gibt nicht auf, er will eine bestimmte Bewegung der Sängerin. Sieben Schritte, jeder begleitet von einem Wort, nur „Johanaan", auf zwei Schritte verteilt, das „-an" muss hervorschießen wie ein Orgasmus. Die schwarze Sängerin quält sich, den Herrscher der Bühne zu befriedigen. Den Tränen nahe wendet sie sich an Tommy Schippers, der sich in die erste Sesselreihe zurückgezogen hat: „Tommy, du machst doch die Musik!" Tommy steht auf, mit einer Handbewegung Richtung Orchester. Die gesamte Musik verlässt ohne Instrumente den Raum.

Luchino hat den Arm um die Taille der Sängerin, führt sie, Schritt für Schritt, Wort für Wort, zum Orgasmus. Er singt dabei, in Deutsch. Meine Assistenz war eigentlich nicht gefragt, denn die Sprache gehörte zu Tommy in den Musikbereich.

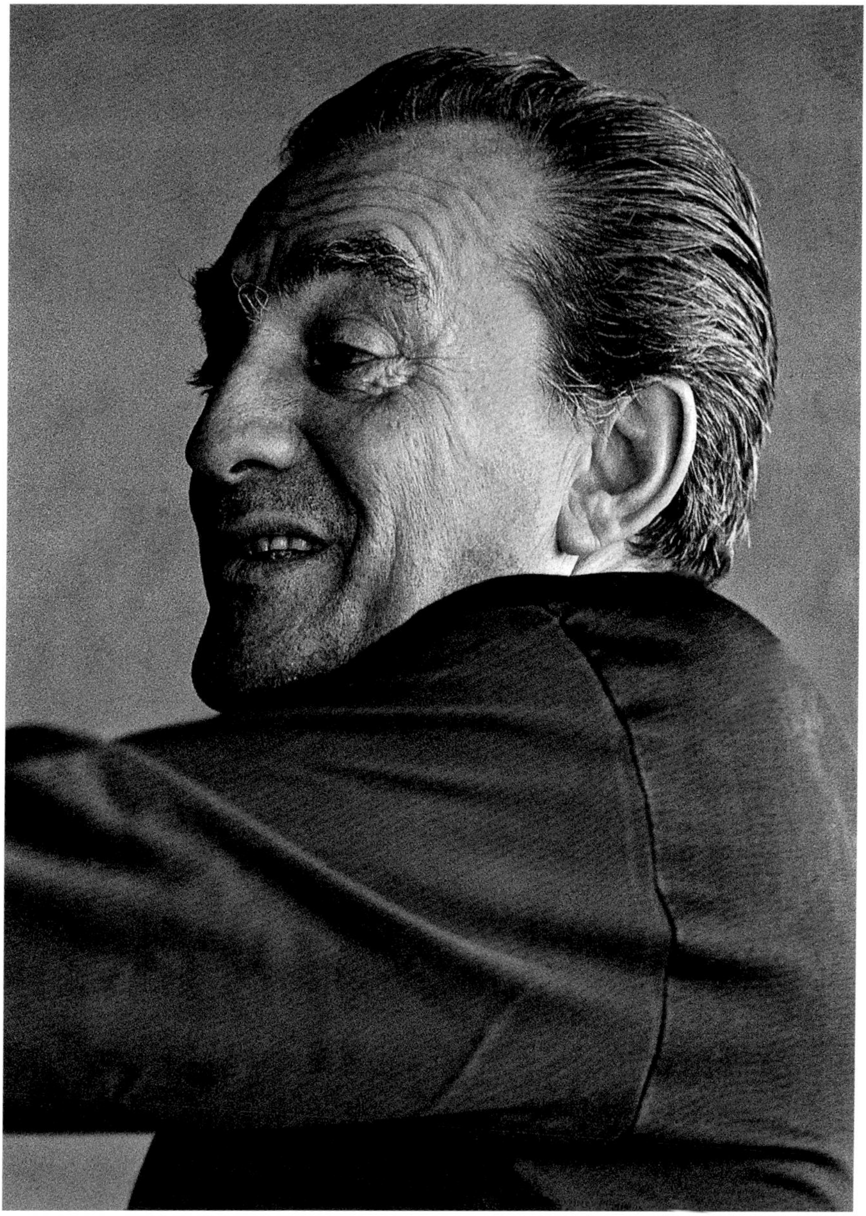

Luchino Visconti. Spoleto, 1961

Nach Spoleto ging es bald weiter, von der Oper zum Film: *Boccaccio 70* wurde vorbereitet. In der Hauptrolle Romy Schneider, daneben Tomás Milián, Romolo Valli und ich, in polnischblauer Jacke als Diener und Katzenfänger. Nach einer Vorführung sagte Luchino zu mir: „Roger, die Frau des Produzenten meinte, sie hat auch so einen Diener wie dich, er bekommt eine blaue Jacke…"

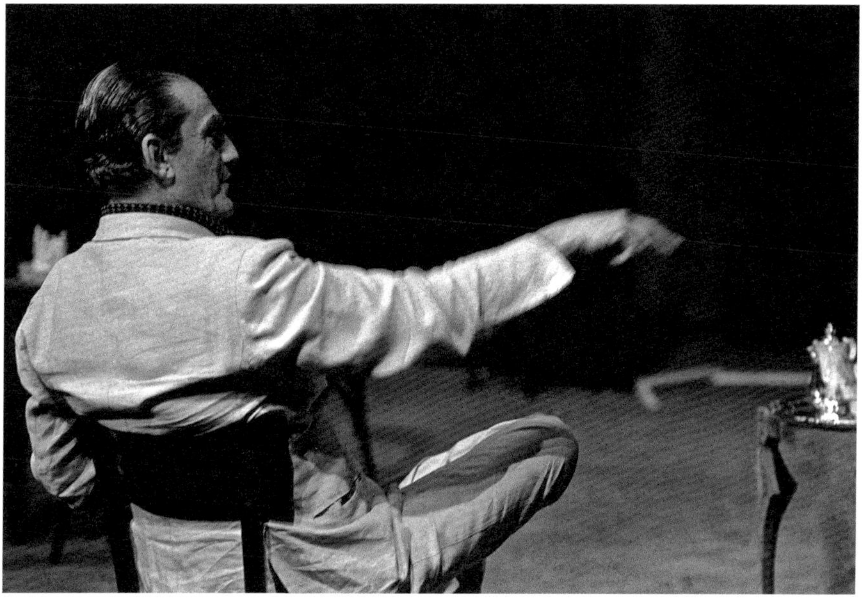

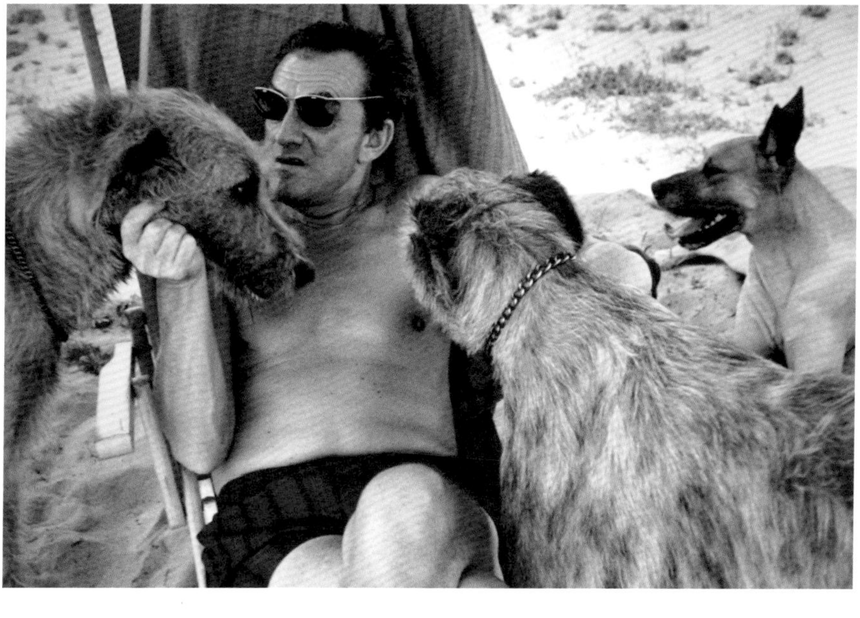

oben: Luchino Visconti bei der Inszenierung von *Salome*, Spoleto 1961
unten: Visconti am Strand von Ostia, 1964

8. Romy Schneider, 1955–62

Schauspielerin, geboren 1938 in Wien, gestorben 1982 in Paris

Schloss Possenhofen am Starnberger See, Herbert List hatte dort eine Verabredung mit Romy Schneider, 1955. Der Film *Sissi*, „so ein Kitschfilm, komm mit, kannst den Blitz halten". Hatten wir letztes Jahr nicht auch Romy Schneider fotografiert? Der Regisseur Ernst Marischka begrüßte List, sie kannten sich seit langem. Eine halbe Stunde, dann müssen wir weiter.

Es wimmelt von Beleuchtern, Komparsen, sonstigem Filmvolk. Für mich war es aufregend. Romy, ganz anders als beim letzten Fototermin, damals noch ein Backfisch, hochgeschlossenes schwarzes Kleid, kurze Jungenshaare. Diesmal eine erwachsene Frau, obwohl erst siebzehn Jahre. Sie wirkte auf mich älter, erfahren, verführerisch. Viele Jahre später war sie jugendlicher.

Im Jahr 1957 habe ich Hotte – Horst Buchholz – besucht, er drehte mit Romy Schneider den Film *Monpti*, wenn die beiden zusammen waren, wurde ich unsichtbar, weggedacht. Sie waren verliebt, ganz offensichtlich. Das war die Zeit, in der ich noch für den *Kölner Stadtanzeiger* fotografierte, deshalb auch dem Herrn Stiefvater Blatzheim öfter begegnete. Ein typischer aufgeblasener Karnevals-Rheinländer, keiner mochte ihn. Angeblich hatte er Angst vor Horst Buchholz, Angst davor, dass die Gelder von Romy nicht mehr unter seiner Kontrolle wären. Wie ich später erfahren habe, war das Geld sowieso weg. Blatzheim betrachtete Romy als sein Eigentum, er machte in seiner Zeitung *B.B.Z.*, *Blatzheimer Bilder Zeitung*, viel Werbung mit seiner Stieftochter. Oder auf Speisekarten: „Würstchen Romy", „Hühnerbrüstchen à la Romy". Ihr späterer Mann Harry Meyen kämpfte mit einem Anwalt gegen Blatzheim um Romys Geld, dieser wiederum nannte Meyen „den Mitgiftjäger". Bei der Scheidung bekam Harry Meyen eineinhalb Millionen Abfindung, er wollte mehr. Romy dazu: „Ich habe schon viel Geld für Männer ausgegeben, aber dass einer alles will, ist mir neu!"

Zur Probe von Luchino Viscontis Inszenierung *Schade, dass sie eine Hure ist* mit Romy und Alain Delon fuhr ich nach Paris. Allmählich gewöhnte sich Romy an mich. Strahlte Zuversicht, Sicherheit aus. Trotzdem konnte auch sie nicht das Interesse von Visconti an ihrem Geliebten Alain übersehen.

Gattopardo, der Monsterfilm mit Burt Lancaster, Claudia Cardinale, Delon und tausend Statisten, allein an der Ball-Szene drehten wir dreieinhalb Wochen,

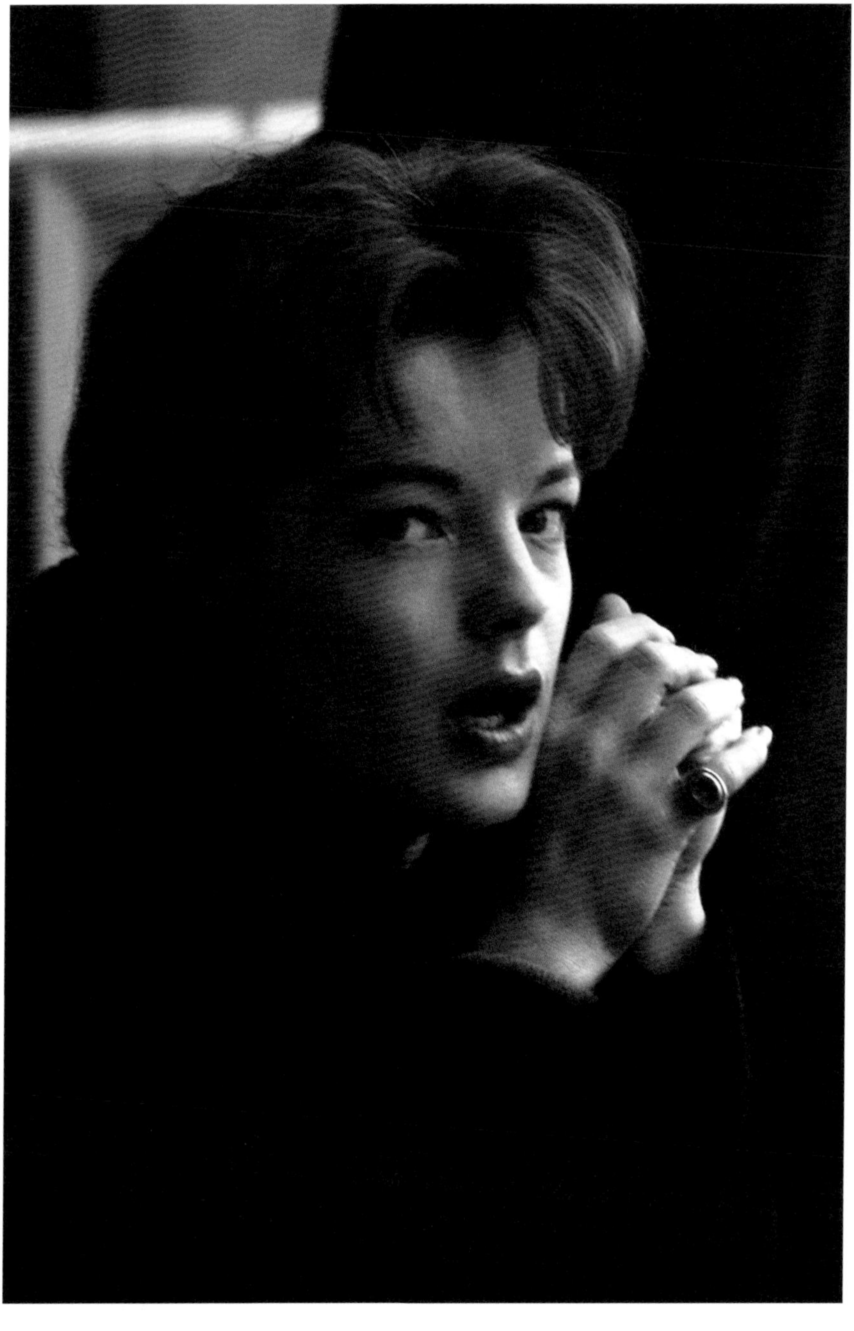

Romy Schneider. Paris, 1961

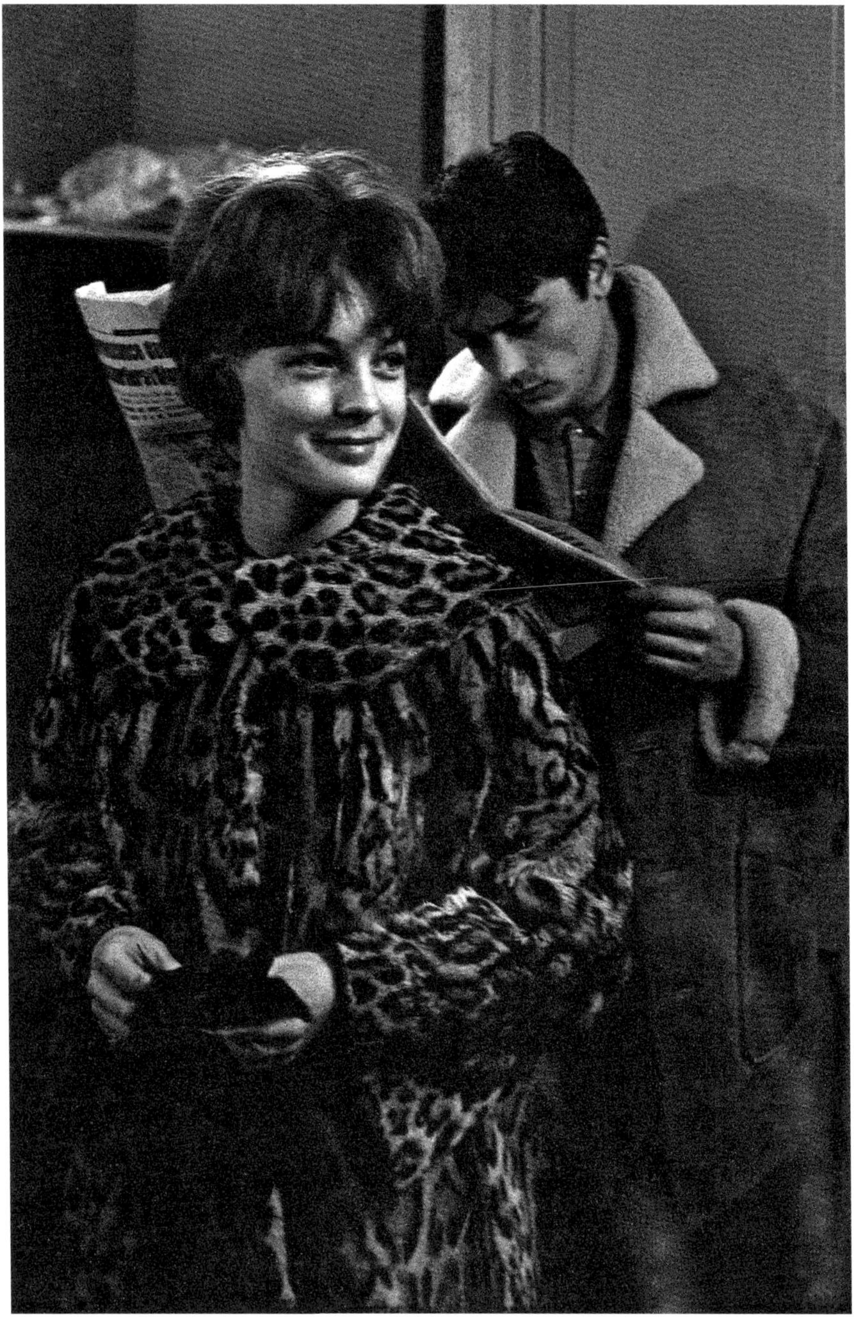

Romy Schneider mit Alain Delon in *Schade, dass sie eine Hure ist*. Paris, 1961

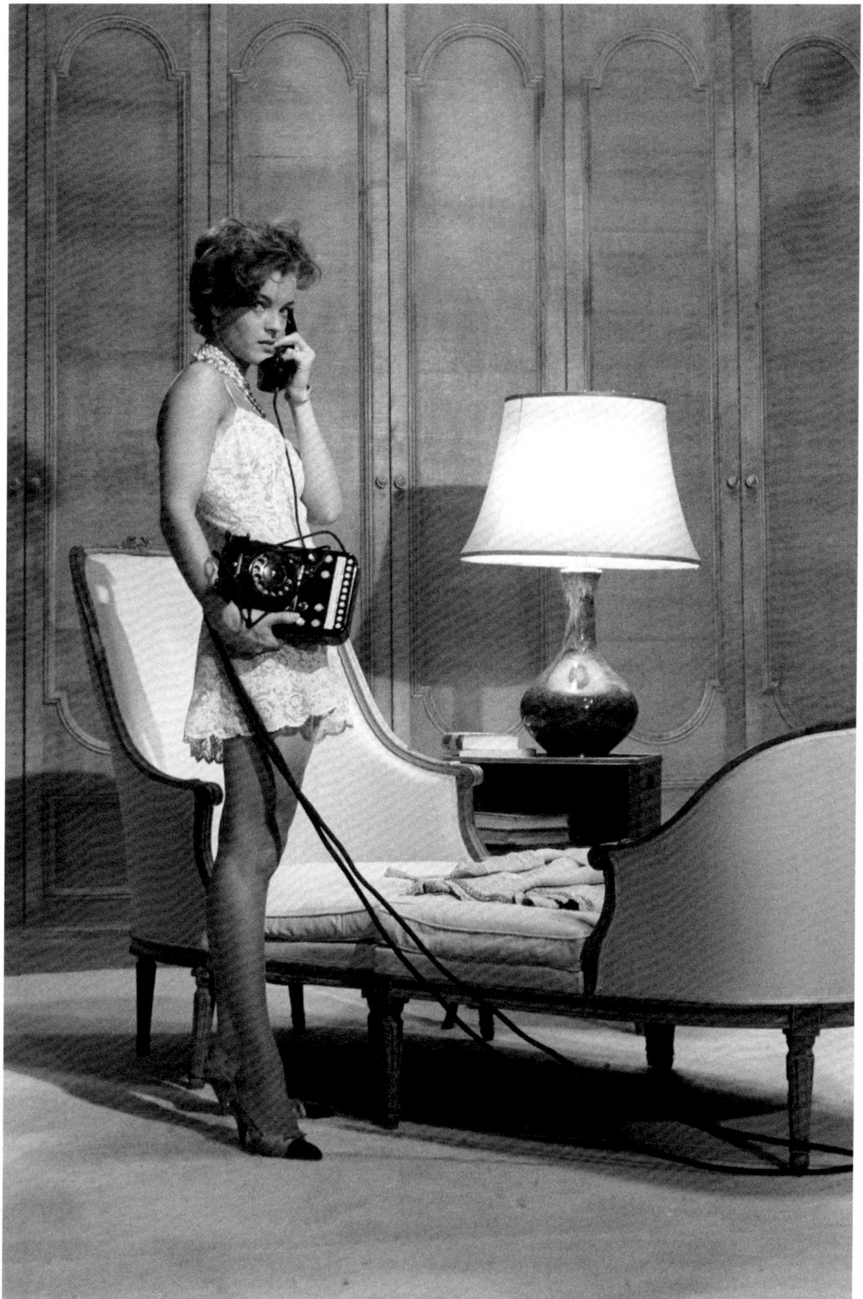

Romy Schneider in *Boccaccio 70*. Rom, 1961

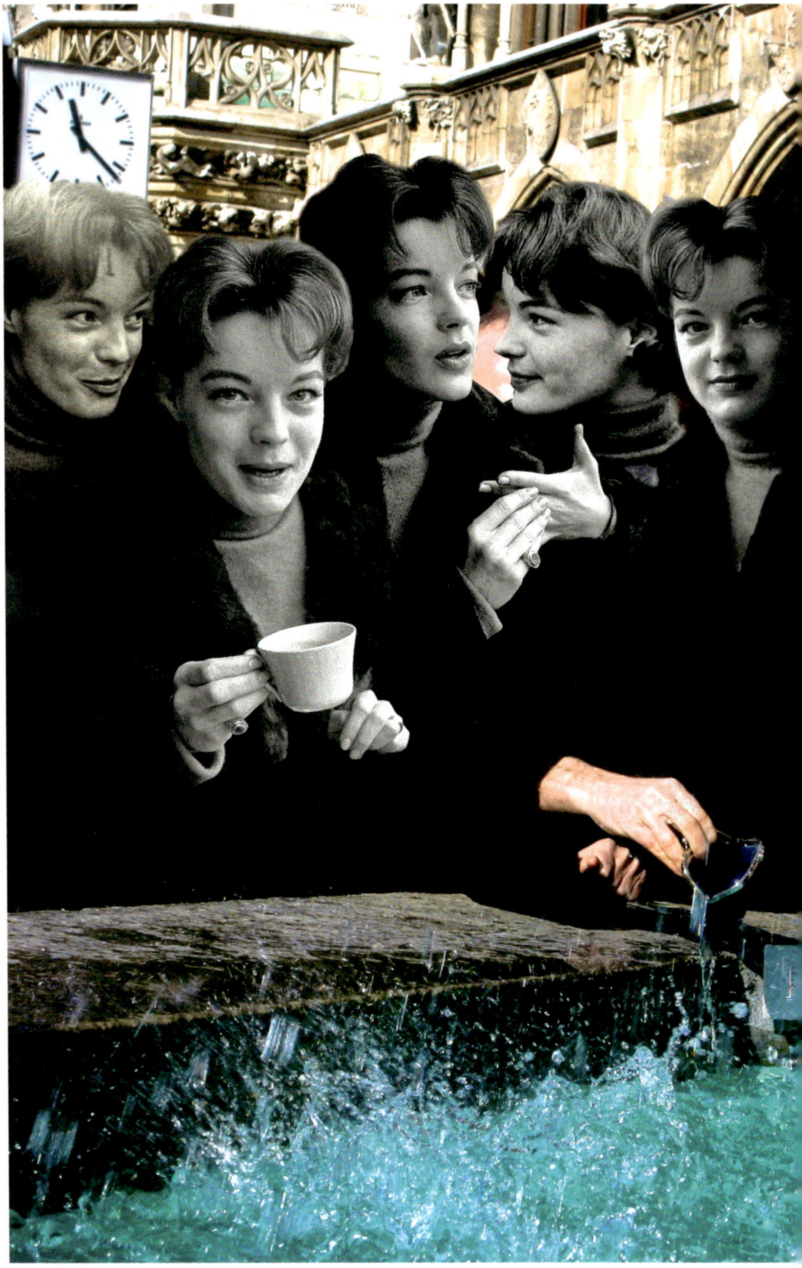

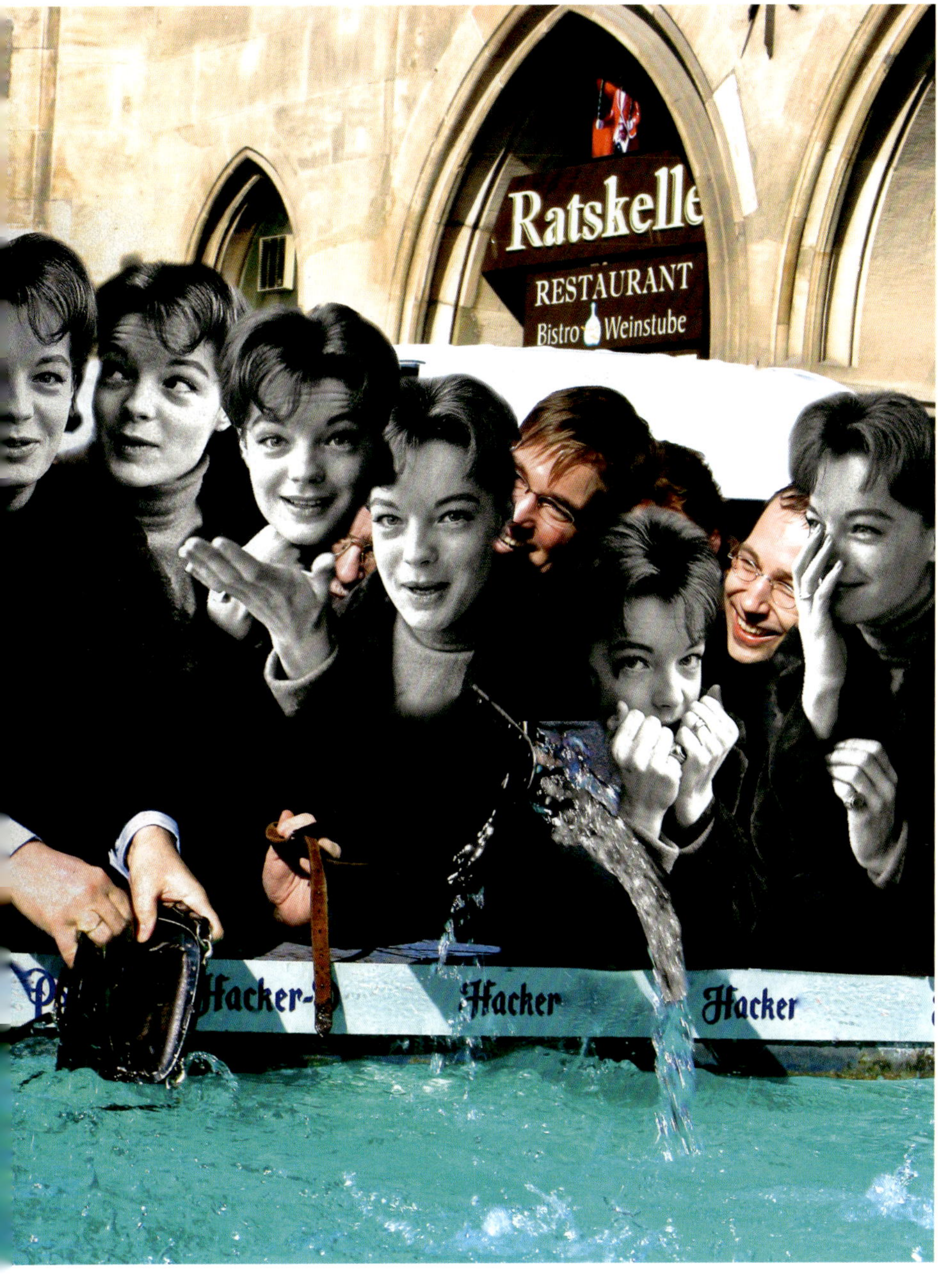

Elf Gesichtsausdrücke von Romy Schneider. Fotomontage.
München, Marienplatz

mit den Nebenszenen sechs Wochen. Romy war häufig zu Besuch, wir hatten viel Zeit. *Ludwig II.* brachte uns wieder öfter zusammen, meistens mit Helmut Berger, und das in München.

Das letzte Mal, als ich sie sah, suchte ich eigentlich Helmut Griem. In einem stillgelegten S-Bahnhof in Berlin-Wilmersdorf saß ganz allein auf dem Bahnsteig, kein Team weit und breit, Romy Schneider auf einer Bank. Guckte mich an. „Setz dich." Deutete auf den Platz an ihrer Seite, so, als wenn ich immer da gewesen wäre. „Hast du mit der Produktion zu tun?"

Sie hätte es eigentlich wissen müssen, denn *Die Spaziergängerin von Sans-Souci* war ihre eigene Produktion. Nach dem tödlichen Unfall ihres Sohnes David 1981 hatte sie keine große Kraft mehr. Starb am 29. Mai 1982 in ihrer Pariser Wohnung.

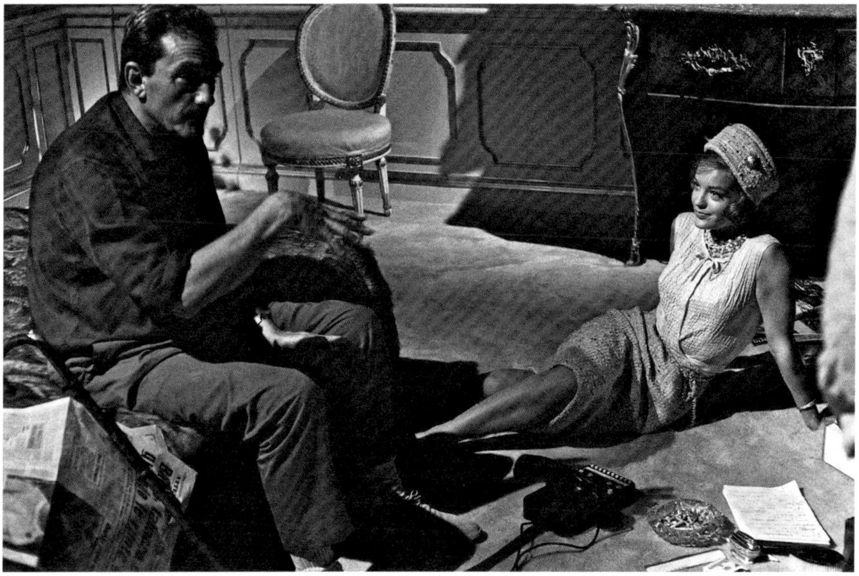

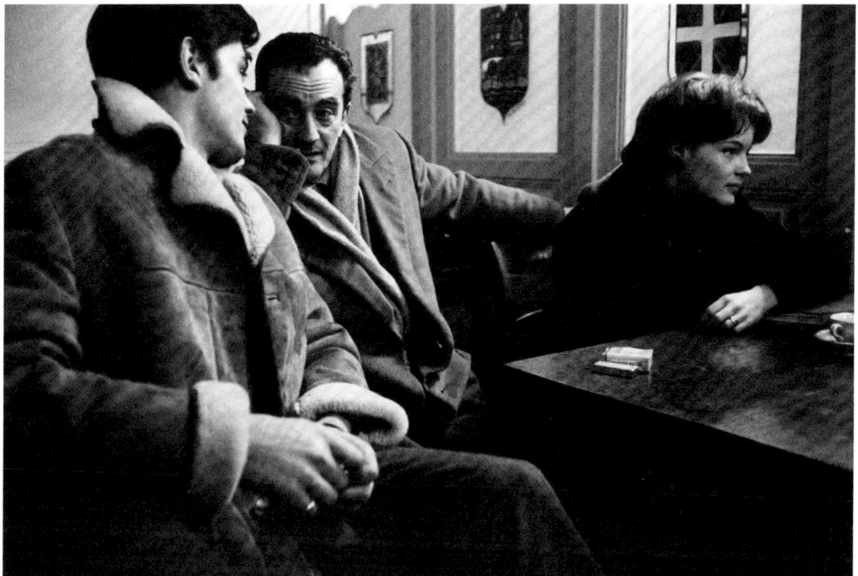

oben: Mit Visconti bei Dreharbeiten zu *Boccaccio 70*. Rom, 1961
unten: Mit Alain Delon und Luchino Visconti während der Theaterproduktion *Schade, dass sie eine Hure ist*. Paris, 1961

9. Beatles, 1965

Rockband, gegründet 1960 in Liverpool, aufgelöst 1970

Diese Band aus Liverpool: Im Indra-Club, Hamburg, auf der großen Freiheit – eigentlich war es ein Strip-Club –, da spielten die manchmal zwölf Stunden durch. Kinderarbeit? So sahen die aus, wie Kinder. Am 17. August 1960 sind sie in St. Pauli angekommen.

Ein paar Jahre später – Brian Epstein, mittlerweile ihr Manager, arrangierte im August 1965 im New Yorker Shea Stadion ein Konzert, es kamen 55.000 schreiende Fans.

Brian Epstein – der beste Manager, den die Beatles hatten. Wir kannten uns aus Ibiza, wo er eine alte Mühle hatte. Brian Epstein kontaktierte mich in München: „Du hast es nicht weit, komm in die Österreichischen Alpen, Obertauern, wir drehen einen Film mit den Beatles." – „Warum dort?" – „Die Tochter des Wirtes, Skifahrerei und Beatles … usw. Darum drehen wir in ihrem Hotel, wohnen dort auch."

Angekommen, saukalt, ich hatte das Gefühl, dass keiner von der Band jemals auf Skiern gestanden hatte. Vor allem in diesem hohen Schnee. Massenhaft Fotografen, dafür hatte Epstein schon gesorgt. Die Stimmung war bestens, erstaunlich: das Essen auch. Wann auch immer die Jungs vom Drehen ins Hotel zurückkamen, fielen sie wie Steine in die Sitze und bewegten sich kaum. Alle waren schwarz angezogen, draußen nur Weiß, ständig liefen Kollegen ins Bild. Ich sagte Ciao, fuhr nach München zurück. Brian Epstein starb 1967.

Mir fehlte Stuart Sutcliffe, der ist am 10. April 1962 gestorben, sonst wären es fünf Beatles. Und Astrid Kirchherr konnte nur noch die Mär von den Pilzköpfen und dem ihnen von ihr verpassten Haarschnitt erzählen.

1,1 Milliarden Tonträger verkauften die Beatles.

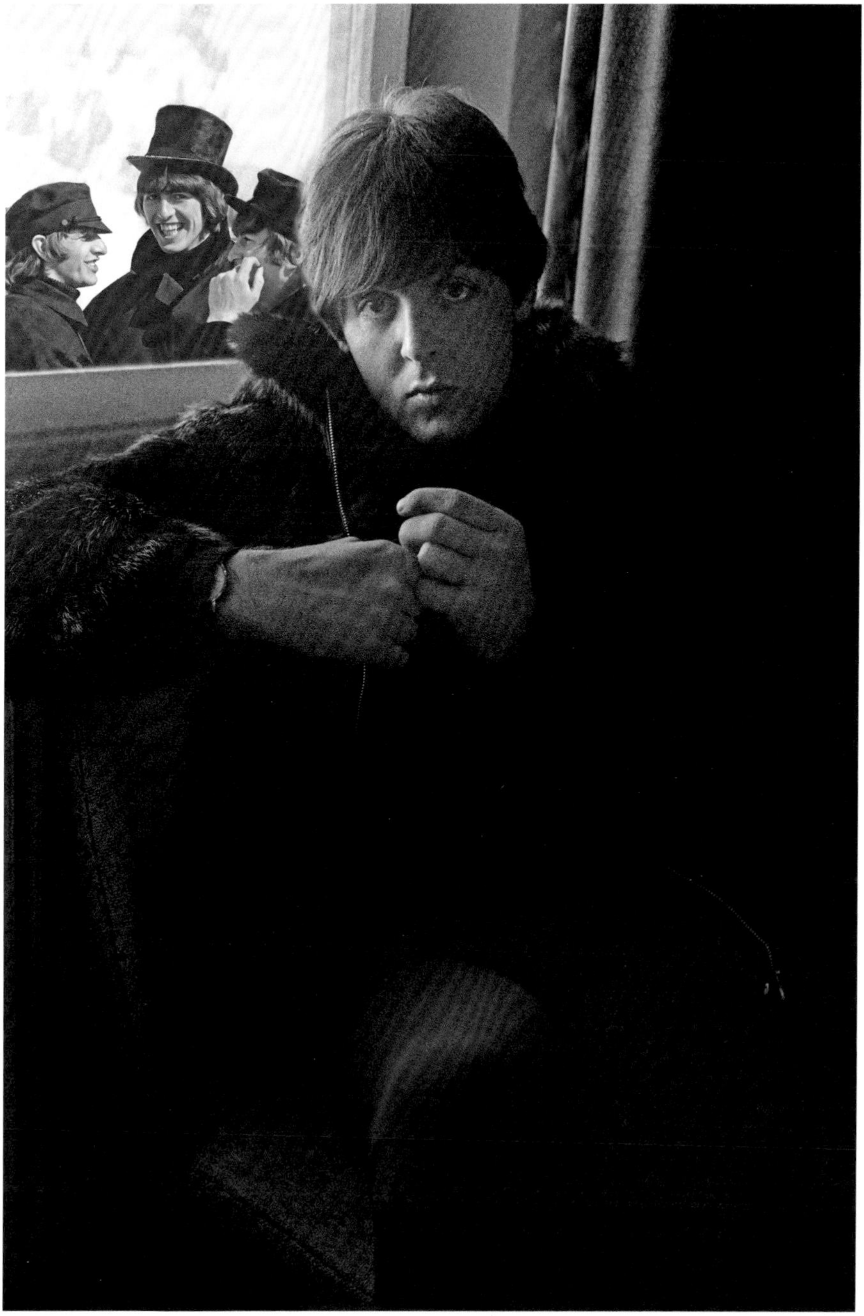

Paul McCartney. Obertauern, 1965

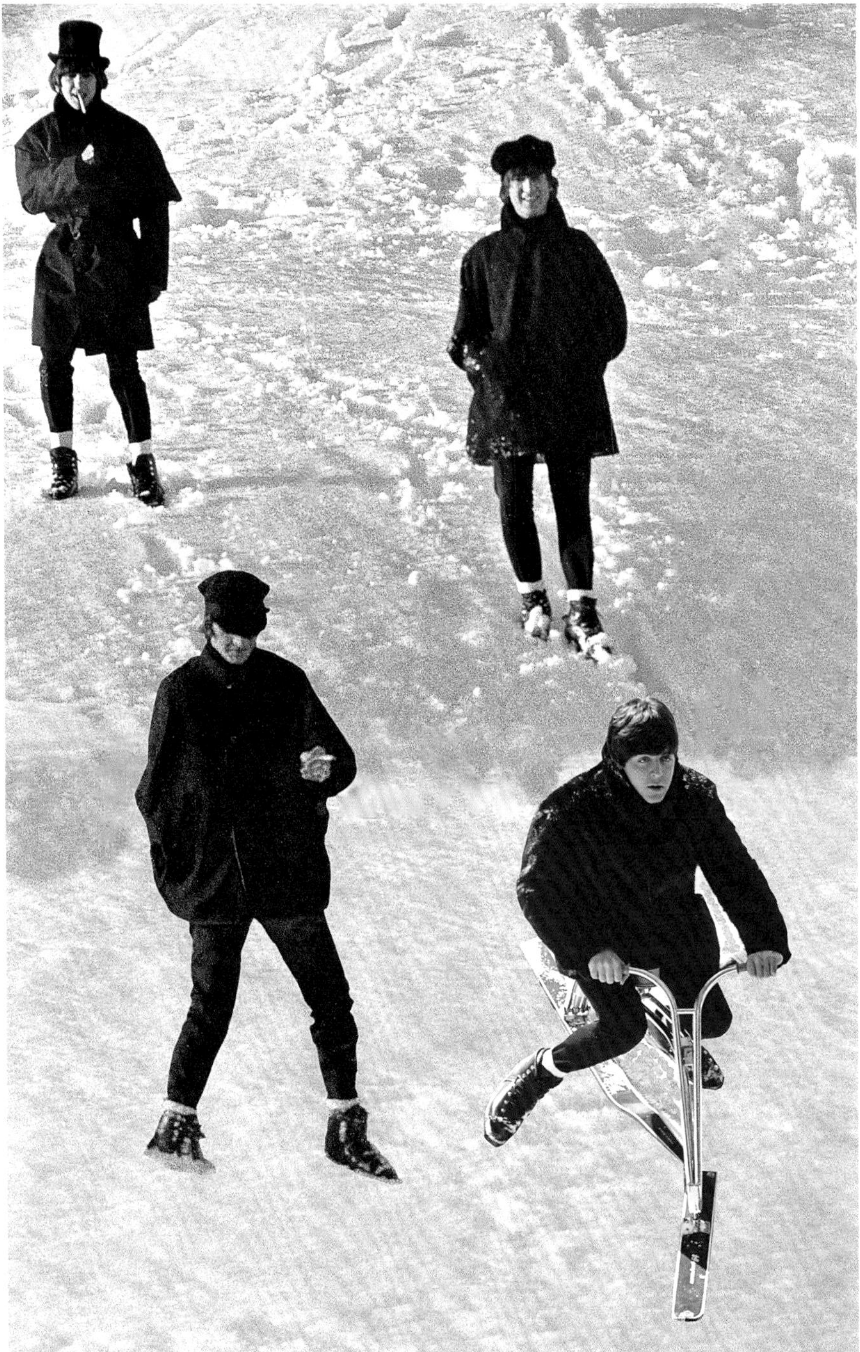

Die Beatles in Obertauern. 1965

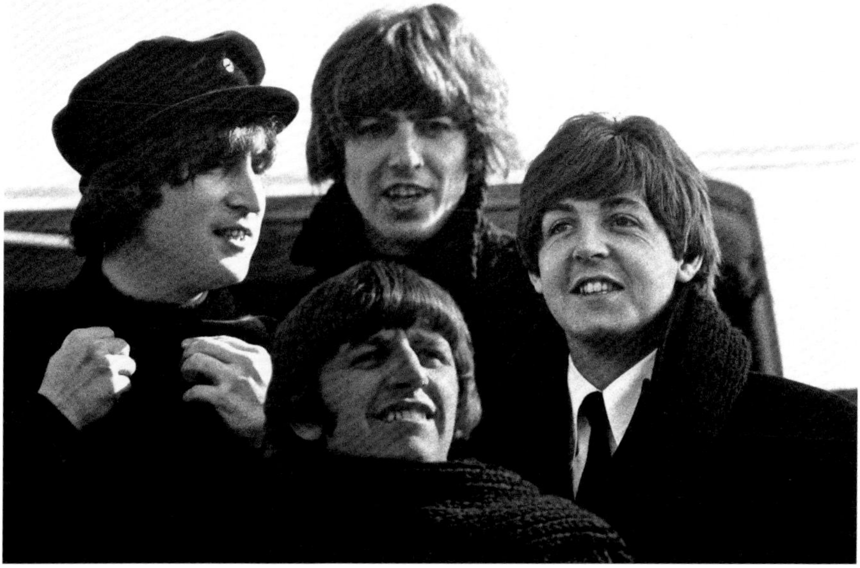

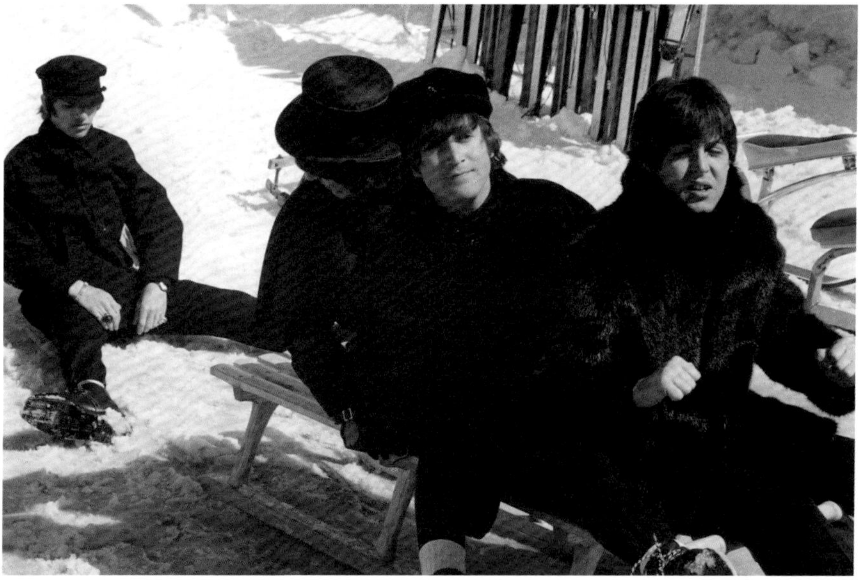

10. Mick Jagger

Musiker, geboren 1943 in Dartford

Dieser dürre Mann auf der Bühne, der dort so rumspringt, mit einem musikalischen Gedöns dahinter, ist achtfacher Vater, hat vier Enkel und einen Urenkel.

In Dartford, Grafschaft Kent, kam er am 26. Juli 1943, wahrscheinlich schon mit diesem Schmollmund, auf die Welt. Michael Philip Jagger. Sein Vater, der Sportlehrer Basil Fanshawe, und seine Mutter Eva Easley Mary Jagger, aus Australien zurückgewandert, hatten noch einen zweiten Sohn, Chris, geboren 1947, auch Musiker. Die Eltern haben sicher nicht erwartet, dass einer der Söhne „Sir" wird, von Prinz Charles am 12. Dezember 2003 dazu ernannt. „You Can't Always Get What You Want."

Auf der Suche nach einer Hauptdarstellerin reisten Eckart Schmidt und ich nach London, Marianne Faithfull, Freundin von Mick, hatte sich in Eckarts Hirn gebrannt. Sie konnte nicht, Charlotte Rampling, die ich auf der Straße ansprach, wollte nicht. Am Abend traf ich nochmals Marianne und Mick Jagger, in der Wohnung eines Modedesigners, wir spielten „Risiko", ein Würfelspiel, in dem man die Welt erobern muss. Das Spiel packt einen, unendlich spielt man es wieder und wieder. Je mehr man dabei trinkt und raucht, umso größer wird das Gewinn-Ego. Die Runde löste sich auf und erneuerte sich wieder, Mick und ich spielten weiter.

Betrunken und mit einem Kater wachte ich auf, neben mir lag einer: Mick Jagger pennte, wie und wann wir zu spielen aufgehört hatten, weiß ich nicht mehr. Die Hauptdarstellerin, die wir dann endlich nahmen, war ein Fotomodel, mit dem ich für die *Vogue* arbeitete.

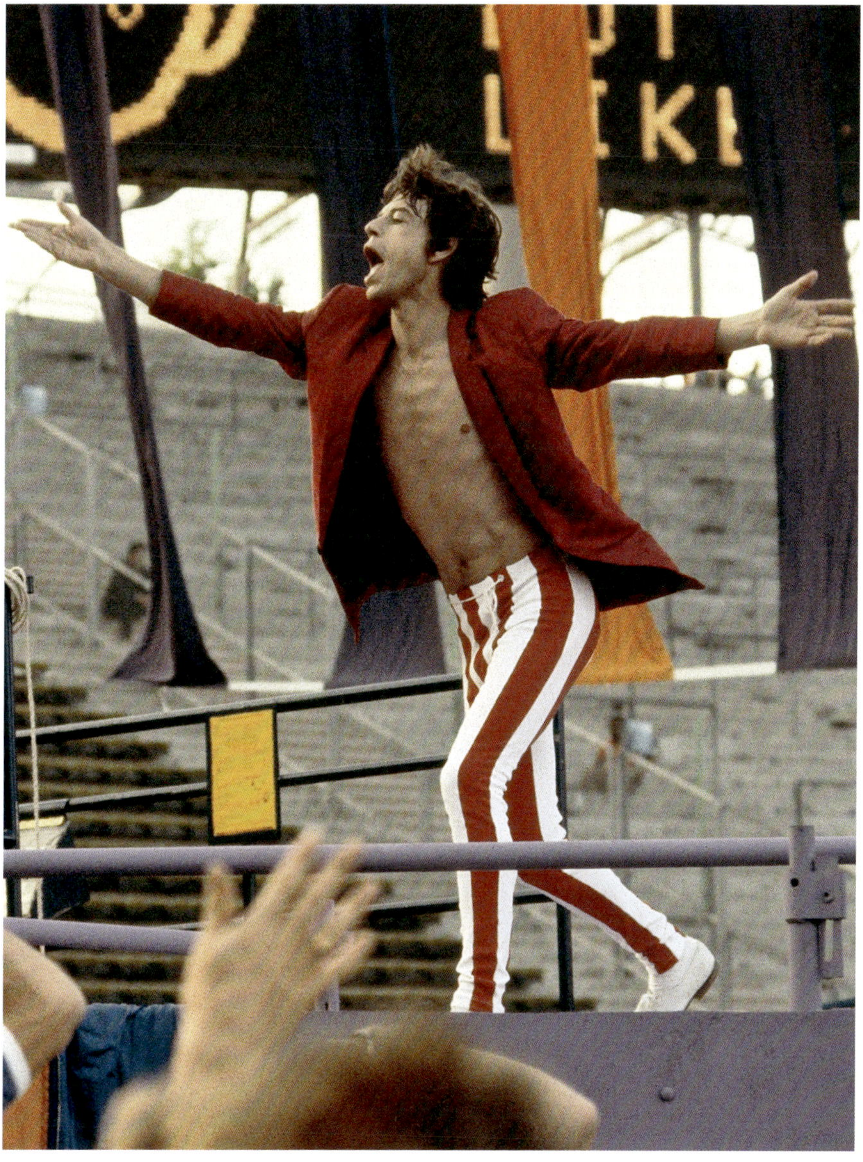

Mick Jagger im Olympiastadion. München, 1980

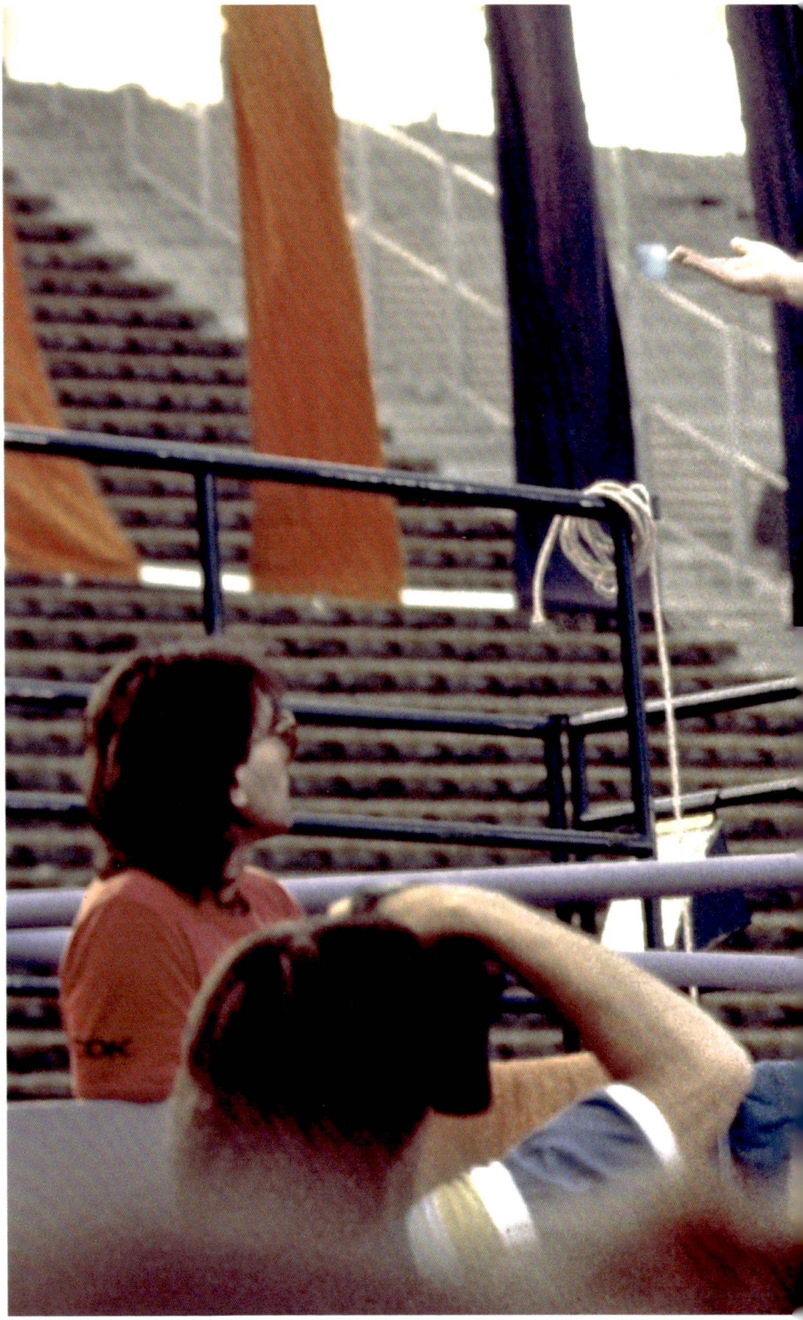

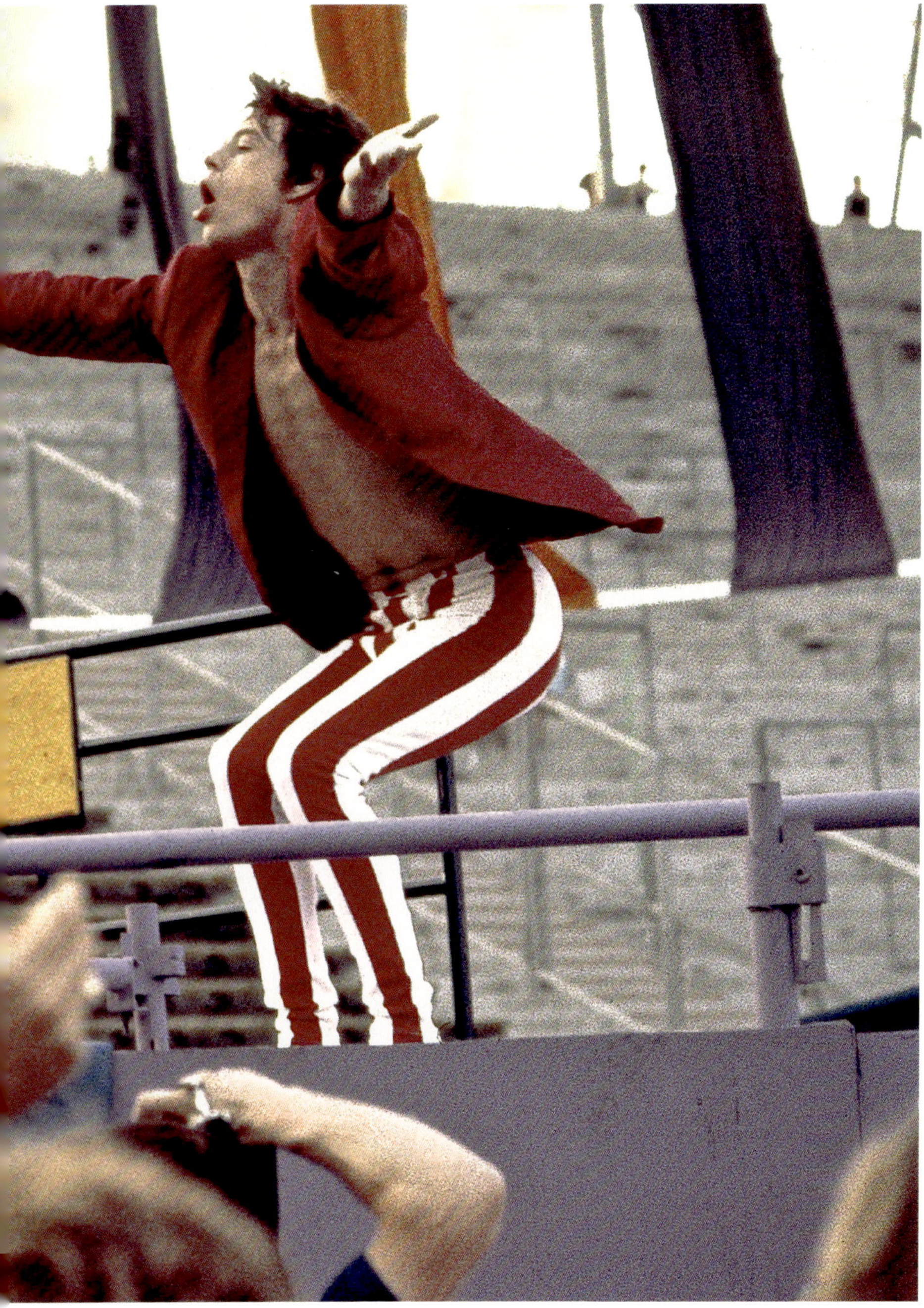

Mick Jagger im Olympiastadion. München, 1980

11. Uschi Obermaier, ca. 1960

Fotomodell, geboren 1946 in München

Wäre ich ein richtiger Schriftsteller, würde ich sicher ein Buch über Uschi Obermaier, geboren am 24. September 1946 in München, schreiben. Einen Film gibt es, logischer Weise auch ein Buch. Im Film wurde sie von Natalia Avelon dargestellt. Im „Mammasita", meinem Lokal in München, sollte ich beurteilen, ob sie Ähnlichkeit mit dem Original hat. „Fast" –, sie haben viel an ihr gearbeitet, mit Erfolg.

Nach der Premiere im Mathäser-Kino am Stachus in München stand ich neben Uschi und sagte aus Überzeugung: „Das hättest du auch selber spielen können." Das Alter sah man ihr nicht an. Die Stimme, dieser Münchnerisch-Sendlinger Klang, auch wenn sie Englisch spricht, ist es nicht zu überhören.

„Big Apple" in der Leopoldstraße, gegenüber vom „Nest" (Hauscafé der Jungfilmer), die Disco war jeden Abend gerammelt voll, und fast jeden Abend tanzte Uschi Obermaier. Eine Doppelseite in *Twen*, sie dreizehn oder vierzehn Jahre alt, hatte drei Freunde, alle kamen zu mir ins Studio. Uschi hatte noch Gesicht und Figur eines Backfischs. Ein ganzseitiges Porträt von ihr. Zweite Seite ganzfigürlich die lässigen drei Jungs. Erst einige Zeit später bekam sie diese aufregende Figur. Wahrscheinlich war ich der Erste, der Bilder von ihr veröffentlichte.

Amon Düül, Musikkommune, war 1968 bis '69 einer der Landeplätze von Rock-Groupie Nr. 1, Uschi Obermaier. Die Internationalen Essener Songtage: Von dort verschleppte der schöne Rainer Langhans sie nach Berlin in die Kommune 1. „Make love not war!" In der Kommune 1 in Berlin begegnete sie Jimi Hendrix und verschwand mit ihm. „Sex ist meine Religion" – so ihr Statement. Unstimmigkeiten im Freundeskreis bewegten Rainer und Uschi, nach München zu fliehen, zu Hans Magnus Enzensberger. In München gründete Rainer Langhans seine eigene Kommune.

Am Hafen in Hamburg, wir drehten eine der vielen Vorabendserien. Plötzlich riesige Aufregung – „Der Affe ist weg". Da stand Uschi Obermaier auf einer dieser Rettungstreppen zum Hafenbecken, ihr Gefährte Dieter Bockhorn grabschte nach der Kette, die ihm entfallen war, dann hatte er sie und zog einen Affen hervor. Der sprang auf seine Schulter. Uschi zu mir: „Am Abend bei uns, kommst du?" – Chaoten-Wohnung und Chaotenfest,

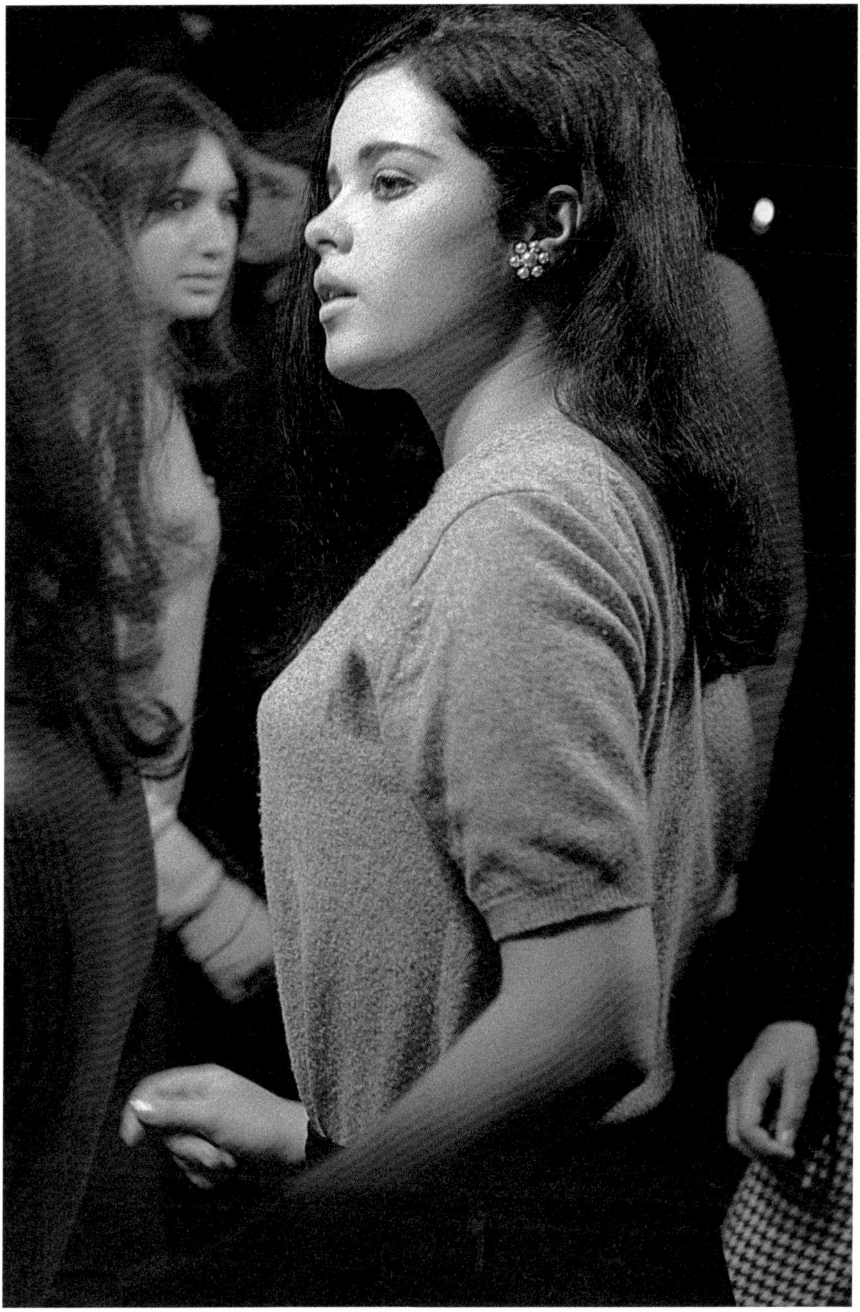

Uschi Obermaier im Big Apple. München, Leopoldstraße, ca. 1960

Norbert Grupe, „Prinz von Homburg“, der Boxer, hatte das große Wort und die größte Nase.

Der Affe samt Herrchen und Uschi gingen auf eine ewige Weltreise im Wohnwagen. Unterwegs in Indien feierten sie Hochzeit bei einer Maharani, auf einem Elefanten wurden sie in den Palast gebracht. Die Weltreise ging weiter, bis sie mit einem schrecklichen Motorradunfall an Silvester 1983 und dem Tod Dieter Bockhorns endete. Uschi blieb noch Wochen allein im Wohnwagen, um das zu verkraften. Heute wohnt sie in Topanga Canyon bei Los Angeles. Züchtet essbare Pflanzen im eigenen Garten. Hatte gegen allen Anschein nie politische Gedanken und jeden Versuch, sie hineinzuziehen, abgewehrt.

Ihre Person allein hat gereicht, um sie zur 1968er-Ikone zu machen. Zitat: „Heute wache ich eifersüchtig auf meine Zeit. Die rennt so schnell, dass ich sie ungern mit jemand anders teile.“

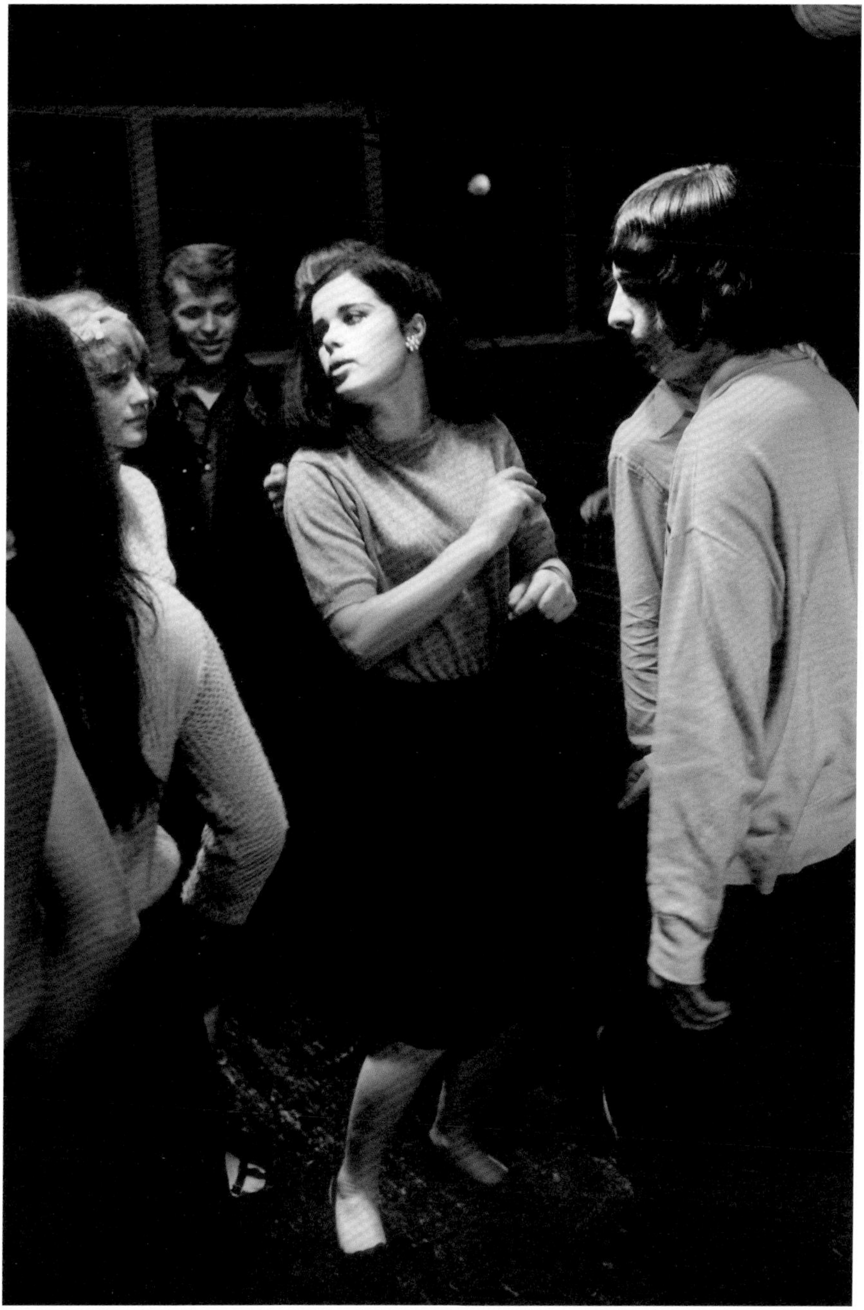

Im Big Apple. München, Leopoldstraße, ca. 1960

12. Hardy Krüger

Schauspieler, geboren 1928 in Berlin, gestorben 2022 in Palm Springs.

Berlin-Grunewald, zu Alfred Weidenmann, Regisseur. Ein Kollege, Anwärter aus unserer Ufa-Nachwuchsschule, hat mich mitgeschleppt. Es entwickelte sich ein langes Gespräch über Militär, Nazis und den Weidenmann-Film *Junge Adler* mit dem 14-jährigen Hardy Krüger.

12. April 1928 in Berlin-Wedding geboren. Eberhard August Franz Ewald wurde von seinem Vater mit 13 Jahren in die Adolf-Hitler-Schule auf die Ordensburg Sonthofen gebracht. Dort sollten Jungs wie Hardy auf kommende Aufgaben im NS-Staat vorbereitet werden. Hardy entkam unwissend dieser Anforderung durch den Film *Junge Adler*. Der Film wurde bei der Ufa in Babelsberg gedreht. Dort traf Hardy den Schauspieler Hans Söhnker, der sein Ziehvater wurde, ihn angeblich aufklärte über das Naziregime. Der junge Hardy verstand wahrscheinlich nur Bahnhof.

Alfred fand mich einen strammen Kerl, ich sollte Hardy Krüger kennenlernen. Wie das zustande kam, ist mir entfallen. In München begegneten wir uns im Restaurant Humpelmayr, fabelhaftes Essen, leider ist es nicht mehr in Betrieb. Natürlich fotografierte ich ihn: Hardy wie ein kleiner Junge, den er auch für das Gerät in meiner Hand spielte, dann wollte er in den Zoo.

„Du wirst sehen, da ist ein Elefant, mit dem ich gearbeitet habe, wetten, der erkennt mich wieder?“ Das Elefantenhaus mit der großen Auslauffläche und dem Hindernisgraben außenrum. Wir kamen an, die Elefanten waren auf der anderen Seite mit irgendwas beschäftigt, Hardy klatschte in die Hände und stieß einen Ruf aus. Einer dieser grauen Monster drehte sich um, sah Hardy, trompete und lief auf uns zu. Das gewaltige Tier versuchte, mit seinem rechten Fuß Hardy zu erreichen. Der klopfte drauf, das Tier sah wirklich glücklich aus.

Der nächste Tag verlief bis auf einen kleinen Moment sehr gut. Hardy musste einen neuen Porsche in Stuttgart abholen. Er wollte den alten nicht fahren, so saß ich hinterm Steuer. Kurz vor Stuttgart, beim Überholen, scherte ein Lastwagen auf die Überholspur, ohne uns zu sehen. Wir wurden auf dem Grünstreifen in der Mitte gedrängt, unten schepperte es ganz gewaltig, der Porsche ist für so was nicht geeignet. Dann waren wir vorbei. Hardy: „Wir brauchen nicht nachsehen, sind eh gleich da.“ Rückfahrt im neuen Gerät übernahm eher.

Frankfurt, Filmmuseum am Schaumainkai, Hardy Krüger-Wochen vom

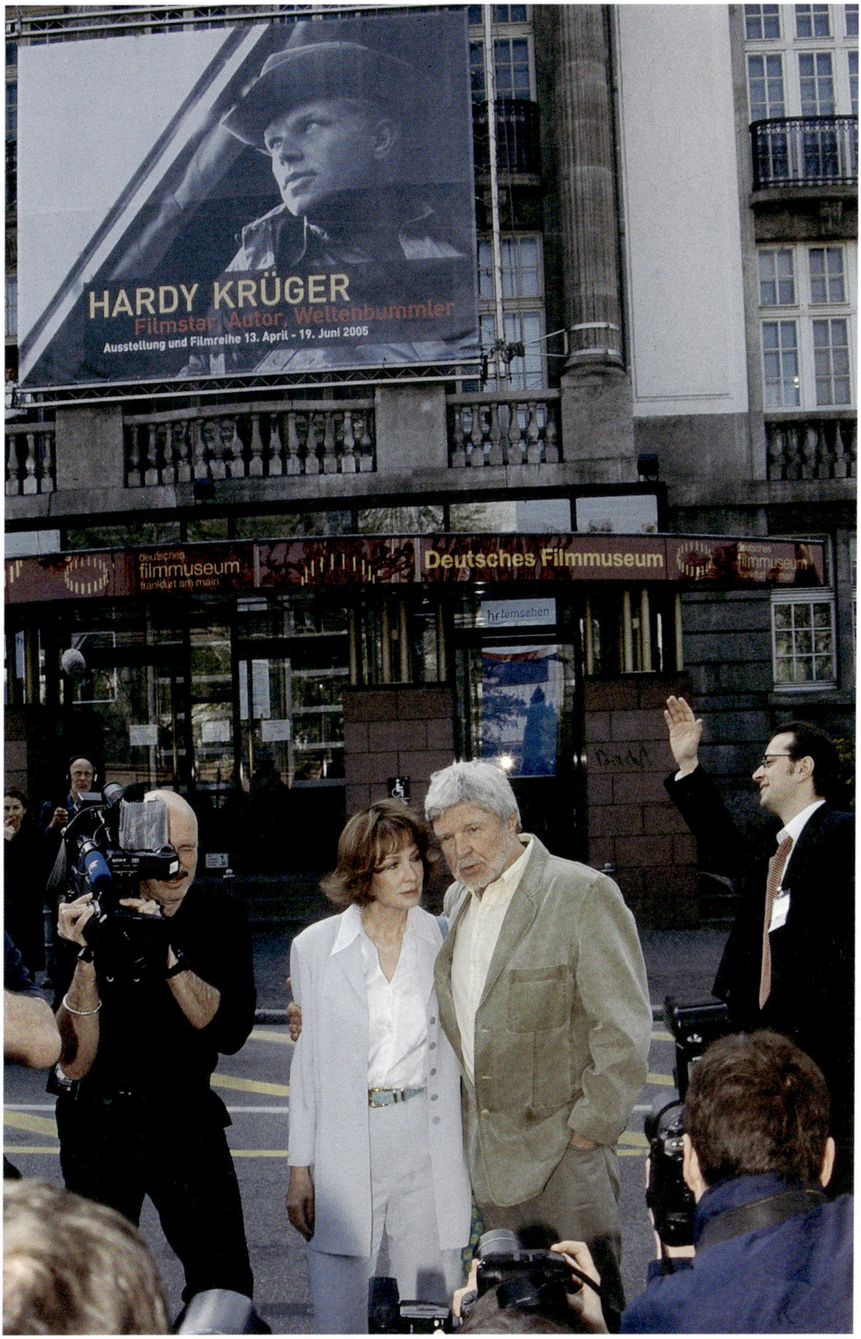

Hardy Krüger mit Ehefrau während der Hardy Krüger-Wochen.
Frankfurt, April 2005

13. April bis 19. Juni 2005. Hardy mit seiner vierten Ehefrau wurde von einer großen Fan-Gruppe empfangen, im Schlepptau Winnetou. Hardy erkannte mich gerade noch. Der Flug nach Frankfurt war anscheinend nicht nach seinem Geschmack, infolgedessen schlechte Laune. Seine Ansprache war kurz und präzise. Pierre Brice wollte noch ein Foto mit ihm, vor dem Haus. „Fragst du ihn?“ Er meinte: „Bei der Laune lass ich es lieber.“

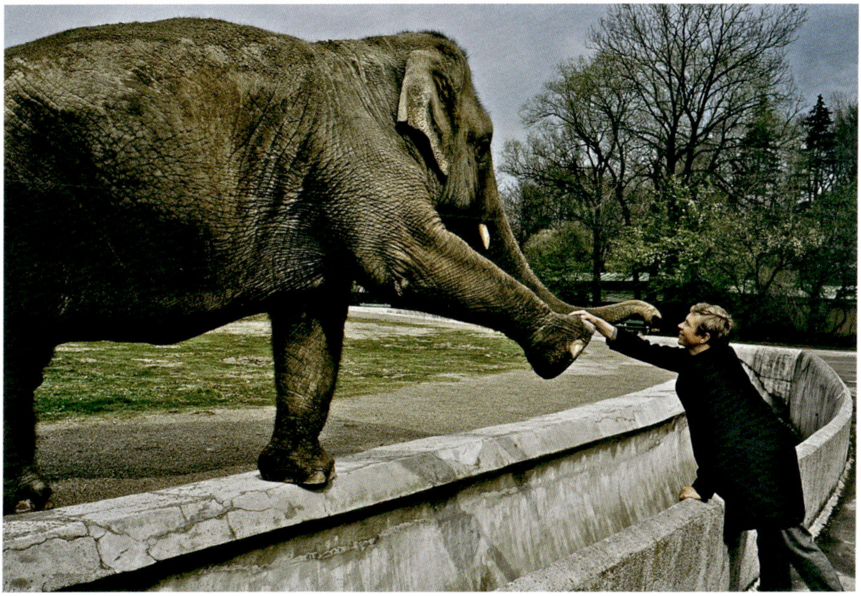

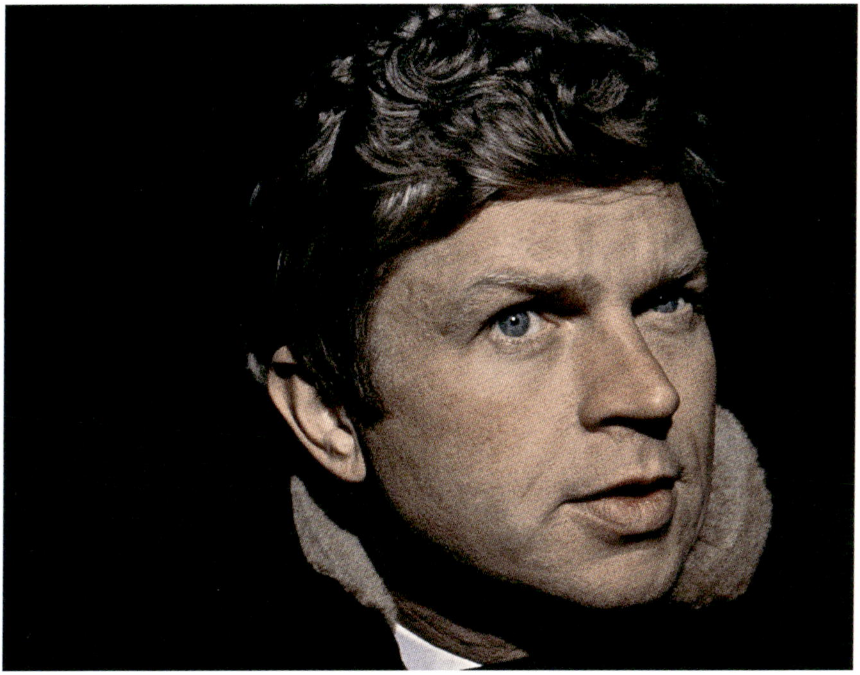

oben: Hardy Krüger im Tierpark Hellabrunn. München, 1958
unten: Hardy Krüger, 1958

13. Dieter Hallervorden

Komiker, geboren 1935 in Dessau

Didi. Da läuft er, siehst du? Da hinten läuft er weg von Dessau (trotz Bauhaus). In diesem Ort ist ja nichts los, sogar die anheimelnde Altstadt fehlt. Universität? Denkste! Heißt Hochschule Anhalt. Doch die Elbe macht einen Bogen nahe ran, weiter traut der Fluss sich nicht.

Dieter Jürgen Hallervorden, geboren 5. September 1935, war zu klein, um wegzulaufen, aber die Bomben auf Dessau haben es geschafft, ihn nach Quedlinburg zu treiben, wo er einen Großteil seiner Kindheit verbrachte. Erst nach Kriegsende zurück in Dessau. Dort ging er in die Philanthropinum Oberschule, mit Abschluss 1953. Humboldt-Uni Berlin war der nächste Ort, an dem er versucht hat, gescheit zu werden. Eingeschränkte Meinungsfreiheit in der DDR ist milde ausgedrückt von Didi, auf jeden Fall ist er davor nach West-Berlin geflohen. Dort war die Freiheit, also sofort los in die Freie Universität Berlin. Um die psychische Belastung loszuwerden aus dem von Genossen geprägten Land, ist Schauspiel ein gutes Rezept. Marlise Ludwig, Konkurrentin meiner Schauspiellehrerin Else Bongers, nahm ihn, da er sehr komisch wirkte, als Schüler an. Wir von der Ufa-Nachwuchsschule hatten viel Kontakt zur Ludwig-Konkurrenz, aber bewusst erinnere ich mich nicht an Didi.

Nachdem eine weitere Schauspielschule, das Max Reinhardt Institut, sowie das Kabarett „Stachelschweine" seine Begabung nicht erkannten, gründete er selbst das Kabarett „Die Wühlmäuse", 1960.

Am Ende der antiken Welt, am letzten Zipfel Frankreichs im Atlantik, hat sich Dieter Hallervorden 1988 ein Schloss samt Felsen mitten im Meer gekauft. Hubschrauber oder Boot, sonst kommt man nicht von der Insel runter. Aber so viel, wie er arbeitet, ist er wohl sowieso selten dort. Auf den Krach zwischen dem Türkei-Herrscher Erdogan und Jan Böhmermann brachte Hallervorden das Video. *Erdogan, zeig mich an* raus, mit folgender Textpassage: „Der auf den freien Geist nur scheißt. Deutschland ist nicht Kurdistan."

Den größten Ärger bekam er durch die Romy-Verleihung 2019 – als Komiker lebt man gefährlich. Als er die Figur Romy in der Hand hatte, sagte Didi: „Morgen führe ich die Romy heim ins Reich."

Hallervorden bleibt jetzt bei seinen Sätzen wie „Ich bin der schönste Mann in unserer Mietskaserne", oder er spielt den alten Mann, wie in *Honig im Kopf*.

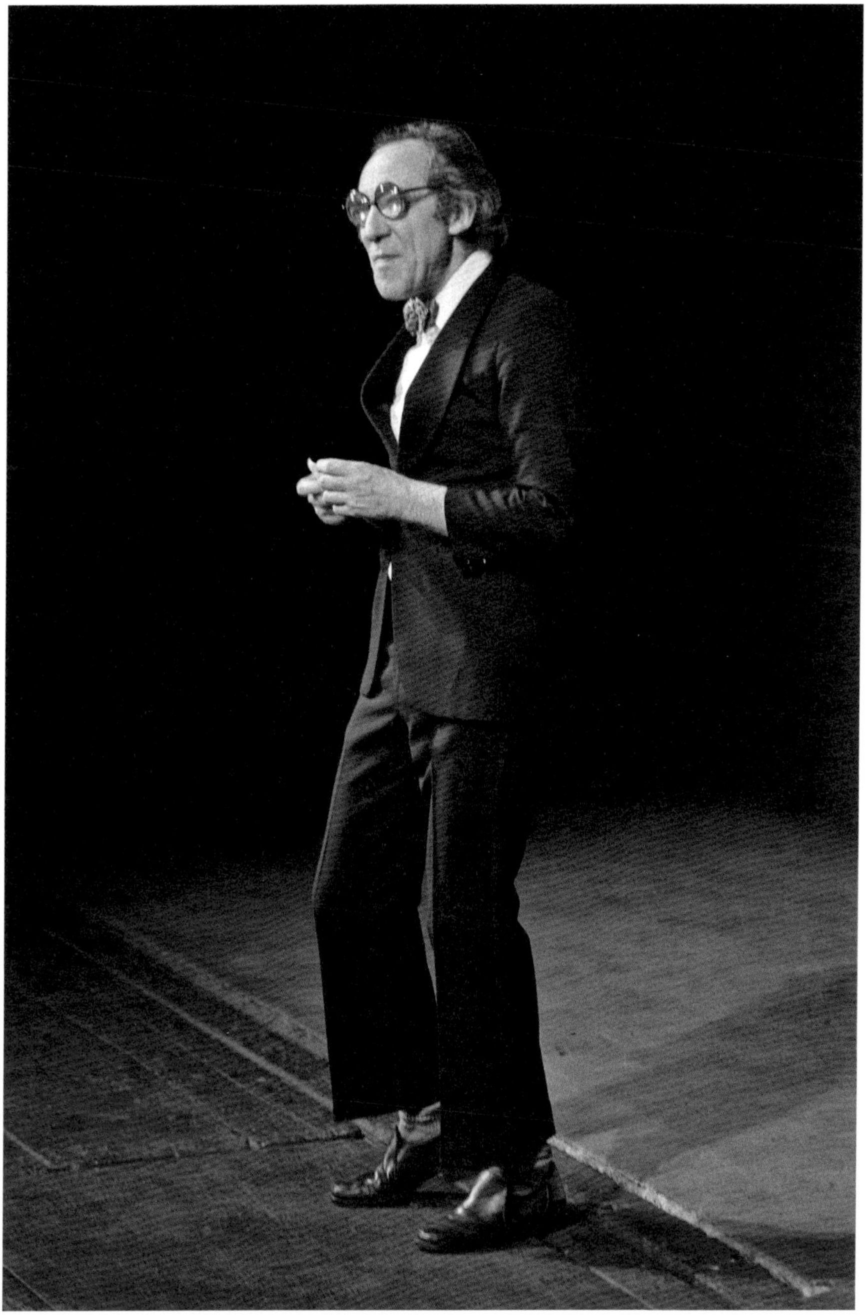

Dieter Hallervorden. Nürnberg, 1972

14. Götz George, nach 1960

Schauspieler, geboren 1938 in Berlin, gestorben 2016 in Hamburg

Berlin-Dahlem 1960, Englerallee, Ufa-Nachwuchsschauspielschule. Jeden Morgen kamen hier einige junge, komplizierte Mädchen und Jungens zusammen: Anita Kupsch, Hannelore Auer, Grit Boettcher, Peter Finkbeiner, Horst Janson, Götz George, Ulli Lommel, Thomas Eckelmann, Volker Bonnet und viele andere.

Es gab verschiedene Gründe für unser Hiersein. Einige waren da, weil sie wirklich schauspielen wollten. Andere, wie Götz George, weil die Mutter es wollte – Tradition spielt in Künstlerfamilien eine gewaltige Rolle. Wieder andere, weil sie bereits eine große erfolgreiche Filmrolle hatten, Peter Finkbeiner zum Beispiel in *Emil und die Detektive*. Dann gab es noch die Freundinnen berühmter Regisseure. Ich war da, weil ich gut aussah. Die Leiterin, Frau Else Bongers, hatte mich persönlich mit einem Stipendium gelockt, außerdem hat sie mir berühmte Regisseure als Lehrer versprochen, die aber nie in der Schule tätig wurden. Regie war mein Anliegen.

1961 wollte Ulli Lommel einen Film drehen. Götz George und ich in den Hauptrollen. Einige Drehtage fanden statt, auf alten Gleisanlagen in Halensee. Der Kameramann baute sein Gerät auf, wir waren nur vier Mann, Ulli Lommel, außer Atem, stolperte über die Gleise: „Ist der Putzie (Götz George) schon da?“ – „Nein, haben ihn nicht gesehen.“ – „Das wird nichts mehr, wir gehen nach Hause.“ – „Was ist los?“ Ulli, aufgeregt: „Weiß ich nicht.“ Alle waren weg, Kaffee trinken in der nächsten Kneipe. Ulli, sauer: „Sag mal, Roger, der Putzie stottert doch, hast du das beim Unterricht gemerkt?“ – „Natürlich, alle merken es. Aber er kann damit fabelhaft umgehen. Die langen, gedehnten Pausen beim Sprechen, die merkwürdigen Zwischentöne. Er benützt seinen Fehler als Ausdruckselement. Genial.“ Was wirklich geschehen war, habe ich nie erfahren. Der Film wurde nicht weitergedreht. Götz war in der Schule wie immer. Probleme hatte Putzie mit einer Mitschülerin, Helga Schlack, er war verliebt, dann gab es noch Helga Sommerfeld, aber ich kann mich täuschen ... Denn auf diesem sehr persönlichen Gebiet war die Schule die Vorstufe zur Hölle. Kaum überschaubar und ständig in Rotation.

Schreierei im Vorgarten der Schule: Götz Georges Mutter tobte, schrie auf die völlig überraschte Frau Bongers ein: „Kümmere dich um deine Schülerinnen,

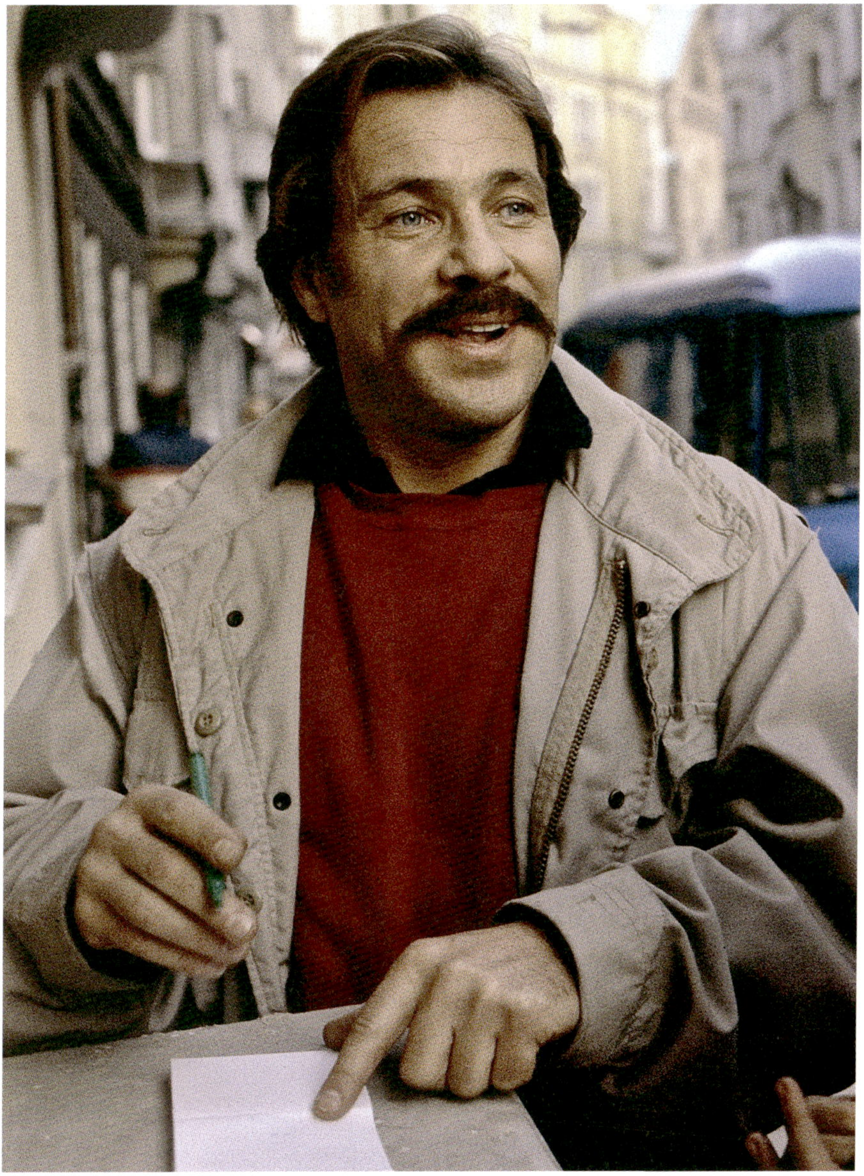

Götz George in München, 1965

pass, verdammt noch mal, auf die da auf." Berta Drews mit ihrer gewaltigen Schauspielerinnenstimme brüllte alles nieder, rannte auf Helga Schlack zu, dabei schwang sie eine Peitsche, eine kurze mit ca. sieben Riemen, wollte auf Helga einschlagen. Doch irgendjemand mischte sich ein, andere hielten Berta Drews. Frau Bongers, die man selten lachen sah, saß auf der Eingangstreppe und konnte nicht mit dem Lachen aufhören. Helga Schlack, ziemlich geschockt, erzählte, von fast allen Mädchen umringt, dass Drews schon am Anfang auf sie eingeschlagen habe. Und sie einmal getroffen habe. Götz George war nirgendwo zu sehen. Nach einem Jahr verließ ich Schule und Berlin.

Putzi habe ich als *Schimanski* 1982 in Duisburg getroffen und fotografiert. Da war er guter Laune, wir haben uns die Ufa-Erlebnisse erzählt. „Hast du eine Tochter, die Leslie Fritz heißt?" Ich nickte. „Die Regieassistentin? Das ist ja wohl eine der strengsten Personen am Set."

Unsere letzte Begegnung war nicht mehr so lustig. In Sardinien, zwar sollte es Urlaub sein, aber unruhig, wie ich bin, machte ich eine Reportage. Über die Gegend Olbia, Porto Cervo, Porto Rotondo. In der Nähe, auf einem Berg, hatte sich eine ganze deutsche Film-Kolonie angesiedelt, auch mein Produktionsleiter Peter Gene und der Innsbrucker Bill Berger. Alle waren sehr höflich, am Schluss ging ich zu Putzies Haus, dachte, er freut sich. Er gab mir sofort ein Glas Wein. Dann sah er meine Kamera. „Willst du etwa Fotos machen?" – „Wenn du nichts dagegen hast." – „Was fällt dir eigentlich ein, hierher zu kommen und Fotos zu machen? – „Das habe ich einer Berliner Freundin versprochen."– „Hau bloß ab!"

Es gab keinen Weg, ihn zu beruhigen. Er war unterdessen zum Star geworden, das hatte ich in Anbetracht der langen Freundschaft nicht bedacht. Das Foto war mir egal.

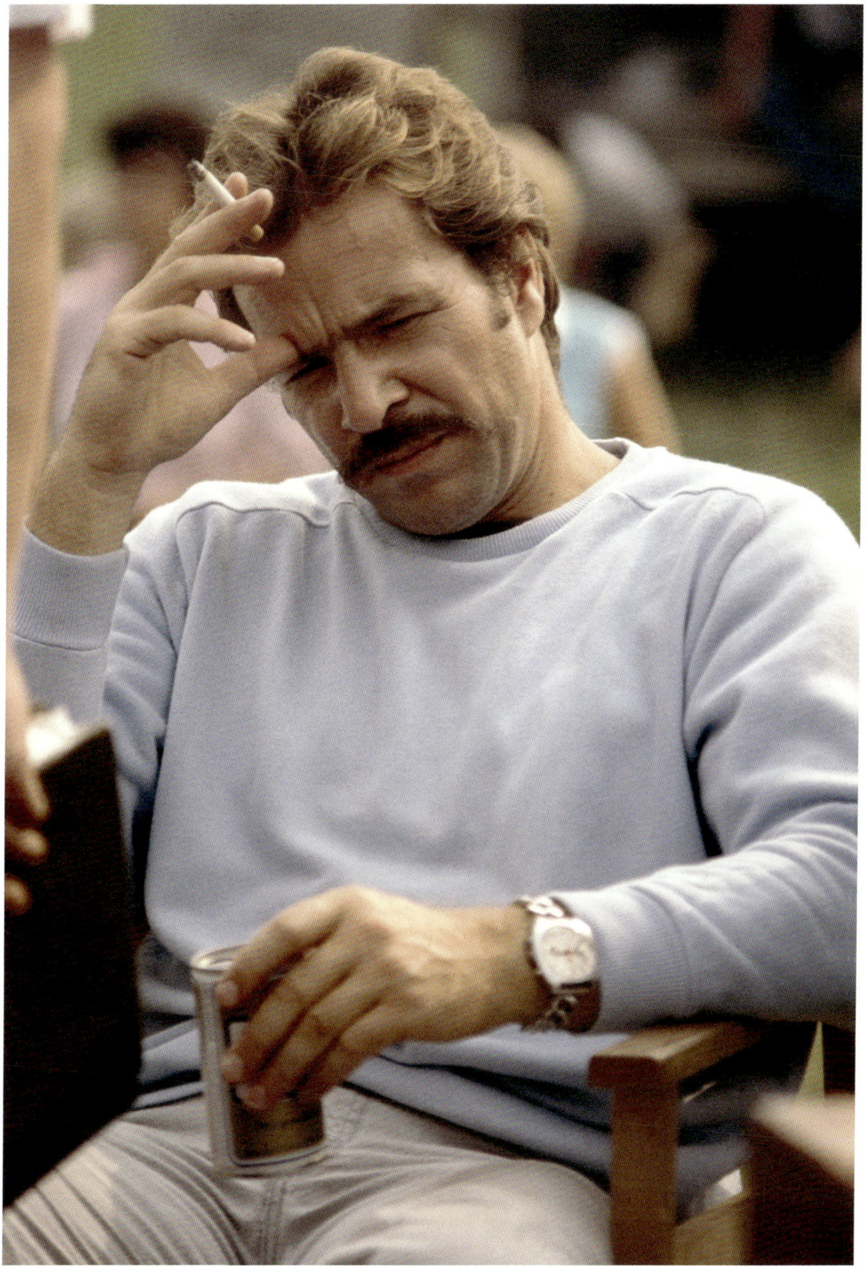

Götz George während der Dreharbeiten zu *Schimanski*. Duisburg, 1965

15. Helmut Berger, nach 1960

Schauspieler, geboren 1944 in Bad Ischl

Damit wage ich mich an ein Thema! Eigentlich wäre es ein ganzes Buch. Einen Dokumentarfilm über Helmut Berger habe ich schon gedreht.

Irgendwie waren wir befreundet und trotzdem Konkurrenten. Ob Helmut mich mit dem Folgenden meint: „...den ‚Freund von Visconti' habe ich ganz schnell aus dem Haus in Rom, Via Salaria, entfernt. Aber wie nichts raus aus dem Haus! Er fuhr dann meinen Maserati." Als Helmut wie eine Jagdbeute nach Rom mitgebracht wurde, gab es außer mir keinen anderen Freund von Visconti in dessen Haus. Und ich bewegte mich ewig mit meinem weißen VW Cabrio durch Europa und war nicht der Geliebte von Luchino.

Helmut hatte Josef aus Landau, seinen Schulfreund aus der Hotelfachschule, immer im Hintergrund. Wo Josef wohnte und was er in Rom machte, weiß ich nicht. Mir gaben die Römer den Spitznamen „der Barock-Engel", der hätte zu Helmut besser gepasst. Die meisten hielten uns für Brüder, kurzzeitig war ich Mitbewohner einer Wohnung in der Nähe der Spanischen Treppe. Dort war auch öfters die wunderschöne Marisa Berenson anzutreffen. Die angebliche Verlobung von Helmut Berger und Marisa habe ich nicht miterlebt. Beide zusammen waren ein fantastisches Paar, es war der beste, absolut götterhafte Höhepunkt im Aussehen der beiden. Marisa und Helmut in einem Spielfilm wäre zu viel gewesen. Luchino Visconti besetzte sie als Frau von Aschenbach im *Tod in Venedig*, an der Seite von Dirk Bogarde.

Es gab viele Begegnungen und gemeinsame Abenteuer: Niarchos' Bootsreise nach Sardinien mit Besuch des spanischen Königs Juan Carlos, wilde Nächte in Paris, Monte Carlo, Schloss Elmau; Hotel zum Bären in Salzburg mit Mutter, Feiern in römischen Nachtclubs, Spoleto, viele Nächte in München. Beim Drehen in Berlin – eine italienische Produktion – spielte Helmut einen Nazi, SS-Offizier. Nach einer langen, ausschweifenden Nacht quer durch alle zugänglichen Discos und Bars sagte Helmut plötzlich voller Schreck: „Vaffanculo, merda, ich muss in einer Stunde drehen." Ratlos zurück ins Kempinski. Ein Zeitungstand, *Bild*-Zeitung, Überschrift: „Heute Jahrestag Kriegsende". Helmut, begeistert, lacht, die Zeitung schwenkend. Zum Portier: „Her mit dem Telefon." Sucht die Telefonnummer und beschimpft den Herstellungsleiter in wüstem Italienisch: „Was fällt euch ein; am heutigen Tag,

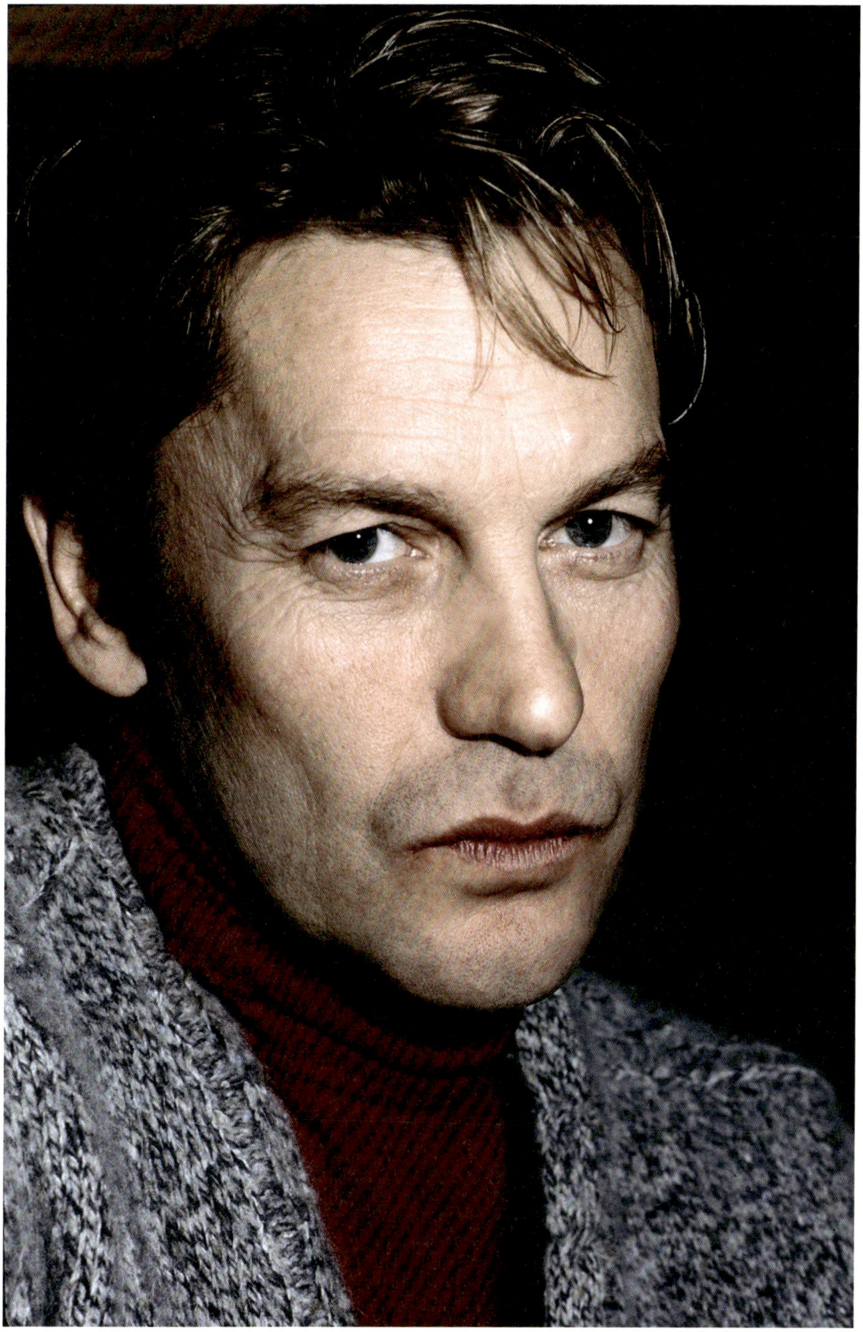

Helmut Berger. Rom, 1970

Jahrestag Kriegsende, mich in einer SS-Uniform als Deutschen in eurem verdammten Film spielen zu lassen! Das kommt gar nicht infrage. Aus, Schluss, ruft mich morgen wieder an!"

An uns gewandt dann: „Das hätte ich heute nicht geschafft. Die waren ganz erschrocken und haben mir das geglaubt. Gott sei Dank, Gott sei Dank, *Bild*-Zeitung, Gott sei Dank, Herr Springer."

Einige Tage später in München, nachts, hat er Angela Wepper, Johanna Wittgenstein und verschiedene andere mit Glaskristallen, Prismen und Perlenketten aus dem Kristallkronleuchter seines Hotelzimmers geschmückt. Das Hotel Kempinski gab ihm daraufhin Hausverbot. Danach kamen wir in eine Polizeikontrolle, wegen der Aggression gegen die Beamten landeten wir auf Wache Eins hinterm Hofbräuhaus. Leider war ich der Autofahrer. Helmut tanzte auf der Empfangsbarriere und quatschte und schimpfte die Beamten in Grund und Boden. Ein älterer Beamter erkannte ihn. „Sind Sie nicht der Helmut Berger, wann spielen Sie mal wieder in München?" Helmut: „Engagier mich, du, dann bleib ich bei dir." Sein ganzes weibliches Können, mit einem Sprung von der Barriere und einem Kuss auf die Polizistenwange, wurde ausgespielt. Der Beamte hielt ihn fern und begann zu lachen. Zu mir gewandt sagte er: „Den Autoschlüssel. Morgen holen Sie ihn ab, jetzt aber alle raus, bevor es Ärger setzt." Weg waren wir, sogar Helmut ging ohne Widerrede.

Rom, Via Appia Antica, Helmut und ich fahren zur Familie Rossellini. In einem Rolls Royce Corniche Cabrio, nagelneu. Wie er da so sitzt, passt alles nicht. Nach einiger Zeit sage ich zu ihm: „Das Auto ist zu groß, Alter-Mann-Schlitten, da gehörst du nicht hinein." Er macht eine abwehrende Handbewegung, fährt stur noch paar Hundert Meter weiter, wird langsamer, guckt mich an und lacht, reißt das Steuer herum. Landet auf der Wiese, knallt gegen einen Olivenbaum. Deutet nach oben: „Willst du ein paar Oliven?" Steigt aus. „Komm, wir gehen den Rest zu Fuß." Das Auto habe ich nie wieder gesehen.

Bad Ischl, Österreich, 2019, Helmut feiert Geburtstag. Sein Denkmal wird eingeweiht. Er im Rollstuhl: „Bin ich das?" Hundert Menschen, aus ganz Europa angereist, feiern mit.

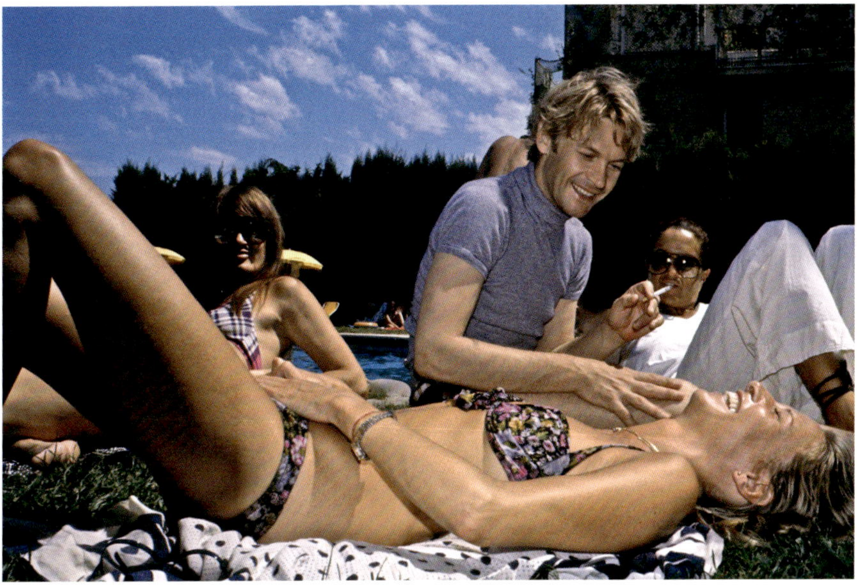

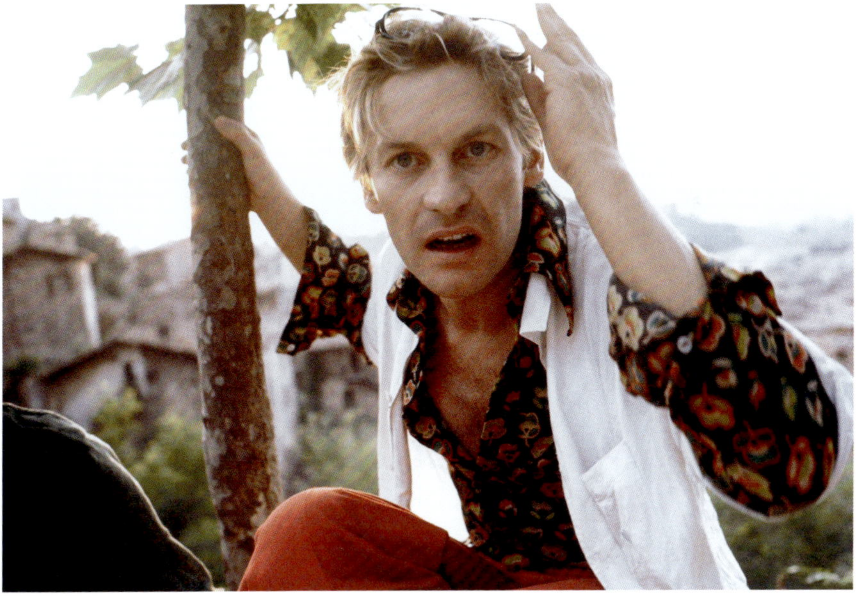

oben: Helmut Berger mit Angela Wepper, Prinzessin Hohenzollern. Rom, 1985
unten: Helmut Berger in Spoleto, 1985

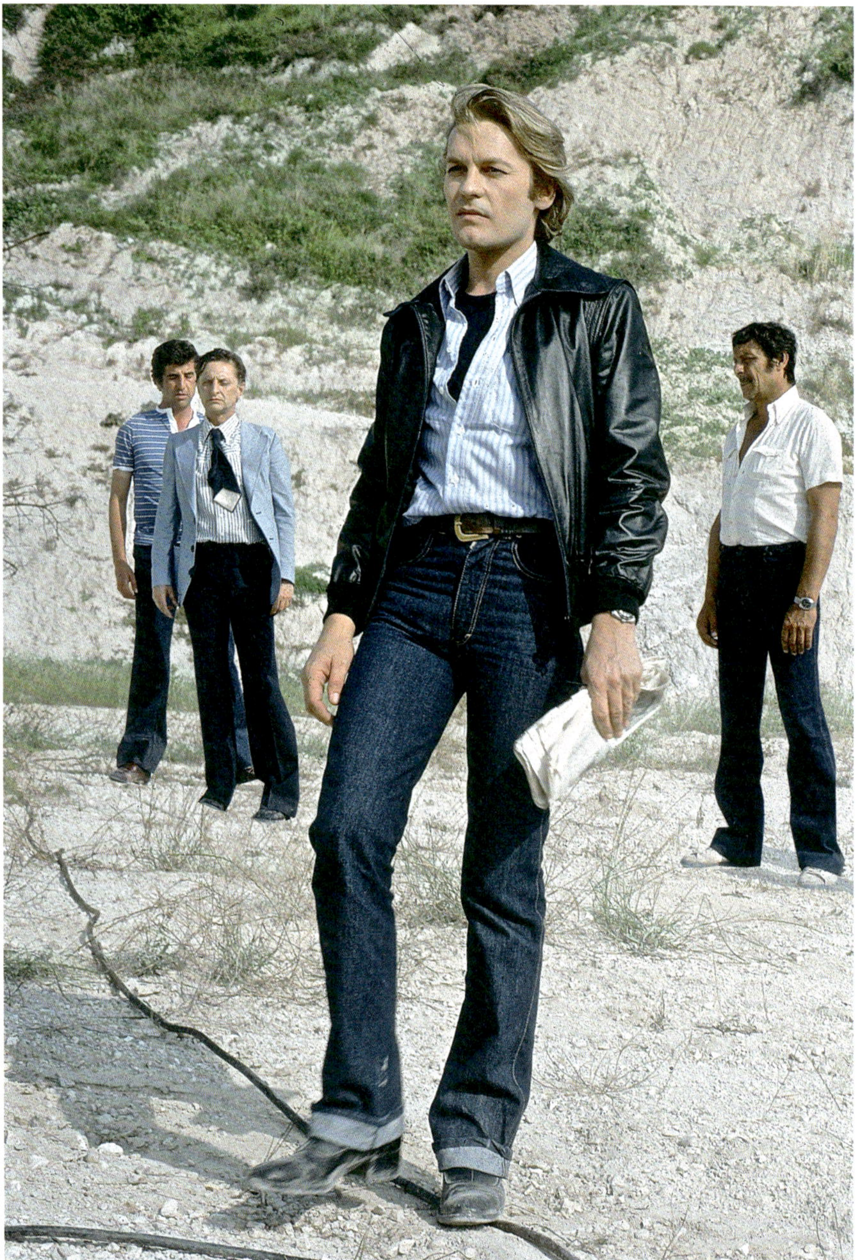

Helmut Berger. Rimini, 1984

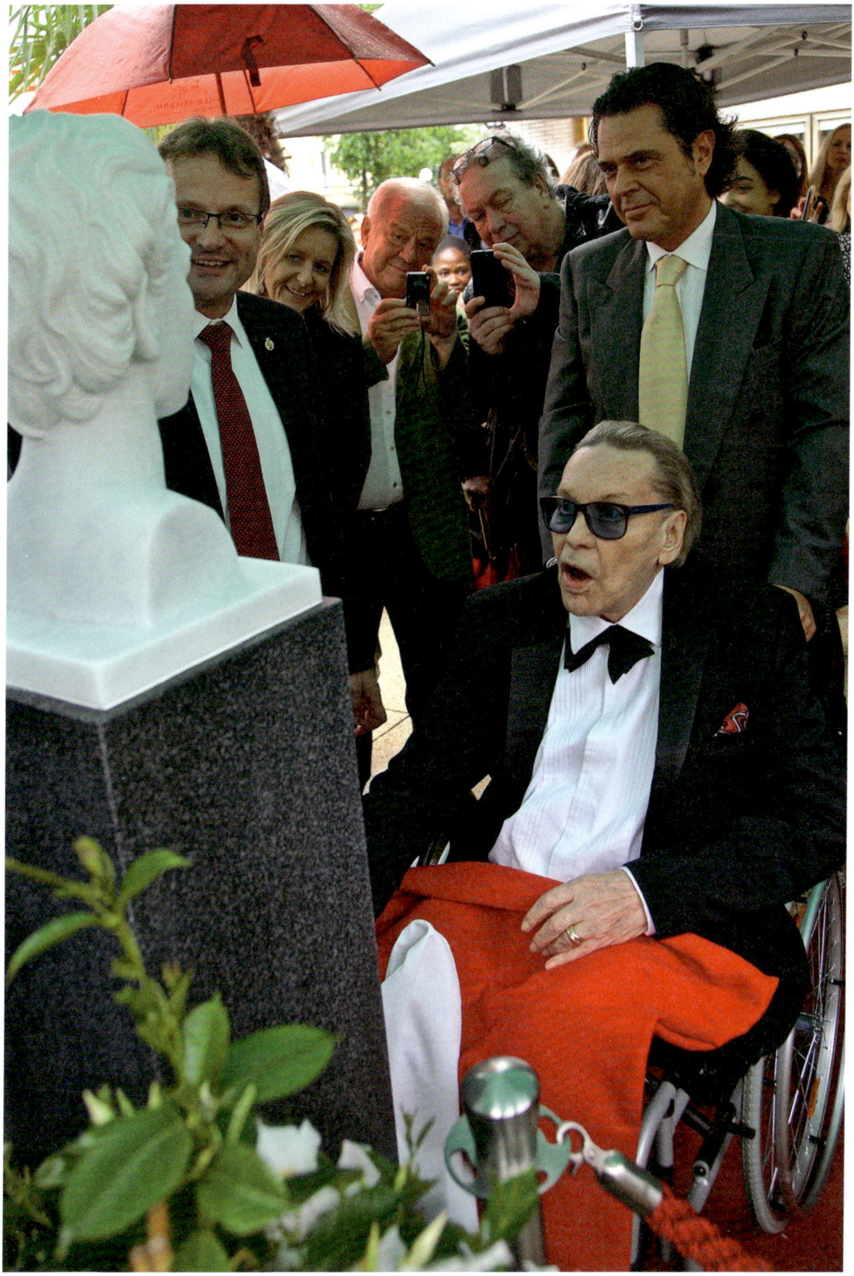

Helmut Berger bei der Einweihung seines Denkmals an seinem 75. Geburtstag.
Bad Ischl, 2019

16. Mario Adorf

Schauspieler, geboren am 8. September 1930 in Zürich

„Meine Vergangenheit, das war natürlich damals diese Dolce-Vita-Zeit. Sowohl vom Leben her, ein sehr leichtes Leben, wo man sehr gut leben konnte, mit wenig Geld auch, eine sehr gutgelaunte Zeit auch."

Das ist Deine Aussage, lieber Mario, zum Leben in Rom. Du hast absolut Recht, es gab auch für mich keine bessere Zeit.

Eines Abend hast Du uns zu einer Geschäftseröffnung von einem Freund mitgenommen. Du und Deine Monique, Peter Berling, Gisela Hahn und Stefania Casini und ich, wir waren alle bester Laune, wo, das weiß ich nicht mehr genau, Antiquitäten wurden angeboten. Versteigert? Auf jeden Fall hattest Du eine ca. dreißig Zentimeter hohe Bronze/Elfenbein-Tänzerin erworben, ich wollte sie unbedingt haben, machte Dir so nebenbei den Vorschlag, die Hälfte des Kaufpreises zu zahlen, nachdem Du schon bezahlt hattest. „Wir werfen die Münze, Kopf gewinnt die Figur." Peter Berling war absolut dagegen, Monique schüttelte den Kopf, siegessicher nahmst Du das Geldstück und lachtest. Die Münze flog durch die Luft, für Dich. Patsch, Zahl, mein Wurf brachte natürlich den Kopf – mir gehörte die Figur. Ich hatte ein schlechtes Gewissen, wollte sie nicht nehmen, Du hast darauf bestanden, und jetzt steht sie hier am Fensterbrett.

Ca. zweihundertzehn Spielfilme und achtunddreißig Fernsehfilme und fast jeden Preis, den man gewinnen konnte – hast Du alle in einem Regal aufgestellt?

Theatiner Filmtheater, letztes Jahr, die großartige Doku über Dich, Deine Freude, uns zu sehen. Du bist für mich ein großartiger Schauspieler! Ich freue mich jedes Mal, Dich zu sehen. (Auch wenn Du nicht den elektrischen Herd in meiner Mietwohnung in St. Tropez reparierst.)

Dein Roger

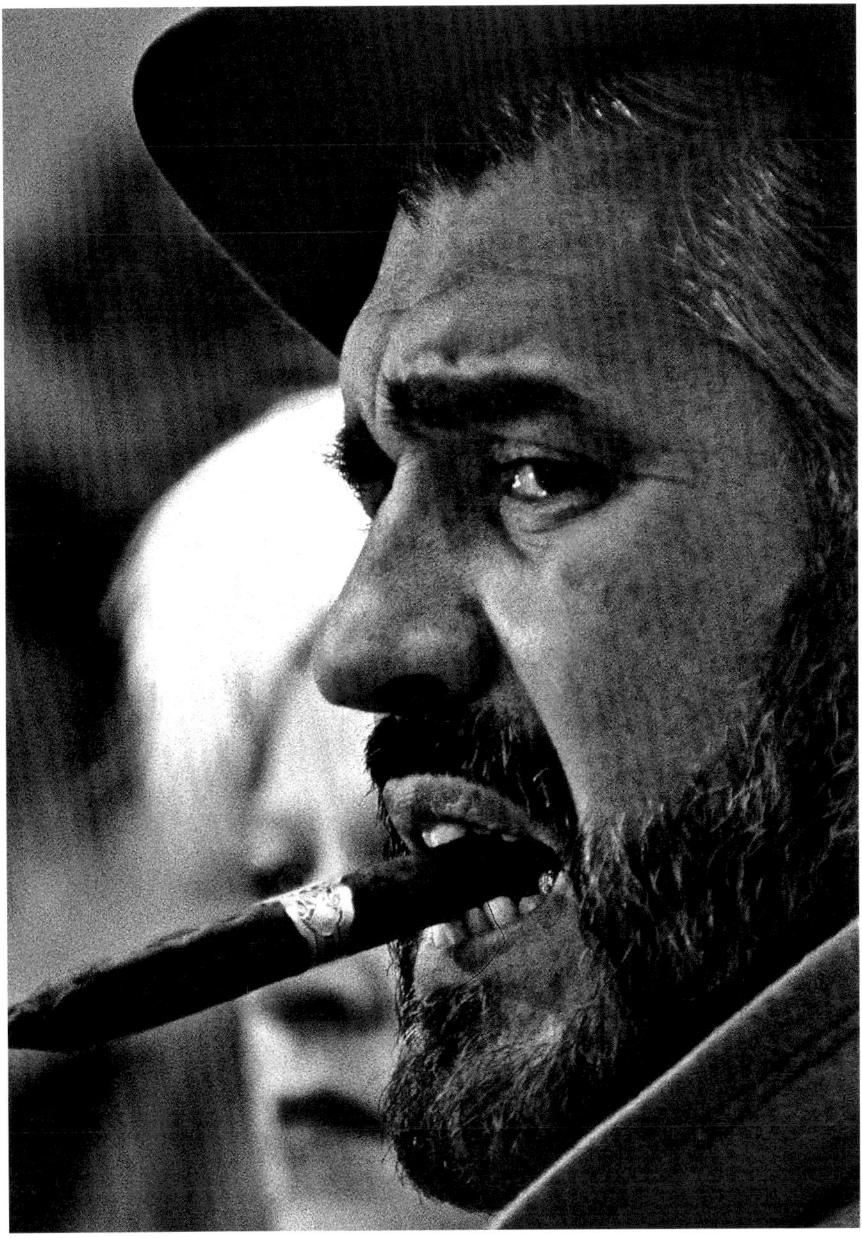

Mario Adorf in R. W. Fassbinders *Lola*, 1981

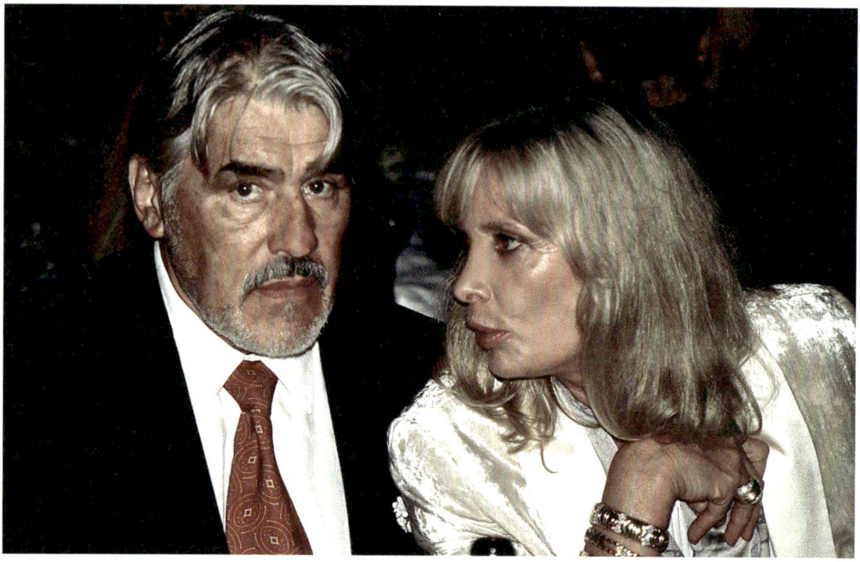

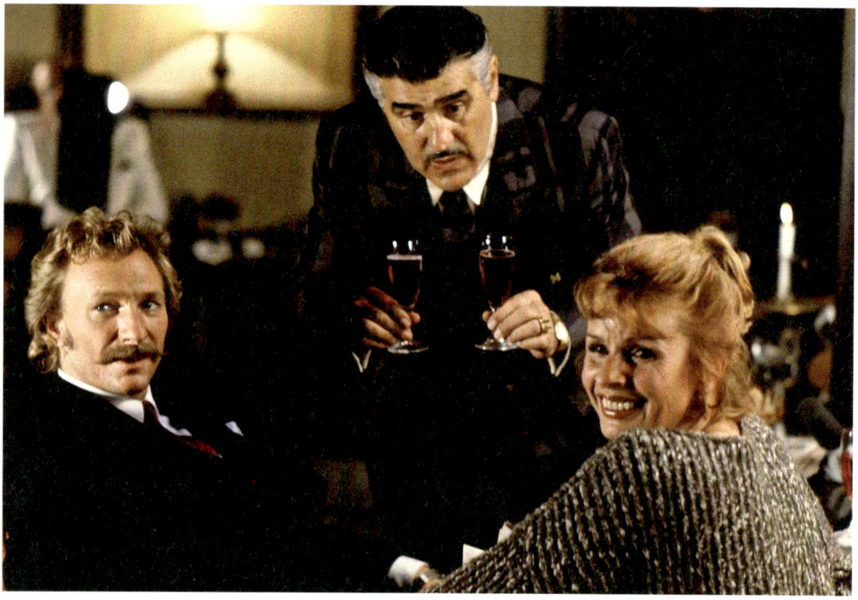

oben: Mit Ehefrau Monique im Prinzregententhater. München, 2010
unten: Mit Franz Xaver Kroetz und Senta Berger in *Kir Royal* von Helmut Dietl, 1986

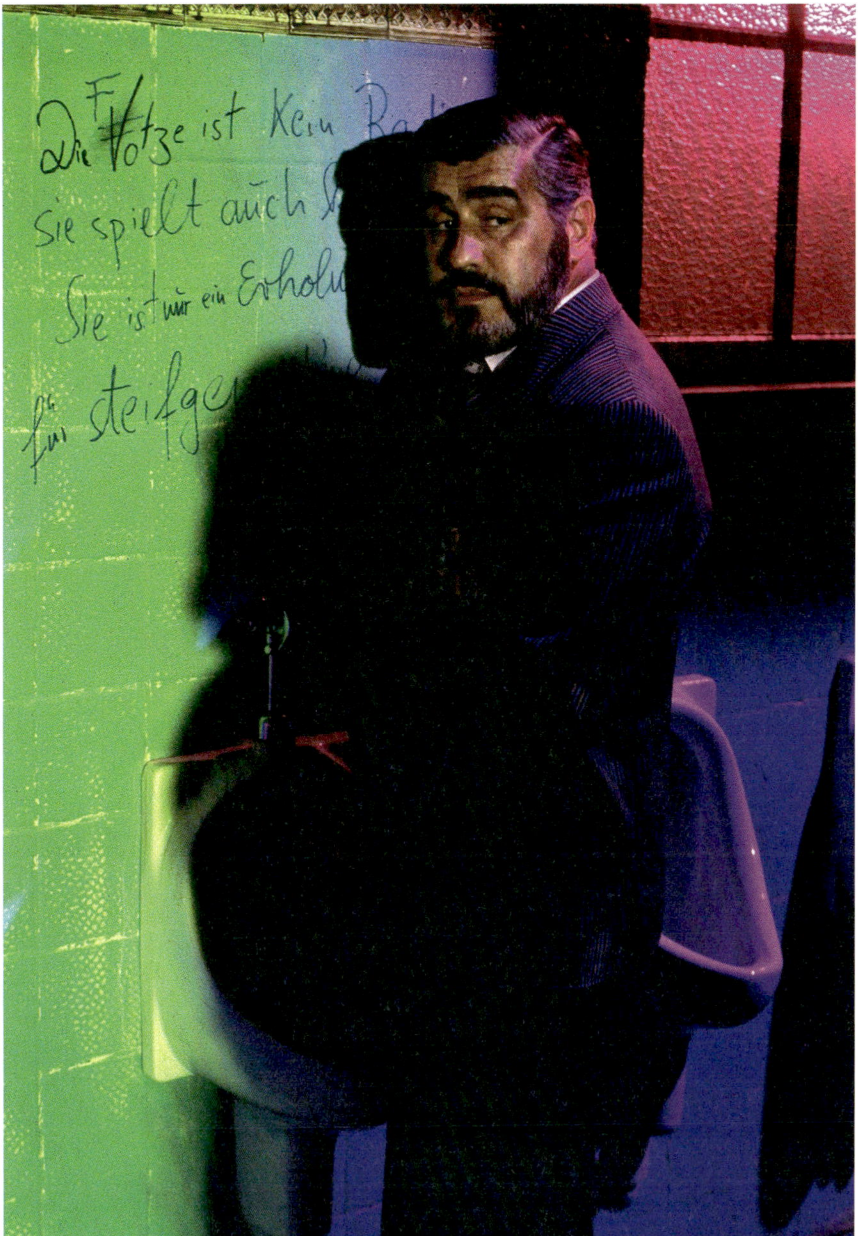

Mario Adorf in *Lola*, 1981

17. Jeanne Moreau

Schauspielerin, geboren am 15. Dezember 1940 in Wien, gestorben 2002 in München

Winziger Ort in der Provence. Kleines Hotel mit Café. Da sitzt sie, ganz einfach angezogen. Altrosa Kleid mit blauer, abstrakter Zeichnung, eine Hufeisen-Brosche, drei Armbänder, eine kleine Tasche, vertieft in die Unterhaltung mit dem Besitzer. Mich kaum bemerkend. Dann ein lustiges Lachen: „Schön, dass du da bist … dann fahren wir."

Auf Englisch, das You ist einfacher. Wir hatten zwar das „Sie" schon abgelegt bei den Dreharbeiten zu Fassbinders Film *Querelle* von Jean Genet, in Berlin. „Du bist pünktlich, wie die Deutschen halt so sind. Wir machen noch einen kurzen Besuch, Freunde, er ist Maler und arbeitet an einem Porträt von mir." Natürlich fotografierte ich, das Bild, die beiden. Jeanne Moreau lobte das Gemälde und den ausgezeichneten Wein. Dann ging es weiter in meinem Auto, mit dem ich aus München gekommen war, zu ihrem Haus, in einem hügeligen Waldgelände. Meine brennende Zigarette in der Hand gefiel ihr gar nicht. „Dass du mir die Zigarette nicht in dem Wald wirfst!" Dann kam ein Vortrag, über die Gefährlichkeit einer brennenden Zigarette und die ausgetrockneten Wälder um uns herum, die wie Zunder brennen. Dass ich bei den Pfadfindern war, beruhigte Sie nicht.

Gelb angestrichen stand das Gebäude in einem schönen Garten, mit vielen Blumen und einem Brunnen in der Mitte. Das Haushälterpaar kam auf uns zugelaufen, und an der herzlichen, offenen Umarmung konnte man erkennen, dass der letzte Besuch einige Zeit zurücklag.

Ein kritischer Blick. Darauf die präzise Aussage, dass ich der Fotograf des letzten Films sei, aus Berlin. Eine Reportage über unseren Star mache. Das war erledigt – „Aha, dann kommen Sie mal mit, ich zeige Ihnen Ihr Zimmer." Resolut schnappte die Haushälterin meinen Koffer und ging voran ins Haus, sofort war ich degradiert, zu einem weiteren Angestellten. Die Zimmertür wurde aufgestoßen, der Koffer in der Tür abgestellt und ich meinem Schicksal überlassen.

Später gab es ein ausgezeichnetes Essen, es wurde langsam dunkel im Garten. Die Stille war ich nicht mehr gewöhnt. Jeder Laut wurde von den Bäumen verschluckt. Genau so ruhig, noch ruhiger, war es im Salon mit der hohen Decke. Jeanne saß in einem Sessel, kontrollierte ihre Post. Ich traute mich kaum, etwas

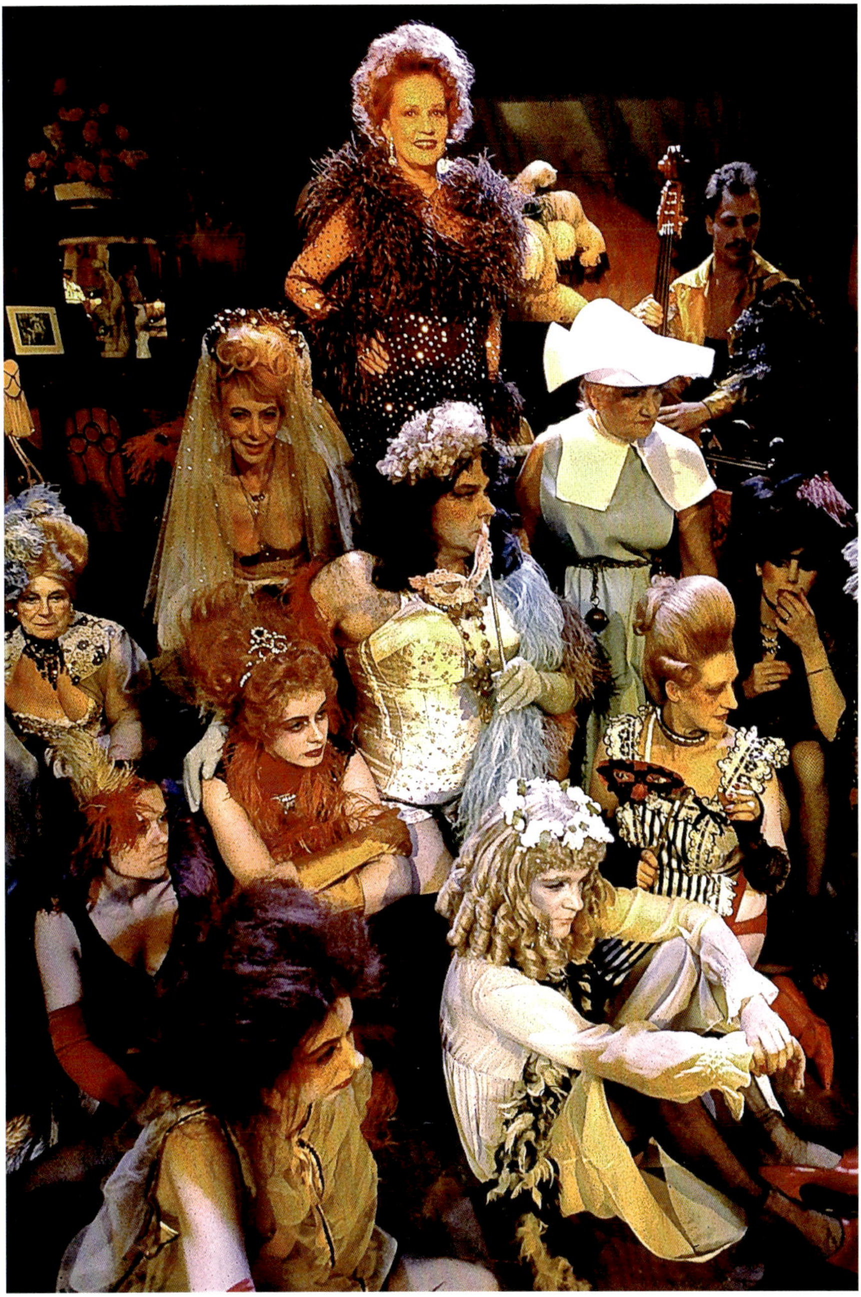

In *Querelle* mit Fassbinders verkleideten Männer-Freunden. Berlin, 1982

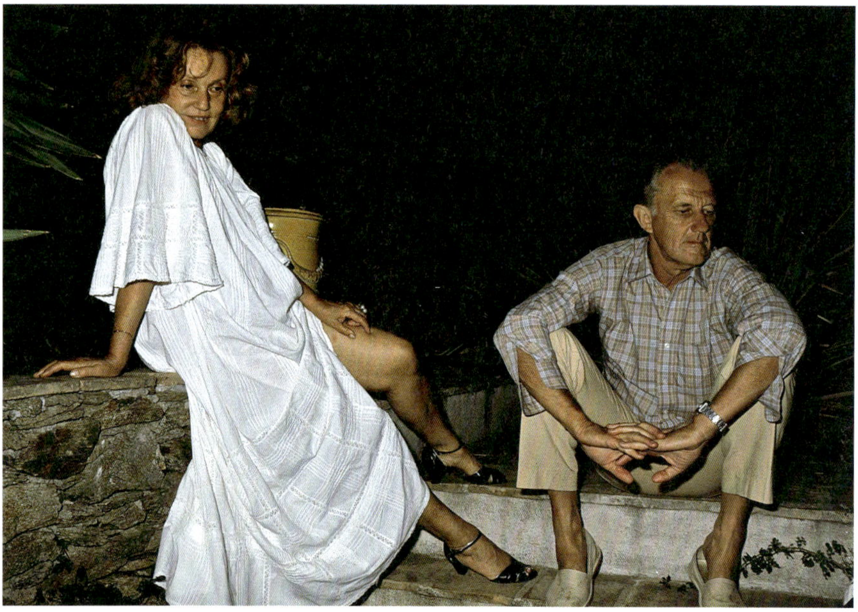

Jeanne Moreau und der britische Regisseur Tony Richardson. Südfrankreich, ca. 1983

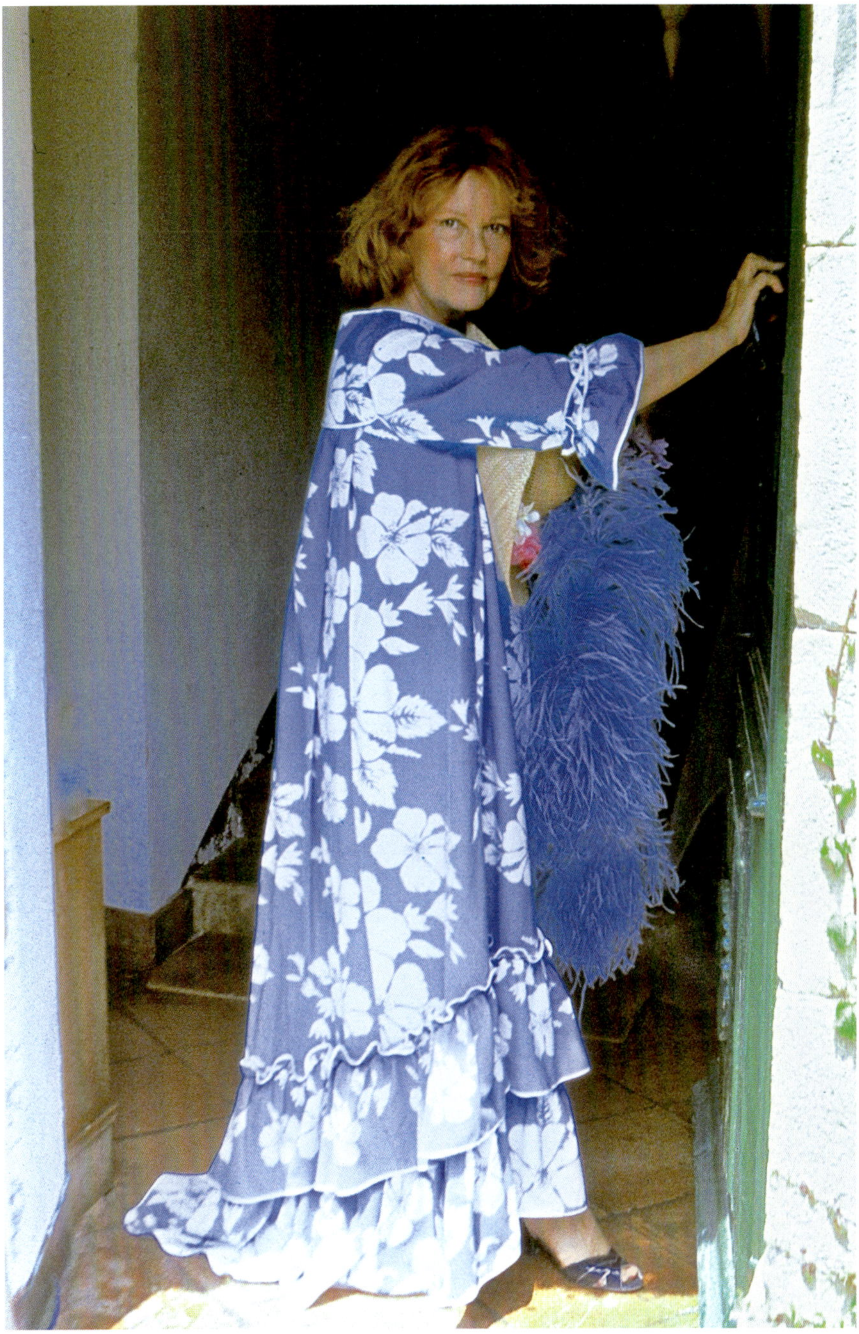

Jeanne Moreau in Südfrankreich, ca. 1983

zu sagen. Gelegentlich wurde mir ein Blick geschenkt, den ich nicht deuten konnte. Abwarten, was passiert!

Peter Handke kam mir in Sinn. Ob die beiden auch so ruhig waren? Vielleicht war er gar nicht hier im Haus? Fragen wollte ich nicht. 1974 schrieb Handke an Jeanne Moreau: „Du bist meine erste und letzte Liebe." Vielleicht kniete er nieder vor ihr, da drüben, an der Treppe zum ersten Stock. Sie sieht noch, nicht mehr ganz, aber fast zum Niederknien aus.

Irgendwie herrschte Spannung im Raum, oder die Spannung war in mir, ob sie meine Gedanken erkennt. Welche Gedanken hat sie? Auf einmal legte sie allen Papierkram neben sich, blickte mich an, lachte und sagte: „Jetzt ist es genug, ich muss noch ein Treatment studieren, das mache ich am besten im Bett … Bis morgen." Mit wenigen Schritten war sie an der Treppe, Jeanne Moreau flog leichtfüßig in den ersten Stock.

Was wohl Peter Handke in so einer Situation, die eigentlich keine war, tat? Rauchte Peter Handke? Ich ja, zündete eine Zigarette an und ging in den Garten. Der Nachthimmel war hell erleuchtet vom Widerschein der beiden Orte Port Grimaud und St. Tropez. Es rief und lockte, doch ich ging entschlossen in mein Zimmer.

Das Frühstück bestand aus einer sehr gut gelaunten Jeanne, gekochten Eiern und frischen Croissants. Wir beschlossen, jetzt bald die Fotos zu machen. Außerdem war sie zum Abendessen ins Haus des berühmten englischen Regisseurs Tony Richardson gebeten, ich als Hausgast natürlich auch.

Einem Gegenüber direkt ins Gesicht zu sehen, erzeugt nicht immer Nähe. Ein Antlitz zum Anfassen, erst ist es fremd, der Mensch auch. Eine Schauspielerin ist anders, sie spielt mit mir, sie beobachtet mich auch. Die Kamera nichts Fremdes, ohne Aufforderung zeigt sie mir verschiedene Nuancen ihrer Ausdrücke, tanzt durch den Garten, setzt sich in die Hängematte. Lacht, beobachtet von den Hausangestellten, die aufmunternde Zeichen in meine Richtung machen. Das stört Jeanne, sie zieht sich in ihr imaginäres Schneckenhaus zurück.

Am Abend, durch den Wald, zum Gastgeber.

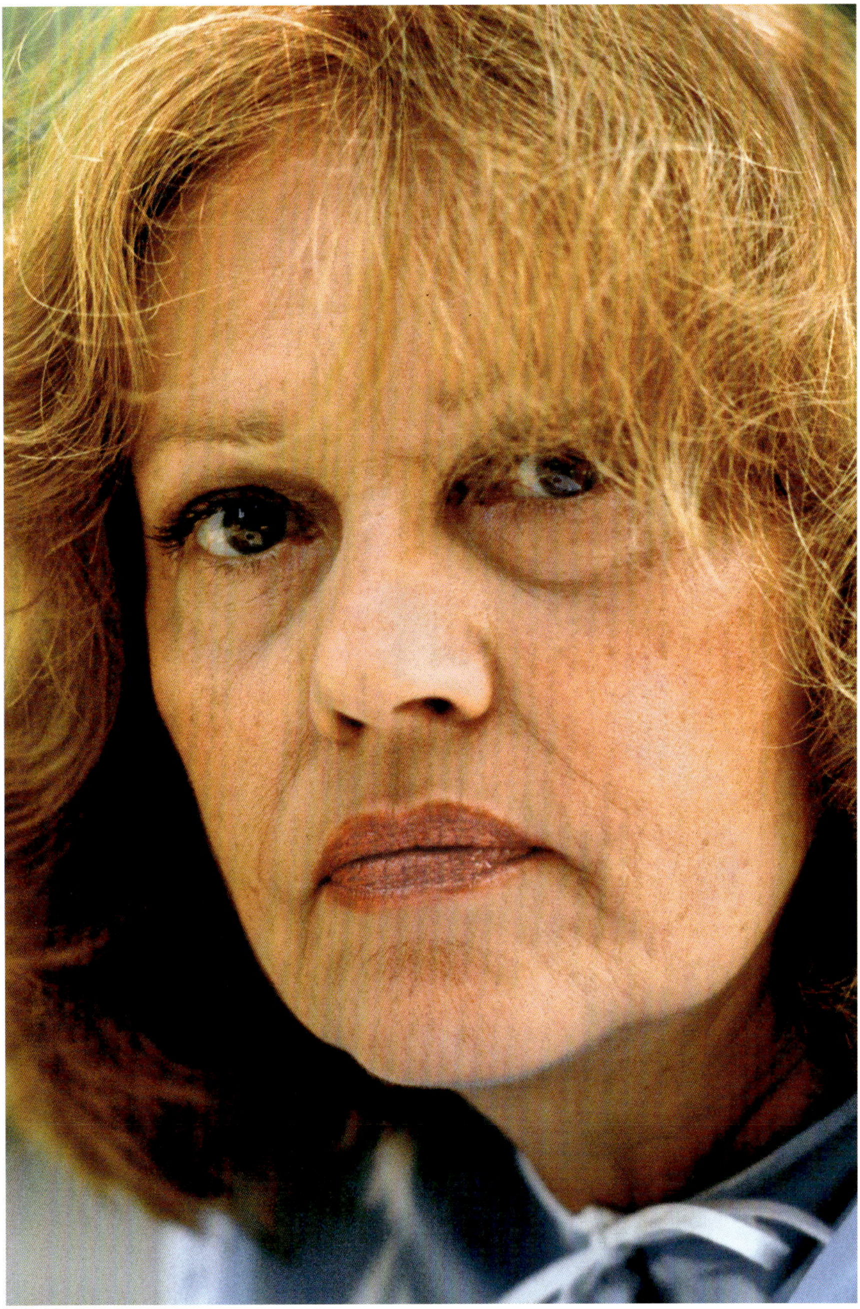

Jeanne Moreau in Südfrankreich, ca. 1983

18. Ulli Lommel

Regisseur und Schauspieler, geboren 1944 in Zielenzig, gestorben 2017 in Stuttgart

Ufa-Nachwuchs-Schauspielschule in Berlin: Unser holländischer Tanzlehrer war begeistert von Ulli Lommel: „Das ist ein Traum-Tänzer, den lieben alle." Ulli hat später ca. fünfzig Filme produziert und Regie geführt, das Geld dazu gefunden.

1982. Der *Stern* schickte mich nach Los Angeles, Art Director Gillhausen: „Mach eine Reportage über den Sunsetstrip." Auf dem Strip parkte ein schwarzer, großer amerikanischer Schlitten leise neben mir. „Ich muss mich anschleichen, anstatt dass du mich anrufst, wenn du dich schon in meiner Stadt rumtreibst." Ulli Lommel, sehr Californian-Style, auf dem Beifahrersitz: buntes Blumenhemd, Jeans, halblang, ausgefranst, Cowboystiefel aus Schlangenhaut, breiter Ledergürtel, auf der bronzenen Schnalle stand Nugget. Es fehlte nur, dass er die Beine über der Tür nach außen hängen ließ. Neben ihm eine bildhübsche Chauffeuse. „Das ist Suzanna" – er nickte kurz in ihre Richtung –, „meine Frau. Bist du allein?" – „Nein, siehst du, da drüben vor dem Geschäft, das ist Margit, meine Frau." Ulli notierte eine Adresse: „Hier, ab 19 Uhr Halligalli bei mir zu Hause heute, was für ein Glück, dass ich dich getroffen habe!" Ein Zeichen, und Suzanna drückte aufs Gas. „Du triffst viele deutsche Freunde, also komm!" Winkend verschwand er.

Liebe ist kälter als der Tod, ein Fassbinder-Film, Hauptrolle Ulli Lommel. Warum musste ich an diesen Titel denken? Lag es an der Nichtreaktion seiner Frau?

Ulli spielte übrigens noch in ca. weiteren fünfundzwanzig Filmen. Am Abend, eine große einstöckige Villa mit Garten und Swimmingpool, tausend Autos vor der Tür, ein Volksfest im Garten. Gedränge von meistens jungen Filmschaffenden. Ein Cutter aus München kam mir entgegen: „Ej, Roger, immer noch Wodka Orange? Hier ist es. Was trinkt deine Frau!? Wein? Kommt gleich." Harry Joe Brown zupfte mich an der Schulter: „Was machst du hier?" Harry Joe Brown, Sohn eines altgedienten Hollywood-Produzenten. „Zieht dich das Geld, wie viele andere hier?" – „Nichts da, Lommel und ich waren zusammen auf der Schauspielschule. Wer hat hier das Geld?", fragte ich. – „Die Frau, mein Lieber, immerhin eine Mobil-Oil-Erbin." Deshalb spielt sie auch die meisten Rollen in Ullis Filmen. Sie spielt allerdings gut.

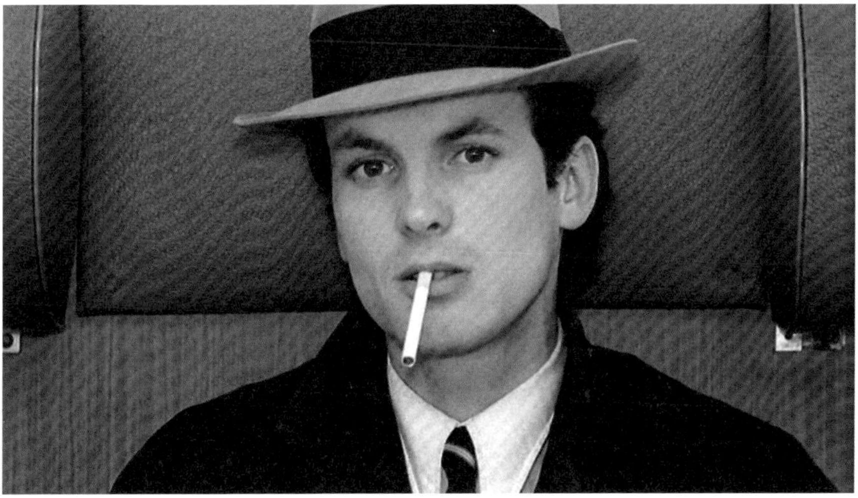

Ulli Lommel in R. W. Fassbinders *Liebe ist kälter als der Tod*, 1969
Kamera: Dietrich Lohmann

Galerie Flash in der Blumenstraße, München, 2017, meine Ausstellung *Der wunderschöne Müll. Die herzhafte Piep-Show. Und einiges Wohnzimmer-Gehänge*… Da stand er, der seit vielen Jahren abhanden gekommene Ulli. Wir hatten uns kurz gesehen für *Daniel der Zauberer*, in dem Film spielte ich eine kleine Rolle. Er lebte wieder in München, ging anschließend nach Berlin, inszenierte an der Berliner Volksbühne *Fucking Liberty*. Starb 2017 in Stuttgart.

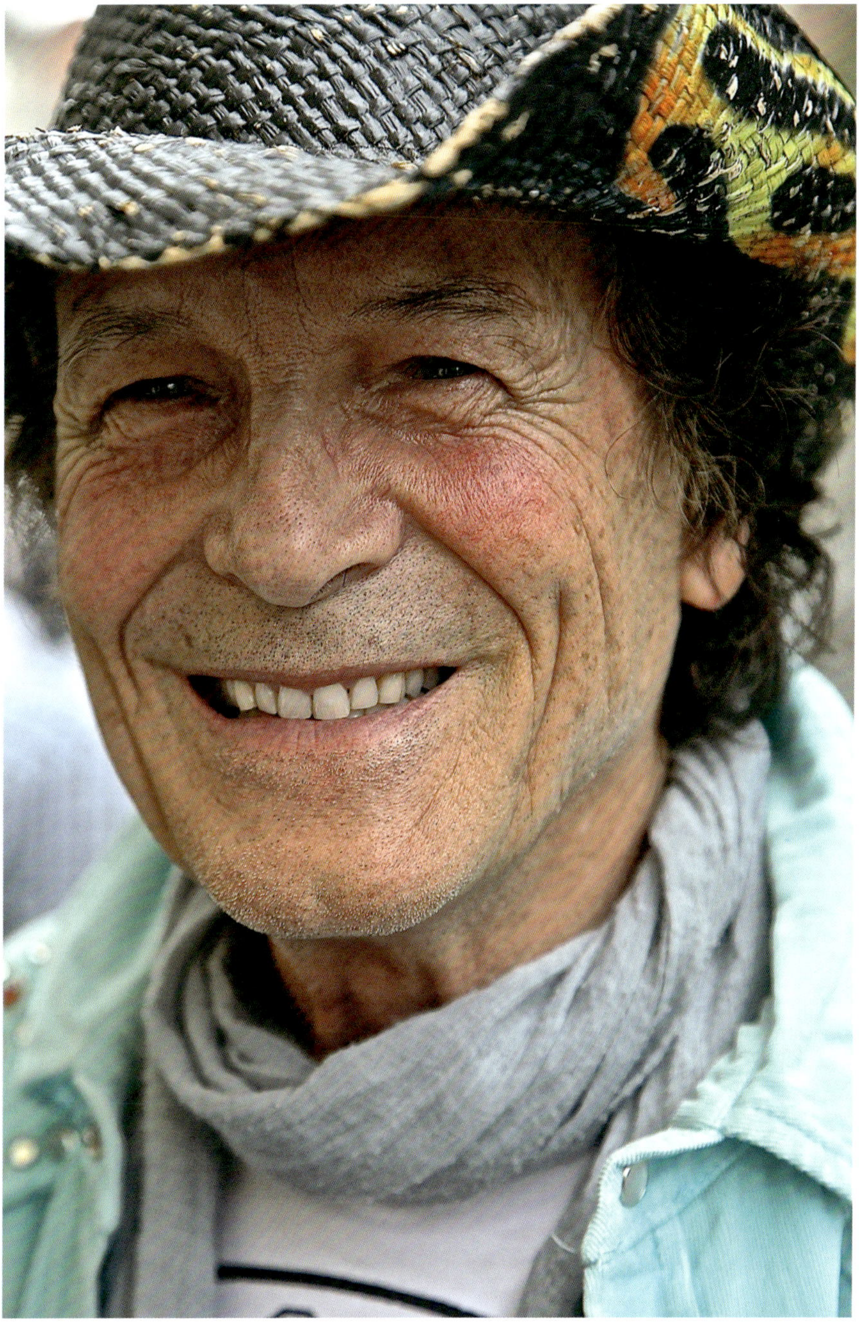

Ulli Lommel. Kurz vor seinem Tod, 2017

19. Joseph Beuys

Künstler, geboren 1921 in Krefeld, gestorben 1986 in Düsseldorf

Dort im Lenbachhaus, nicht zu begreifen, dass ein Maler so viel Platz braucht – das Wort Malerfürst trifft hier absolut zu. 1890 wurde der Bau fertig. Lenbachs Witwe Charlotte verkaufte dieses Schloss 1924 an die Stadt München. Rechtzeitig, kann man sagen, frühzeitig, um die Sammlung von Lothar Schirmer aufzunehmen, die Arbeiten von Joseph Beuys, dem Mann mit dem Hut „Ich bin kein Mensch, ich bin ein Hase", Ausspruch von ihm, das zu deuten überlasse ich den Kunstphilosophen. Meiner Meinung nach wollte er wie ein Hase in das Erdreich sich eingraben. Vor diesen schrecklichen Bayern, Münchnern allen voran, dem damaligen Kreisverwaltungsreferent Peter Gauweiler. Dem Sittenwächter, der von Kulturverfall sprach. „Der teuerste Sperrmüll aller Zeiten", dieser Ausspruch war nicht von Gauweiler, sondern vom Künstler Beuys selber.

„Müll" – ein geschenkter Ausdruck, ein willkommenes Argument. Richard Hundhammer, Landtagsabgeordneter, griff es auf für eine Aufsichtsbeschwerde und warf es erfolglos vor die Regierung von Oberbayern.

Wer ist dieser Beuys? Geboren am 12. Mai 1921 in Krefeld, aufgewachsen in Rindern, einem kleinen Ort nördlich von Kleve, englische Besatzung damals. Aus dem Krieg kehrte er mit dem Plan heim, Bildhauer zu werden. Ab 1946 an der staatlichen Kunstakademie in Düsseldorf.

Dunkeldorf, wie Düsseldorf von Süddeutschen genannt wurde, Drakeplatz 4. Wir hatten eine Verabredung, Joseph Beuys und ich, Beate Wedekind von der *Bunten* mischte sich dazwischen. Sie war schon da, als ich ankam. Sparsames Atelier, muffiger Beuys, viel verstreutes Zeitungspapier, vielleicht sollte es der Teppich sein. Ein Filzanzug an der Wand oder Stoff? Beate hinter dem Tisch, eigentlich am Ende. Aber auch am Ende mit ihrer schnellen Zunge. Beuys, strafend: „Da kommen Sie daher, auch noch von dieser *Bunten*, machen wir doch mal schnell was über den Beuys, haben aber gar keine Fragen. Herr Fritz, wie ist das Wetter da draußen? Sehen Sie, kann jeder beantworten."

Wedekind, brav, überrascht, „Wir machen eine Geschichte über Düsseldorf." Beuys unterbricht: „Aha. Da wollen Sie mich als kleine Dekoration aus der Kunstwelt." Das Gespräch ging so weiter, ich machte meine Bilder und verschwand. Er grinste mich an. Beate Wedekind überließ ich ihrem Schicksal.

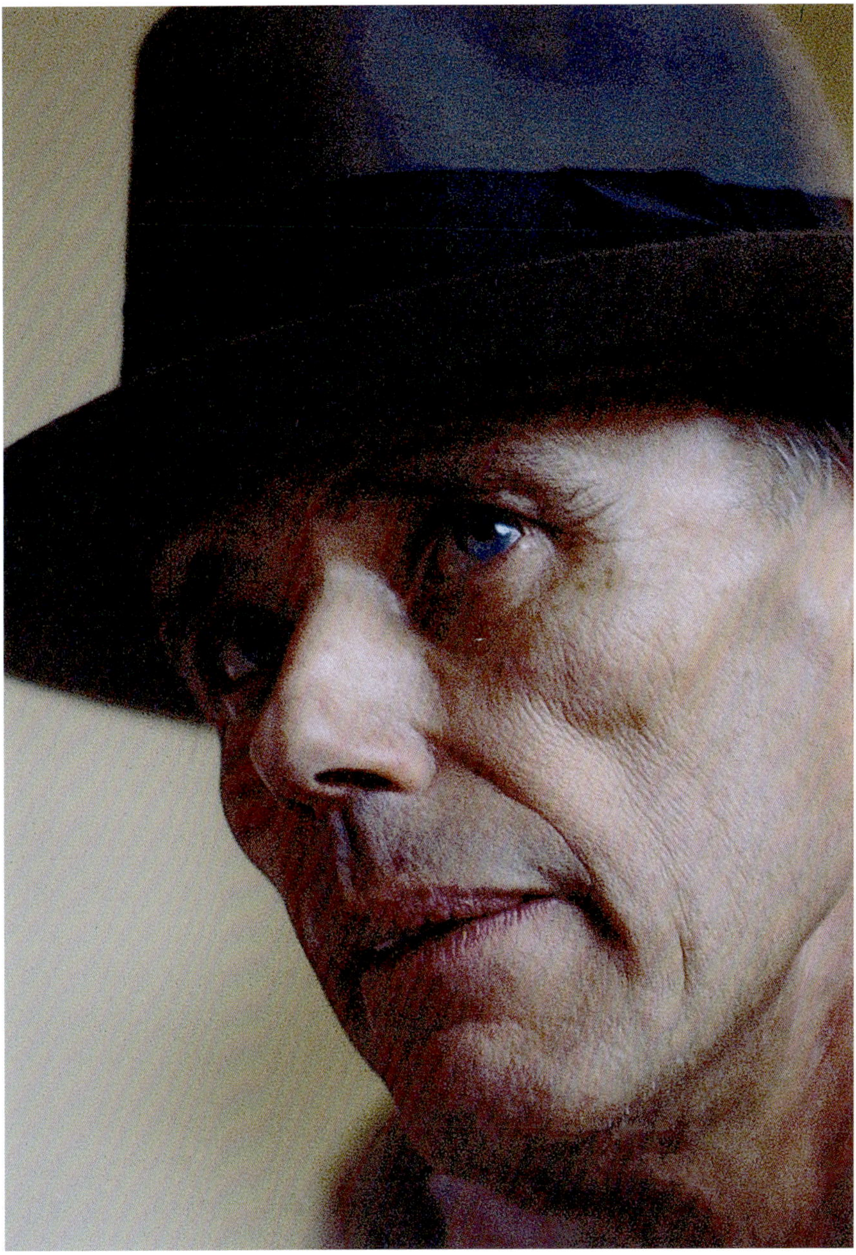

Joseph Beuys. Düsseldorf, 1976

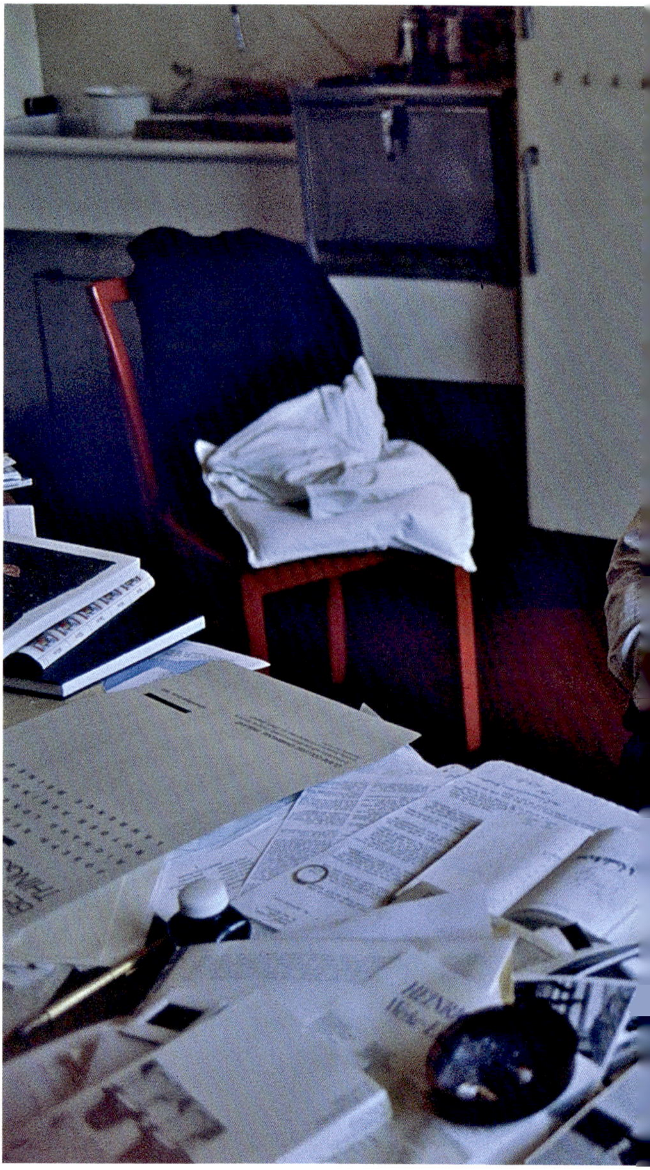

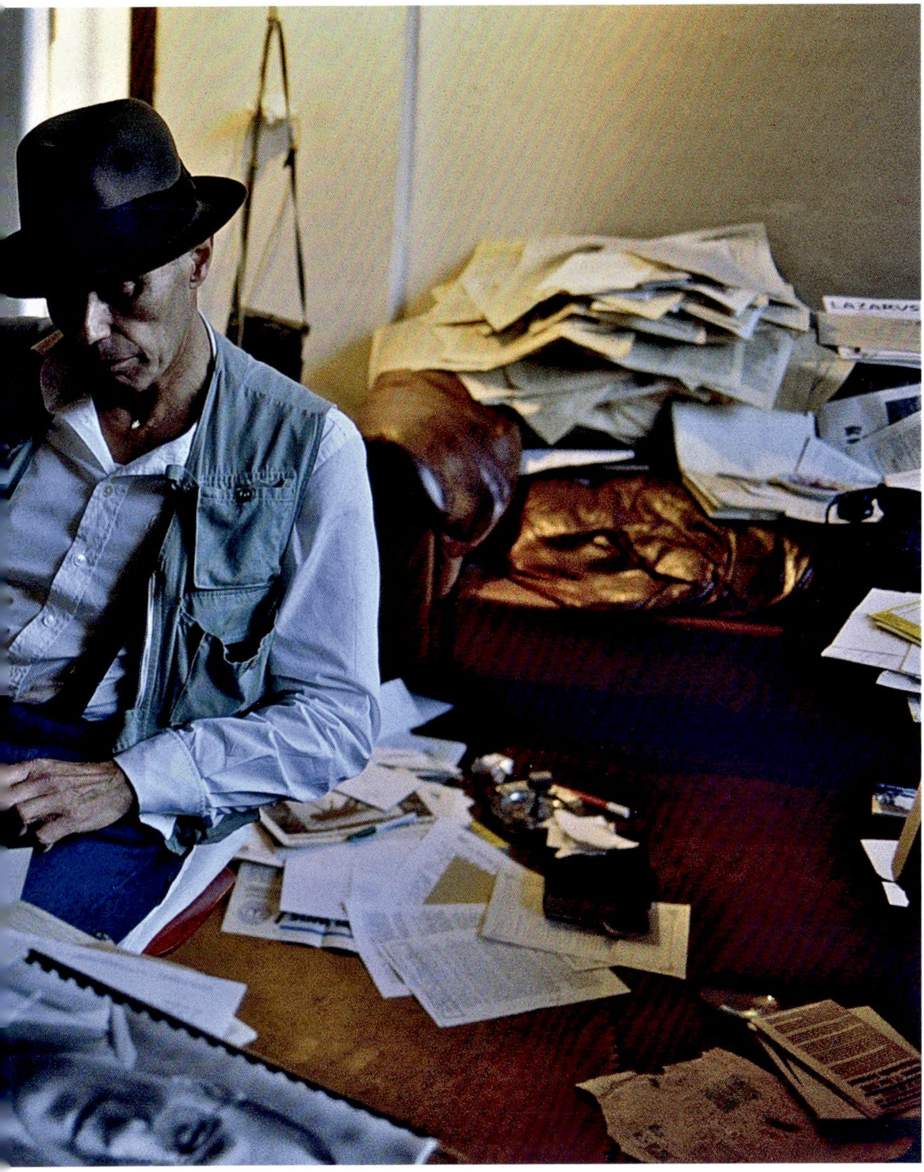

Joseph Beuys in seinem Atelier am Drakeplatz in Düsseldorf, 1976

20. Gerhard Richter und „Liebe am Gardasee", 1960

Künstler, geboren 1932 in Dresden

Eigentlich bin ich ja sehr geehrt, dass dieser berühmte Maler Gerhard Richter eines meiner Bilder nachmalt. Doch dann, nach einigen Überlegungen, gefällt es mir doch nicht. Für das *Quick*-Magazin wurden diese Bilder – es ist eine ganze Serie – von mir als freiem Mitarbeiter für eine Pauschale fotografiert. Nicht vor der Haustür in Deutschland, sondern verbunden mit vielen Reisen zu den verschiedenen damaligen italienischen Urlaubsorten. Viele Übernachtungen, genau: drei für sechs Personen, Ausgaben für Taxis, Bootsfahrten usw. Nach damaliger flüchtiger Berechnung ca. 4000 D-Mark. Spätere Anwaltskosten für den Briefverkehr zwischen Dr. Mercker, meinem Vertreter, und der Anwältin Dr. Martina Taxhet insgesamt 3006,53 Euro.

Also gehen wir von den Erstkosten aus. Da kommt der damals aus den Osten hergelaufene Maler, sieht ein Bild in der Zeitung, und da es in seinem Sinne gut und künstlerisch genug ist, malt er es ab. Und da es ihm gelungen ist, meine Atmosphäre auf sein Bild zu übertragen, verkauft er es auch. An Frau Flick. Bei dieser Bekannten von mir, die ich nie in ihrem Düsseldorfer Haus besucht habe, hängt dieses Bild, abgeschirmt von der Öffentlichkeit. Also konnte ich es auch nicht sehen, geschweige denn von der Existenz dieses Bildes wissen. Nach der Trennung von ihrem Ehemann kam das Bild des unterdessen sehr berühmt gewordenen Künstlers auf den Kunstmarkt. Nur durch den hohen Erlös von 7.300.500 Pfund, umgerechnet damals 9.768.069 Euro, wurde mir das Werk bekannt.

Meine Forschung ergab, dass im Lenbachhaus ein Richter-*Atlas* existiert, mit dem Abdruck des Fotos, vom Künstler selbst eingeklebt. Dass die Herstellung des Original-Fotos Geld gekostet hat, weiß auch der dümmste Maler, denn der bezahlt sicher auch mal ein Modell. Insgesamt meine Kosten also 4000.– DM und 3.000.– Euro. Viel Schreiberei zwischen den Anwälten, eine Zeichnung oder ein kleines Bild als Gegenleistung hätte es auch getan. Der Streit wurde von mir eingestellt, wegen der noch zu erwartenden Kosten.

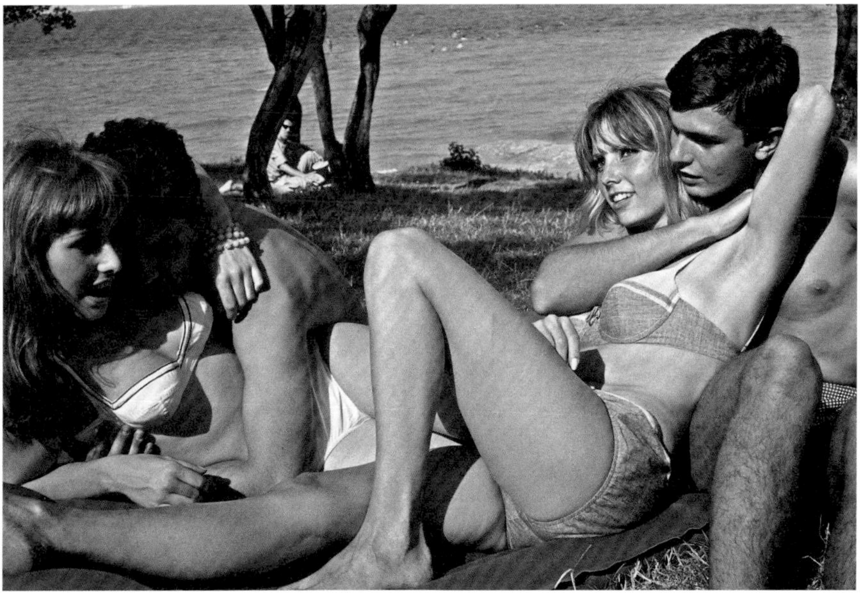

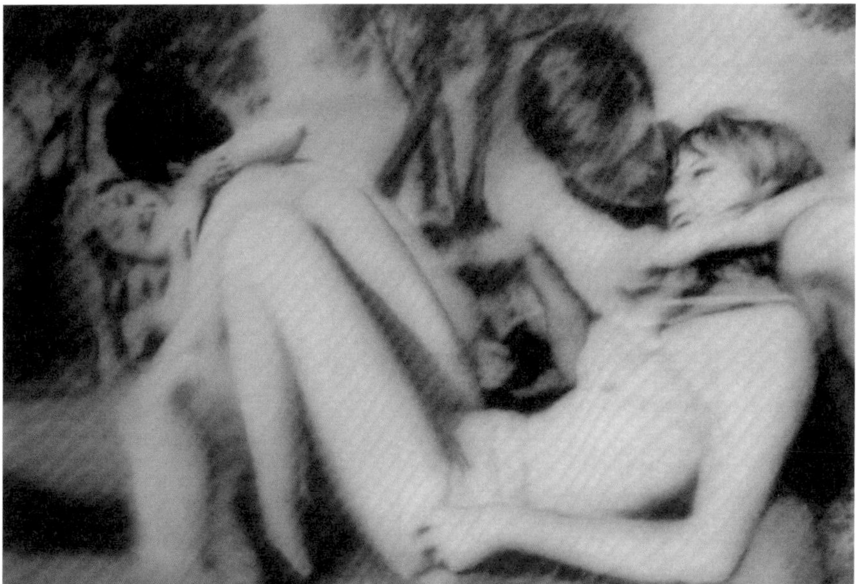

oben: „Liebe am Gardasee", 1960
unten: Gerhard Richters Gemälde *Zwei Liebespaare* von 1966

21. Andy Warhol, 1964/65

Künstler, geboren 1928 in Pittsburgh, gestorben 1987 in Manhattan

New York, Nicky Nanneris (oder so ähnlich), Grieche, oder Alain Mitchet: beide zogen manchmal mit mir durch Manhattan. Beide kannten Andy Warhol. Beide waren in der Factory zu Hause. Mit den Daten habe ich Schwierigkeiten: 1964? 1965? Nähe Central Station, in der 47th Street 3, East, auch Marcia hat mich dorthin mitgenommen. Eine Party, Riesenraum, Silberpapier an den Wänden, kaum Sitzgelegenheiten, wenige hatten Gläser in der Hand, Männerüberschuss, völlig durchgeknallte Tanten. Ich fühlte mich überflüssig, nahm Marcia am Arm, um zu gehen, sie wollte nicht. Also bin ich allein in eine Bar nebenan gegangen, sie kam dann aber doch nach.

Das zweite Mal mit Nicky, wieder viele Menschen, aber Manfred Ibel sowie mein USA-Agent für Fotos, Peter Schub, waren da. Manfred Ibel, Maler aus Hamburg, schwebte in einer anderen Welt. Bei beiden Besuchen habe ich keinen Andy Warhol gesehen. Geredet haben wir wenig, fasziniert beobachtete ich die unglaublichen Typen. Metro-Stationen waren genauso unterhaltsam. Es gingen und kamen dauernd Neue. Man konnte einfach reingehen, brauchte kein Ticket zu lösen und vorzuzeigen.

Noch mal mit Alain war ich in der Factory, diesmal am frühen Nachmittag. Einige wenige waren da, keiner kümmerte sich um uns, Alain wurde begrüßt. Dann kam Warhol, schüchtern, gab mir die Hand, aber nicht wirklich. Ganz normales Gespräch, anderer Deutscher, der Maler, der Manfred, war Gegenstand unserer Unterhaltung. Andy im dunklen Rollkragenpullover, darüber ein normales dunkles Jackett, große Brille mit durchsichtigen Rahmen. Bleich, ungesund und dünn. In dieser Zeit haben wir uns noch öfters gesehen. Versprechen, nach München zu kommen.

Und auf einmal war er in München, Alain Michet war auch da, reiner Zufall: Deutschland-Premiere von Sterling Morrisseys Film *Trash* im Luitpold-Kino, mit Joe Dallesandro in der Hauptrolle. Die einprägsame Werbung ging um sein drittes Bein. Der ganze Jungfilmverein wurde mobilisiert und kam, der Saal wimmelte, angefüllt mit dem kommenden Deutschen Film. Joe Dallesandro, italienischer Abstammung, sonst weiß ich nichts über ihn, jedenfalls symphatisch. Den Film habe ich nicht mehr in Erinnerung. Andy Warhol war weit weg, mit Absicht unsichtbar.

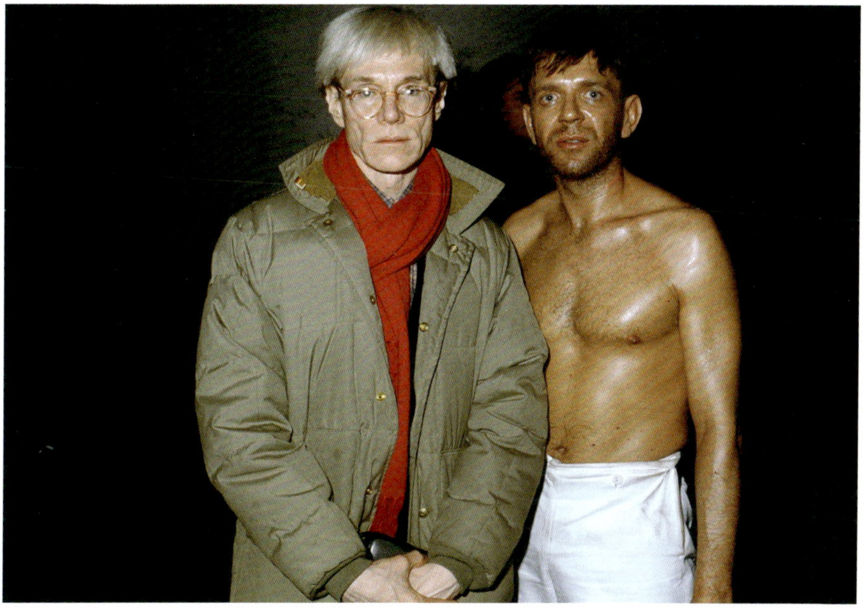

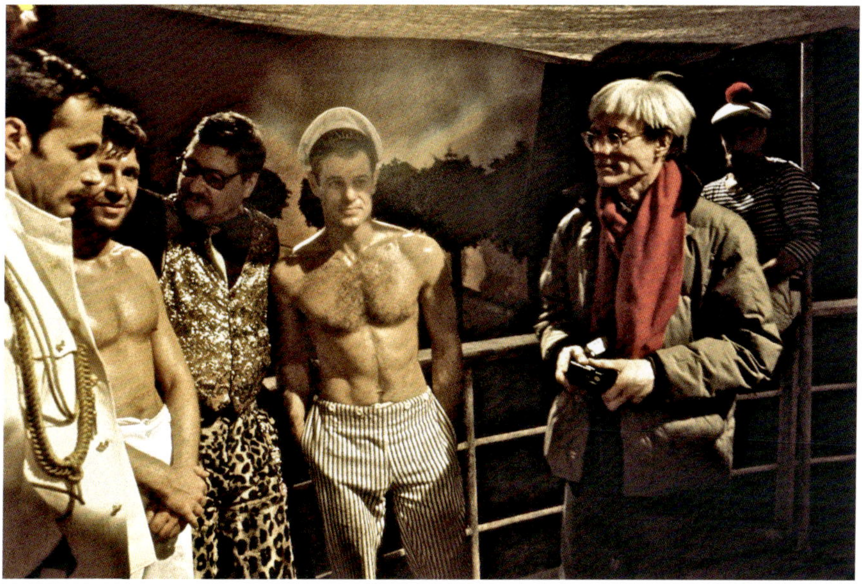

Andy Warhol am Set von R. W. Fassbinders *Querelle*. Berlin 1982
oben: Andy Warhol und Dieter Schidor
unten v. l.: Franco Nero, Dieter Schidor, R. W. Fassbinder, Brad Davis und Andy Warhol

Andrew Warhola, in Pittsburgh, Pennsylvania am 6. August 1928 geboren. Seine Eltern waren Emigranten aus den Karpaten, mit acht Jahren erkrankte er und hatte eine Pigmentstörung, lange hielt man ihn für einen Albino. Im Carnegie Institute of Technologie machte er seinen Abschluss in Grafik und Malerei. Lange entwarf er als Grafiker neue Modelle für eine Schuhfabrik. Als Gelegenheitsarbeiter verkaufte er Obst und Gemüse, machte Schaufensterdekorationen. 1952 arrangierte Alexander Iolas, Leiter der Hugo Gallery, eine Einzelausstellung. Ende der 1950er Jahre zählte Warhol dann zu den bestbezahlten Grafikdesignern. Der Erfolg war rasant, es ging mit Schnelligkeit aufwärts, bis Valerie Solanas, männerverachtende Feministin, ihm fünfmal in Kopf und Brust schoss. Ihr Manuskript, das er verfilmen sollte, war abhanden gekommen, sie sagte, er habe es gestohlen. Nach stundenlanger Operation überlebte Andy das Attentat. Die „Sphinx ohne Geheimnisse", wie Truman Capote ihn nannte, war wieder im Leben. Danach galt der Spruch aus seiner Kindheit: „Ich will reich und berühmt werden." Er bekam seinen Willen.

Noch einmal sind wir uns begegnet, in Berlin, im CCC-Studio, am verrückten Set von Rolf Zehetbauer. Für Fassbinders Film *Querelle* wurde eine künstliche Karton-Welt geschaffen, jede Szene darin mit dem buntesten Licht gedreht. Rainer Werner Fassbinder war glücklich über den Besuch, ich war glücklich über die Zeichnung, die Andy Warhol mitbrachte, als Titelbild für mein *Querelle*-Buch. Nach einigem Hin und Her in der Produktion sowie mehreren Telefonaten hatten wir die Zusage, der persönliche Besuch überraschte. Er war aber naheliegend: Wenn schon die „Bibel", das meistgelesene Buch in der Homosexualität, verfilmt wird, dann arbeiten die Könige der Szene mit. Jean Genet wäre glücklich gewesen.

Andy Warhol war ein Künstler, ein begnadeter Umsetzer der Dinge aus dem Leben: nichts Neues, aber neu präsentiert – genial! Ohne bürgerliche Mauern, Grenzen und Verbote. Die gab es in seiner Welt nicht.

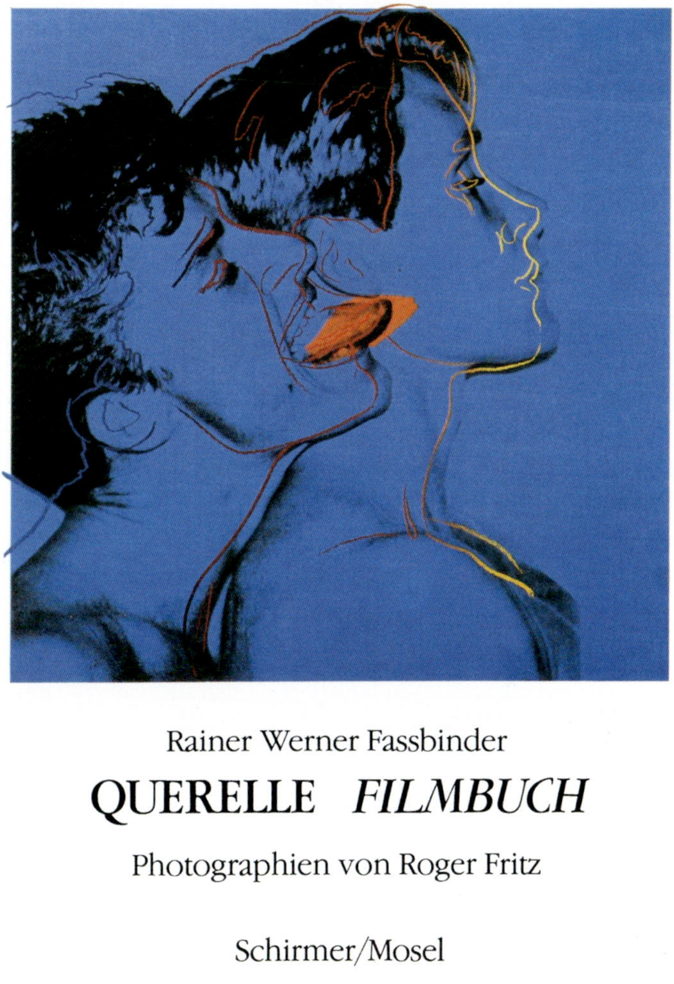

Andy Warhols Titelbild zum Filmbuch *Querelle*. Schirmer/Mosel Verlag, 1982

22. Robert Mapplethorpe und Lisa Lyon, 1983

Fotograf, geboren 1946 in Floral Park,
gestorben 1989 in Boston

Floral Park New York. Frag einen New Yorker in Manhattan danach: erst kommt Kopfschütteln, doch dann holt er sein Handy aus der Tasche. Sucht, lacht, das ist nicht mehr New York. Das ist ja hinter Brooklyn. Zeigt mir den kleinen Bildschirm. Okay. In dieser Gegend stehen Tausende typisch amerikanische Einfamilienhäuser. Kleingarten, Garagenzufahrt, offene Rasenfläche und keine Zäune.

Robert Mapplethorpe wurde am 4. November 1946 hier geboren, mit fünf Geschwistern. Arbeiterfamilie, sehr katholisch. Sicher immer in Konkurrenz mit den anderen Kindern. Schmal, schüchtern und zerbrechlich. Sonntäglicher Kirchgang, Gespräche mit dem Gemeindepfarrer. Seine Eltern, vielleicht aus Ratlosigkeit, überredeten ihn zum Besuch des Pratt Instituts für Kunst. Dort lernte er Patti Smith kennen, sie wurden ein Paar und zogen bewusst ins Chelsea Hotel, um Anschluss an Künstlerkreise zu bekommen. Wobei Patti Smith die Stärkere war. Dieses Hotel war voll gesteckt mit Suchenden und mit berühmten Künstlern: Jimi Hendrix, Brion Gysin, William Burroughs, Jack Kerouac. Madonna. Dennis Hopper. Grace Jones. Es gab für aufstrebende Kunstschaffende keinen Weg vorbei an diesem Hotel.

The „Godmother of Punk“, Patti Smith, und Robert suchten die Nähe von Andy Warhol. Patti beschreibt in ihrem Buch *Just Kids*, wie sie Abend für Abend im Club „Max's Kansas City“ verbrachten, um ihm näherzukommen. Sie wollten genauso berühmt werden, sie schafften es.

Die Umkehrung des katholischen Einflusses, das Teuflische, kam zum Tragen. In den Dunkelräumen der New Yorker Schwulenszene entstand die Hingabe an den Penis. Aus der schwarzen Bar im Village, Keller's, brachte Robert öfters Kerle mit nach Hause, nicht nur des Sex wegen, sondern auch, um sie zu fotografieren, wenn möglich, auch die Genitalien. Jack Walls, sein langjähriger Freund, sagte: „Es war eine düstere Angelegenheit. Es war eine gefährliche Lebensweise.“ Affären, Fetischclubs, Mittelpunkt seiner Arbeit war Sex. Selbstporträt mit Peitschengriff in seinem Hintern war für ihn Ästhetik, die viele Menschen einfach nicht verstanden. Es störte Robert nicht, wenn er obszön genannt wurde, es gefiel ihm.

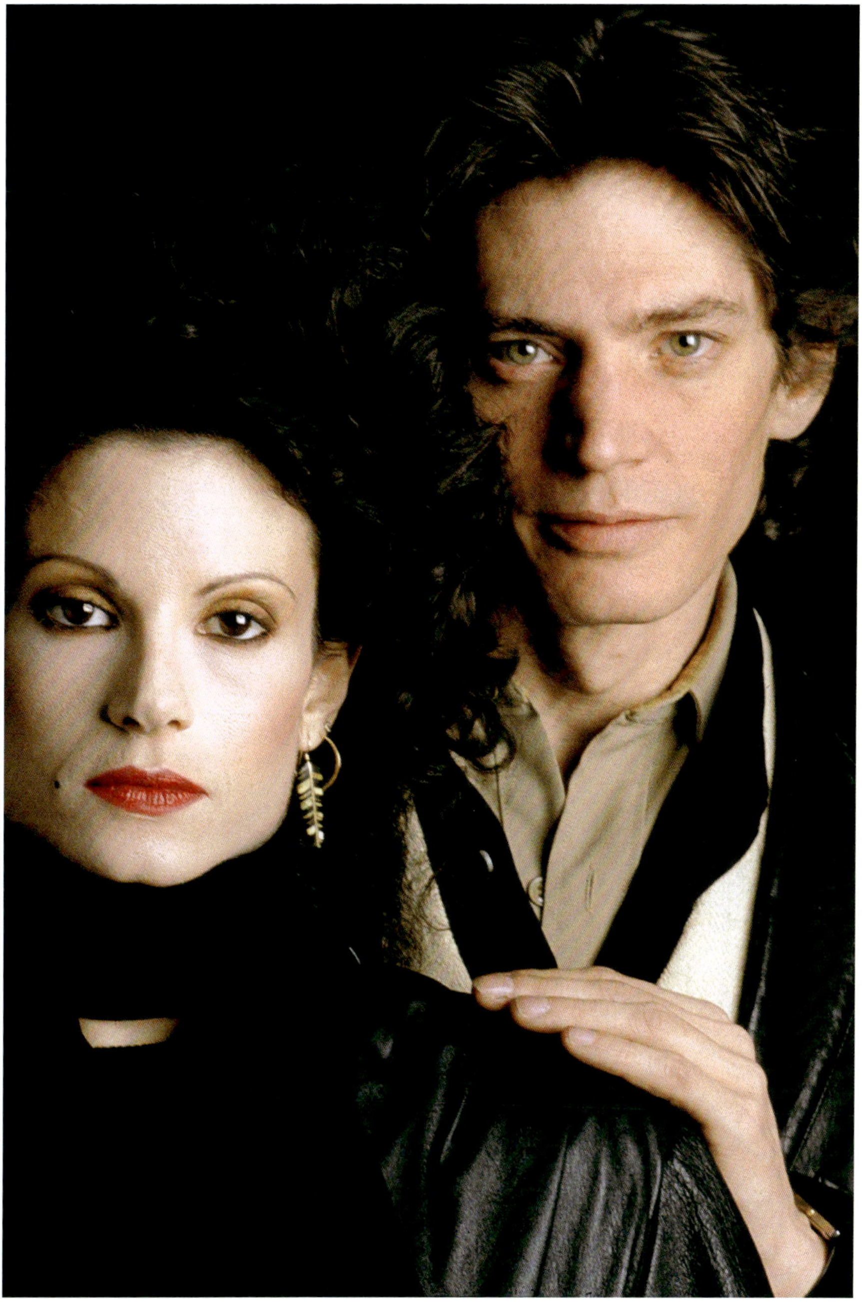

Robert Mapplethorpe und Lisa Lyon in München, 1983

Der Drang zur Berühmtheit kann auch diesen Weg gehen. Skandale erfreuen die Presse. Die Anerkennung der Gesellschaft war sehr groß, Roberts Sicherheit wuchs. Erst nachdem er feststellte, dass er mit HIV infiziert war, hörte er auf, Farbige wie Bronzestatuen darzustellen. Er wechselte zu Stillleben und Blumen.

Die Boutique Sweetheart in München auf der Leopoldstraße hatte einen Mitarbeiter, der Robert in New Yorks nassen Kellern kennengelernt hatte, bei ihm taucht er bei seinem München-Besuch sofort auf. Wir gingen zu einer Schirmer/Mosel-Fotoausstellung. Dort erschien auch Lisa Lyon, Bodybuilding-Weltmeisterin, Mapplethorpe hatte ein Fotobuch mit ihr gemacht. Am nächsten Tag wurden für die deutsche *Vogue* Pelzmäntel fotografiert. Robert fotografierte Lisa und ich ihn.

Robert Mapplethorpe erlag seiner ansteckenden Krankheit am 9. März 1989 in Boston.

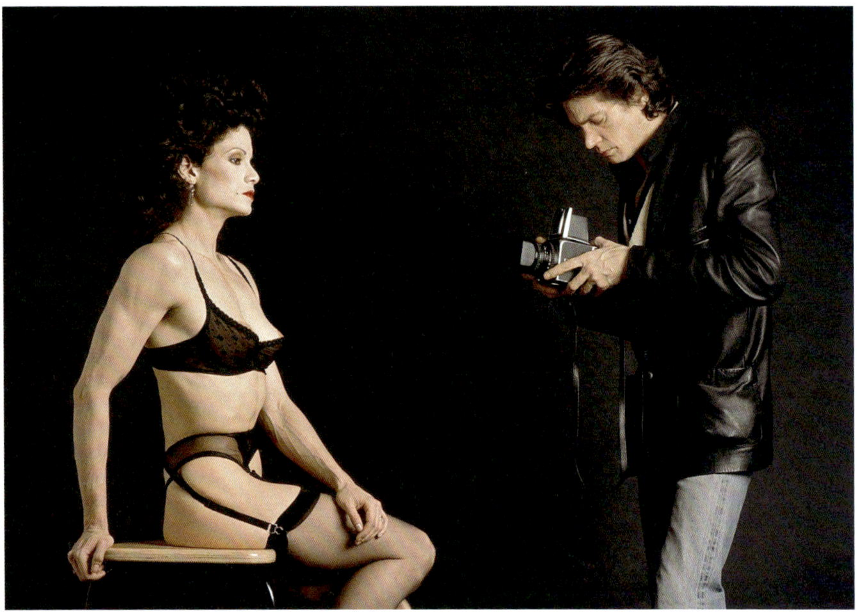

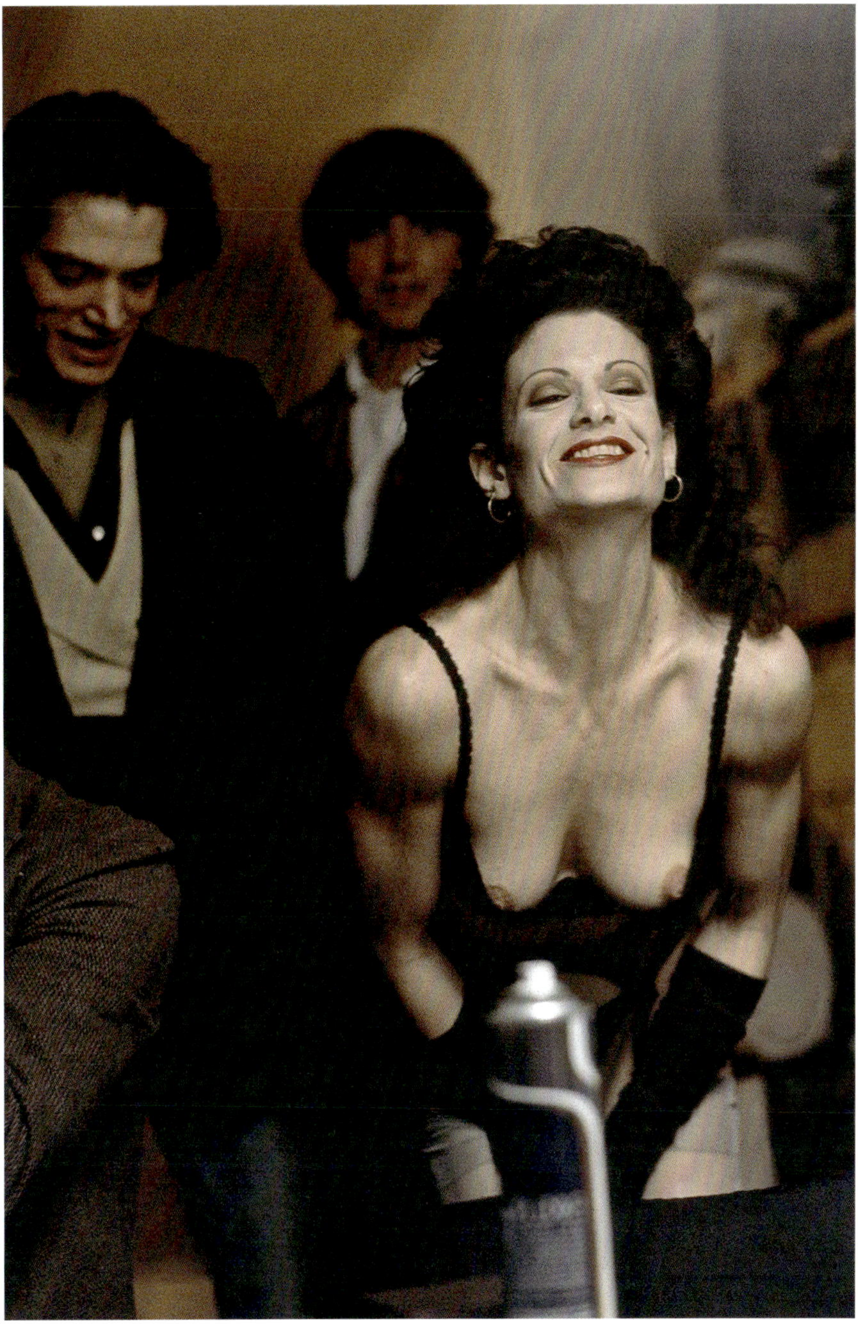

links und oben: Shooting für die deutsche *Vogue*. München, 1983

23. Klaus Lemke und Cleo Kretschmer

Regisseur, geboren 1940 in Landsberg an der Warthe

Da hinten in der Tiefgarage, da stehen zwei, eigentlich drei. Der Dritte ist der Kameramann von München TV. Der zweite, ruhig Stehende, ist der Jörg van Hooven, und der dritte, Unruhige, immer leicht hin und her Schwankende, mit einer Hand über der Schulter, daran hängt eine kleine Reisetasche – Schirmmütze? –, das ist er, der Klaus Lemke. Mit dem scharfen Gesicht, mindestens fünfzig Spielfilme hinter sich, drei davon als Darsteller.

Geboren 1940 in Landsberg an der Warthe, am 13. Oktober. Nicht Landsberg in Bayern, nein, in Oberschlesien, der Ort trägt nun den Namen Gorzów Wielkopolski. Ich habe Klaus nie gefragt, ob er als kleiner Junge auf einem vollgepackten Flüchtlingstreckwagen saß.

Auf jeden Fall ist er in Düsseldorf aufgewachsen. Nach dem Abitur nahm er Gelegenheitsjobs an, auch Asphaltierer, das Studium in Freiburg hat er nur sechs Semester durchgehalten, er ging lieber als Assistent ans Theater in Düsseldorf und München. Ich ahne, dass er nicht der Typ Assistent war und gegen Rumkommandieren allergisch. Also musste er sein eigenes Ding machen. Einen Kurzfilm, habe ich gelesen, aber nicht gesehen. Dann *48 Stunden nach Acapulco*. Der *Evangelische Film-Beobachter* schreibt: „Bubis Film kommt diesmal unreif, tranig und als Schnulze daher." Es ist schwer am Anfang, es ärgert einen, wenn ein unreifer Kritik-Bubi sich anmaßt, es besser zu wissen. Der Film wurde 1968 mit dem Bambi ausgezeichnet!

Lemke: „Intellektuelle sind Menschen, die am Rande der Tanzfläche stehen, sich so verhalten, als könnten sie jede bumsen, in Wahrheit können sie weder tanzen noch das andere.

Cleo Kretschmer beflügelte ihn: „Wir waren füreinander bestimmt." Ihr bester Film: *Amore*, 1978, eine großartige Regieleistung von Klaus. Pietro Giardini war der Italiener, Klasse! Der Film bekam den Adolf-Grimme-Preis in Silber. Mein Lemke-Lieblingssatz: „Drehbuch? Nein, weil ich vorher nie weiß, wie der Film ausgeht."

Vor Kurzem bei der Ausstellung von Markus Lüpertz im Haus der Kunst fragte der Künstler, da er mit Klaus Lemke in einer WG gewohnt hatte: „Roger, lebt der Klaus noch?" – „Liest du keine Zeitung?" – „Doch, du hast keine Idee, wie anregend das Zusammenleben mit Lemke war. Er soll seinen Hintern weiter

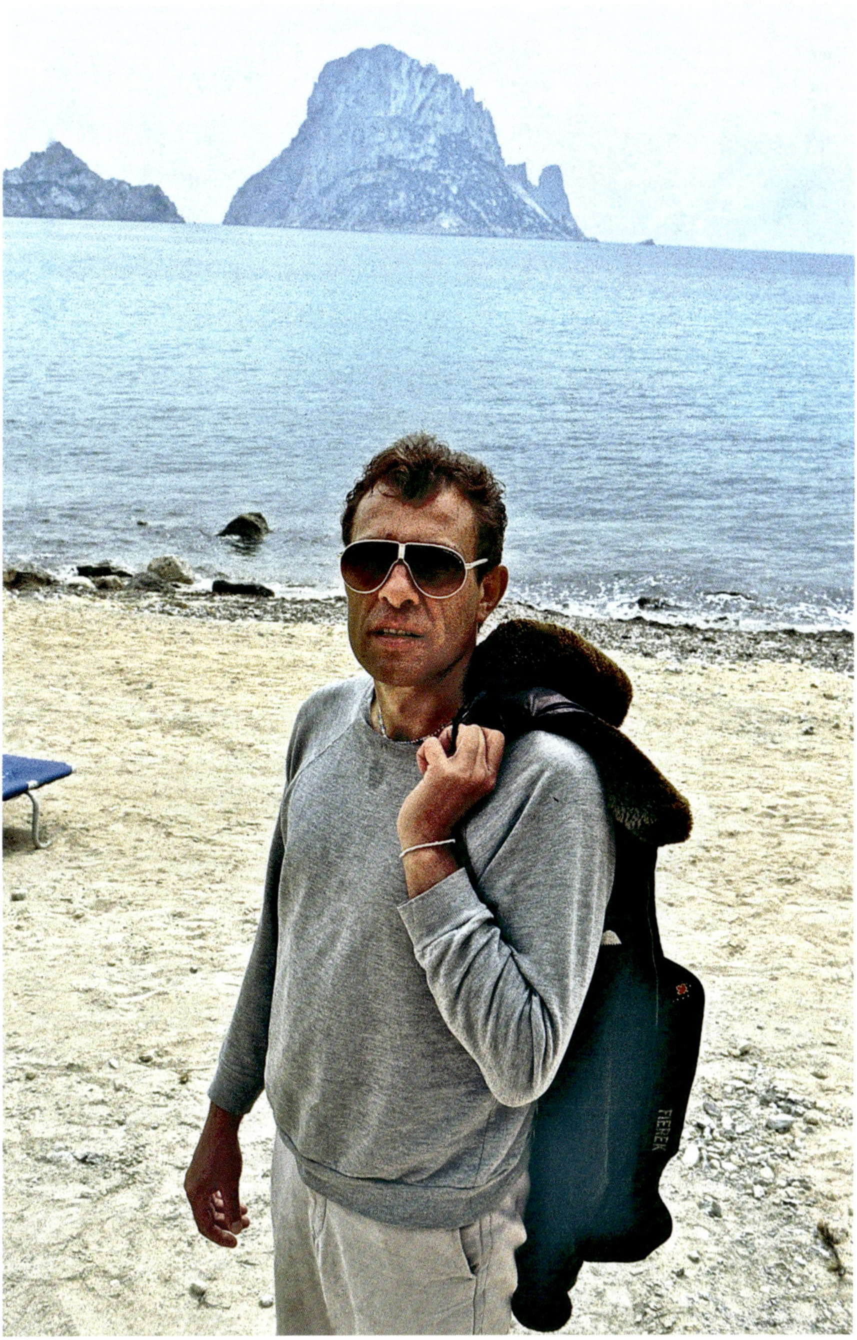

Klaus Lemke auf Ibiza, 1987

gegen das Establishment recken!" (Berlinale 2012: Klaus, mit Sonnenbrille und nackten Popo.) Bitte, gib ihm meine Telefonnummer, er soll mich anrufen."

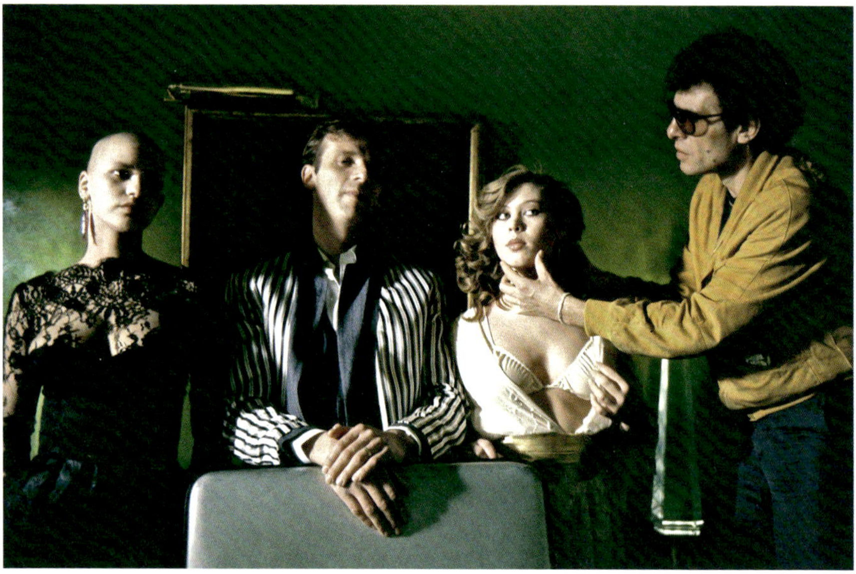

v. l.: Beim Dreh von *Wie die Weltmeister* in Schwabing mit Isabell Geisler, Wolfgang Fierek und Esther Hess, 1981

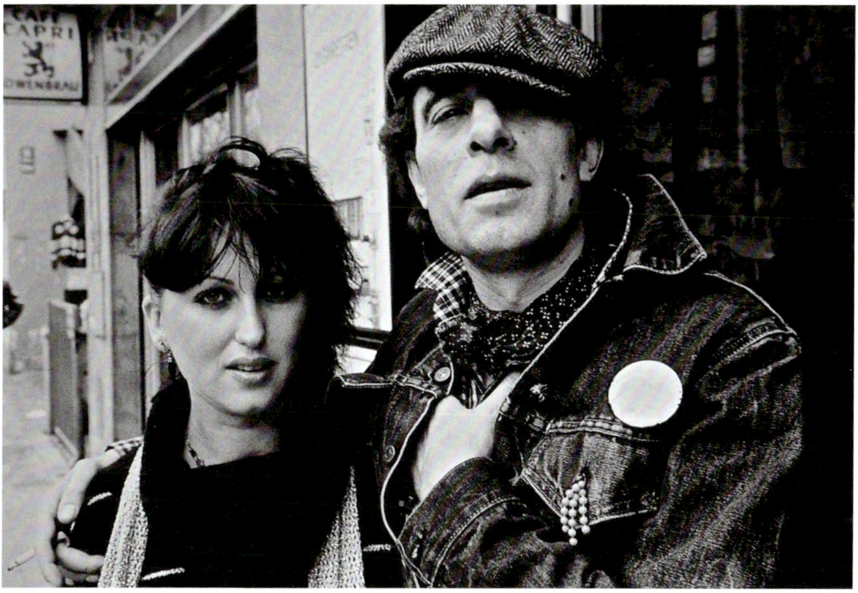

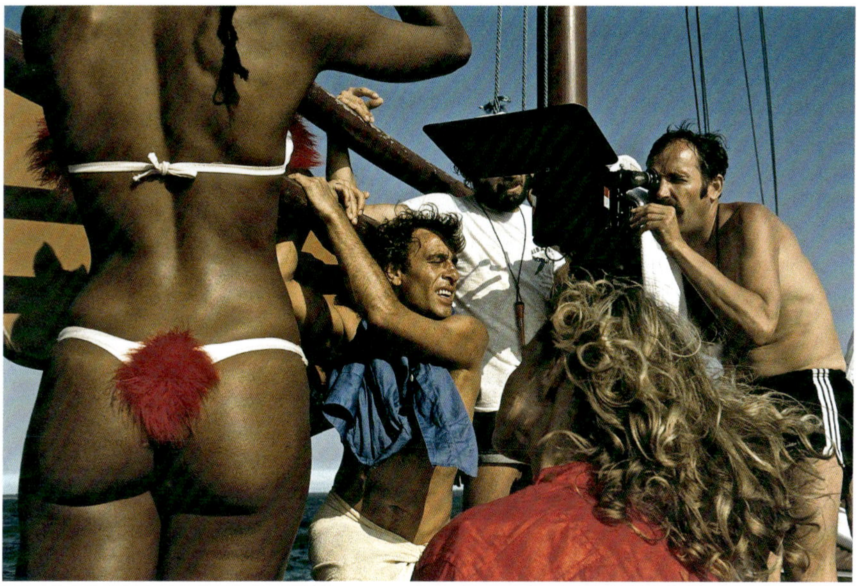

oben: Mit Cleo Kretschmer in Schwabing, 1978
unten: Beim Dreh von *Flitterwochen* in Rio mit Wolfgang Fierek (Mitte) und Kameramann Rüdiger Meichsner (rechts), 1980

24. Dolly Dollar

Schauspielerin, geboren 1957 in München

Wahrscheinlich wollte ihr neuer Mann nach acht Jahren Dolly eine Christine zurück. Und Dolly fungierte von da an unter dem Namen Christine Zierl, Schauspielerin. Klaus Lemke drehte 1980 in Rio, Brasilien, Südamerika. Damals noch als Dolly mit Wolfgang Fierek und Cleo Kretschmer.

Der Flug war unendlich, neben mir saß Ping Bismarck, der ständig einschlief, seinen Kopf auf meine Schulter sinken ließ, dann wieder ruckartig aus seinen Träumen erwachte, weiter über seine Besitztümer in Brasilien redete. „Du kommst mich dort besuchen, ja?" Hätte ich gerne gemacht, beim Aussteigen hatte er aber vergessen, mir die Adresse zu geben.

Der Regieassistent von Lemke passierte vor mir den Zoll, in seinem Gürtel waren 50.000 D-Mark versteckt. Angeblich wusste er das nicht, nur ich. Den langen Flug über habe ich ihn beobachtet, den Gürtel hat er nicht angefasst. Angeblich war es schwierig, Geld nach Brasilien zu überweisen. Es kam an, und die Produktion ging weiter.

Dolly, das große Baby … Jeder Mann aus der Filmcrew wollte sie in seine Arme nehmen. Dolly gefiel das. Vor allem Wolfgang Fierek spielte mit ihr, einmal als Partner im Film, und ohne Übergang spielte er weiter.

Dann machte ich mit Dolly einen Spaziergang durch Rio, aufgedonnert mimte sie das große Sexmädchen. In kürzester Zeit hatten wir eine ganze Horde von angeregten Jung-Machos im Schlepptau. Sie folgten uns bis zu einer Aussichtsplattform, wo ich endlich Zuckerhut, Christus und die halbe Stadt im Hintergrund hatte. Dolly, geschickt, sprach mit dem einen und anderen, so blieben sie uns erhalten. Vielmehr ein gewaltiger Protest, als wir aufbrachen: sie wollten uns nicht lassen.

„Dolly, du musst die Bande einladen, wenn du es nicht machst, zahle ich das." Etwa fünfzehn Typen, die meisten tranken Caipirinha. Dolly: „Ich glaub, ich geh mit denen weiter, deine Bilder hast du ja …"

Am nächsten Tag großer Dreh am Strand. Weit weg von der Stadt und kaum Publikum. Biggs, Ronald Arthur, der berühmteste Posträuber, war angesagt, eine Badeszene, in der er als rettender Schwimmer auftrat. Sehr sportlich und unterhaltsam. Nur als ich ihn nach seinem Postzugüberfall fragte, winkte er lachend ab: „Tu mir das nicht an. Kauf das Buch, *Meine Flucht*."

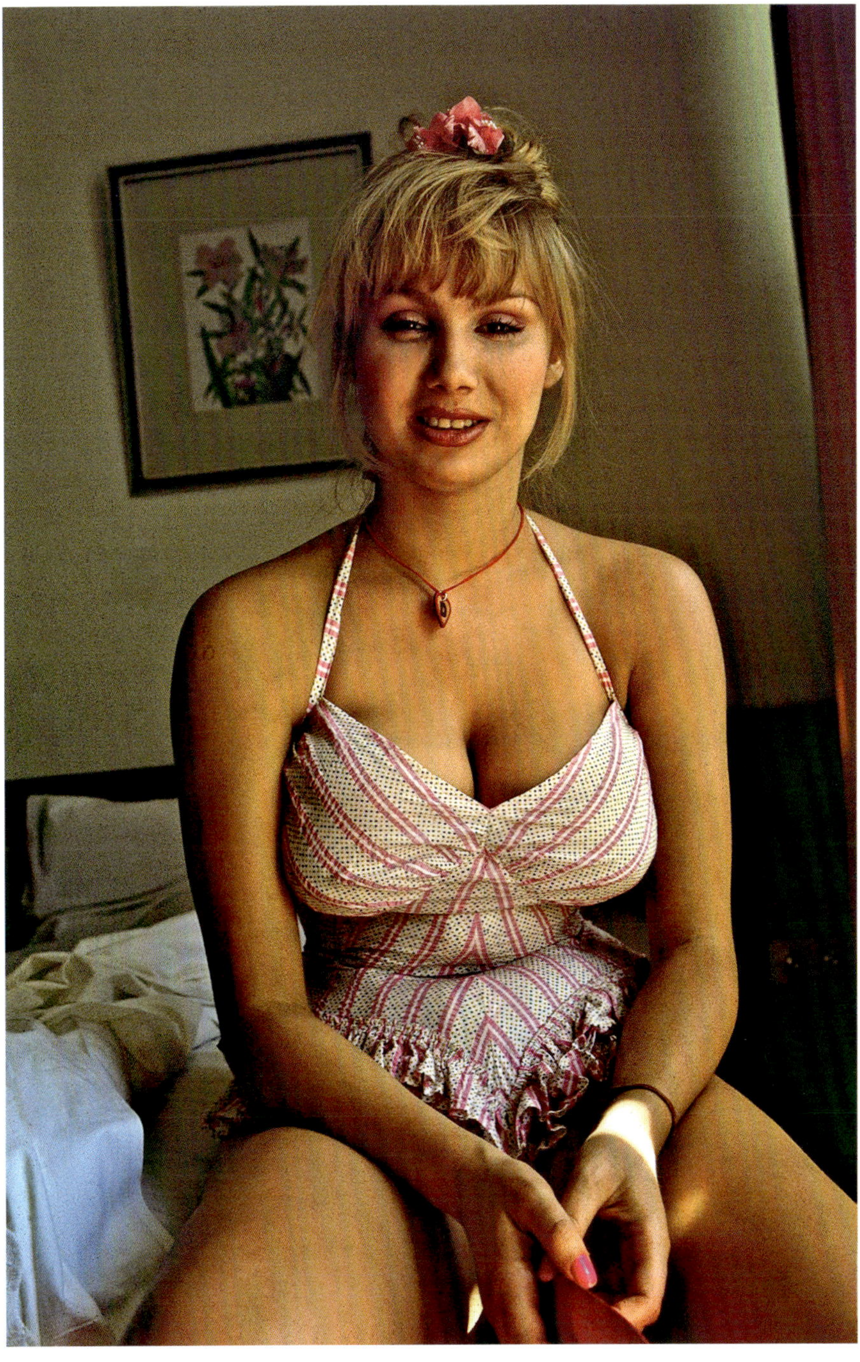

Bei den Dreharbeiten zu *Flitterwochen* unter der Regie von Klaus Lemke. Rio, 1980

Verrückt genug dann passierte die Rettung in echt: Am Drehort im Meer war ein großer Wirbel, ein Sog. Dolly kämpfte, darin schwimmend, um an den Strand zu kommen. Es gelang ihr nicht, der Kameramann schrie: „Jetzt mach mal, Dolly, komm raus!" Dolly schwamm im Kreis, näherte sich nicht dem Strand, alle lachten. Sie schaffte es nicht. Der Kostümmann, Freddy, sprang als Erster ins Wasser, um ihr zu helfen. Freddy erreichte sie, kam auch nicht mehr aus dem Strudel heraus.

Darauf wollten noch mehr Leute ins Wasser springen, doch ein brasilianischer Bauer hielt sie zurück. Er nahm Fierek und lief zum nächsten Haus. Unterdessen hatte sich Ronald Biggs ins Meer geworfen, packte Dolly, und mit kräftigen Schwimmzügen schaffte er es, die völlig Erschöpfte an Land zu bringen. Fierek war zurück, mit Hilfe des Bauern wickelte er ein Seil um seine Hüften, sprang ins Wasser und schleppte den Kostümmann an den Strand. Dolly wurde beatmet, am Abend wurde gefeiert, obwohl unterdessen das Hotel überfallen und total ausgeraubt worden war. Angeblich mehrere Lastwagen voll, alles war weg: mindesten fünfundzwanzig Fernseher, alle Koffer der Filmcrew, alles, was nicht niet- und nagelfest war.

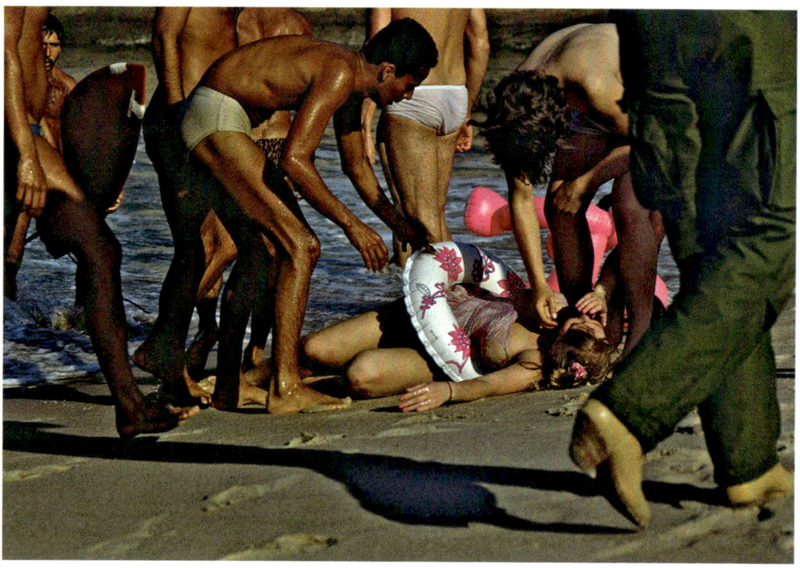

Nach einem Badeunfall am Strand von Rio, 1980

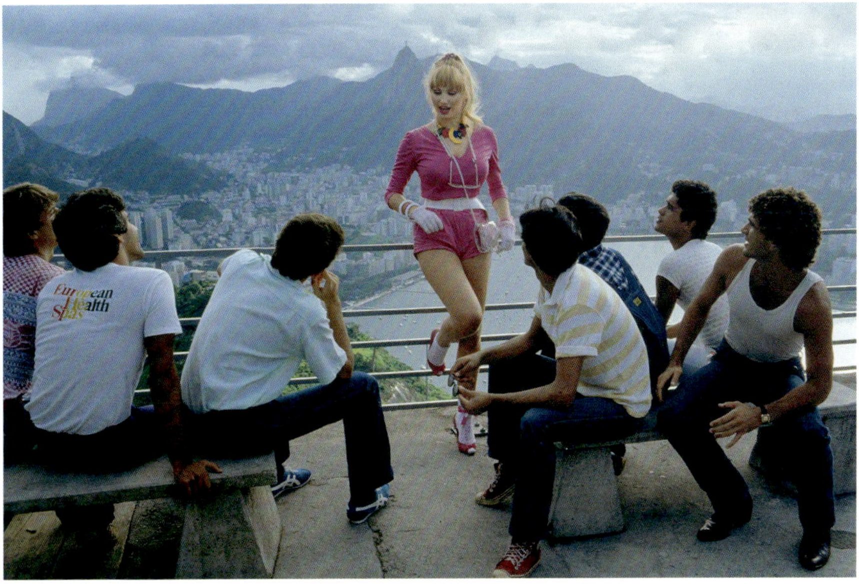

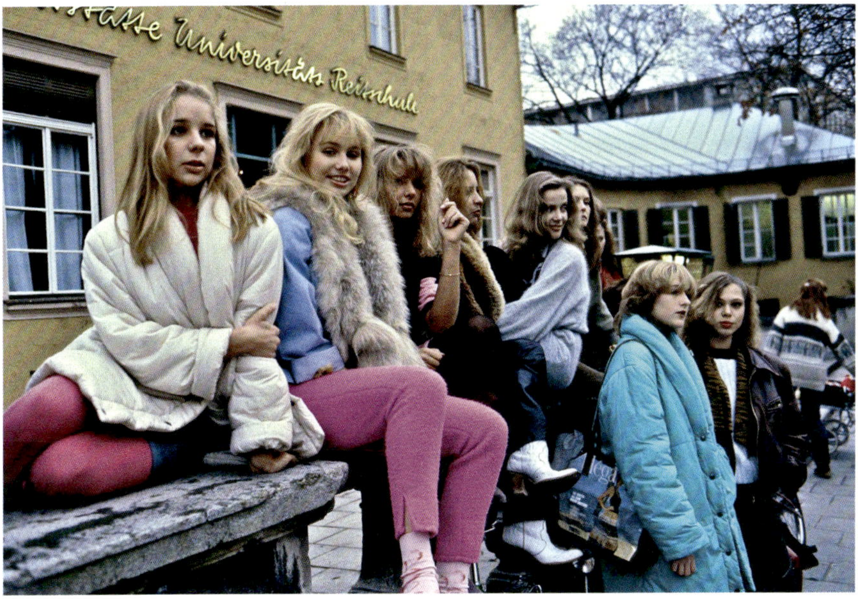

oben: Umringt von einheimischen Verehrern mit Blick auf den Zuckerhut. Rio, 1980
unten: Vor dem Café Reitschule in München, 1979

25. Rainer Werner Fassbinder, 1980

Regisseur, geboren 1945 in Bad Wörishofen, gestorben 1982 in München

„Geschwister Fürchterlich", das Gärtnerplatzviertel, die Deutsche Eiche, Reichenbachstraße 13, der Kellner Mic, Ella, die Wirtin, die Tochter Sonja und die Bedienung Tony. Salome, der Berliner Maler, Freddy und die grausamen, ausartenden Feste, die Aufführung Faschingsdienstag. Fassbinder, Harry Baer, Karin Baal. Eine ständige Theaterpremiere, Essen gab es auch, Südtiroler Hausmannskost …

So wurde ich langsam in den Kreis aufgenommen, Fassbinder habe ich öfters in der Hohenzollernstraße getroffen, begrüßt, das war alles. Bis ich dann den Film *Katzelmacher* gesehen hatte, den ich besonders obskur fand. In unserem „Verein der jungen deutschen Filmproduzenten" habe ich mich dafür eingesetzt, Fassbinder sofort als Mitglied aufzunehmen.

In der Ruhe nach der deutschen Kapitulation im Mai 1945 kam Rainer Werner Fassbinder in Bad Wörishofen auf die Welt. Sein Vater Helmut Fassbinder war dort als Lazarettarzt stationiert. In der Sendlingerstraße in München eröffnete der Vater eine Praxis. Seine Frau Liselotte verließ ihn, Rainer Werner lebte zunächst bei ihr und besuchte 1951 bis 1953 die Rudolf Steiner-Schule. Im Alter von sechzehn Jahren folgte er seinem Vater nach Köln, nahm privaten Schauspielunterricht, bewarb sich in München für die staatliche Schauspielprüfung und für die Deutsche Film- und Fernsehakademie in Berlin, scheiterte bei beiden.

In seinem kurzen Leben von achtunddreißig Jahren machte er vierundvierzig Filme als Regisseur, in neunundzwanzig Filmen spielte er, achtzehn Bühnenstücke schrieb er, dazu noch Hörspiele. Gewann dreiundzwanzig wichtige Filmpreise. Außerdem lebte er sich voll aus.

In *Lili Marleen* spielte ich einen der bösen NS-Offiziere, eine der Szenen spielte an einem Hochgebirgsbach auf einem Steg. Der Erste, dem ich am Set begegnete, war Fassbinder, keine Lederjacke, keine Lederstiefel, völlig übertrieben elegant angezogen. Harry Baer ähnlich gesittet angezogen. „Wenn wir schon einen Weltstar hier haben, müssen wir uns auch aufputzen."

Es war der erste Drehtag mit Mel Ferrer, die Szene auf dem Steg, ich musste einen hebräischen Satz zu Mel sagen. Da ich ihn mir nicht merken konnte, nahm ich ein Post-it und schrieb den Satz darauf. Während des Drehens klebte

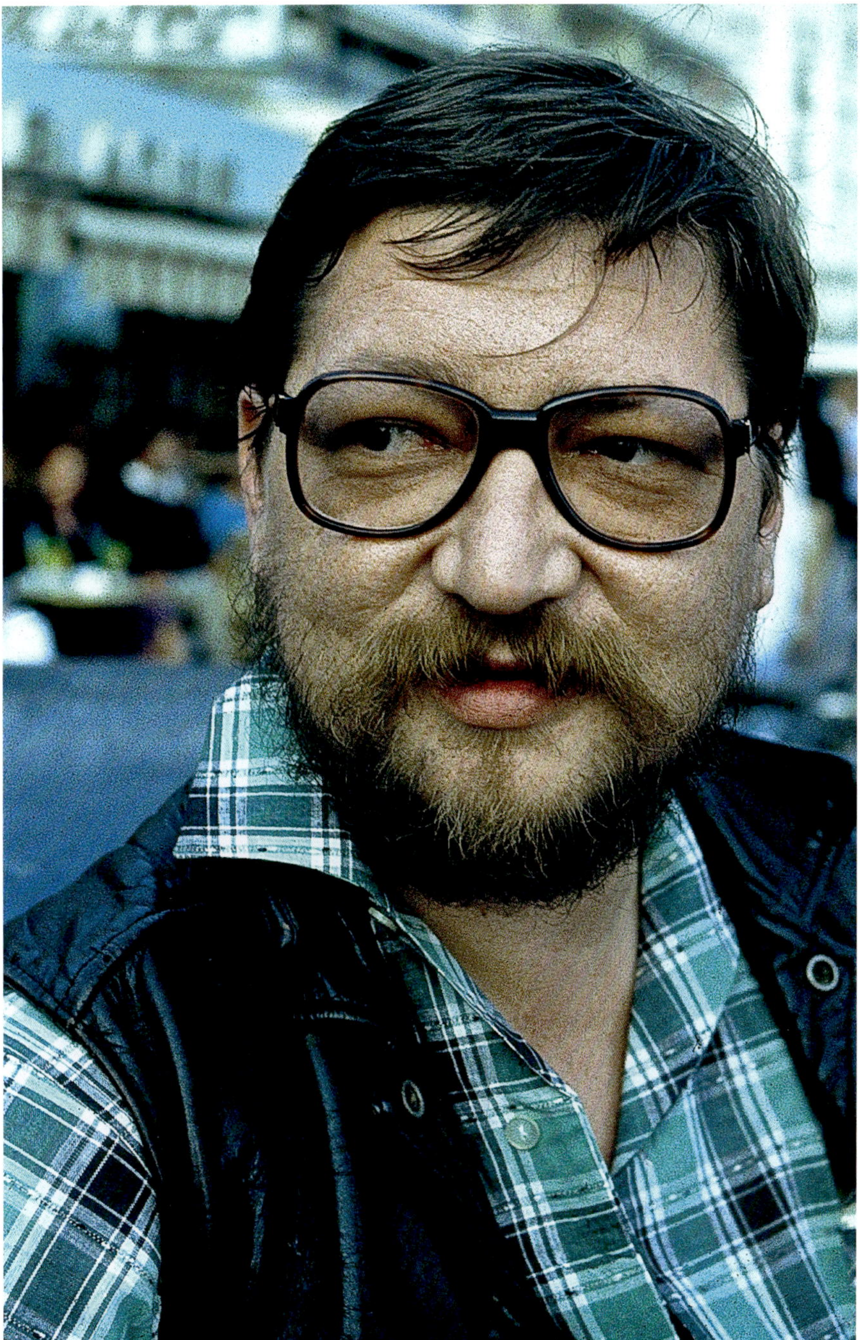

R. W. Fassbinder. Cannes, 1981

ich das Papier Mel Ferrer an die Stirn, der hatte Verständnis. Nur Fassbinder nicht, er wollte dazwischengehen, Mel Ferrer hielt ihn zurück, und wir drehten. Fassbinder danach: „Das kannst du doch mit einem Weltstar nicht machen!" Erstaunt war ich nur, was für ein kleiner Junge aus ihm sprach, voller Bewunderung für die große Welt. Rainer Werner Fassbinder hat sich bei einem Cannes-Besuch immer mit einigen seiner Freunde geschmückt, meiner Meinung nach, damit er nicht schutzlos war. Eine menschliche Mauer als Rückzugsgebiet.

Wir machten noch ein schönes *Querelle*-Buch über seinen letzten Film. Leider ist er am 10. Juni 1982 am zu großen Lebensgenuss gestorben, viel zu früh.

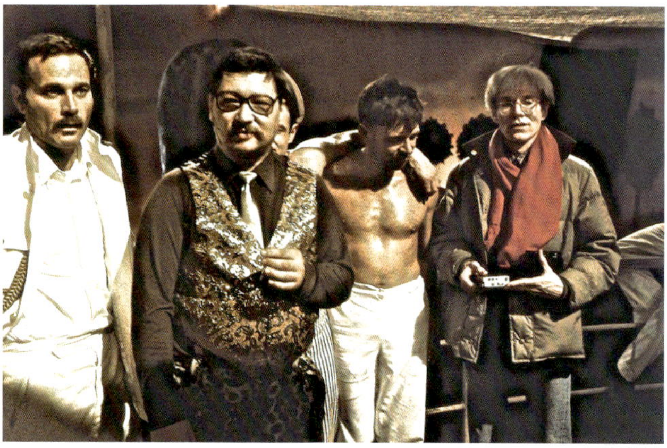

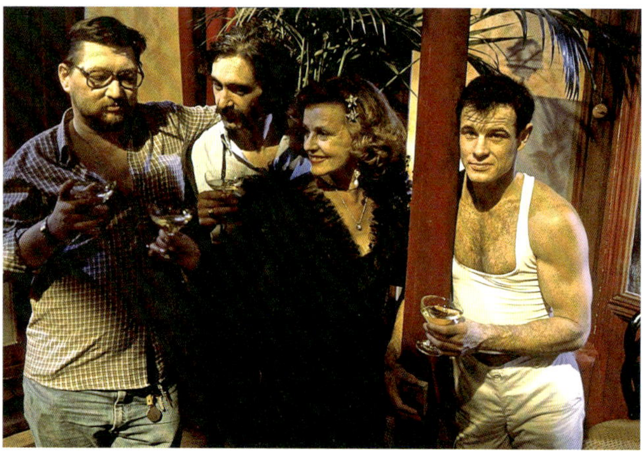

oben: Mit Franco Nero, Dieter Schidor, Andy Warhol am Set von *Querelle*. Berlin, 1982
unten v. l.: Mit Xaver Schwarzenberger (Kamera), Jeanne Moreau und Brad Davis

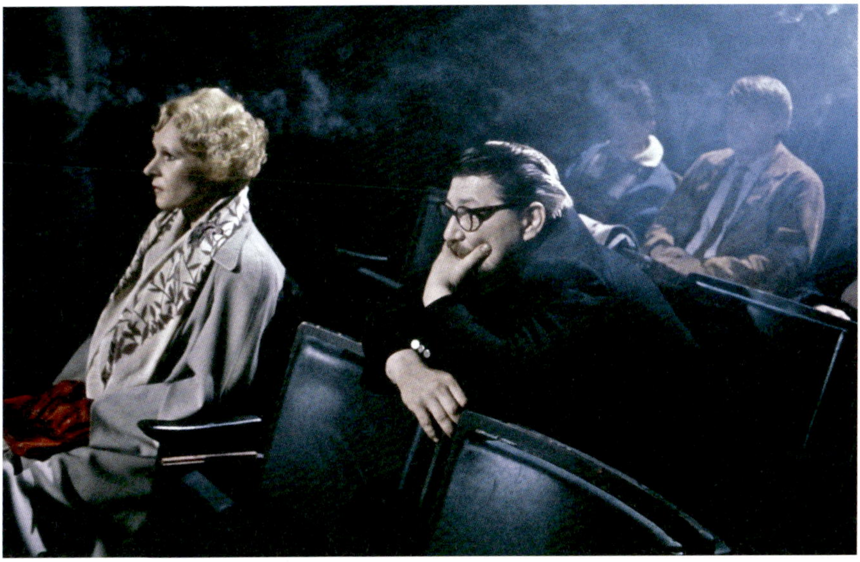

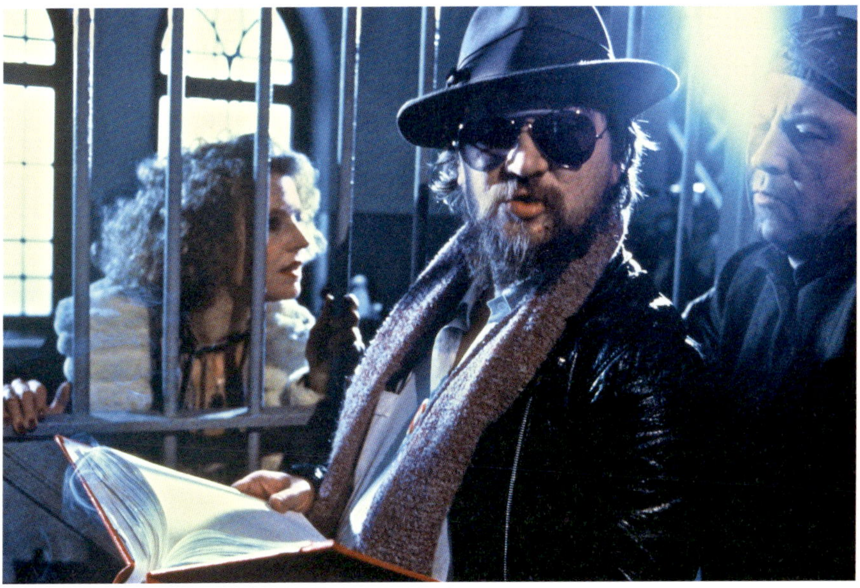

oben: Rosel Zech und RWF. *Die Sehnsucht der Veronica Voss*, 1982
unten: Mit Hanna Schygulla und Günter Lamprecht am Set von *Berlin Alexanderplatz*, 1979/80

26. Hanna Schygulla

Schauspielerin, geboren am 25. Dezember 1943 in Königshütte

Gab es eine Fassbinder-Clique, und wenn ja, vor allem: wo? Die Deutsche Eiche, da sollten die öfter sein. Früher, als ich noch in der Hohenzollernstraße wohnte, habe ich manche von ihnen auf der Straße gesehen. Antitheater. Harry Baer, der einmal den König Ludwig spielte. Kurt Raab, der in meinem Spielfilm *Frankfurt Kaiserstraße* eine fantastische Gesangsszene als Transe hinlegte.

Hanna Schygulla habe ich in der Gruppe, außer bei der Arbeit, nie gesehen, auch nicht in der „Eiche“, wo Barbara Valentin mich mitschleppte, na ja, bisschen übertrieben: Elisabeth Volkmann hat mich am anderen Arm gezogen. Nach vielen Fotos bei Fassbinder-Drehs gab mir Fassbinder den Part als Liebhaber von Hanna Schygulla in der TV-Serie *Berlin Alexanderplatz*. Die erste Begegnung war sehr unterkühlt. Doch dann gewöhnte Hanna sich daran, denn ich war nicht nur der Schauspieler, sondern auch noch so ein Fotograf. Dann wurde darüber geredet, dass ich auch Spielfilme produziert und Regie geführt habe. Mein Ansehen wurde größer, jetzt waren wir bei der Clique, sie nahm mich mit Zögern auf.

Harry Baer sagte bei einem Interview: „Die haben uns keine Rollen gegeben (damit meinte er die gesamte Filmbranche) und wir auch denen keine.“ Es gab wirklich eine Trennung zwischen „Jung-“ und „Alt-Film“.

Hanna Schygulla wurde als Christkind am 25. Dezember 1943 in Königshütte, Oberschlesien, geboren. Die Mutter flüchtete 1945 vor den bösen Russen nach München, dahin kam 1948 auch der Vater aus der Kriegsgefangenschaft. Abitur am Luisengymnasium. Ein Jahr verbrachte sie in Paris als Au-pair-Mädchen. Zurück nach München, studierte Germanistik und Romanistik. Schauspielunterricht bekam sie im Fridl Leonhard Studio, wo sie auf Fassbinder traf: Glück. Daraus wurden ca. 80 TV- und Spielfilme. Verdienstkreuz der Bundesrepublik erster Klasse. Und zweiundzwanzig weitere Orden und Preise, am Ende winkte auch der vergoldete Bär in Berlin.

Mit diesem Christkind war ein Dreh nackt im Bett angesagt. Bei Fassbinder war ich mir nie sicher: dramaturgisch wichtig oder ein persönlicher Spaß? Ich glaube, das letztere. Morgenmantel war vorhanden, es ist ein Teil dieser Figur, die man darstellt, da muss man durch. Trotzdem: Was hat diese Hanna für eine

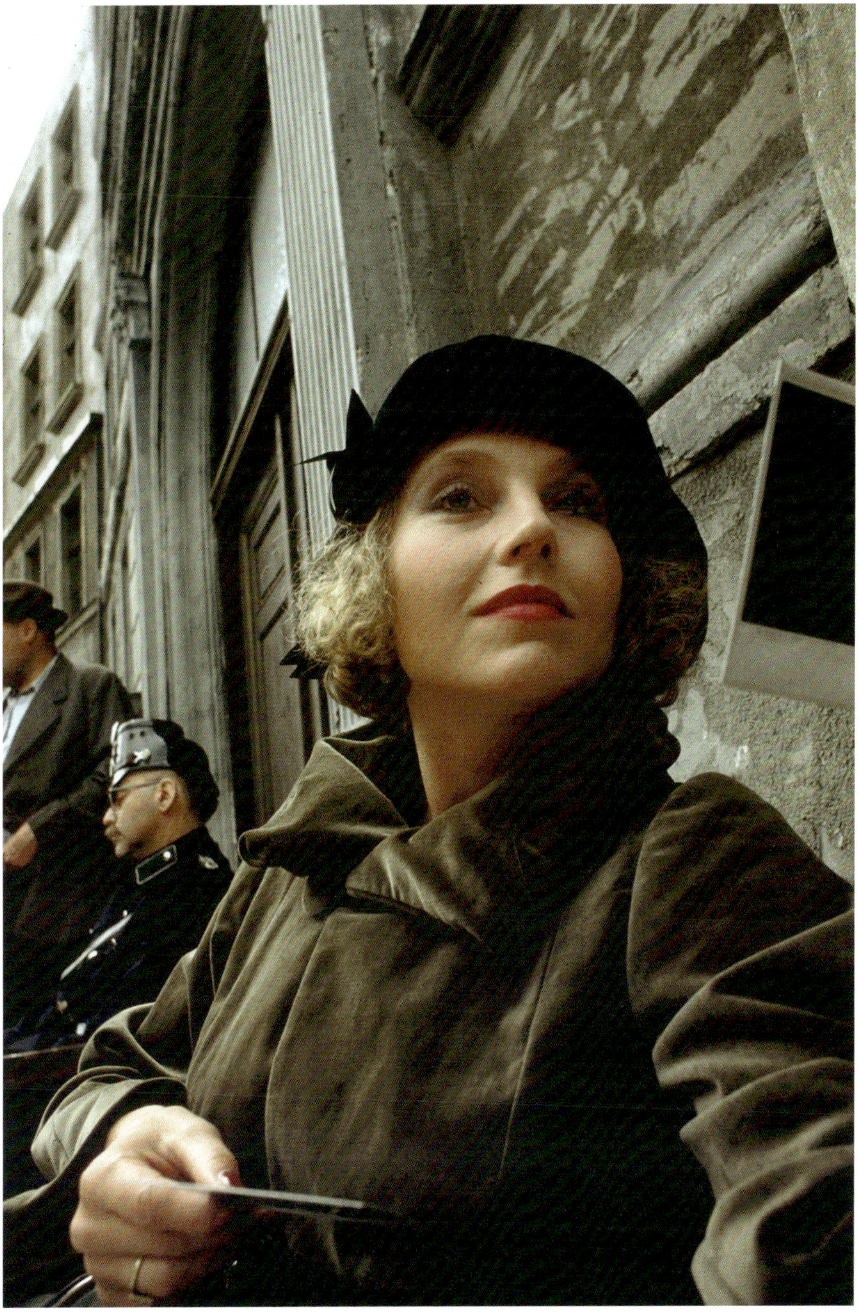

Hanna Schygulla. Berlin, 1982

Figur? Reizt sie mich? Werden ihre Schamhaare abgeklebt? Wie verhalte ich mich im Bett, nackt an nackt, werde ich erregt sein?

Also, Hanna war mir nackt sympathisch. Bei Nacktszenen herrscht immer eine Spannung am Drehort, die meisten vom Team werden weggeschickt, reiner Unsinn, denn die Filmszenen sehen alle. Fassbinder kümmerte das nicht, keiner musste den Raum verlassen. Dann ging es los: „Roger, dreh dich ein bisschen mehr nach rechts, so ist es gut. Hanna, rück ein bisschen mehr ran. Spürst du das Licht?“

Klappe, drehen, schon ist es vorbei. Habe ich geschwitzt oder sie? Gefragt habe ich nach der Situation nie, obwohl wir uns noch oft begegnet sind.

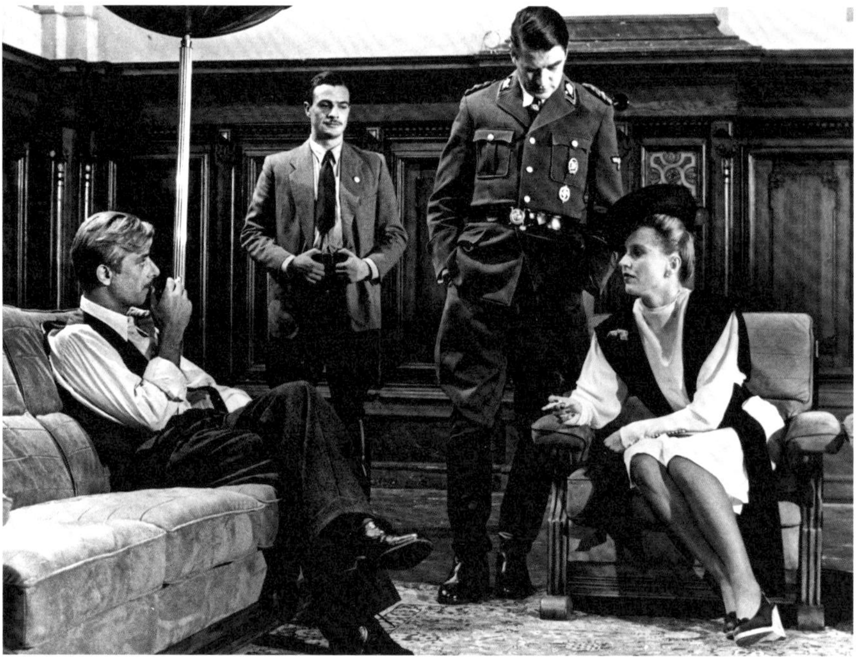

Filmstill aus *Lili Marleen* von R. W. Fassbinder mit Giancarlo Giannini, Roger Fritz (3.v.l.) und Hanna Schygulla

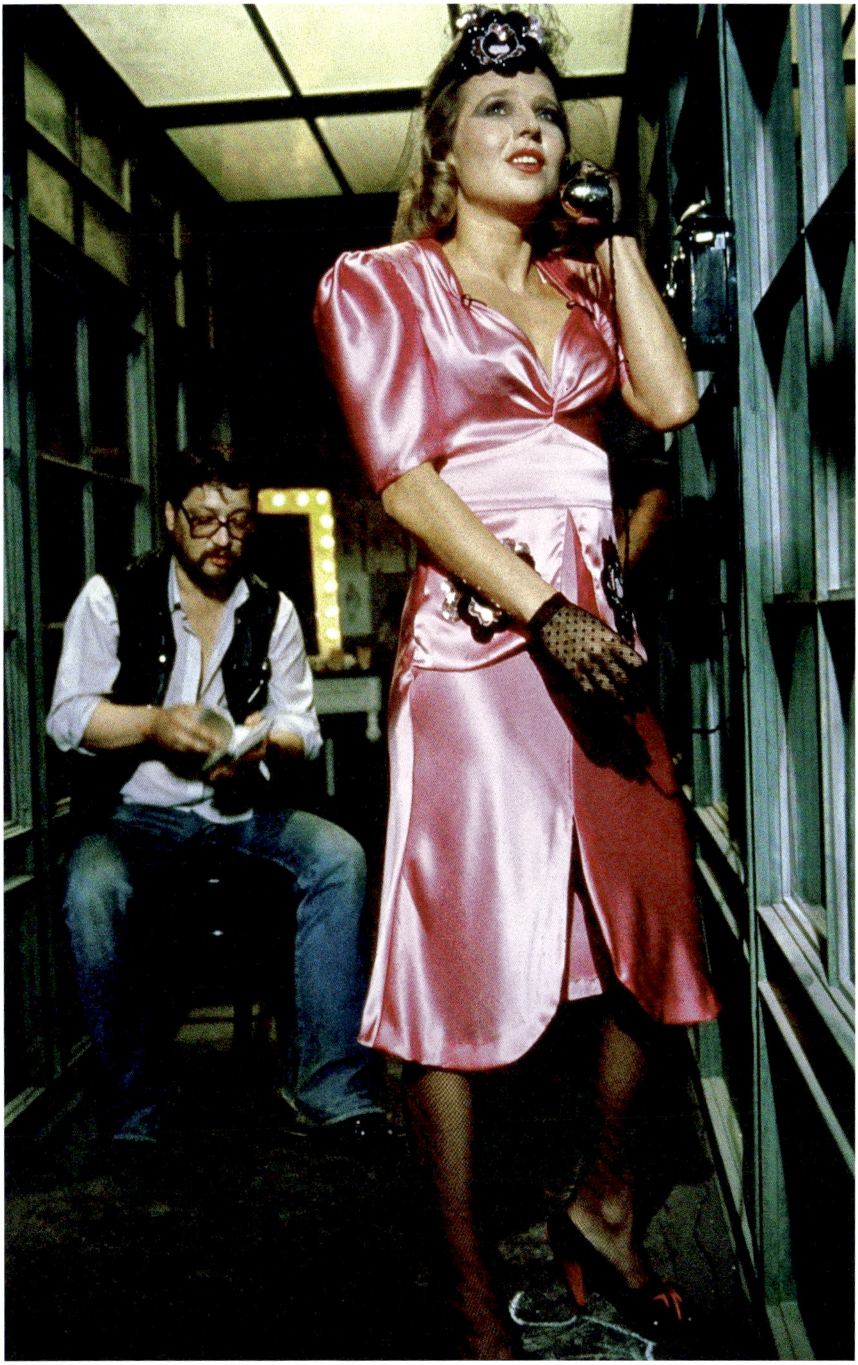

Hanna Schygulla mit R. W. Fassbinder am Set von *Lili Marleen*. Berlin, 1980

27. Barbara Sukowa

Schauspielerin, geboren am 2. Februar 1950 in Bremen

Die erste Begegnung, wir hatten nicht beruflich miteinander zu tun. Irgendwo in München. Irritierte mich etwas. Erst dachte ich, der Name Barbara Sukowa passt nicht, später wusste ich, es ist nicht der Name, sondern dein Mann. Hans-Michael Rehberg, 1938 geboren in Fürsternwalde an der Spree, dieser merkwürdig alt aussehende Kerl. Alt, was ist alt – der Körper oder der Geist? Reine Eifersucht, später stellte ich fest, ich bin zwei Jahre vor ihm auf dieser Welt gelandet. Durch die Filme von Bernd Fischerauer waren wir viel zusammen und haben uns gut verstanden. So alt war er doch nicht.

Barbara wurde am 2. Februar 1950 in die Welt geschickt, in Bremen. Das Nächste, was ich gefunden habe – der Ausspruch ihres Vaters: „Dir bleibt nichts anderes übrig, als intelligent zu werden, so, wie du aussiehst!“

Später hast du gesagt: „Ich hätte mir mit fünfzehn die Nase machen lassen sollen.“ Deine Nase finde ich in Ordnung! Wolltest du ein spitzes Näschen? Wie vielen künstlichen begegne ich täglich. Wenn die Nasen alt werden, fallen sie nach innen zusammen.

1966/67: Wer hat dich so jung auf eine Schule nach Kalifornien geschickt? Allerdings wurdest du dort, in Orange County, zur besten Schultheaterdarstellerin gewählt. War das der Anfang deiner Schauspielkarriere? Dann bist du 1968 ganz schnell nach Berlin, in die Max Reinhardt-Schule für Schauspiel. Aus Bremen geflüchtet, nach der amerikanischen Lebenserfahrung?

Schaubühne am Halleschen Ufer, *Der Ritt über den Bodensee*, von Peter Handke, leider konnte ich es nicht sehen, drehte im Hamburger Studio Serien. Nochmals zu deiner Nase: Ich finde sie schön. Dies fand wahrscheinlich auch Daniel Olbrychski, dein nächster Mann. Wie er aussieht, weiß ich, kennengelernt habe ich ihn nicht. Aber dich, bei der Verfilmung *Berlin Alexanderplatz* von Fassbinder, als Mieze, ich war Herbert (was für ein langweiliger Name), Geliebter von Hanna Schygulla. Dreh am Steinsee, im Wald mit Gottfried John. Eine Szene, die ich gar nicht mochte, wo die Spucke als Faden im Gegenlicht von Gottfrieds Mund in deinen sich ziehen sollte.

Dann kam *Lola*, mit Mario Adorf, ich hatte in diesem Film nichts zu tun. Doch, etwas: das „Plakat“ haben wir zusammen gemacht. Außerdem habe ich Mario besucht. Wollte dich beim Drehen beobachten. Sieben Filme hast du

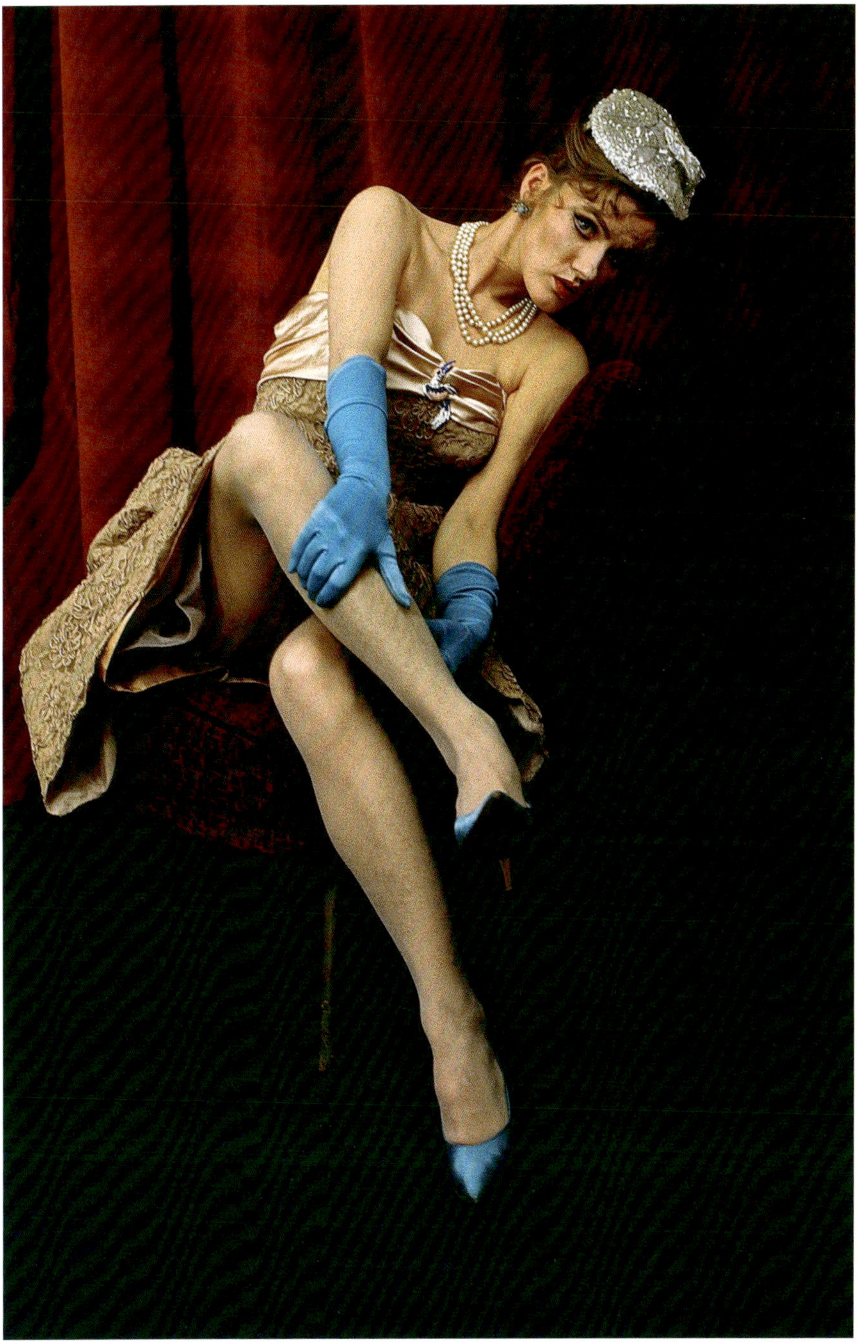

Barbara Sukowa, *Lola*, 1981

mit der von mir sehr verehrten Margarethe von Trotta gedreht, sie wiederum war bei mir als Schauspielerin tätig. Die TV-Vorabendserien werden in ihrer Biografie allerdings nicht erwähnt.

Roma-Fiumicino „Leonardo da Vinci": Schlechter Flug von München, mit Margit, mir war es ganz übel, bisschen im Trauma, Gepäck holen. Eine hübsche Person reißt mich am Arm: „Hallo, Roger!" Ich schüttle sie ab. „He, kennst du mich nicht mehr?" Kopfschütteln meinerseits. Weg war die aufdringliche Person. In Italien war ich als Pietro aus *Nessuno deve sapere*, einer TV Serie – Hauptrolle, lief ewig im RAI –, bekannt. Dann: „Ach, du Sch …, das war ja Barbara Sukowa. Keine Autogrammjägerin!" Ich suchte, rannte in der Ankunftshalle hin und her, habe dich nicht mehr gefunden.

Fassbinder, Gesamtwerk ausgestellt am TV Turm, du warst da mit deinem Mann. Neuem Mann, Robert Longo. Irgendwie wollte er keinen Kontakt haben.

Drei Väter, drei Ehemänner, drei Söhne – gute Leistung! Siebzig Filme. Wenn für jeden Preis, den du gewonnen hast, du einen kleinen Orden hättest. Diese alle an deine Brust stecken würdest – kein russischer General mit

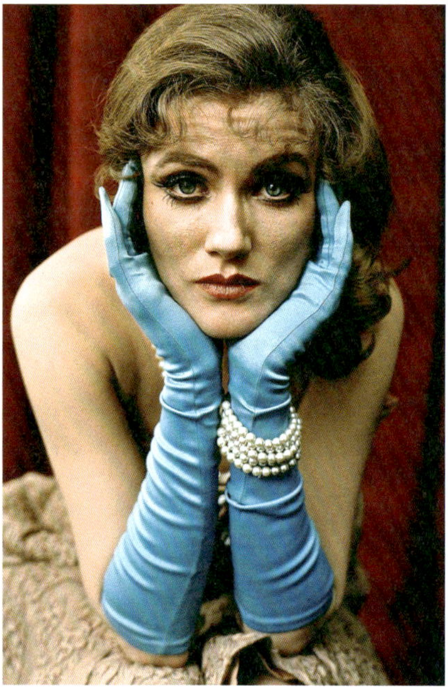

Barbara Sukowa. Berlin, 1981

geschwollener Brust wäre mit seinen Trophäen ein Konkurrent! Einundzwanzig habe ich gezählt. Berlin zweimal beste Schauspielerin. Zweimal Bayerischer Filmpreis usw. Es fehlte nur noch der Oscar.

„Heute komme ich mir jünger vor als früher!" oder: „Bleiben sie optimistisch, es wird besser." Sätze von dir.

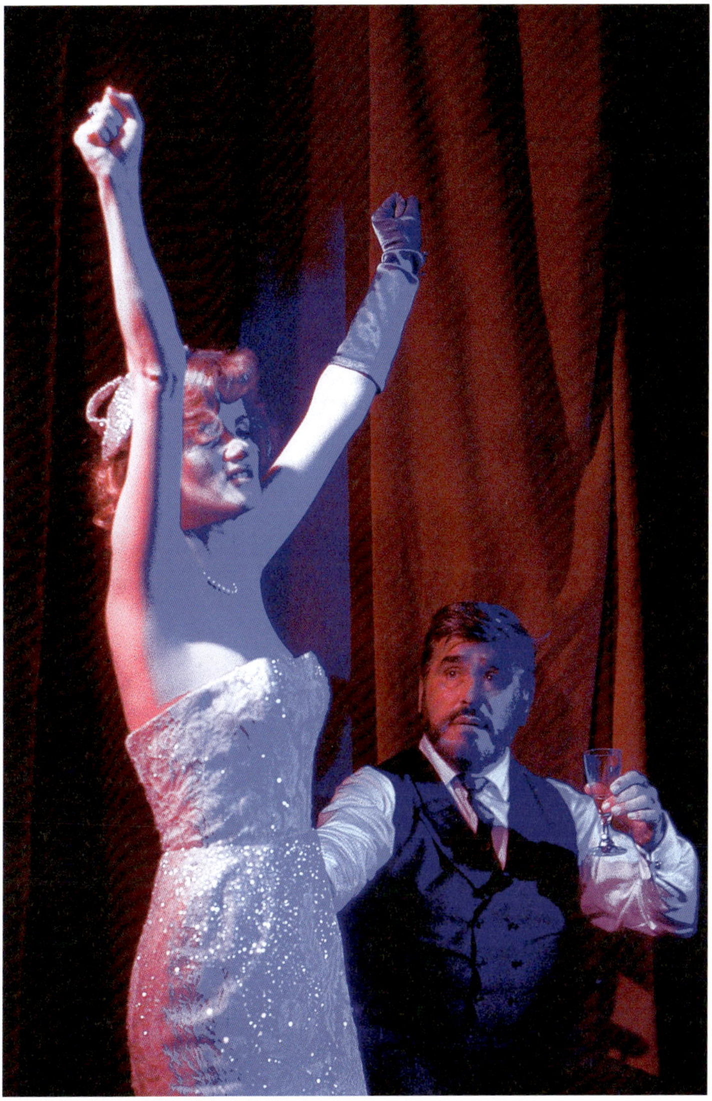

Filmstill. Mit Mario Adorf in *Lola* von R. W. Fassbinder. München, 1981

28. Barbara Valentin

Schauspielerin, geboren am 15. Dezember 1940 in Wien, gestorben 2002 in München

Berlin Ku'damm, Damaschkestraße, erste Kneipe von Rolf Eden, 1960. Große Blonde hinter der Bar. Irrtum – große Blonde stimmt, aber keine Bar-Metze, sondern eine Geliebte von Rolf Eden. „Kennt ihr euch? Beide aus dem Süden? Das ist Barbara."

Sympathie von Anfang an, kein körperliches Verlangen, dafür gegenseitiges Verständnis. Wie zwei Monde, die umeinander kreisen, große Anziehung, das blieb so bis zum letzten Moment.

Dann wohnte sie, verheiratet oder auch nicht, zwanzig Kilometer außerhalb in Richtung Lüneburger Heide – dort war nichts, gar nichts. Mit einem Kerl, den ich nicht kennenlernte. Hügel mit Wald hinterm Haus, große Terrasse mit Liegestühlen. Das konnte nicht lang gutgehen, trotz Hamburg so nah. Bei meinem nächsten Anruf wurde schon nicht mehr geantwortet. Die nächste Spur in München: ein Rechtsanwalt Reichhardt war mit ihr zusammen.

Rom, Elios-Studios, ich suchte Jobs, fand aber Barbara: lustige Tage. Der Film hieß *Operation Jamaika* oder so ähnlich (*Scharfe Schüsse auf Jamaika*, 1965, Anm. d. R.). Der Muskelprotz Brad Harris war auch mit von der Partie, Hippodrom, Disco, kleine Auseinandersetzung, weil mein geliebter Helmut Berger dazukam, er piesackte Brad so lange, bis dieser ausflippte. Wir landeten alle auf der Straße.

Zurück in München, plötzlich war die Deutsche Eiche für uns angesagt. Bayrisch, auch das Essen, eine dicke, von allen geliebte Bedienung, Tony. In zweiter Reihe der Kellner Mic. Die Wirtin Ella mit Tochter Sonja. Der übrige Laden voller Verrückter, Harry Baer, Karin Baal, die „Geschwister Fürchterlich", so genannt von Elisabeth Volkmann. Und vor allem Barbara Valentin. Viele scharten sich um Rainer Werner Fassbinder, der hier sein alles hatte. Er engagierte viele von den Gästen, einschließlich Bedienungen und Wirtin. „Das Mutterhaus", nannte Harry Baer die „Eiche".

Motiv Liebe war die TV-Serie für den NDR, die ich in Hamburg inszenierte, Barbara spielte mit. Wir Chaoten konnten natürlich die Reeperbahn nicht ruhen lassen. Trafen Herbert Vesely, Regisseur, bekamen sofort eine Rauferei mit drei Transvestiten, die mit einem dünnen, hohen Absatz am Schädel von Herbert Vesely endete. Angetrunken, wie wir waren, ging es trotz Wunde weiter

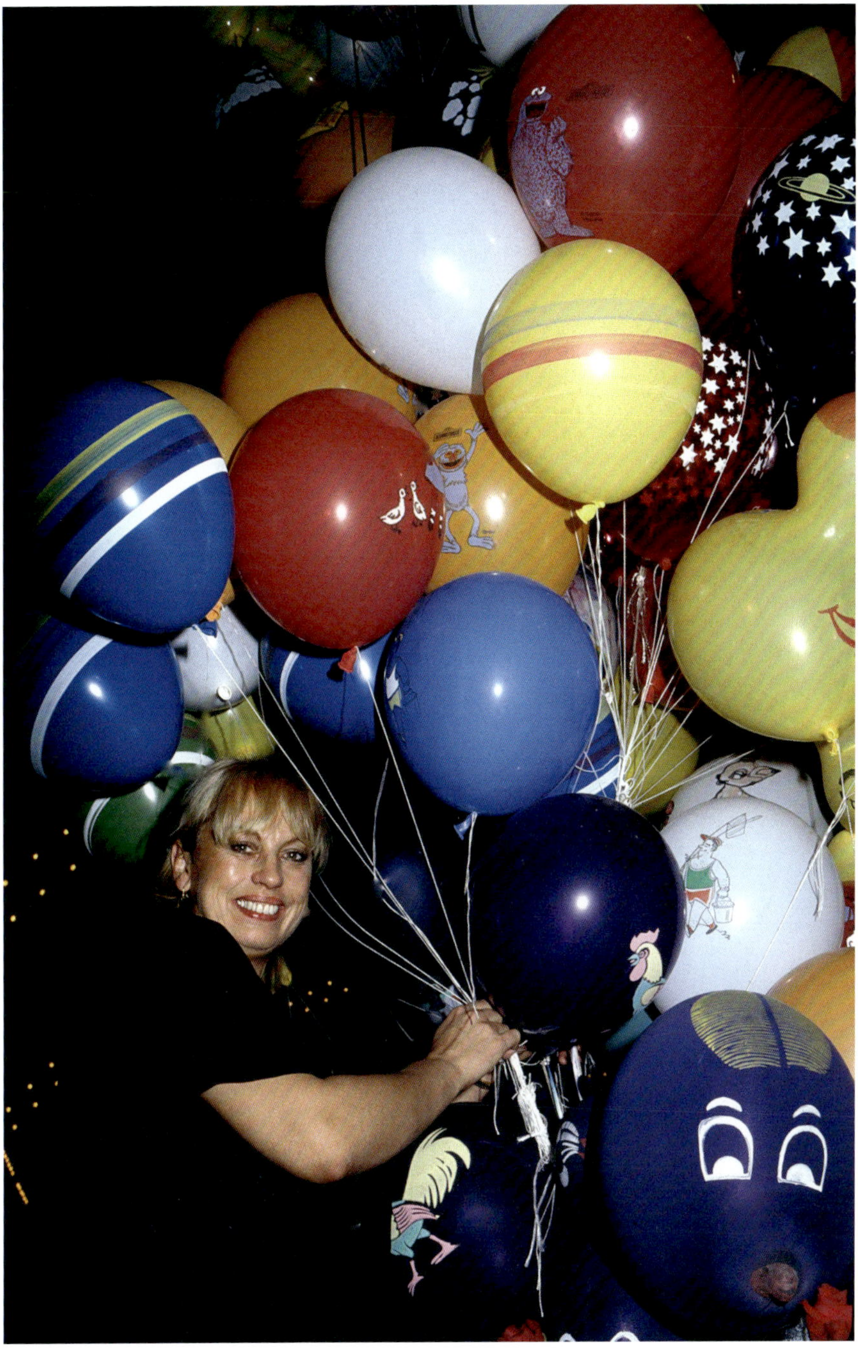

Barbara Valentin auf dem Oktoberfest. München, 1982

zu Roger Lafitte ins Salambo. Barbara war gefährlich agressiv, deswegen war der Schuh am Kopf gelandet. Großartiger Empfang im Salambo, es begann eine Show, der verrückte Roger Lafitte schaffte es doch, Barbara und mich auf die Bühne zu kriegen, wir beiden Betrunkenen machten wahrhaftig einen Striptease. Die Fotos von unserer Show landeten am nächsten Tag im Schaukasten, blieben dort über ein Jahr hängen. Ich nahm die Bilder nicht raus, denn das war meine Eintrittskarte für die vielen Bilder, die ich im Salambo machte. Das Lied dazu: *Big Spender* – im Rhythmus dieser Melodie zogen wir unsere Kleider aus.

Freddie Mercury hatte sich in der Stollbergstraße, München, niedergelassen, nur wenige Häuser neben Barbara. Es ging nicht anders, die beiden haben sich sofort kennen- und lieben gelernt. Dieselben Gewohnheiten, sie liebte schwule Bars, und er war schwul. Barbara Valentin präsentierte ihre neue Errungenschaft allen ihren Freunden. Begleitete Freddie, wohin auch immer, zum Beispiel in die Cäsar Sauna am Isartor. Nach Ibiza ins Pikes Hotel. Das Pikes Hotel war von einer besonderen Großzügigkeit den Gästen gegenüber.

Barbara bekam in der Hans-Sachs-Straße eine Wohnung geschenkt, bevor der an Aids erkrankte Freddie München verließ.

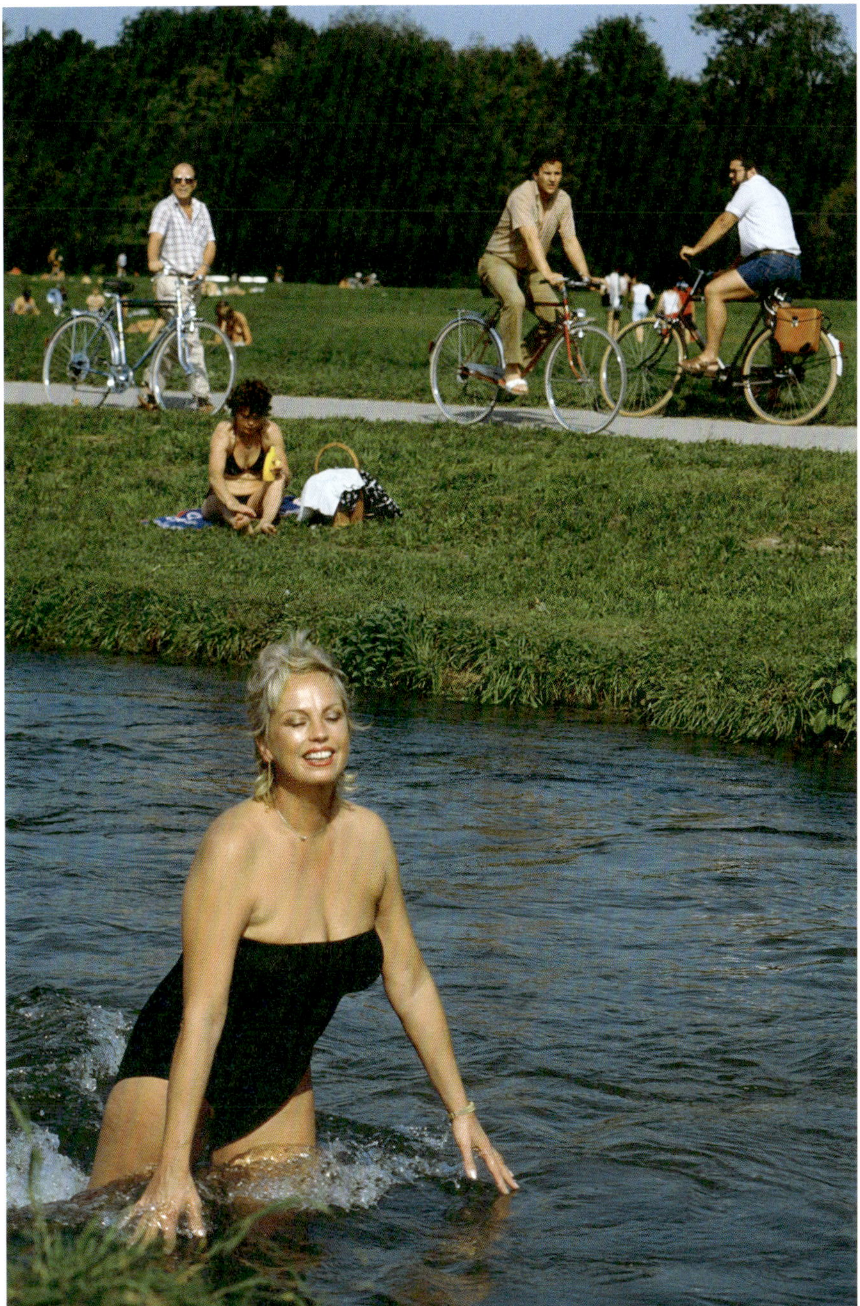

Im Eisbach im Englischen Garten. München, 1982

29. Esther Vilar

Schriftstellerin und Ärztin, geboren am 16. September 1935 in Buenos Aires

Der dressierte Mann – was kommt da auf mich zu? Diese Esther Vilar hat zwar den Mann in Schutz genommen, ich hatte nur wenige Seiten in der *Quick*-Redaktion gelesen, hatte das Buch kaufen wollen, habe es aber auf der Reise nicht gefunden. Ewig lange Autofahrt nach Zürich. Was für eine Frau ist das? Ich stellte mir eine strenge Intellektuelle in einem dunklen, auf Männerschnitt getrimmten Kostüm vor. Wie es neuerdings in den Büros üblich ist. Alter war mir bekannt.

Verabredet in der Kronenhalle Rämistraße 8, fünfunddreißig Minuten zu spät. Die Arme ist hoffentlich noch da. Ein weibliches Wesen, charmant und gar nicht gekränkt. „Sind Sie erst heute Morgen losgefahren? Hätte ich das gewusst, hätten wir uns auch zum Abendessen treffen können, aber jetzt sind Sie ja hier." Meine Kamera legte ich auf den Tisch, sie deutete mit dem Kinn darauf. „Erst essen wir, dann machen wir draußen unter den Menschen die Bilder, okay?"

Natürlich redeten wir über diese berühmten Bilder, die Kunst an denWänden hier im Lokal. Die kannte ich schon. Esther Margareta Vilar ist in Buenos Aires, Argentinien geboren, mit dem Familienname Katzen, am 16. September 1935. 1930 sind ihre Eltern nach Südamerika ausgewandert, Ihre Mutter kam mit dem Land nicht zurecht. Nach Esthers Geburt ging sie mit ihrer Tochter zurück nach Nürnberg-Ziegelstein. Der Vater blieb und arbeitete als Stehgeiger. Nach der Zerstörung der „Reichsparteitagsstadt" zog sie mit Kind wieder nach Argentinien. Dort besuchte Esther die Buenos Aires Universidad, studierte Medizin. Ab 1960 Hochschule Wilhelmshaven und München. Verheiratet 1961 bis 1975 mit dem Autor Klaus Wagn, ein Sohn, Martin, mit ihm. Liiert in Zürich, auch wieder ein Schriftsteller, Jörg Federspiel.

Wir gingen raus, nur wenige Schritte zur Haltestelle der Tram. „Kommen Sie, wir versuchen es hier mal." Sie holte eine Zeitung aus der Tasche, setzte sich, las die Nachrichten, alles wie jeden Tag: Tram, raus und in den Bahnhof rein, dort einen Espresso. Erst dachte ich, ich bestimme, wo wir hingehen. Dem war nicht so, sie konnte an meinem Blick erkennen, was ich vorhatte, war jedes Mal schneller. Also noch eine zweite Straßenbahnfahrt, zum Zürichsee. Dort zur Ruhe gekommen – der unruhige Blick war aus den Augen verschwunden –,

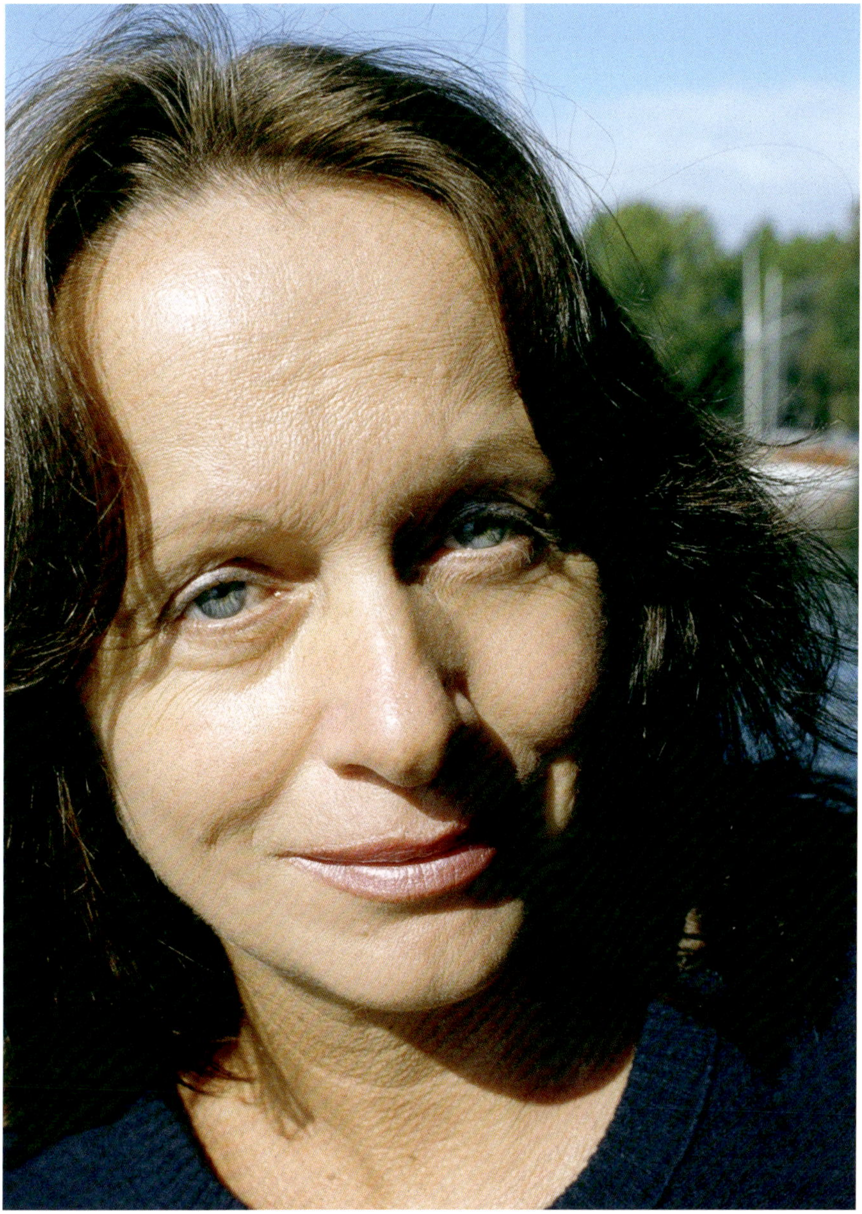

Esther Vilar. Zürich, 1971

erzählte sie mir von der bösartigen Begebenheit, die sie bewogen hat, München oder vielmehr Deutschland zu verlassen. Man muss sich vorstellen: Staatsbibliothek in München an der Ludwigstraße, ein riesiges Gebäude, großer Treppenaufgang innen und außen, viele Studenten unterwegs, sehr beeindruckend, im Lesesaal Geflüster. Da wird sie von jungen Frauen erkannt. Die verfolgen sie, zur Toilette. Schleichen sich hinter ihr rein. „He, du!" Alle vier stürzen sich auf Esther und schlagen auf sie ein.

Ursache könnten Formulierungen gewesen sein wie: „Sex als Belohnung" oder „Ihre Dummheit macht die Frauen göttlich … In der Welt der Frauen zählen nur die anderen Frauen … Der Mann braucht die Frau, um sich zu unterwerfen."

Noch sehr viele dieser Sätze sind in dem Buch *Der dressierte Mann* zu finden. Nun genügt es, wir fahren zur Esthers Wohnung, dort mache ich noch die üblichen Hausfrauenbilder. Sie holt ihren Nähkorb, beginnt zu nähen.

Nach dem TV-Auftritt in *Wünsch dir was* 1971 ging der Ärger weiter. Den letzten Satz von Esther bitte noch: „Die Dummen sind so sicher … und die Gescheiten voller Zweifel …"

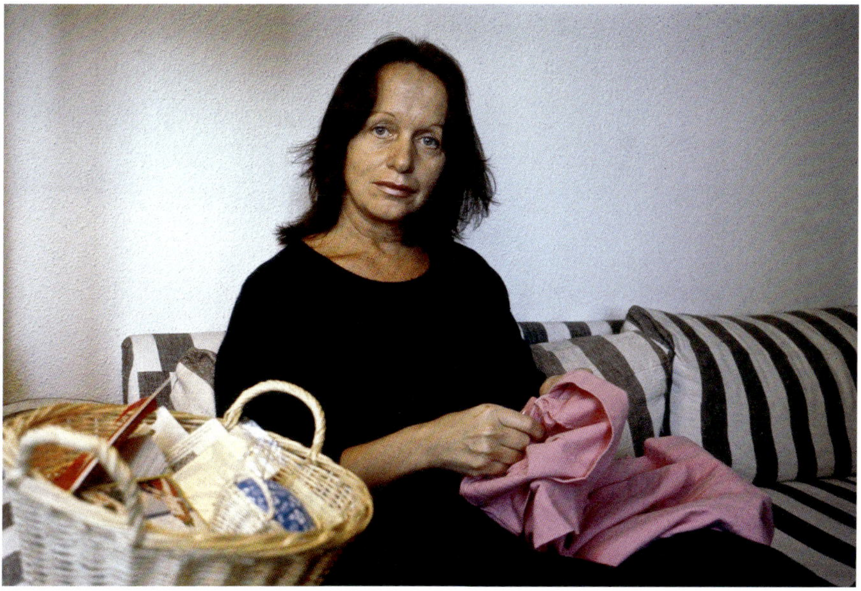

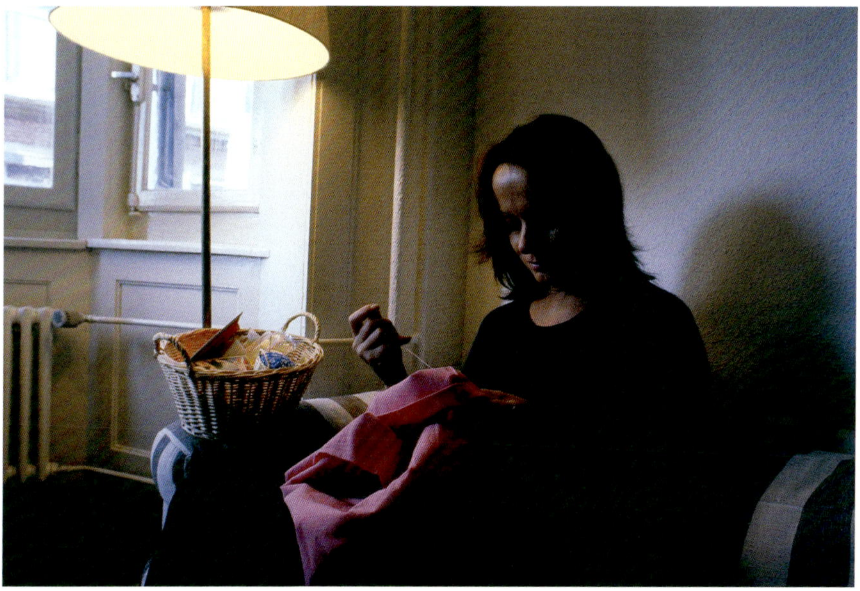

Esther Vilar in ihrer Wohnung. Zürich, 1971

30. Richard von Weizsäcker

Bundespräsident, geboren am 15. April 1920 in Stuttgart, gestorben 2015 in Berlin

„Keiner darf für sich den Besitz der Wahrheit beanspruchen, sonst wäre er unfähig zum Kompromiss. Und überhaupt zum Zusammenleben. Er würde kein Mitbürger sein, sondern ein Tyrann."

„Wer das Mehrheitsprinzip auflösen und durch die Herrschaft der absoluten Wahrheit ersetzen will, der löst die freiheitliche Demokratie auf."

1. Juli 1984, Antrittsrede vor dem Bundestag

„Wer vor der Vergangenheit die Augen verschließt, wird blind für die Gegenwart."

8. Mai 1985, 40 Jahre Kriegsende

„Roger, kannst du zum Flohmarkt am Olympiagelände, den Andreas von Weizsäcker fotografieren? Der ist dort in einer Stunde, am vordersten Stand." Die Fotos erschienen in der *Bunten*, Frau von Weizsäcker haben die Bilder von ihrem Sohn besonders beeindruckt: „Hallo, Herr Fritz, die Frau des Bundespräsidenten hier am Telefon. Jemand erzählte mir, auch mein Andreas, dass Sie herzeigbar sind." (Ich lachte.) „Wollen Sie mit uns auf Reisen gehen, offizielle Staatsbesuche mit dem Bundespräsidenten?" – „Natürlich, gern." – „Sie bekommen die Unterlagen, also bis bald."

Erste Reise nach La Palma, Kanarische Inseln, und Madrid. Einen kleinen Betrag von circa sechzig DM musste ich an die Staatskasse trotz Einladung zahlen. Mehrere Journalisten waren im Flieger. Großer Empfang der verschiedenen Staatsoberhäupter und Könige von allen Ländern, die das Observatorium auf dem 2400 Meter hohen Roque de los Muchachos mitfinanziert haben.

Richard von Weizsäcker wurde am 15. April 1920 in Stuttgart, Neues Schloss geboren. Heinrich von Weizsäcker, sein Bruder, diente als Offizier beim Infanterieregiment 9. Mit ihm zusammen zog Richard von Weizsäcker in den Polenfeldzug, nach Heinrichs Tod am zweiten Kriegstag später allein weiter nach Russland. Als Hauptmann der Reserve ausgezeichnet mit dem Eisernen Kreuz erster und zweiter Klasse, verwundet in Ostpreußen, kehrte er aus dem Krieg zurück. Heiratete, bekam vier Kinder. Arbeitete in Großunternehmen wie Mannesmann. Meldete sich als Mitglied bei der CDU. Nach einer verunglückten Wahl 1979 wurde er 1981 bis 1984 doch noch Regierender Bürgermeister von Berlin. Auf Drängen von Franz Josef Strauß brachte Helmut Kohl als einzigen Kandidaten Richard von Weizsäcker ins Amt des Bundespräsidenten.

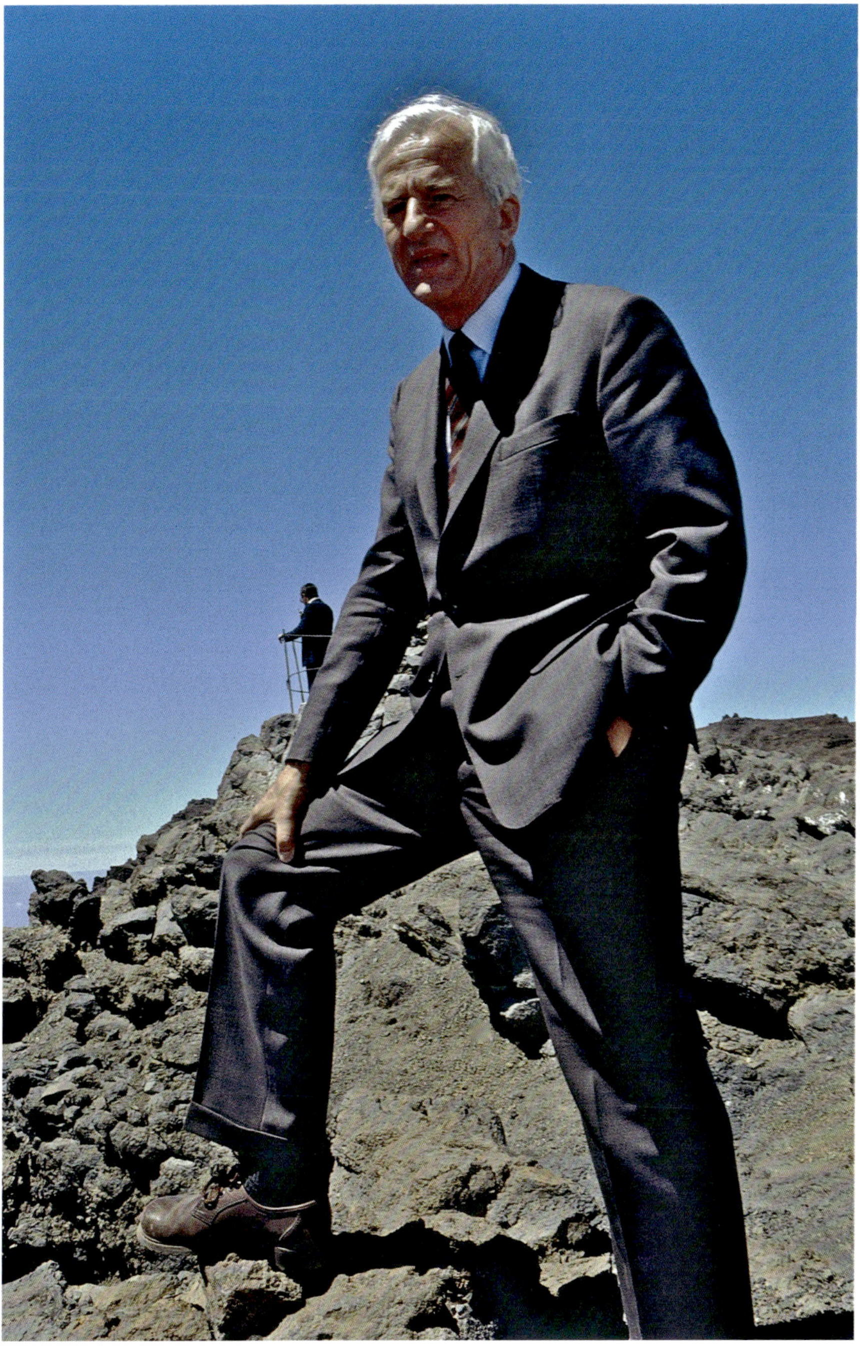

Richard von Weizsäcker, Roque de los Muchachos, Kanareninsel.
La Palma, Juli 2013

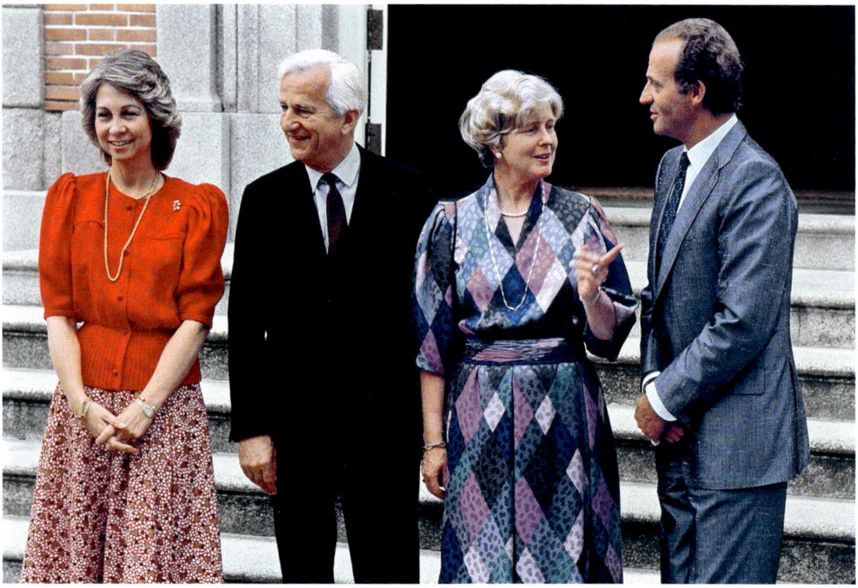

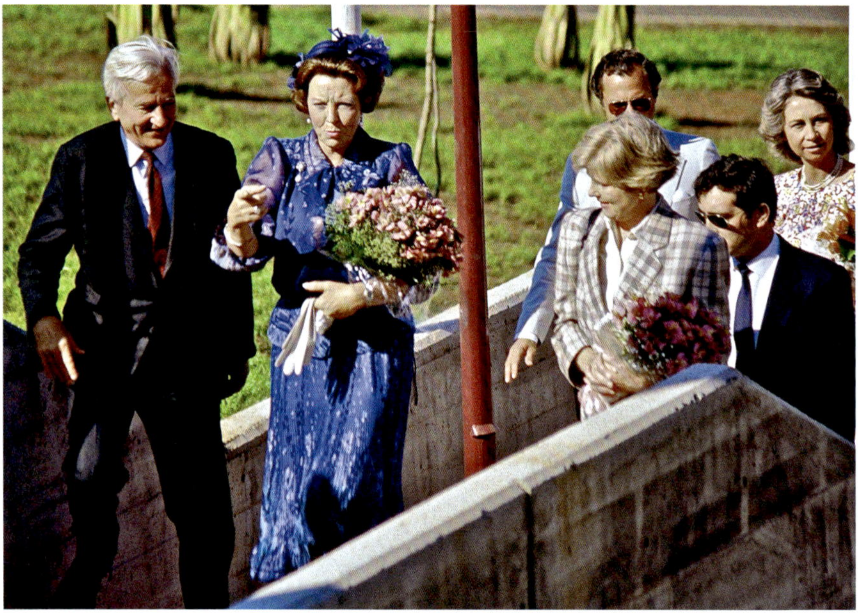

oben: Das Ehepaar von Weizsäcker mit dem spanischen Königspaar Sofia und Juan Carlos. Kanarische Inseln, La Palma, 2013
unten: Das Ehepaar von Weizsäcker mit der niederländischen Königin Beatrix und der spanischen Monarchin Sofia. Madrid, 2013

Er gewann gegen Luise Rinser. In seiner Zeit kam die Wiedervereinigung, so war er der erste Präsident des vereinigten Deutschland.

Auf dem Roque de los Muchachos wollte ich mit unserem Präsidenten das Bild mit der großartigen Landschaft machen. Unten stand der Bus mit den Oberhäuptern, da brüllte Sonny Agnelli, italienische Außenministerin, im gemeinsten Slang: „Roger, sag deinem verpissten Präsidenten, hier sind gekrönte Häupter, alle warten auf ihn, er soll seine Gehwarzen hier runterbewegen, und das schnell." Weizsäcker guckte mich an. „Ich verstehe dieses Italienisch, sag ihr, ich bin der einzige vom Volk gewählte, die können warten." Ich tat es. Antwort: Gelächter. Alle fuhren ab, ich spazierte zu meinem Mietauto.

Am späten Abend im Hotel, an der Bar, setzte sich Richard von Weizsäcker zu mir und wollte unbedingt wissen, wieso die Außenministerin mit mir so persönlich und frech gesprochen hatte. Frau Susanna Agnelli kannte ich aus Spoleto, vom Opernfestival, außerdem aus dem Hause Visconti und als Bürgermeisterin von Monte Argentario. Ich hatte vier Wochen zuvor für *Geo* eine Reportage über sie und den Ort fotografiert. Und samt meiner Frau Margit als Gast in ihrem Haus gewohnt.

Richard von Weizsäcker ist am 31. Januar 2015, 94 Jahre alt, in Berlin-Dahlem gestorben. Er musste nicht mehr erleben, dass ein Irrer seinen Sohn Fritz, wahrscheinlich aus Hass gegen seine Familie, erstochen hat.

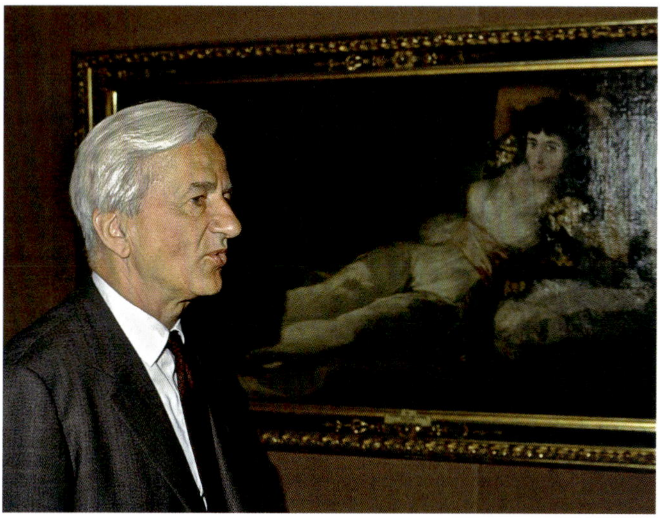

Richard von Weizsäcker vor Goyas *Maja* im Prado in Madrid, 2013

31. Helmut Kohl

Bundeskanzler, geboren am 3. April 1930 in Ludwigshafen, gestorben 2017 in Ludwigshafen

Was bleibt? Kraut, Sauerkraut, Kohl, Saumagen, sogar ein Rezept für die Herstellung des Saumagen, Kirch. Millionen ohne Herkunft. Weite, dunkle Anzüge, Hosen ohne Passform. Bundeskanzler, Merkel. Wiedervereinigung. Flick-Affäre. Eberhard von Brauchitsch. Pflege der Bonner Landschaft. Bonner Watergate. Fünfzehn Millionen Steuerbefreiung. Untersuchungsausschuss, Erinnerungslücken des Bundeskanzlers. Saumagen-Orden. Bundeslöschtage. Liechtenstein.

Durch ein Misstrauensvotum wurde Helmut Schmidt abgelöst, von Helmut Josef Michael Kohl, am 3. April 1930 auf der anderen Rheinseite in Ludwigshafen geboren, am 16. Juni 2017 auch dort gestorben.

Sechzehn Jahre, von 1982 bis 1998, war er Bundeskanzler, von 1969 bis 1976 Ministerpräsident von Rheinland-Pfalz.

Fußball. Siegerehrung in Rom, Sepp Maier filmte das Geschehen am 8. Juli 1990. Manchmal ist da ein dicker Mann, der sich ins Bild schiebt, versucht, mit den Spielern anzustoßen mit einem Plastikbecher, will zeigen, dass auch er Weltmeister geworden ist. Auf jeden Fall war er der erste Bundeskanzler, der sich auf diese fast schamlose Art an die Nationalmannschaft herangewanzt hat. „Seine" Mannschaft. Der 8. Juli 1990 ist das inoffizielle Gründungsdatum der „Fußballrepublik Deutschland". Wir sind wieder wer! Helmut Kohl wollte durch seine Anwesenheit beim Fußball Volksnähe zeigen.

Der Politologe Gerd Langguth beschrieb Kohl als „Taktiker der deutschen Kleinbürgerlichkeit". Kohl hatte mit dem Verzicht auf Hummer und Kaviar das harmlose Bild Deutschlands bis ins kulinarische Detail berechnet. Boris Jelzin ließ sich das Rezept für Saumagen vom Chefkoch des Deidesheimer Hofs aufschreiben, um es im Kreml nachzukochen. Gorbatschow, Ronald Reagan, Bill Clinton. François Mitterrand. Felipe Gonzáles, Juan Carlos und viele andere wichtige Staatsgäste ließen sich mit einem Bus durch die saubere Pfalz kutschieren. Wie kann von so einem lieblichen Land eine Gefahr ausgehen? Mit so einem Saumagen!?

Nur Margaret Thatcher ließ sich durch den Magen nicht täuschen und eindämmern. Kohl habe nur deswegen nach einem einheitlichen europäischen

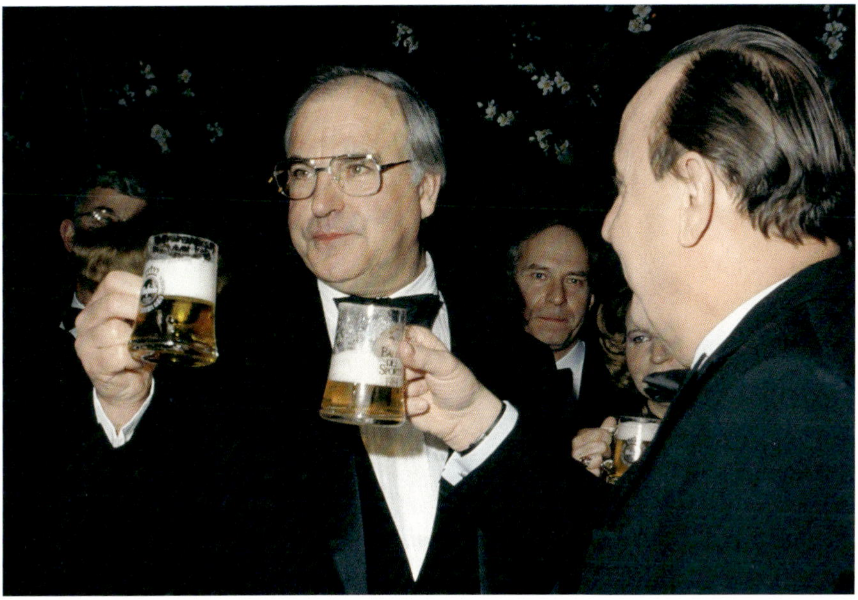

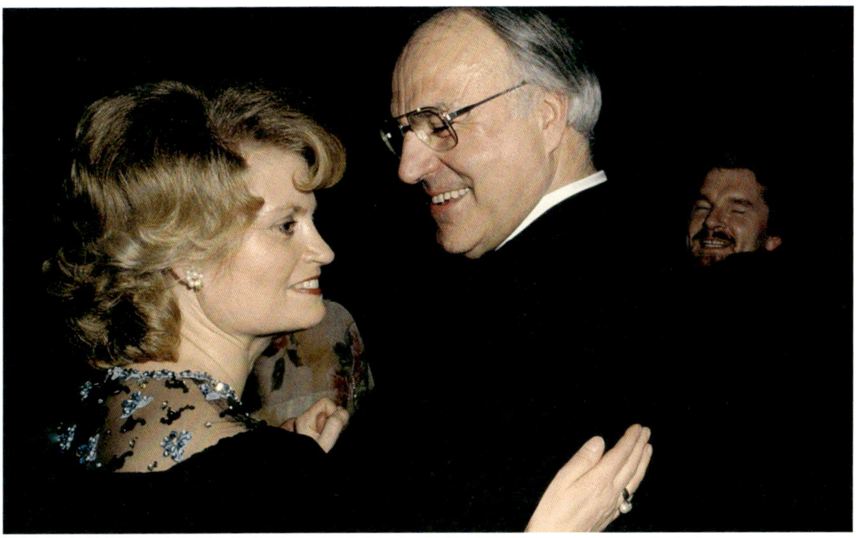

oben: Helmut Kohl mit seinem Außenminister Hans-Dietrich Genscher, Ball des Sports. Mainz, 1990
unten: Helmut und Hannelore Kohl. Ball des Sports. Mainz, 1990

System gestrebt, weil die Deutschen eine Scheu davor haben, sich selbst zu regieren, also versuchten sie, ein System zu schaffen, in dem sich keine Nation selber regiert: Europa!

Der Machtmensch Kohl war gut darin, Männerfreundschaften zu knüpfen. Als die Lady durch die Idylle schritt, da wehte ein recht kühler Wind durch den Deidesheimer Hof. Also sofort in die kleinbürgerliche Atmosphäre, weg von allen, Urlaub am Wolfgangsee.

„Im Weißen Rössl am Wolfgangsee, dort steht das Glück vor der Tür, und ruft dir zu: ‚Guten Morgen. Tritt ein und vergiss deine Sorgen'." Frau Hannelore Kohl litt an einer Lichtallergie, das Paar hatte zwei Söhne, Walter und Peter. Völlig unerwartet fand die Haushälterin die Tote im Haus in Oggersheim, sie hatte eine Überdosis Tabletten geschluckt.

Helmut Kohl war schon länger mit Maike Richter befreundet, 2004 im Ayurveda-Hotel Paragon auf Sri Lanka wurde sein Fahrer Ecki Seeber im Frühstückraum vom Tsunami überrascht. Kohl sieht die Welle vom Balkon im dritten Stock auf das Haus zurasen. Schicksalsgläubig, dass sie dieses Unglück überlebt haben, bekennt er sich öffentlich zu seiner Lebenspartnerin. Nach seinem Treppensturz und dem Klinikaufenthalt heiraten sie in der Klinikkapelle.

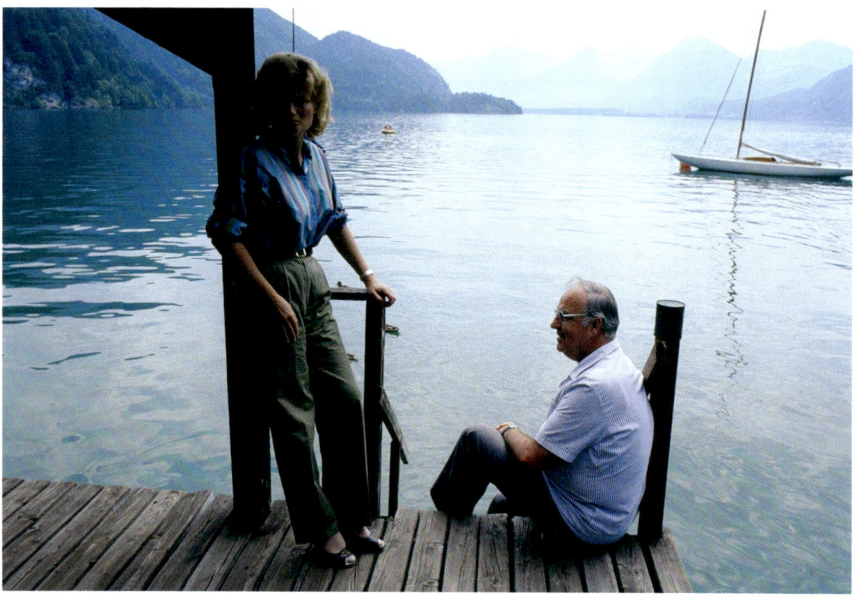

Das Ehepaar Kohl im Urlaub am Wolfgangsee, 1989

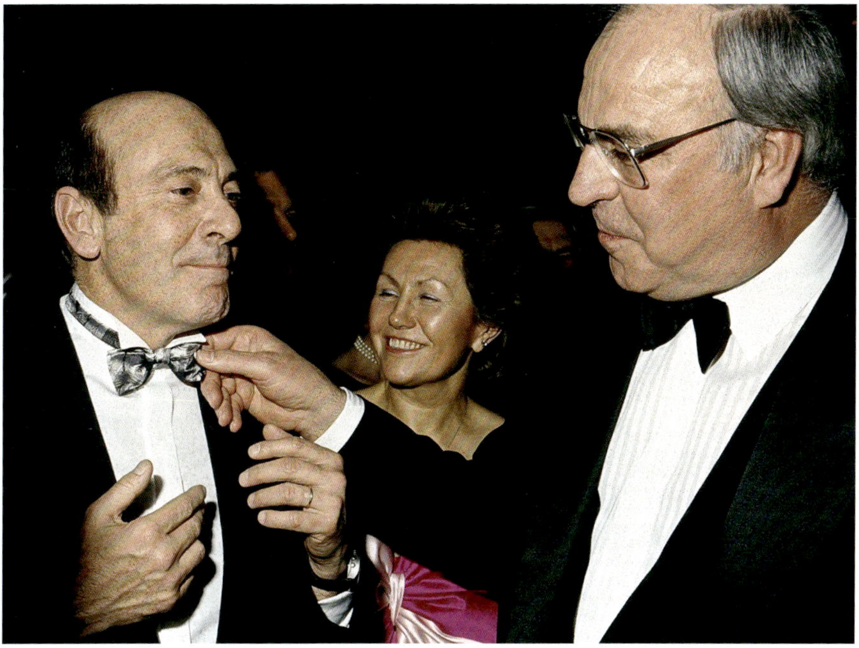

Mit Verteidigungsminister Manfred Wörner, Ball des Sports. Mainz, 1990

32. Gerhard Schröder

Bundeskanzler, geboren am 7. April 1944 in Mossenberg-Wöhren

Uli Klose, erster Bürgermeister der Hansestadt Hamburg: „Fahr doch in die Lüneburger Heide, dort machen Künstler ein Gartenfest." Ein Mistwetter, quer durch die Landschaft im Regen. 1985 trommelten die Künstler Horst Janssen, Katja Ebstein, Günter Grass und der schwerhörige Lew Kopelew für Gerhard Schröder das Wahlvolk zusammen. Erste Landtagswahl von Gerhard Schröder. Juso-Vorsitzender war er von 1978 bis 1980.

Gerhard Fritz Kurt Schröder wurde am 7. April 1944 in Mossenberg-Wöhren auf einem Bauernhof geboren, sein Vater Fritz Schröder war Gelegenheitsarbeiter, starb am 4. Oktober 1944 als Soldat, er hat seinen Sohn nicht kennengelernt. Nach Aussage von Gerhard Schröder gehörte die Familie zu den Ärmsten der Armen, war auf Sozialhilfe angewiesen. „Wir waren die Asozialen." Volksschule, Zweizimmerwohnung für acht Personen in Osterhagen. Lehre zum Einzelhandelskaufmann, Rechtswissenschaftsstudium an der Georg-August-Universität in Göttingen, Rechtsanwalt am Landgericht Hannover.

Heftige Diskussionen zwischen Willy Brandt und Gerhard Schröder auf dem nicht sehr gut besuchten Gartenfest, kein Wunder bei dem Wetter. Katja Ebstein kämpfte mit ihrem Gesang gegen das laute Trommeln der Regentropfen auf dem Zeltdach an, vom Gespräch zwischen den beiden Politikern konnte ich nichts hören. Damals ahnten beide noch nicht, dass Schröder einmal das Amt des Bundeskanzlers und des Parteivorsitzenden übernehmen würde. Schröder war bis 1998 Ministerpräsident von Niedersachsen. Am 27. Oktober 1998 wurde er zum siebten Bundeskanzler gewählt. 1999 bis 2004 war er Vorsitzender der SPD.

Dass dieser Gerhard Schröder 1980 mit den Worten „Ich will da rein" am Zaun des Bundeskanzleramts gerüttelt hätte, bezweifeln viele. Aber es ist eine lustige Geschichte über Zielstrebigkeit. Auf jeden Fall endete seine Regierungszeit 2005. Die Nord Stream AG übernahm mit Freuden den Bundeskanzler. Putin ist bis nach Hannover gefahren, um Gerhard Schröder zum sechzigsten Geburtstag zu gratulieren. Alexei Nawalny nennt Schröder deshalb „Putins Laufburschen".

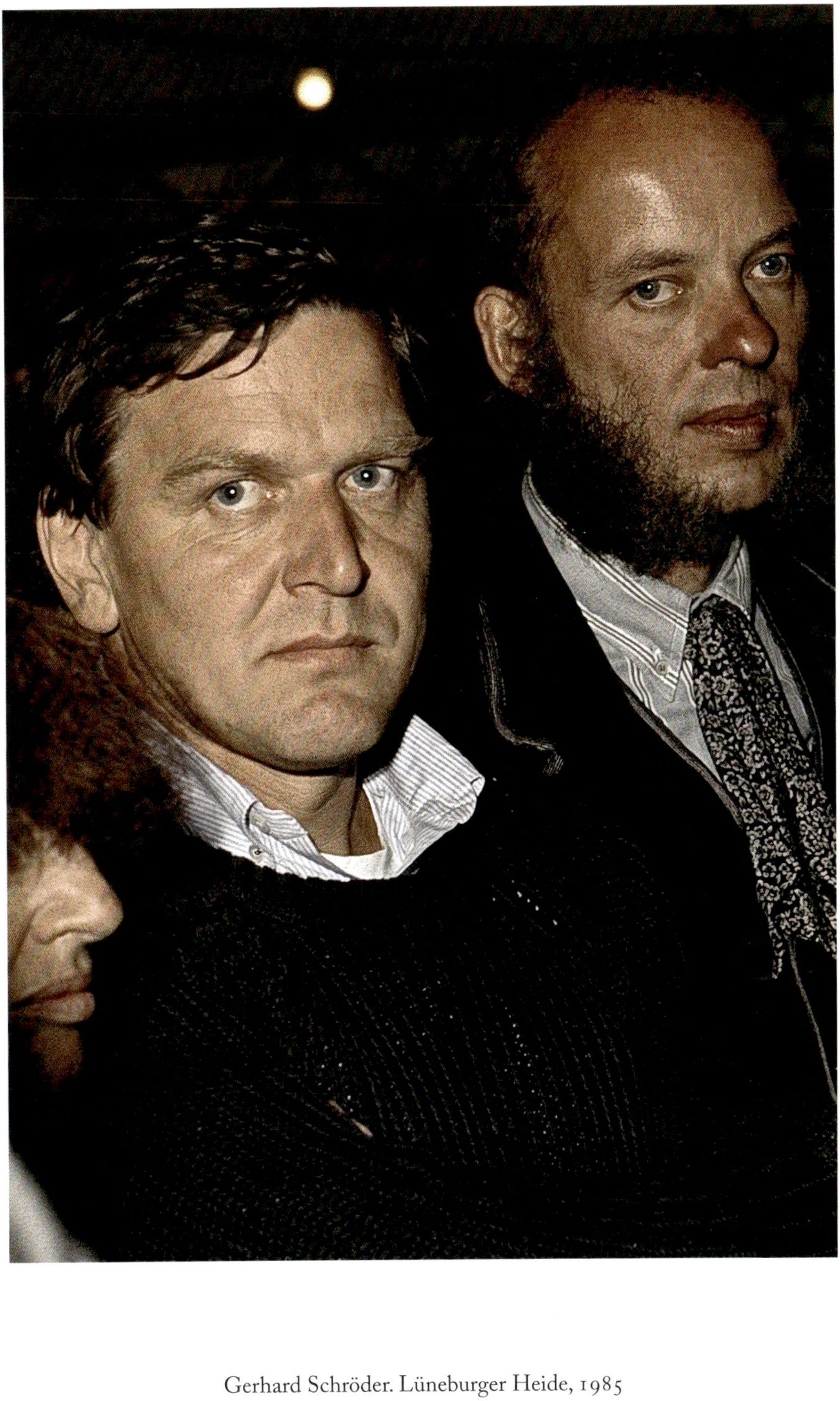

Gerhard Schröder. Lüneburger Heide, 1985

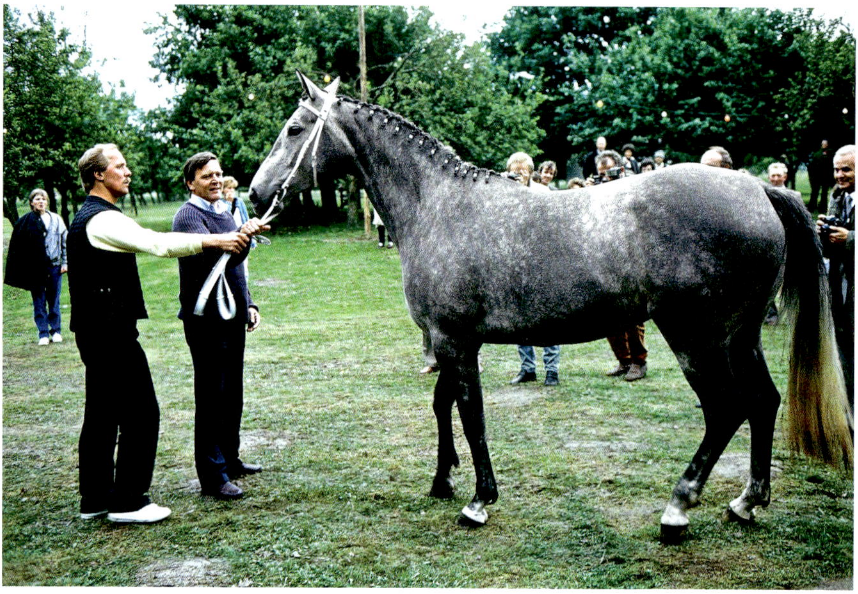

Gerhard Schröder in der Lüneburger Heide, 1985

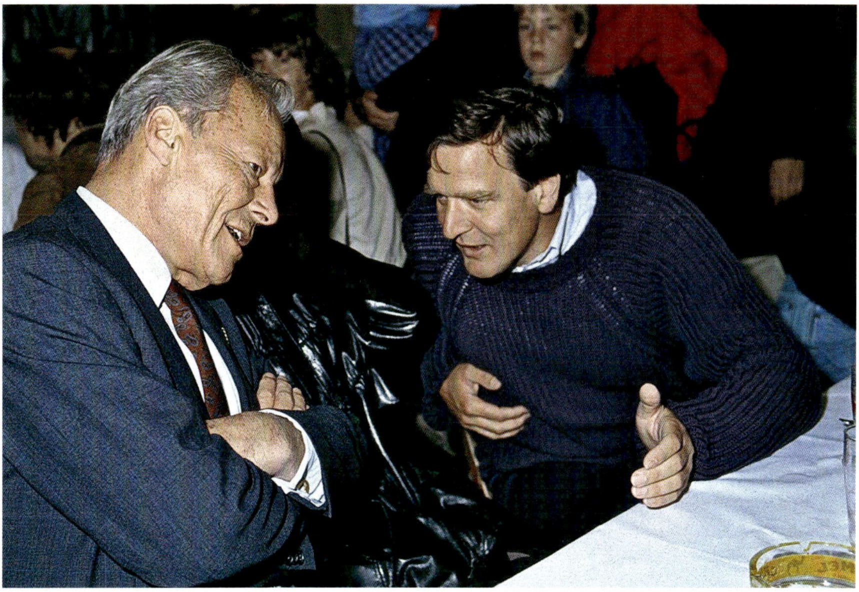

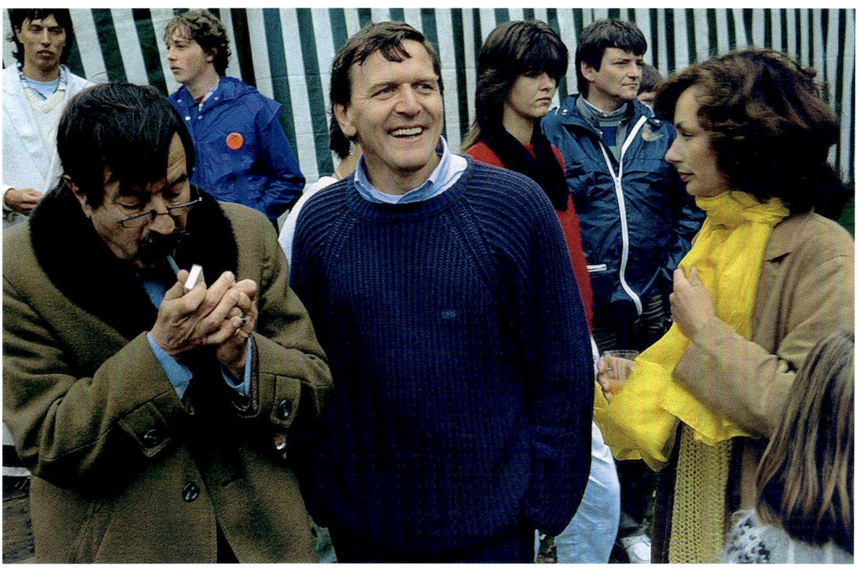

oben: Mit Willy Brandt, 1985
unten v. l.: Mit Günter Grass, Ehefrau Hiltrud Schröder, Lüneburger Heide, 1985

33. Helmut Schmidt

Bundeskanzler, geboren am 23. Dezember 1918 in Hamburg, gestorben 2015 in Hamburg

Sympathisch, gutaussehend, einige Zentimeter mehr hätten zu ihm gepasst, bekennender Kettenraucher, Freund von Christoph Eschenbach und Justus Frantz. Laut Leonard Bernstein „das beste Duo der Welt". Verheiratet mit Loki, Freund Henry Kissinger, US-Außenminister, sprach es aus: „Ich hoffe, vor Helmut Schmidt zu sterben, ich will in keiner Welt leben, in der es keinen Helmut Schmidt gibt!"

Auf jeden Fall produzierte er Bach-Musik, mit den hochbegabten Pianisten Oppitz, Eschenbach und Justus Frantz, außergewöhnlich. Bei den Musikfreunden im Haus auf der Insel Gran Canaria verbrachte er auch mit Loki seinen Urlaub. Heute kann man für 1750 Euro zu zweit im Helmut Schmidt-Zimmer wohnen, Hotel „Casa de los Musicos". Als Bundeskanzler ließ er vor dem Amtssitz „Large Two Forms" von Henry Moore installieren, die Skulptur symbolisiert die beiden deutschen Länder Bundesrepublik und Deutsche Demokratische Republik. Von seiner Bürotür ließ er das Schild „Bundeskanzler" entfernen und ersetzte es durch „Nolde-Zimmer", Noldes Kunst war auch in seinem Arbeitszimmer.

Helmut Heinrich Waldemar Schmidt, am 23. Dezember 1918 in Hamburg-Barmbek als Fast-Christkind geboren. Seine Eltern ein Lehrerehepaar.

Schmidts spätere Ehefrau Hannelore, geboren am 21. Oktober 1919, und Helmut Schmidt gingen schon im Alter von zehn Jahren zusammen in die Lichtwarkschule. Nach dem Abitur meldete er sich freiwillig zum Wehrdienst, wie alle anderen in seinem Alter auch. Acht Jahre beim Militär, bekam das Eiserne Kreuz zweiter Klasse. Während seines Militärdienstes heiratete er Hannelore, genannt Loki, am 27. Juni 1942 in Militäruniform.

Bevor er der fünfte Bundeskanzler wurde, war er Senator der Polizei in Hamburg – Sturmflut 1962 großartig gemeistert –, Fraktionsvorsitzender der SPD im Bundestag. Verteidigungsminister. Finanzminister. Dann kam dieser Spion aus dem Osten und schnüffelte in Bundeskanzler Brandts Geheimnissen, sodass der den Platz an Helmut Schmidt weitergab.

Jetzt begann die Schmidt-Zeit. Geprägt durch viele krisenhafte Situation: Nato-Doppelbeschluss, RAF usw. Dieses zu beschreiben überlasse ich anderen.

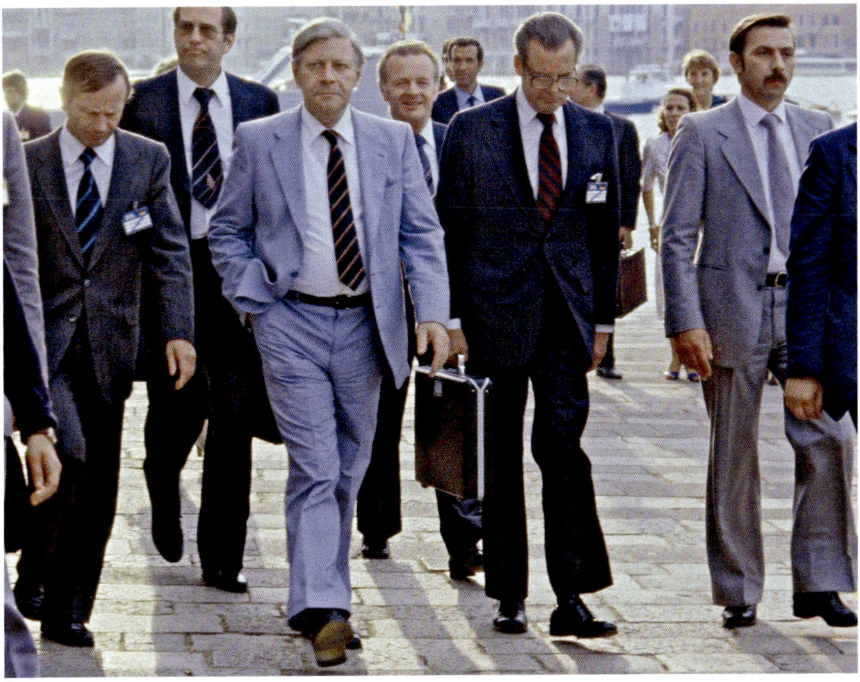

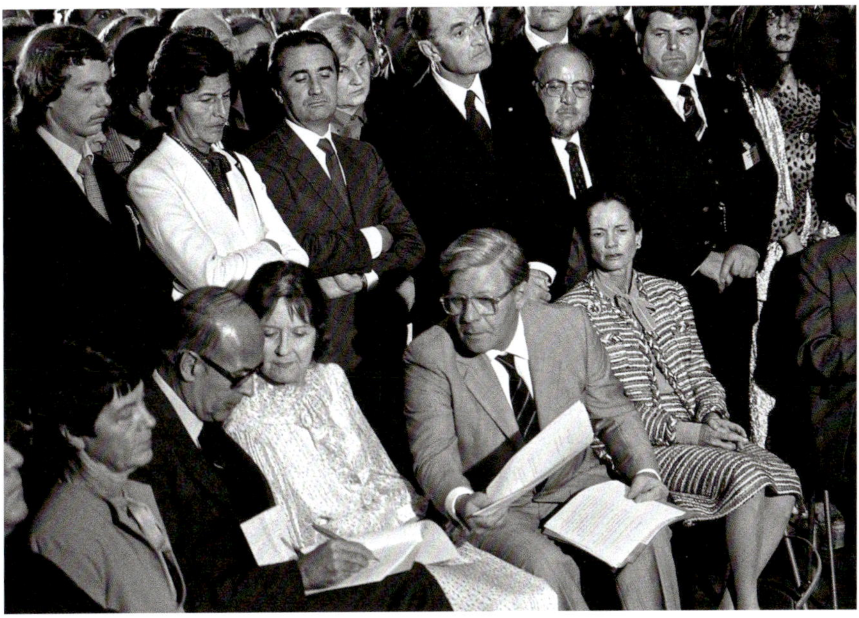

oben: Weltwirtschaftsgipfel, Venedig, 1980 | unten v. l.: Loki Schmidt, Valéry Giscard d'Estaing mit Gattin, Helmut Schmidt. Baden-Baden, 1979

In der Sendung „Mitternachtsspitzen“ erfand Uwe Lyko „Loki und Smoky“. Das gefiel Schmidt-Schnauze nicht. Ihm gefiel auch nicht die Entstehung der privaten Fernsehanstalten.

Angeschnauzt hat er mich auch, als ich, vor ihm stehend, einen Werbespot mit dem Hamburger Bürgermeister Uli Klose für die Bürgerschaft drehte. Militärisch geschult, potenziell die Macht eines Diktators ausstrahlend. Klose lachte und ich auch.

Schmidts Frau Loki, die ich auch gut kennenlernte, völlig anders. Einmal, beim Europäischen Präsidententreffen in Bonn, machte sie mit den dazugehörigen Frauen eine Flussfahrt auf dem Rhein. Wir beide saßen fast eine Stunde auf dem Randstein und warteten. Keine Klage, ich habe sie bewundert.

Misstrauensvotum im Bundestag, leider wurde Helmut Schmidt abgewählt und Kohl blieb uns sechzehn Jahre erhalten!

Der Mann mit der Schiffermütze hatte einen altmodischen, aber großen Überblick.

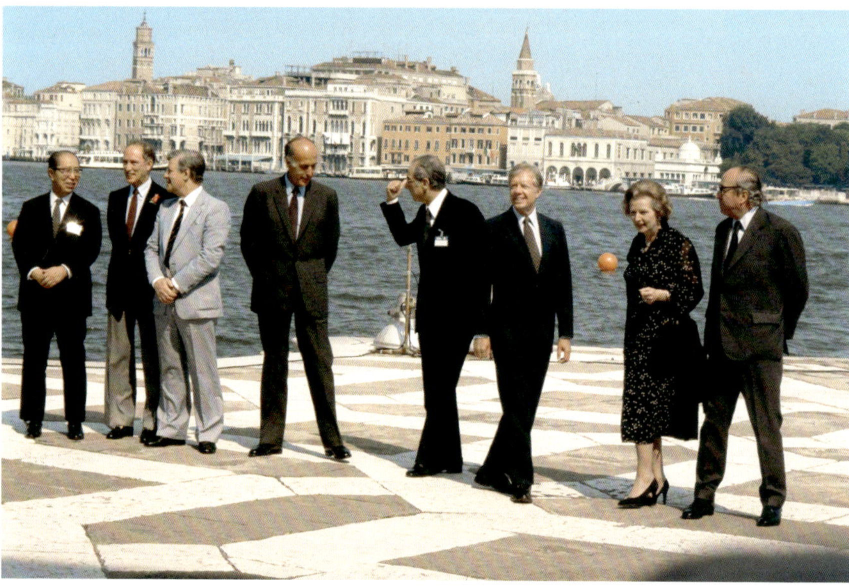

Mit den Staatsoberhäuptern von u.a. Japan, Kanada, Frankreich, Italien, USA, Großbritannien auf dem Weltwirtschaftsgipfel. Venedig, 1980

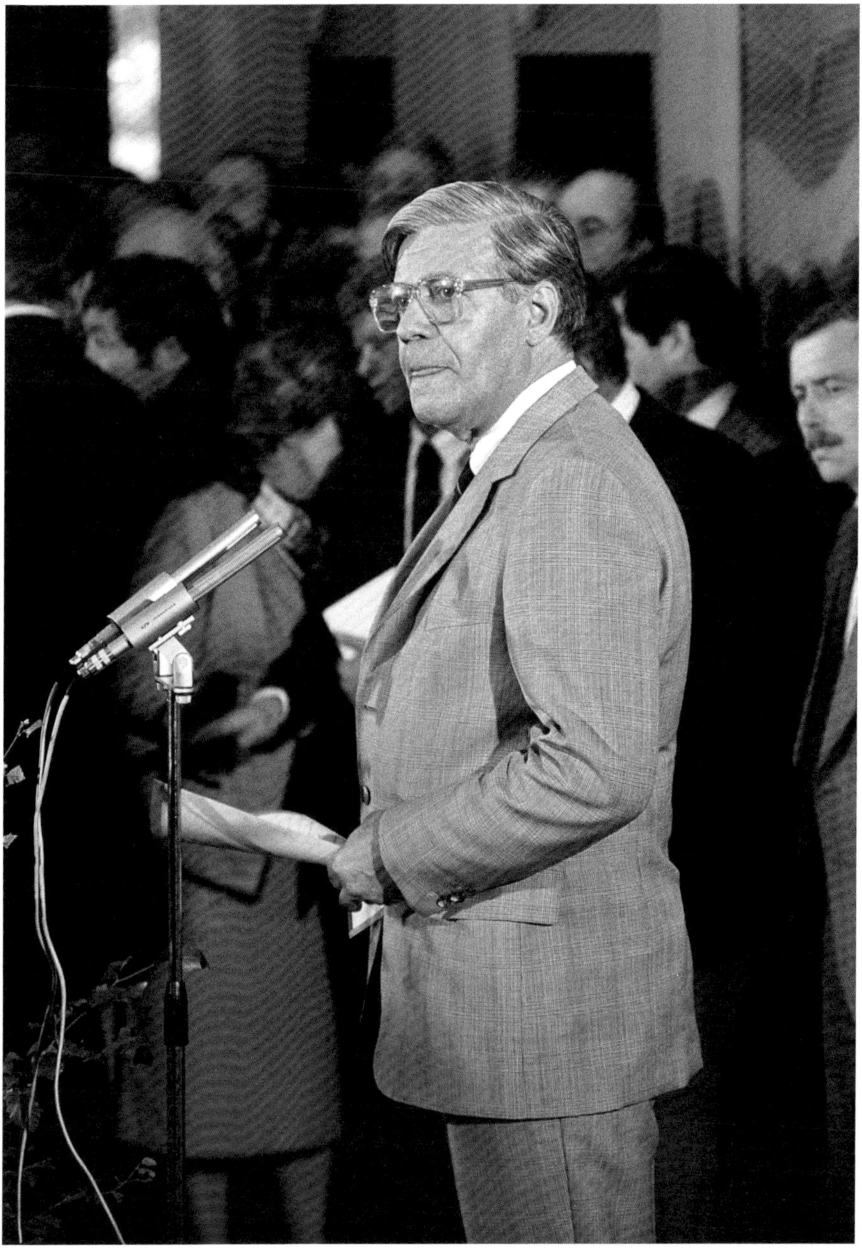

Helmut Schmidt. Baden-Baden, 1979

34. Franz Josef Strauß

Bayerischer Ministerpräsident, geboren am 6. September 1915 in München, gestorben 1988 in Regensburg

Wenn man meine Fotos genauer betrachtet, sieht man den Bier- und Schnaps-Genuss im Gesicht. Getroffen bei offiziellen Veranstaltungen in Bonn habe ich den damaligen Verteidigungsminister des Öfteren. Auch in München beim Essen im kleinen Kreis, bei Friedrich Karl Flick in der Pienzenauerstraße, in der Brienner Straße hinterm Ed Meier im Hinterhof hatte der Ebsch ein Lokal tagsüber auf, eigentlich eine Bar. Mit meiner damaligen Freundin Heidi Haffenrichter und Sascha Striegel saßen wir in der Ecke am zweiten Tisch, nachmittags. Das Lokal war leer, die Tür ging auf, drei Männer und eine Frau kamen rein. Zwei der Männer gingen an die Bar, der dritte setzte sich mit der jungen, harmlos Aussehenden an den Nebentisch. Da erst erkannte ich den Franz Josef Strauß. Auch Heidi erkannte ihn, flüsterte: „Der Strauß, der kommt manchmal zu meinem Vater." Der Dr. Schönberg war Chiropraktiker.

Nach einiger Zeit sprach Dr. Strauß mit seiner und meiner Heidi, zwischen den Tischen war eine Art Barriere mit Rückenlehne. Herr Dr. Strauß tätschelte manchmal die Schulter meiner Heidi, Sascha Striegel gefiel das nicht. Sein Gesicht wurde immer strenger, dann glitt wieder mal die Hand von Herrn Strauß auf die Schulter meiner Heidi, Sascha beugte sich über den Tisch, stieß die Hand vom Strauß zur Seite: „Jetzt ist aber Schluss mit Heidi und Heidi!" Das passte den beiden Bodyguards gar nicht in ihr Denken. Sprangen auf und kamen bedrohlich auf uns zu. Einer versuchte, den Sascha hochzureißen, „Wusch" machte es, und er lag auf dem Boden, der Zweite wollte zu einem Schlag ausholen, bekam blitzschnell einen Kinnhaken, dass er zu Boden ging. Der Barkeeper schrie dazwischen und telefonierte. Sascha setzte sich ruhig wieder hin.

Die Aufpasser wollten weitermachen, doch Dr. Strauß winkte energisch ab. Nach einigen Minuten war der Teufel los, eine Menge Polizisten strömten ins Lokal, redeten mit Strauß. Wollten den Sascha und mich verhaften, mit auf die Wache nehmen. Es scheiterte daran, dass der Oberboss Strauß dieses nicht gut fand.

Also wurden unsere Namen aufgeschrieben, mit Strafe gedroht: „Eine Anzeige kommt bestimmt!" Damit verließen wir unsere Heldenstätte. Daheim

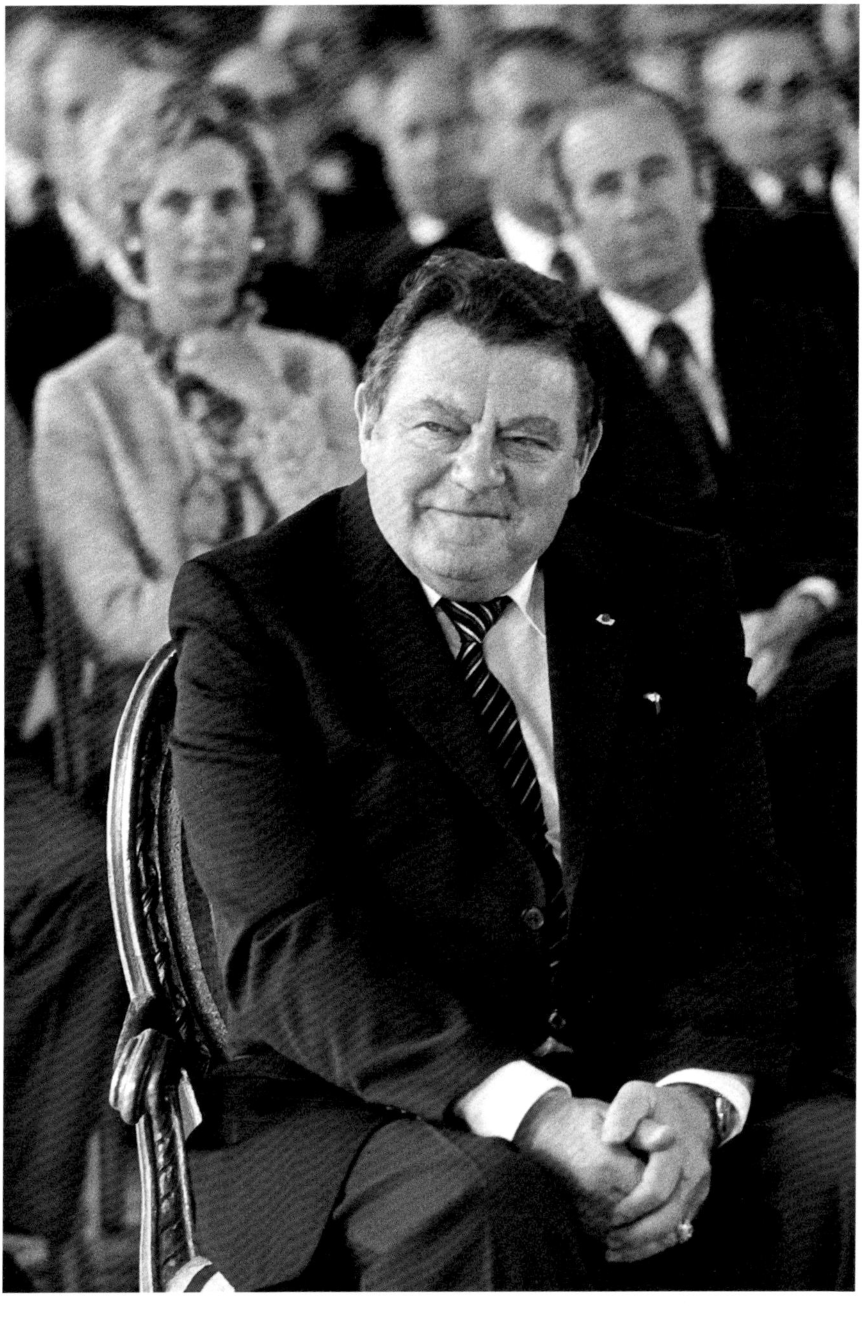

Franz Josef Strauß beim Besuch von Valéry Giscard d'Estaing. Baden-Baden, 1979

habe ich Hermann Messmer, den Anwalt, angerufen. Er meinte: „Warten wir, was passiert.“ Die Anzeige kam.

Es vergingen einige Tage, dann der Anruf vom Herrn Dr. Franz Josef Strauß: „Hallo, Herr Fritz, hier ist der Strauß, hören sie zu, können wir das nicht fallen lassen? Rufen sie doch bitte Herrn Messmer an, dass er es lässt, die Anzeigen sind zurückgezogen.“ Ich antwortete: „Einverstanden.“ Konnte es aber nicht lassen zu sagen: „Sie müssen sich bessere Bodyguards besorgen, warum stellen Sie nicht den Sascha Striegel an?“

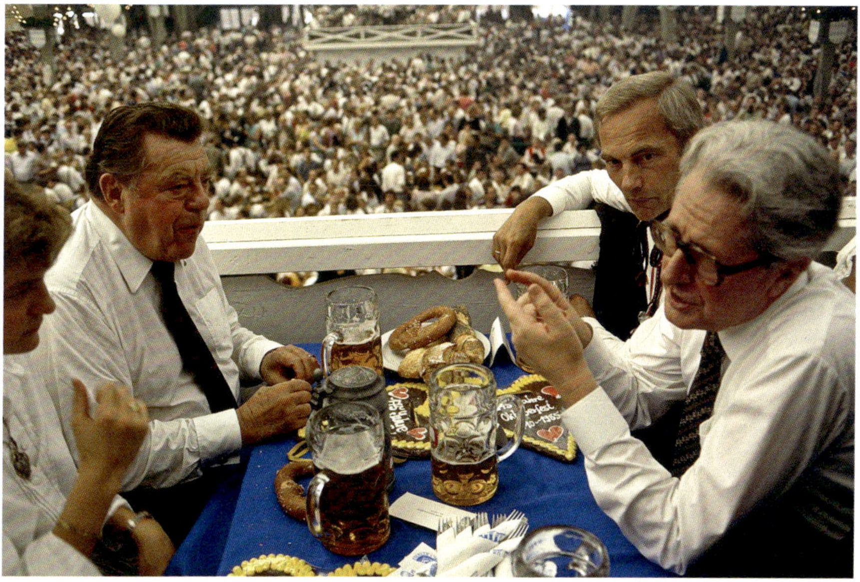

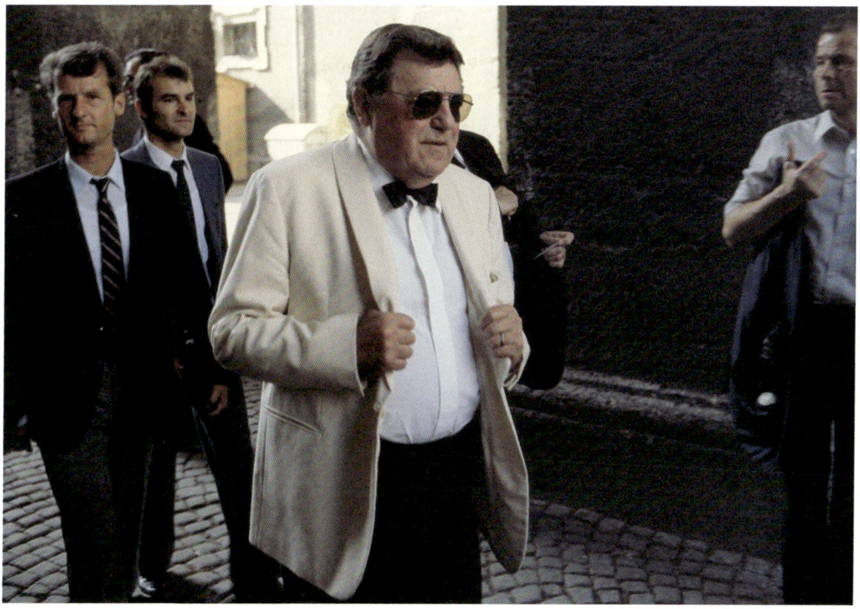

oben: Auf dem Münchner Oktoberfest mit Tochter Monika Hohlmeier (vorne links), Oberbürgermeister Georg Kronawitter und Ex-OB Hans-Jochen Vogel, 1978
unten: Franz Josef Strauß in Salzburg, 1984

35. Markus Söder

Bayerischer Ministerpräsident, geboren am 5. Januar 1967 in Nürnberg

Die fränkisch-bayerische Figur in der Politik. Vor zwei Jahren haben wir uns gesagt, obwohl er es nicht aussprach: „Er will Bundeskanzler." Er wollte, der Markus Söder. Geboren 1967 am 5. Januar, bis 2018 hat er gebraucht, um am 16. März Bayerischer Ministerpräsident zu werden. Der Vater Max war Maurer und seine Frau Renate hatte das dazugehörige kleine Bauunternehmen. Auch Markus Söders Ehefrau, mit ihm verheiratet seit 1999, hat ein Unternehmen im Hintergrund mit 1200 Mitarbeitern. Eine mächtige Frau, eine Tochter und zwei Söhne, die haben sich sicher sehr gefreut über ihren Ministerpräsidenten im Haus. 2007 Staatsminister für Bundes- und Europaangelegenheiten, 2008 für Umwelt und Gesundheit, 2011 Finanzen.

Den Kampf um die Mehrheit der Stimmen des deutschen Bürgers haben wir alle vor Kurzem in den Medien miterlebt. Seine Aussage: „Mein Platz ist in Bayern." – Er hat ihn noch!

Den Franz Josef Strauß an der schrägen Wand in seiner Dachkammer, über seinem Kopf das Bild, das er beim Aufwachen täglich begrüßte. Er hat es eingeholt, sein Idol.

Was für ein Kreuz mit dem Kreuz! Die Verordnung, in allen staatlichen Gebäuden das christliche Symbol anzubringen, ist noch nicht mal bei Kardinal Reinhard Marx gut angekommen. „Dann würde das Kreuz im Namen des Staates enteignet", kritisierte er. „Das Kreuz lässt sich nicht verordnen."

„Gut gebrüllt" – schöner Name für eine Ausstellung um den bayerischen Löwen, zwei stehen vor der Münchner Residenz, viele müssen die unbedingt anfassen, dass es glänzt. Ohne dieses Wappentier kommt man seit achthundert Jahren nicht durch Bayern. Im Kaiserhof tausend weiße und tausend blaue, dreiundvierzig Zentimeter hoch, in Reih' und Glied, entworfen vom Bildhauer Ottmar Hörl (auch ein Franke).

Damals Minister für Finanzen und Heimat, hat Markus Söder diese Ausstellung unterstützt und auf Reisen geschickt. Mit dem Volksbegehren „Rettet die Bienen" hat Herr Markus Söder sich das Umweltmäntelchen übergezogen und den Grünen gezeigt, dass Christen auch mit der Natur können. Ergrünung der CSU.

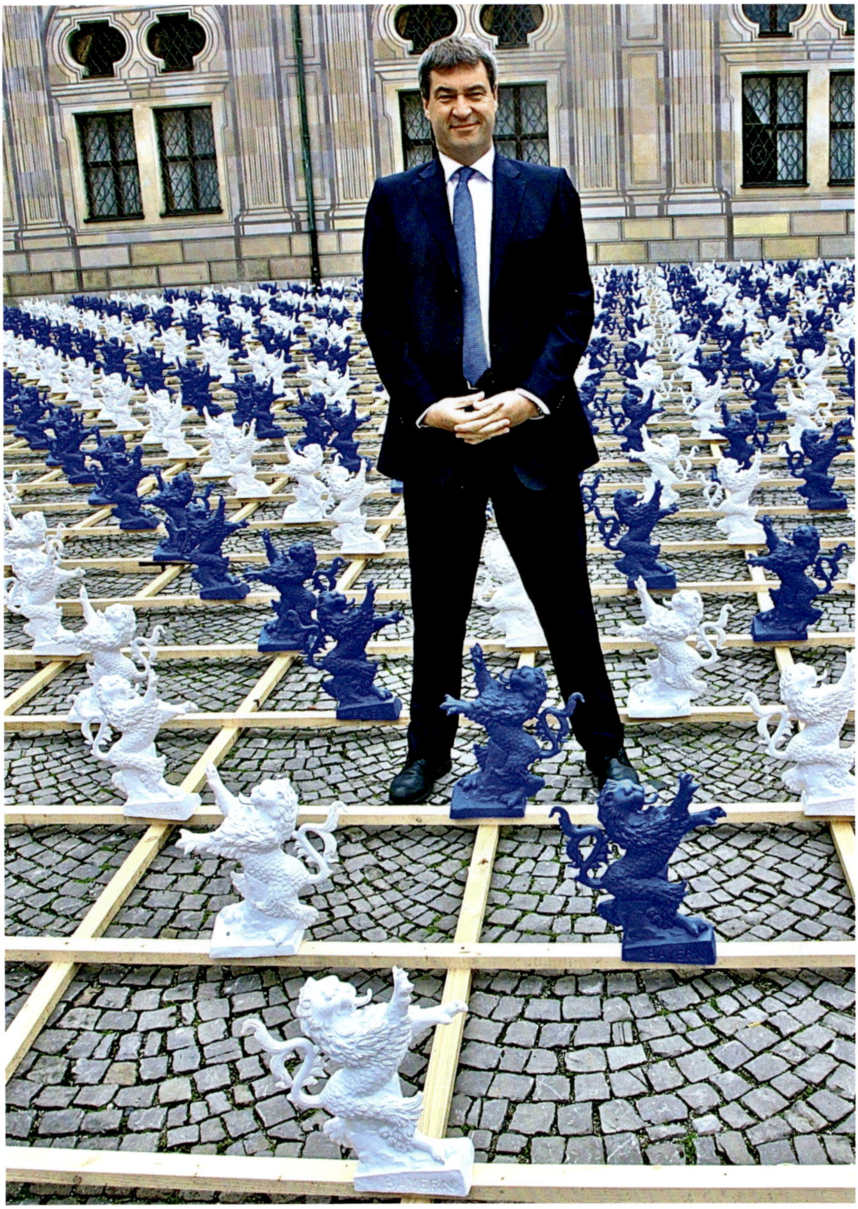

Markus Söder im Kaiserhof der Münchner Residenz zwischen den Löwen des Künstlers Ottmar Hörl, 2015

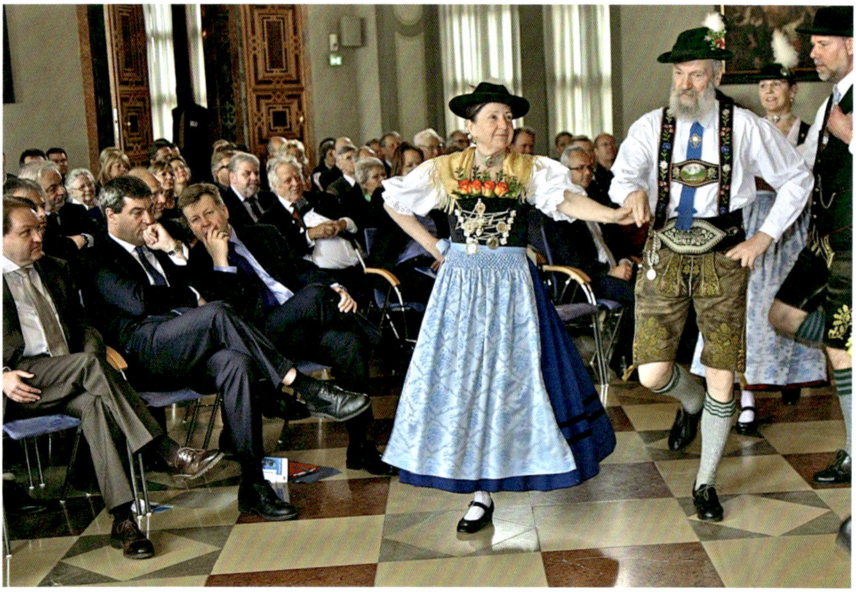

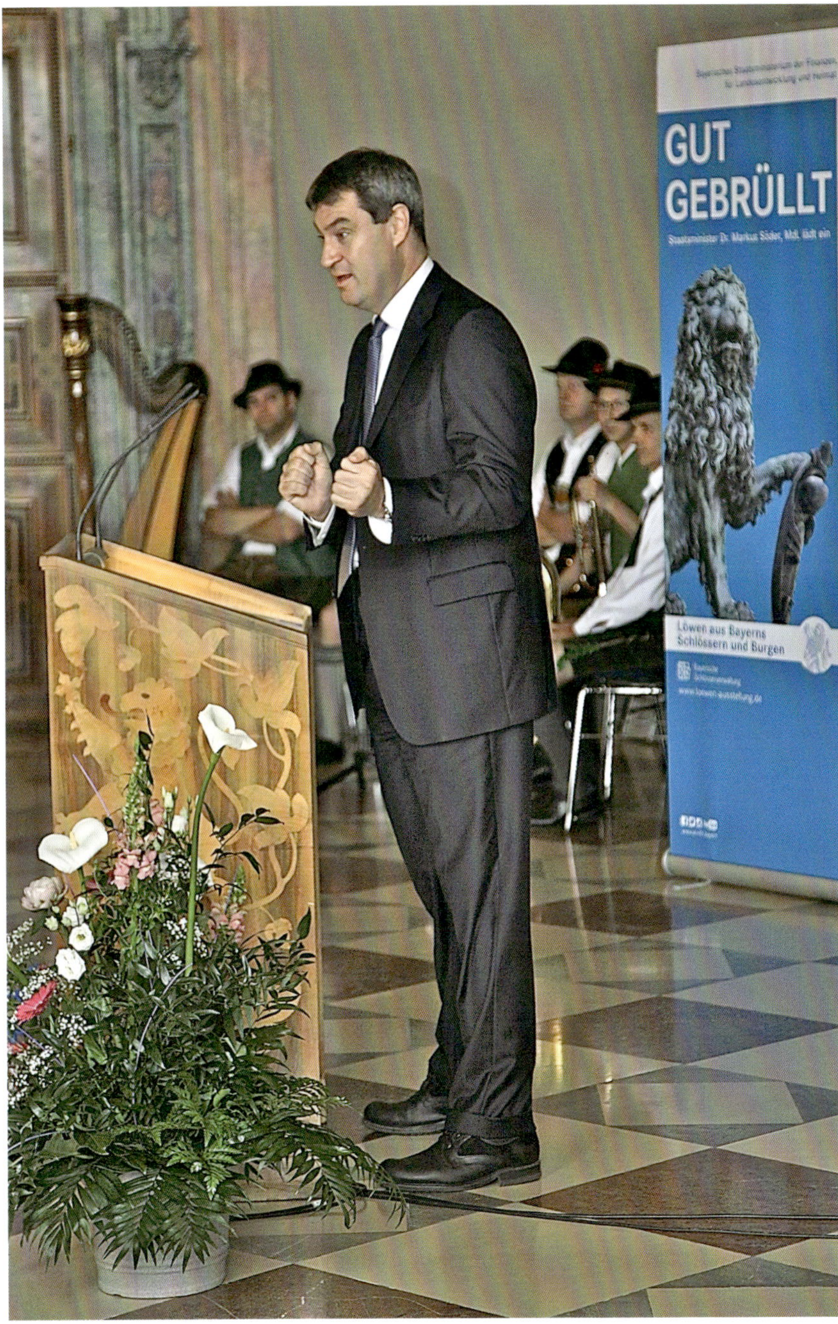

links und oben: Markus Söder bei der Eröffnung der Ausstellung *Gut gebrüllt* *während* seiner Amtszeit als bayerischer Finanzminister. Münchner Residenz, 2015

36. Jehan Sadat

First Lady Ägyptens, geboren am 29. August 1933 in Kairo, gestorben 2021

Schönheit, Klugheit, Tatkraft und Charme charakterisieren Jehan Sadat, sie hat die Ausstrahlung einer unfassbaren inneren Kraft. First Lady, Frau des ägyptischen Staatspräsidenten, geboren am 29. August 1933 in Kairo. Ihr Vater Safwat Raouf war Direktor des Gesundheitsministeriums. Jehans Mutter kam aus England. Die Bindung ihres Vaters an eine westliche Ausländerin erweiterte schon frühzeitig den Horizont des jungen Mädchens. Gegen die Bedenken ihrer Eltern heiratete die Sechzehnjährige einen aus der Gruppe der „Freien Offiziere", Anwar as-Sadat, zu siebt mit Nasser stürzten sie am 23. Juli 1952 König Faruq.

Jehan und Anwar waren ein aus orientalischer Sicht ungewöhnliches Paar. Ihre Aufgabe will sie mit sanfter Gewalt durchsetzen: die Emanzipation der ägyptischen Frau.

Mit dem Auto fuhren wir nach Shebin-El Kom, die Hauptstadt der Provinz Menufeya. Frau Sadat erzählte von der Schwierigkeit, sich als Vorsitzende des Provinzparlaments gegen lauter Männer durchzusetzen. Ich erzählte ihr, was mir mit Frau Dr. Bonn am Tag zuvor in der Altstadt von Kairo passiert war: Antiquitätengeschäft, während wir rumsuchen, kommt ein Polizist, verhaftet uns, bringt uns auf eine Polizeistation. Während wir diskutieren, stürmt eine Militärstreife die Wache. Die Aufforderung abzuhauen war unmissverständlich.

Frau Sadat lachte, sie wusste davon, der Antiquitätenhändler kannte Frau Bonn und hatte sofort die richtige Stelle angerufen. „Welche Strafe bekommt dieser Polizist?" – „Hundert Stockschläge auf die Füße, er wird entlassen, er wollte Geld erpressen. Mit diesen Machos muss man streng sein, wegen der Nachahmer."

Die Sitzung des kleinen Parlaments war heftig, sie wurde lautstark kritisiert. Das große Porträt ihres Mannes hing wie ein Schutzschild hinter ihrem Rücken.

Am nächsten Tag hatte ich die berühmte ägyptische Magenverstimmung so stark, dass mich Präsident Sadat mit seinem Hausarzt im Hotelzimmer besuchte. Die Medizin, die Sadats Arzt verschrieb, pustete alles weg.

Die nächste Begegnung: Beerdigung des ehemaligen Schahs von Persien in der Al-Rifa'i-Moschee in Kairo. Die Parade zur Moschee war längst im Gange,

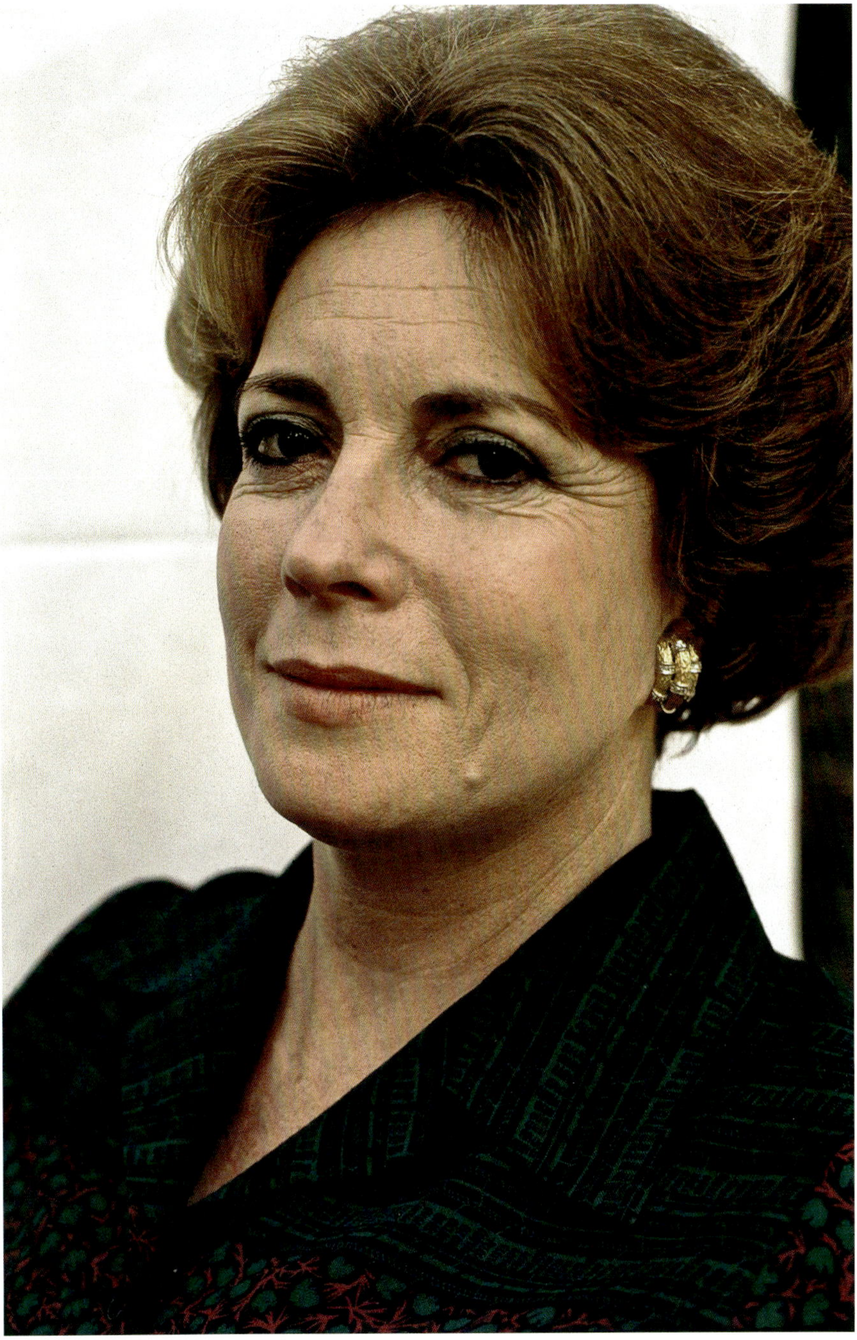

Jehan Sadat. Kairo, 1980

als ich ankam. Präsident Sadat in Uniform lief vor allen Gästen, ich ging auf ihn zu, er hatte immer ein bestimmtes Wort für mich. Diesmal keine Reaktion, er sah mich nur überrascht an. Da ich mich so frei vor ihm bewegte und Bilder machen wollte, zog mich irgendein Militär an den Straßenrand. Also wartete ich, bis die Frauen kamen. Frau Sadat begrüßte mich. Ich sagte: „Ihr Mann hat mich gar nicht erkannt.“ Sie flüsterte auf Englisch: „Sind Sie sicher, das es mein Mann war?“ Es war sein Doppelgänger, erst in der Moschee nahm der richtige seinen Platz ein.

1978 bekam Präsident Sadat den Friedensnobelpreis, am 6. Oktober 1981 wurde er von militanten Militärs erschossen. Frau Sadat zog nach Amerika.

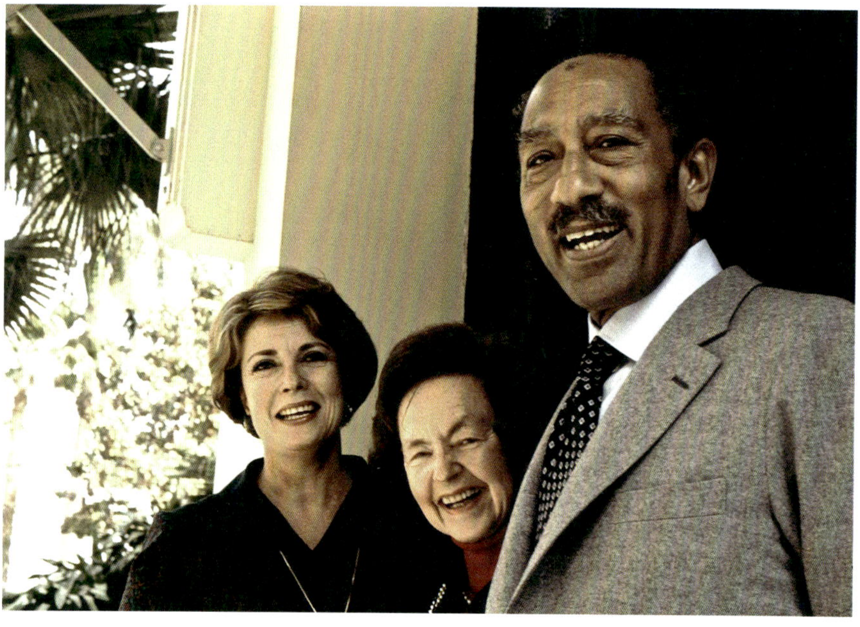

Mit ihrem Ehemann Anwar as-Sadat und Frau Dr. Bonn. Kairo, 1981

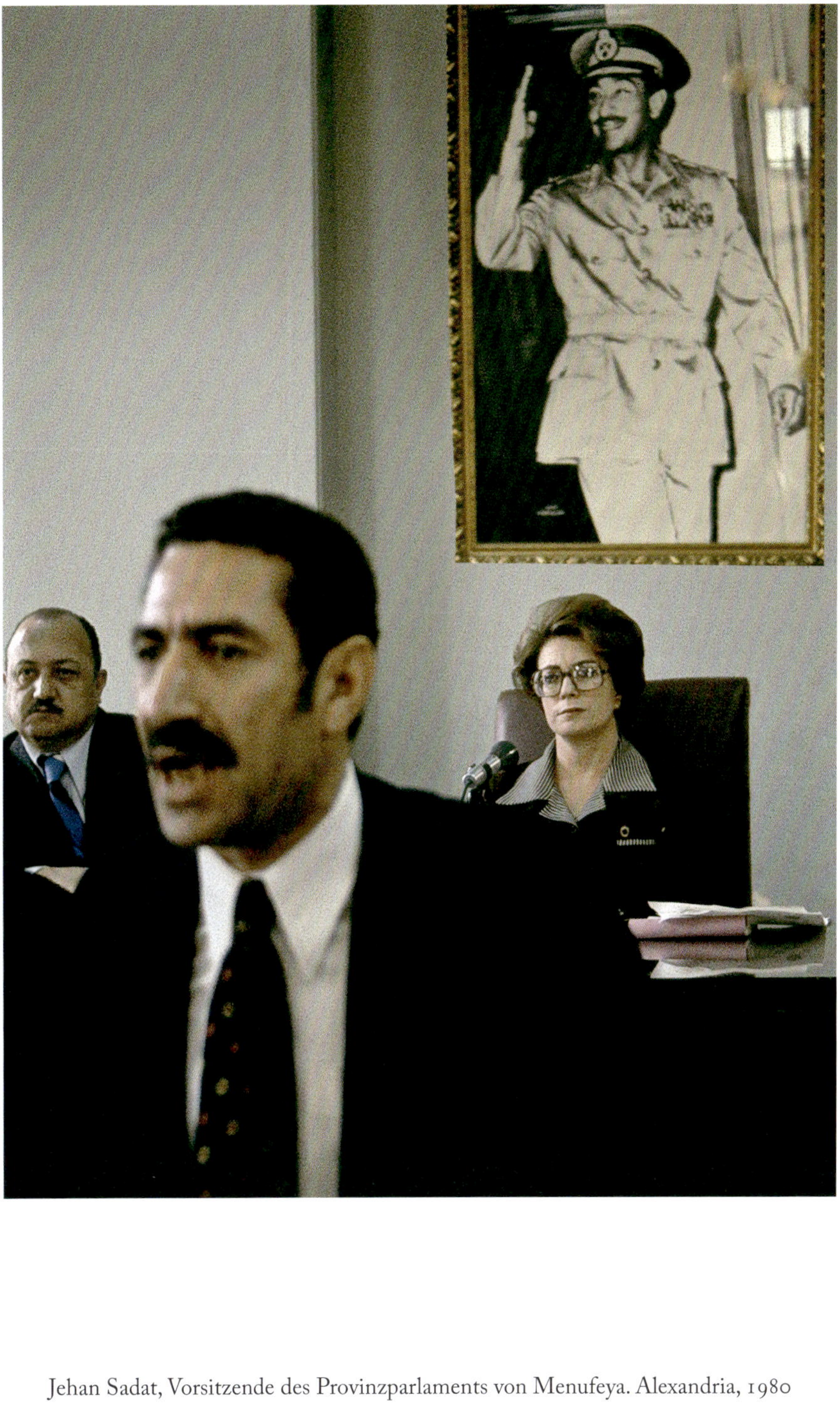

Jehan Sadat, Vorsitzende des Provinzparlaments von Menufeya. Alexandria, 1980

37. Edi Rama

Ministerpräsident Albaniens, geboren am 4. Juli 1964 in Tirana

München, der Herbst ist zu spüren, kurz vor dem Dunkelwerden begebe ich mich in die Buttermelcherstraße. Parke das Auto, da sitzt oder lehnt ein Riesentyp ganz allein an einem Auto und telefoniert sehr intensiv.

In der Galerie Kampl herrscht großes Gedränge. Draußen steht der Galerist Schultz aus der Berliner Mommsenstraße. „Wo ist euer Künstler?" Er deutet mit dem Kopf auf den telefonierenden Riesen. „Was, der ist der Präsident von Albanien?" Ich fotografiere, es beunruhigen mich keine Bodygards.

Da steht er allein mitten in München, keiner weiß es außer der Kunstszene. Nach dem Telefonat kommt er in die Galerie und überragt alle. Die Rede über seine Kunst wird übersetzt.

Ein paar Mann sind schon dabei, einer ist der Finanzminister, die Funktion der anderen zwei habe ich nicht verstanden, Der riesige Ministerpräsident, ca. zwei Meter zehn, braucht keine Aufpasser.

Edvin Kristaq Rama wurde am 4. Juli 1964 in Tirana geboren, sein Vater Kristaq aus Durrës war Bildhauer, seine Mutter Aneta Medizinerin. Edi Rama spielte seit 1980 im Basketballteam Dinamo. War immer sehr aktiv in der Demokratiebewegung.

Viele Besucher in der Galerie Kampl sprachen mit ihm, er war sehr zugänglich, bei seiner Größe wirkte es trotzdem von oben herab. Nachdem sich die Kunstfreunde das letzte Autogramm geholt hatten, fuhren wir zum Franziskaner zum Abendessen, der Berliner Schultz, der die Ausstellung veranlasst hat, das Ehepaar Kampl, vier Albaner sowie meine Margit. Beim Essen saß ich neben dem Finanzminister, er sprach ausgezeichnet Deutsch. Er erzählte mir, dass er seinen Posten auf dem Flug von Tirana nach München gekündigt hat, in einem Monat bei Sony in Berlin als Finanzchef zu arbeiten beginnt.

Albanien hat 2,85 Millionen Einwohner, dort geht so was, bei ca. 85 Millionen in der BRD wäre es unmöglich. Nach der Vorspeise füllten sich die freien Plätze. Und es kam ein seriöser bayerischer Herr an den Tisch und sprach eine Einladung aus: Morgen um elf Uhr in die Bayerische Staatskanzlei. Murmelte noch etwas von wegen „zu spät erfahren, dass der Präsident von Albanien in der Stadt ist", was Ähnliches.

Als Minister für Kultur, Sport und Jugend wurde er vom Ministerpräsidenten

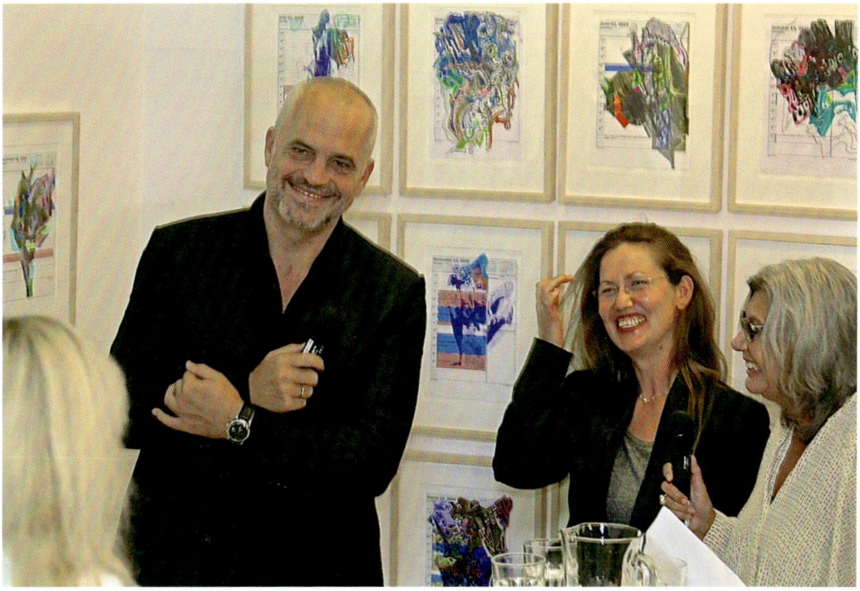

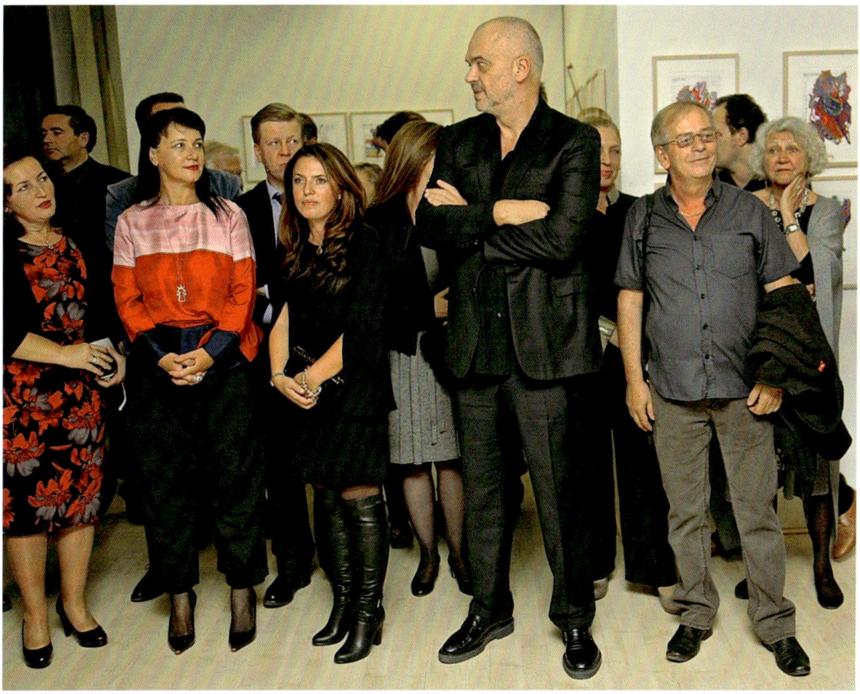

In der Galerie Kampl in München, 2018

Fatos Nano 1989 in die Regierung geholt. Er wurde Vorsitzender der Sozialistischen Partei, von 2000 bis 2011 Bürgermeister von Tirana. Dann seit dem 10. September 2013 bis heute Ministerpräsident.

Sein künstlerisches Atelier ist in sein Arbeitszimmer integriert, oft benützt er die amtlichen Dokumente als Leinwand.

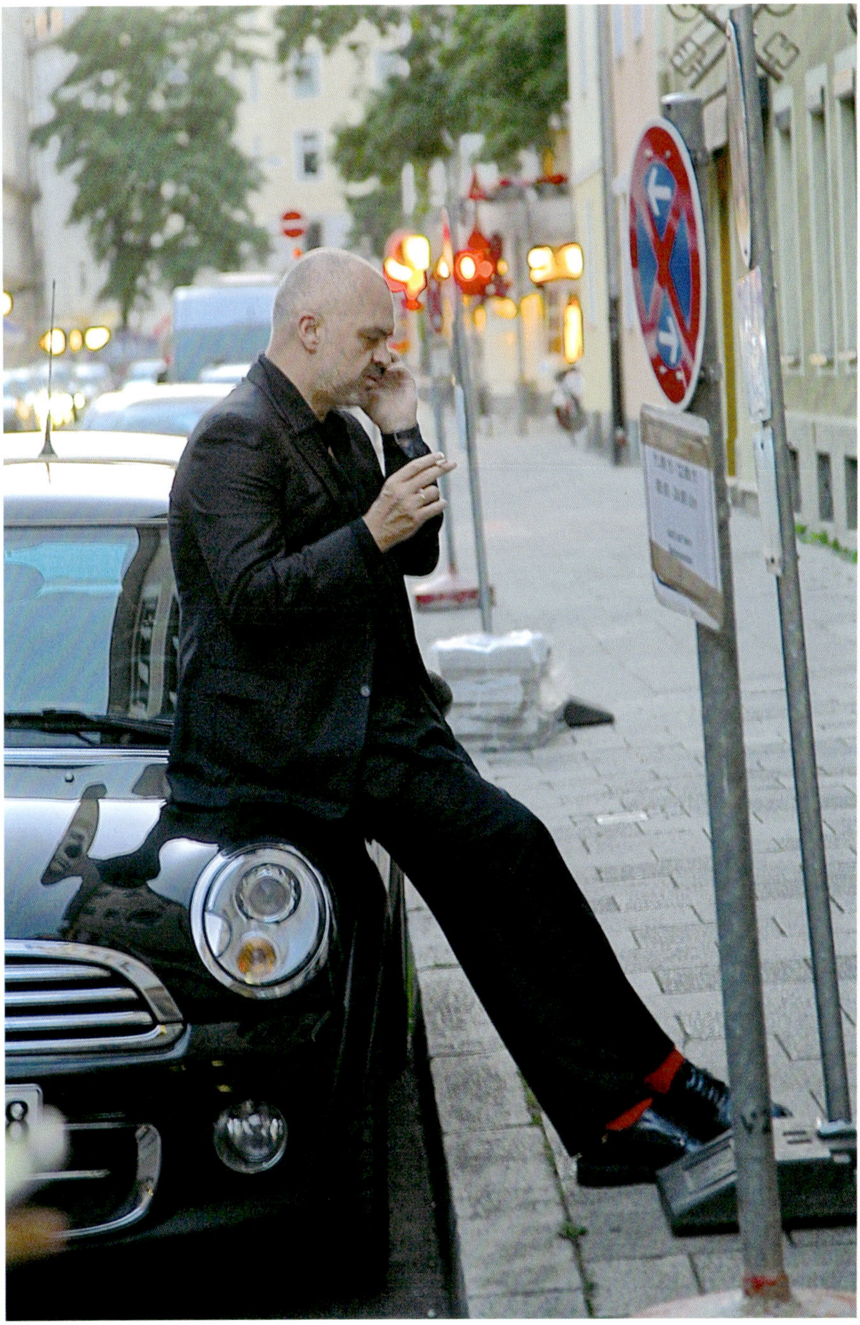

Edi Rama. München, Buttermelcherstraße, 2018

38. Hassanel Bolkiah

Sultan von Brunei, geboren am 15. Juli 1946 in Bandar Seri Begawan

Wie kommt man nach Brunei? Ganz einfach, man geht in Dallas, USA, in den Polo-Club, ruft nach Buck Walker, der damals amtierender Vorstand des Clubs mit sechs Spielgrounds war. Hört ihm beim Telefonieren zu, als er „Thank You, Your Highness" sagt. Fragt: „Hej, Buck, wer war das?" „Der Sultan of Brunei, mein Freund, der will einen neuen Rasen für sein Polofeld, bekommt er." „Da würde ich gerne mitkommen." Buck deutet auf Margit, „Margit auch, klar doch." Er hängt schon am Telefon. „Roger, okay, am Soundsovielten, Singapur Airport, sechzehn Uhr, werdet ihr abgeholt, denk dran, internationales Polo-Turnier."

Da standen wir nun zwei Monate später an der Passkontrolle Singapur, zwei attraktive Schönheiten mit „Brunei Royal Airline" auf der Brust brachten uns zum Flieger, von den hundertzwanzig Plätzen waren sieben besetzt. Zwei Stunden später saßen wir im königlichen Auto, mit Innenminister Iboe auf dem Weg ins Hotel.

His Majesty Sultan Haji Hassanal Bolkiah Mu'izzadin Waddaulah wurde am 15. Juli 1946 in Bandar Seri Begawan geboren. Studierte in Malaysia, englische Eliteschulen. Mit einundzwanzig Jahren übernahm er als neunundzwanzigster Sultan die Regierungsgewalt von seinem Vater Omar Ali Saifuddin III. Er ist Premier-, Außen-, Finanz-,Verteidigungsminister. Obwohl der Sultan ein sehr westlich erzogener Mann ist, führte er zum Entsetzen der westlichen Welt in seinem Land 1991 die Scharia ein: Todesstrafe durch Steinigung, z.B. für Ehebruch und Homosexualität.

Zu unserer Zeit war er sehr lustig und umgänglich. Bei einem Empfang des malaysischen Königs mussten sich alle vor dem Sultan verbeugen, rückwärts in gebeugter Haltung sich zurückziehen. Da ich zwei Stunden vorher mit ihm seine Autosammlung angesehen hatte, dachte ich mir nichts dabei, drehte mich nach der Begrüßung um, wollte gehen, da rief er lachend: „Hej, Roger, auch du musst rückwärts weggehen. Sonst gibt es Stockschläge." Margit musste mit den Frauen aufgereiht an der Seite sitzen, sie wurden nicht begrüßt oder vorgestellt. Die Füße nach hinten unter den Sitz.

Der Polo-Club war außerhalb der Stadt Darussalam am Meer. Ca.100.000 Einwohner damals, ein philippinischer Unternehmer hatte ein Stadion für

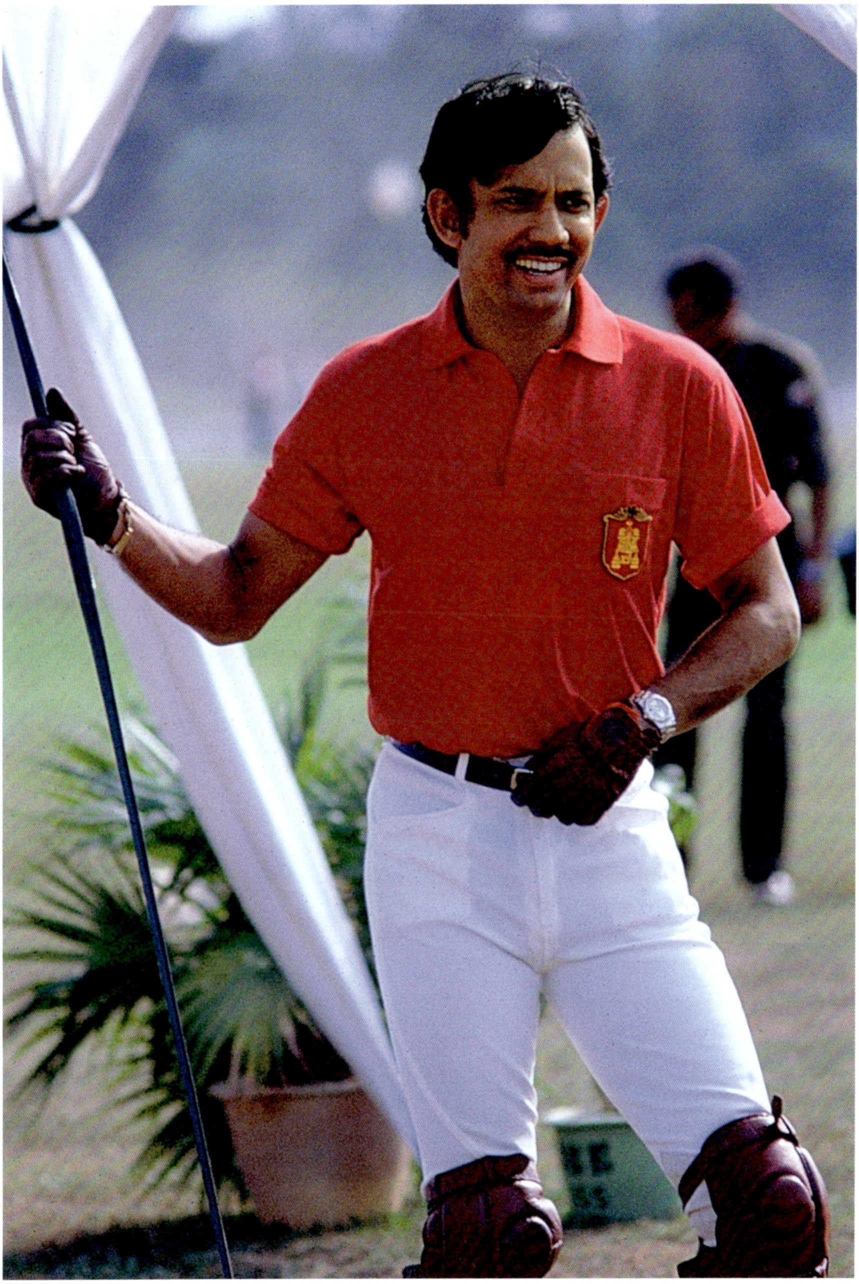

Hassanel Bolkiah in Brunei, 2001

28.000 Besucher gebaut, sehr viel mehr erwachsene Einwohner gab es im ganzen Land nicht. Der Sultan baute auch den größten Palast der Welt für sich.

Das Polospiel beherrscht der Sultan perfekt, er kämpft, und ich hatte nicht den Eindruck, dass die anderen Spieler Rücksicht auf den Herrscher nahmen. Seine Pferde werden sehr gepflegt, leben in einem Pferdedorf, jedes Pferd hat sein eigenes Haus. Der Sultan hatte mehrere Frauen und eine englische Geliebte. Dass das heute – bei seiner Strenge – noch so ist: Ich bezweifle es.

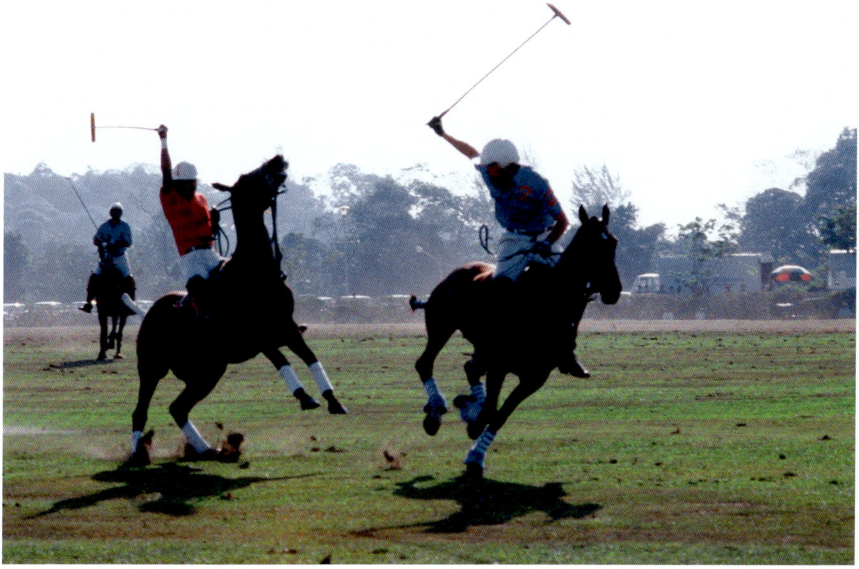

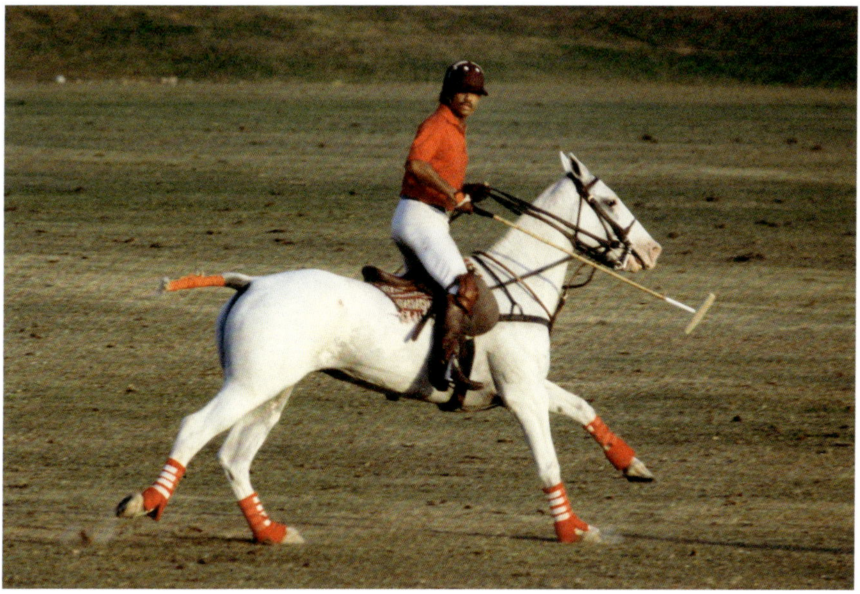

Beim Poloturnier in Brunei, 2001

39. Johannes Paul II.

Papst, geboren am 18. Mai 1920 in Wadowice, gestorben 2005 in der Vatikanstadt

Redaktion *Quick*, Besprechung darüber, dass es vielleicht einen Papst aus dem Osten geben wird. Wo ist die Bevölkerung mehr katholisch als im Heimatland meiner Mutter? Die schwarze Madonna von Tschenstochau hing bei uns in der Küche. Also fahre ich nach Polen, um Spuren zu finden. Das war im Herbst 1978, mit dem Auto. Warschau, Treffen mit dem polnischen Primas Stefan Kardinal Wyszyński, im Dom bei einer großen Messe. In den paar Sekunden vor der Kirche, nach dem kommenden Papst gefragt: „Ich bin zu alt. 1901 geboren. Wenn ich gewählt würde, müsste ich es absagen. Jüngere müssen da hin. Fahren Sie mal nach Krakau, Kardinal Wojtyła wird Sie empfangen, ich melde Sie an."

Krakau, nach einigem Suchen fand ich den Bischofsitz in der Franciszkańska 3, fuhr in den Innenhof, ein freundlicher Herr, ca. sechzig Jahre, Priester, sprach ein wenig Deutsch, wollte alles Mögliche wissen, ich auch. Wir gingen einmal um die Blumenbeete. Dann kam eine Gruppe weiterer Priester, einer war Kardinal Karol Józef Wojtyła. Sprach perfekt Deutsch, wollte wissen, ob ich einen Fotografen namens Max Scheler kenne. Ja, einer meiner besten Freunde, arbeitet für den *Stern*. Ich erzählte über Max, er nickte. Dann war die Gruppe wieder weg.

Im April 1979, ein Jahr später, bekam ich von einer katholischen Stelle die Einladung zum ersten Auslandsbesuch des neuen Papstes nach Polen. Wojtyła war der neue Papst. Sechsundzwanzig Jahre und fünf Monate lang blieb er es.

Geboren am 18. Mai 1920 in Wadowice, kleine Stadt in der Nähe von Krakau. Sein Vater Karol war Schneider, Leutnant bei der polnischen Armee. 1938 zog die Familie nach Krakau, dort ging unser künftiger Papst ins Gymnasium, war Ministrant. 1942 starb sein Vater. Im selben Jahr musste Wojtyła als Zwangsarbeiter in einem Chemiewerk und Steinbruch arbeiten. 1946 Priesterweihe.1948 Doktortitel der Philosophie. 1955 habilitiert über Professor Max Scheler und dessen Philosophie. Nachdem ich Max Scheler junior von der Begegnung mit Wojtyła erzählt hatte, gab es zwischen den beiden mehrere Gespräche und Wojtyła wurde Ehrenpräsident der Philosophischen Gesellschaft Max Scheler.

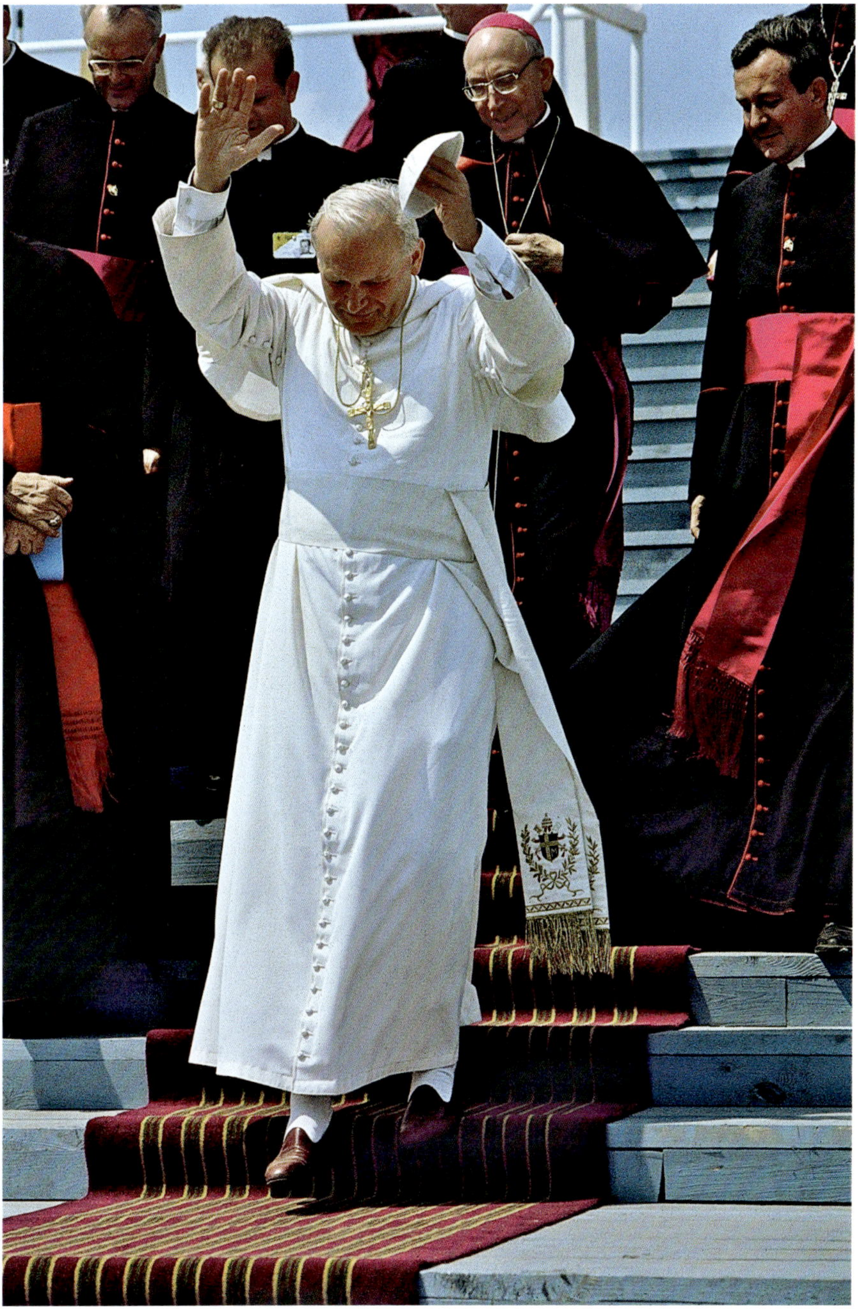

Papst Johannes Paul II. in Tschenstochau, Polen. November 1980

Tausend Fotografen, ich hatte das Gefühl, vom Papst wiedererkannt zu werden: In Tschenstochau trug der Papst eine goldene Monstranz die große Treppe hinauf. Ich stolperte, rückwärts gehend, vor ihm her, bis mich ein übereifriger Polizist wegzog, und in der Erregung haute ich ihm die Leica auf den Kopf. Es endete harmlos, am späteren Nachmittag hielt der Papst eine Rede, einen Moment nach der Ansprache stand ich neben ihm. Er sagte auf Deutsch: „Sehen Sie noch einen Polizisten?"

Wir trafen uns noch mal in Mainz, falsch: Ich besuchte ihn. Eine der größten Ansammlungen von Katholiken war dort, kurz vor seinem Auftritt machte ich ein Foto, und er sagte: „Erinnern Sie sich noch an mich?" Wir mussten lachen, er hatte sich ganz einfach versprochen.

Wirklich zufällig habe ich ihn noch in Südtirol beim Skifahren getroffen, leider hatte ich keine Kamera dabei.

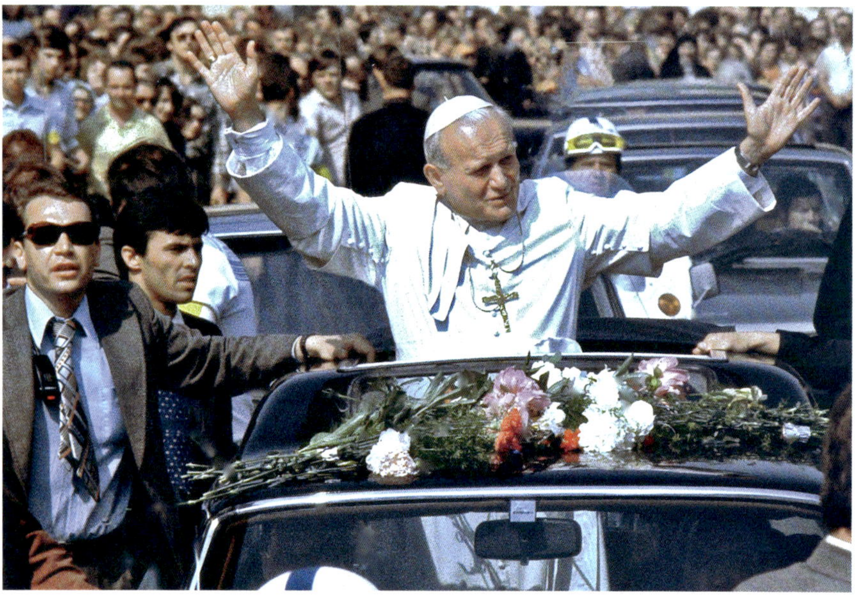

Polenreise, 1980

Am 13. Mai 1981 wollte Mehmet Ali Ağca, türkischer Rechtsextremist, den Papst ermorden, drei Schüsse, einer auf die Hand, einer in den Ellbogen und der dritte in den Magen. Der Heilige Vater überlebte. Das zweite Attentat wollte ein Priester mit einem Bajonett verüben, die portugiesischen Sicherheitsbeamten waren schneller. Der Papst ist 2005 im Vatikan gestorben.

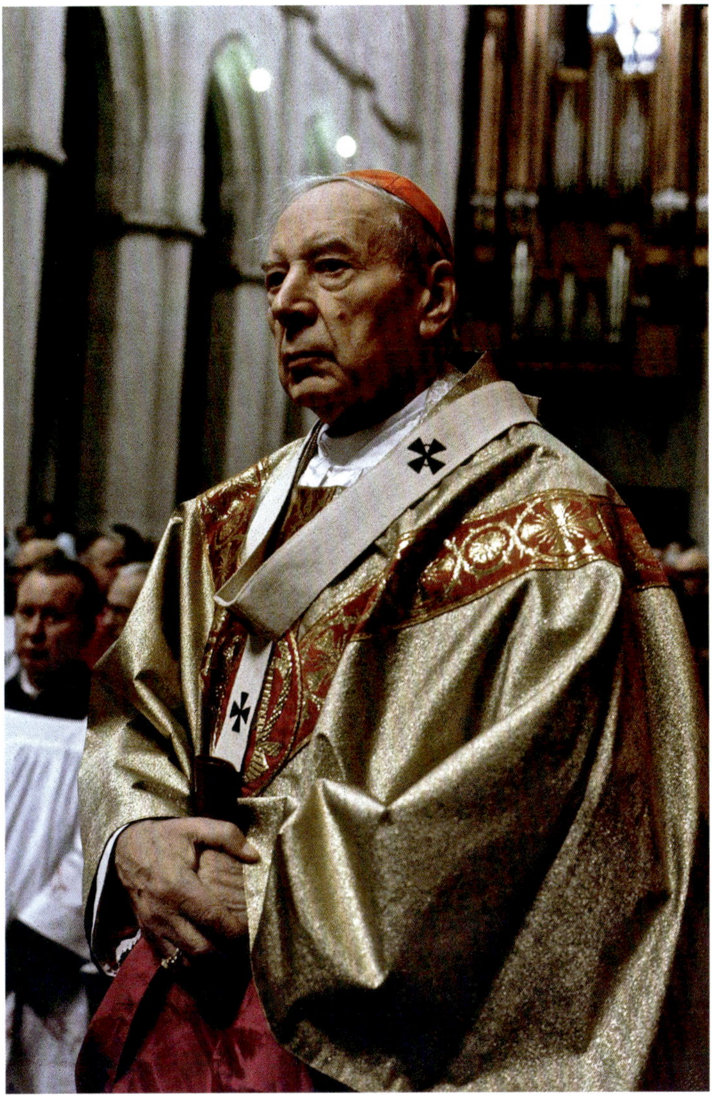

Primas von Polen, Stefan Kardinal Wyszyński. Warschau, 1978

40. Louis Ferdinand Prinz von Preußen

Prätendent für den deutschen Kaiserthron, geboren am 9. November 1907 in Potsdam, gestorben 1994 in Bremen

Louis Ferdinand Victor Eduard Adalbert Michael Hubertus Prinz von Preußen – es gibt sicher noch viele Titel und Namen, die zu diesem sehr sympathischen Nachfolger preußischer Könige und deutscher Kaiser gehören. Ein halbes Jahrhundert stand er für die Thronfolge bereit. Zweimal habe ich ihn und seine Familie fotografiert. Beide Male wurde ich gut aufgenommen.

Da ist er also, der deutsche Kaiser – vielmehr wäre er, wenn die Monarchie wiedererstanden wäre. Da gibt es die Geschichte mit seinem eigentlich erbberechtigten älteren Bruder, der 1940 bei seinem Einsatz im Frankreich-Feldzug gefallen ist. „Gefallen" – merkwürdiges Wort für tote Soldaten. War Hitler vielleicht durch den spanischen Diktator Franco, der ja auch über die Wiedereinsetzung der Monarchie nachdachte (wegen dem teuflischen Kommunismus) zum sogenannten Prinzenerlass angeregt? Künftig waren jedenfalls alle Angehörigen des Hauses Hohenzollern vom Kriegsdienst an der Front befreit bzw. er war ihnen untersagt. Also bewirtschaftete der Prinz bis 1944 das private Gut Cadinen in Ostpreußen.

Am 2. Mai 1938 hatte er in Potsdam die Tochter des Großfürsten Kyrill Wladimirowitsch von Russland geheiratet, Oberhaupt des Hauses Romanow. Eine standesgemäße Partie nach der unerwünschten Liaison mit einer amerikanischen Schauspielerin. Alles wegen der Gesetze des Hauses Hohenzollern. Außerdem war sie sehr freundlich, wenn ich mich nicht täusche. Hat sie das Abendessen, zu dem sie mich eingeladen hatte, gekocht? Es war ausgezeichnet!

1951 bis 1994 war Louis Ferdinand Prinz von Preußen Chef des Hauses Hohenzollern.

Da wir viel über Musik, Spoleto, Hans Werner Henze redeten, spielte SKH für mich am Klavier einige seiner eigenen Kompositionen. Ich fragte unseren nicht auf den Thron gesetzten Kaiser, ob ich mich bei Menotti in Spoleto für einen Klavierabend von ihm einsetzen sollte. Er gab mir dazu keine Antwort.

Prinz Louis Ferdinand starb am 26. September 1994 in Bremen.

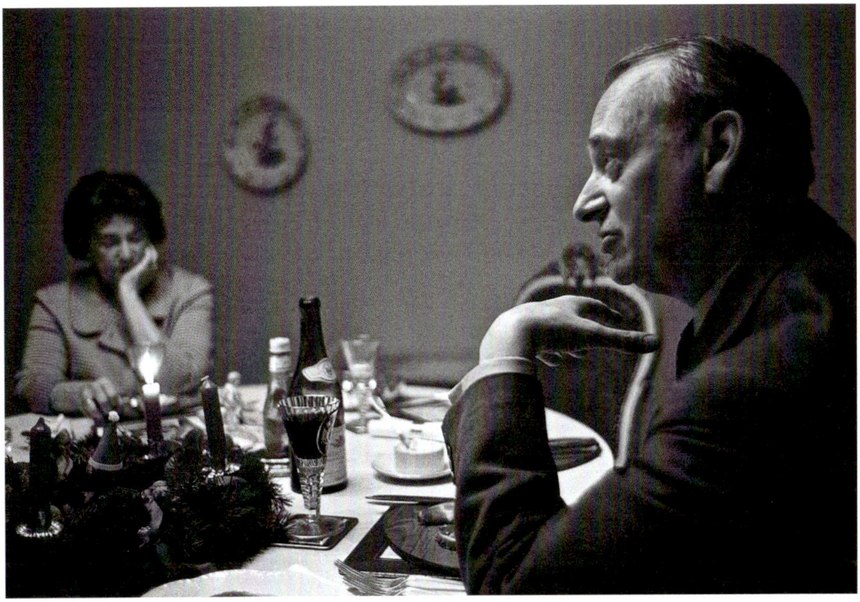

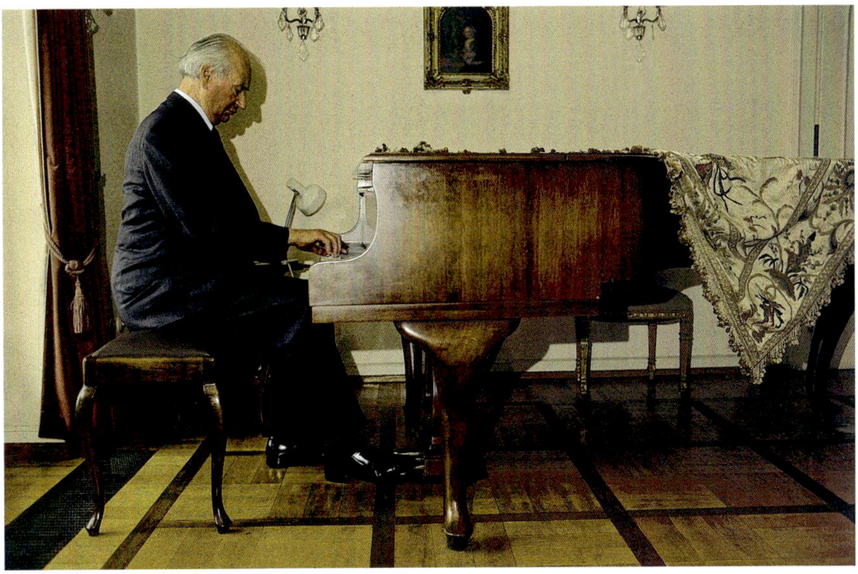

oben: Louis Ferdinand Prinz von Preußen mit seiner Ehefrau Kira, 1960er Jahre
unten: Louis Ferdinand Prinz von Preußen in Berlin, 1992

41. Plácido Domingo

Opernsänger, geboren am 21. Januar 1941 in Madrid

Maximilianstraße München, später Nachmittag, die Geschäfte schließen, nur an der Straßenbahnhaltestelle Opernhaus drängelt sich eine Gruppe von meist mittelalterlichen Frauen.

„Da vorne, da, dort, im schwarzen Mercedes, da kommt er, schnell", rufen sie.

Die Gruppe driftet auf den schwarzen Wagen zu. Der hält, ein schwarz gekleideter Staatsopernindendant August Everding steigt aus. Enttäuscht wogt die Gruppe zurück. Ein zweiter Wagen braust heran, Plácido Domingo kommt an, die Frauen umringen ihn. Everding schiebt sich durch die Neugierigen. „Bitte, meine Damen, erdrücken sie unseren Tenor nicht, wir brauchen ihn noch. So, wer hinterlegte Karten abholt, bitte zuerst, nach vorne." Der Bühneneingang wird aufgehalten, wie von einer Welle angeschoben, landen wir mit Druck vor dem Schalter. Blitzschnell verschwindet Plácido Domingo hinter der Glasscheibe, das Fenster geht hoch. Ein strahlender Tenor fragt die erste Dame nach ihrem Namen. Wiederholt laut: „Frau Schubert", eine helfende Hand reicht ihm die Karten.

„Hier, Frau Schubert, vierzehnte Reihe." Die Frau will bezahlen, Plácido winkt ab und lacht. Wie von Zauberhand hat Frau Schubert eine Autogrammkarte, er lächelt und unterschreibt. Sehr souverän, man spürt die Routine in angenehmer Weise.

Im Nu hatte Domingo die ca. fünfzehn Vorbestellungen verteilt. Überraschung spiegelt sich in den meisten Gesichter, nachdem sie den Mann hinter der Glasscheibe erkannt haben. Nach dem ca. fünfzigsten Autogrammwunsch steht Plácido auf, macht eine Ruhe gebietende Handbewegung: „Liebe Freunde, Sie wollen mich singen hören. Ich muss mich vorbereiten!"

Plácido Domingo hat in seinem Leben 21,1 Millionen Tonträger verkauft. 1941, am 21. Januar, hat niemand in Madrid geahnt, was für ein bedeutender Tenor geboren wurde. Seine Kindheit verbrachte er ab 1949 in Mexiko.

Mexiko und Salzburg sind musikalische Bekannte, Erzählungen zufolge hat Prinz Ferdinand Maximilian Joseph Maria von Österreich die Quetschkommode und die alpenländische Musik als Kaiser von Mexiko dort eingeführt. Die Mariachi spielen oft Walzer und Märsche. So wiederum ist Plácido Domingo

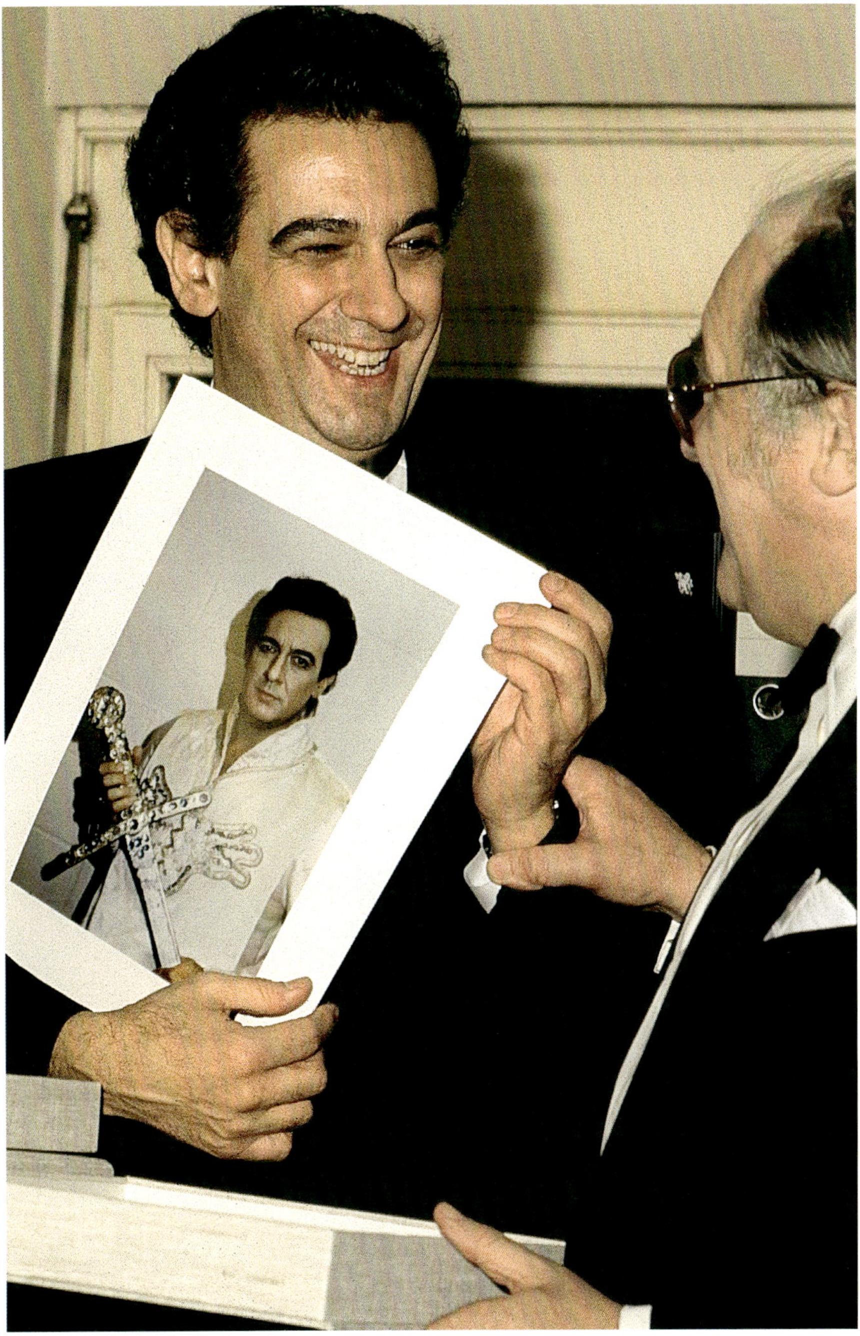

Plácido Domingo in München, 2012

in Österreich und Salzburg sehr zu Hause. Hundertvierunddreißig Rollen aus fast eben so vielen Opern beherrscht der Sänger. Zwanzig Frauen haben ihn verklagt, er hat zugegeben, dass er schnell schwach wird.

Gian Carlo Menotti hat ihm in seinem Auftrag die Rolle *Goya* auf den Leib geschrieben, der Maler war bekanntlich auch kein Frauenverächter. Die Oper hatte am 15. November 1986 in Washington D.C. Uraufführung.

In Bayreuth dirigierte Plácido Domingo 2018 die *Walküre* von Wagner.

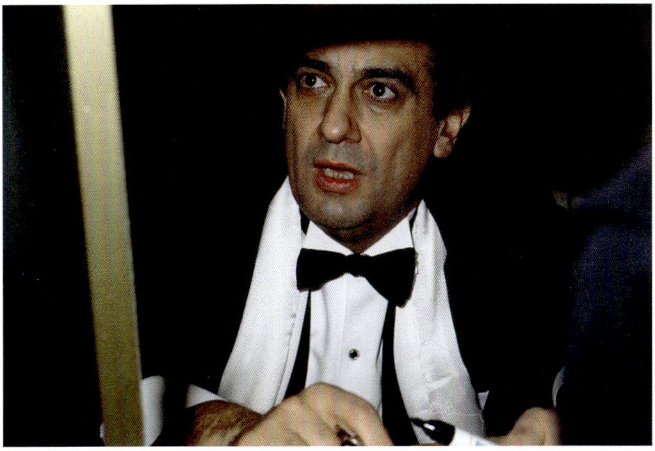

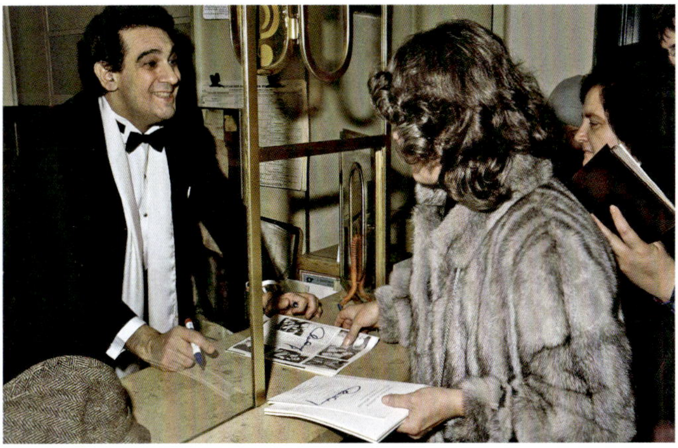

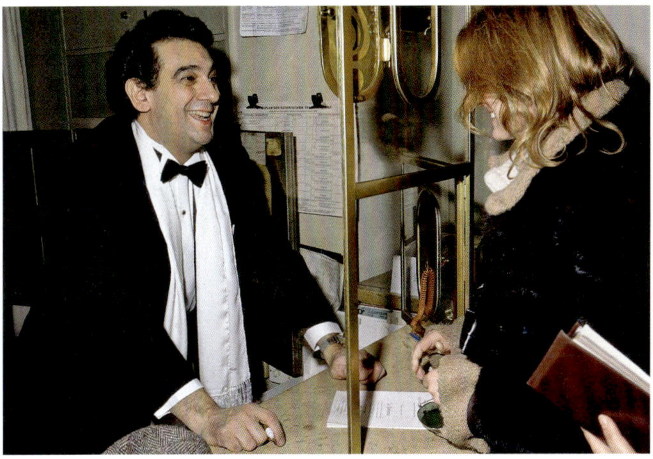

Plácido Domingo verteilt Eintrittskarten, Staatsoper München, 2012

42. Hans Werner Henze

Komponist, geboren am 1. Juli 1926 in Gütersloh, gestorben 2012 in Dresden

So gute und intelligente Texte, speziell in seinem Musikbereich, gibt es über unseren einflussreichsten Nachkriegskomponisten, Hans Werner Henze, dass ich mir verbiete, etwas über seine Arbeit zu schreiben.

Eigentlich sollten Fotos auch ohne Texte erzählen. Also fangen wir an, den Leser über sein Leben zu informieren. Auf die Welt gekommen am 1. Juli 1926. In Gütersloh. Es musste der 1., es durfte nicht der 2. oder 3. oder 4. Juli sein. Er war auch der Erste seiner sechs Geschwister. Sein Vater, Franz Henze, war Lehrer und NSDAP-Mitglied, erkannte die Begabung des Jungen und wollte ihn auf die Musikschule der Waffen-SS schicken. Als er einige Zeit später die homosexuelle Neigung feststellte, soll er gesagt haben: „Der kommt mir nicht auf die Musikschule, so etwas wie der gehört ins KZ." 1942 studierte Hans Werner Henze an der Staatsmusikschule Braunschweig Klavier und Schlagzeug. 1944 Reichsarbeitsdienst, wenige Monate später zur Wehrmacht als Funker. Kurze Kriegsgefangenschaft bei den Briten. Er studierte und arbeitete viel, die erste Oper nach Miguel de Cervantes, *Das Wundertheater*, entstand in Konstanz. Enttäuscht vom politischen Klima in Westdeutschland ging Henze 1953 nach Italien, nach Forio auf Ischia, dort war eine große Künstlerkolonie, bei Maria im Lokal traf man sich.

Göttingen 1952: Bei der Tagung der literarischen Gruppe 47 lernte Hans Werner die Schriftstellerin Ingeborg Bachmann kennen, beide waren sechsundzwanzig Jahre alt. Zwischen ihnen herrschte sofort eine Selbstverständlichkeit, sie waren einander sehr zugetan. Nach vielen Briefen und vertonten Bachmann-Texten wohnte er einige Zeit bei ihr in Rom. Schrieb zu ihrem Libretto *Der Prinz von Homburg* die Kompositionen. In den Briefen nannte er sie „illustres zartes Bachtier", „erleuchtete Bachstelze".

Berlin, 1959: Hans Werner Henze wohnte am Hanseatenweg im Tiergarten, nahe der Siegessäule, in der Akademie der Künste. Sein Bruder war ständig um ihn herum, eine Atelierwohnung mit Treppe, hier entstand auch das Titelbild für die *Twen*-Edition Hans Werner Henze.

Dann schwirrte noch ein sehr „Deutscher", von mir „der Fahnenträger" genannt, herum. Er stellte Fahnen her und schrieb Opern-Kritiken. Dazwischen Hans Werner, der mir sehr nationaldeutsch vorkam, dabei sehr höflich, aber

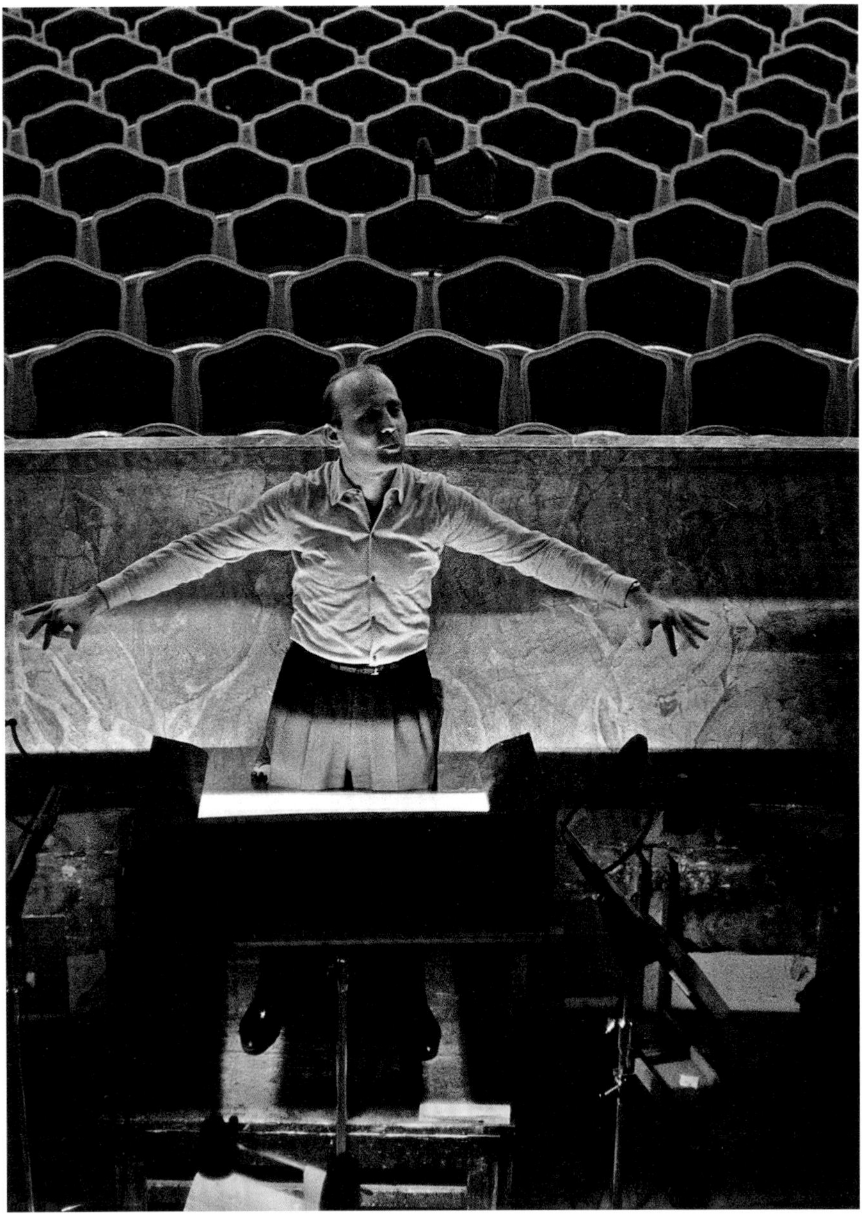

Hans Werner Henze probt im Cuvilliéstheater, München, 1962

bestimmend. Und dann waren die Windspiele ständig überall, die Lieblingshunde von Fritz dem Großen.

Henze war nicht ganz einzuordnen, lieb – streng, noch lieber: gemütlich. Arbeitsam und noch strenger erlebte ich Hans Werner im Cuvilliéstheater in München, Karl Amadeus Hartmann, der Hausherr, wurde auch ganz kurz behandelt. Leider weiß ich nicht mehr, was Henze dort inszenierte. Sogar ich wurde auf meinen Platz verwiesen, trotzdem gelangen mir einige Fotos. Anschließend, im Franziskaner beim Essen, kam wieder diese Weichheit zum Vorschein, die offensichtlich eine Umarmung und Zärtlichkeit ersehnte.

Henze wurde Mitglied in der Italienischen Kommunistischen Partei. Rudi Dutschke war 1968 lange Zeit Gast bei ihm im Haus, unterhalb der päpstlichen Sommerresidenz. Und wurde von ihm gepflegt. Das ist wieder die deutsche Romantik. Nicht zu vergessen das Oratorium für Che Guevara.

Henze starb am 27. Oktober 2012 in Dresden.

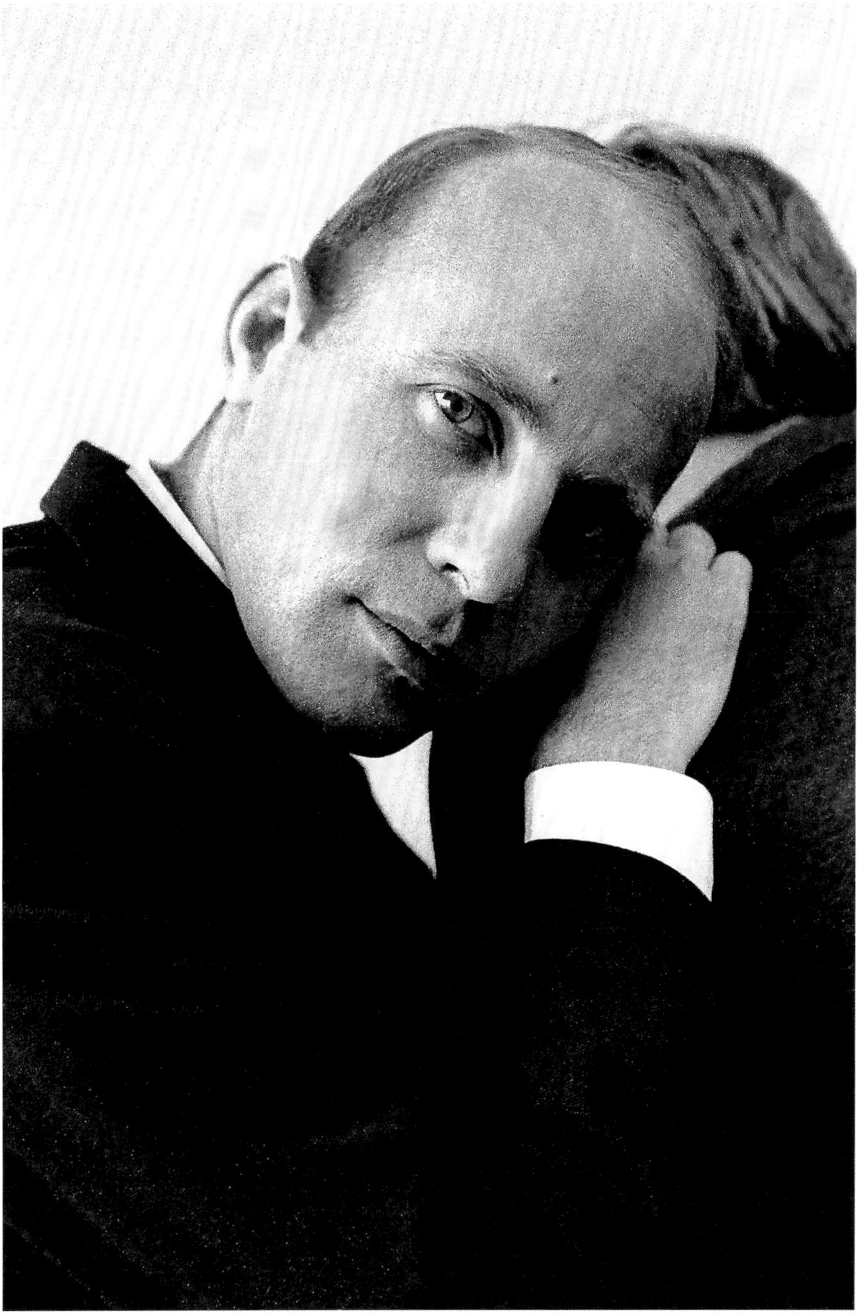

Hans Werner Henze mit seinem Bruder Jürgen Henze. Preußische Akademie der Künste, Berlin-Tiergarten, 1962

43. Herbert von Karajan

Dirigent, geboren am 5. April 1908 in Salzburg, gestorben 1989 in Anif

Schloss Kleßheim oder Leopoldskron, in einem der Schlösser war der Empfang 1965, zur Eröffnung der Salzburger Festspiele.

Der künftige Bundespräsident Walter Scheel ging vor mir, umgeben von einigen Herren, in den Ballsaal, freundlichst im Gespräch mit dem Reichsbankpräsidenten-Reichswirtschaftsminister aus dem Dritten Reich, Dr. Horace Hjalmar Schacht.

Da standen Eliette und Herbert Ritter von Karajan, im Gespräch mit der Tochter des Generalvertreters von Mercedes. Ob dieser berühmte Dirigent über seine Umgebung in Musikinstrumenten denkt?

Heribert Ritter von Karajan wurde 1908 in Anif bei Salzburg, Österreich geboren. Seine Familie stammt aus der nordgriechischen Provinz Makedonien. Als Chirurg arbeitete sein Vater Ernst in Salzburg, die Familie seiner Mutter Martha Kosmač kommt aus Slowenien.

Von der Aufhebung des Adels 1919 war auch Karajan betroffen, er drohte später, in Österreich nicht aufzutreten, wenn das „von" nicht auf seinen Plakaten genannt würde, also blieb sein Künstlername so erhalten – Österreich gab nach.

1912 begann seine Ausbildung durch Franz Ledwinka am Klavier, später besuchte er das Mozarteum. Öffentlich zeigte er seine Kunst am 22. Januar 1929 mit dem Mozarteumorchester in Salzburg, wurde dort fürs Ulmer Stadttheater entdeckt, als Kapellmeister.

Die NSDAP nahm ihn als Mitglied auf, im April 1933. Wegen des NSDAP-Verbots in Österreich verließ er die Partei im Juni 1933. Trat 1935 erneut in die Partei ein, diesmal in Aachen, Mitgliedsnummer 3.430.914. Am 20. April 1939 verlieh ihm Hitler den Titel „Staatskapellmeister". Bei der Aufführung der „Meistersinger" in der Berliner Staatsoper lief etwas falsch, mit dem Fallen des Vorhang musste die Vorstellung unterbrochen werden. Hitler war wütend: Dieser Karajan darf niemals bei den Bayreuther Festspielen dirigieren. Da er jedoch Görings Favorit war, leitete Karajan die Staatskapelle in Berlin bis zum 18. Februar 1945. Dann flüchtete er nach Italien, versteckte sich dort vor der Kampftruppe „Südstern" am Comer See mit seiner Frau Anita Gütermann. Im Januar 1946 gab er sein erstes Nachkriegskonzert in Wien.

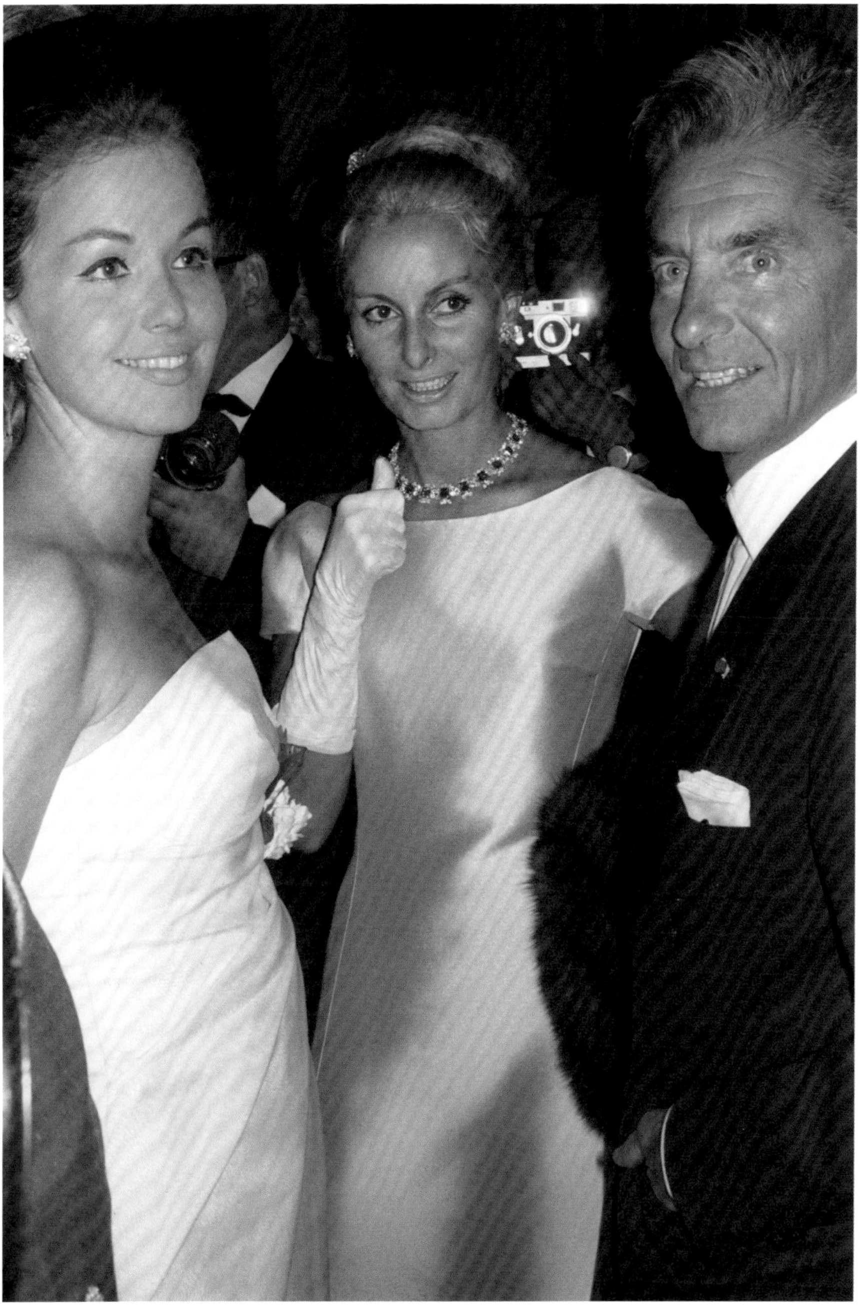

Mit Ehefrau Eliette (Mitte) und einer „Verehrerin“. Salzburg, 1965

Drei Ehen, neben den Tausenden Konzerten: die erste mit der Sopranistin Elmy Holgerloef 1939, die zweite mit Anita Gütermann 1942 (für die Vierteljüdin gab es eine Sondererlaubnis von Goebbels) und zuletzt Eliette Mouret 1958. Aus dieser Ehe gingen die Töchter Isabel und Arabel hervor.

Eliette von Karajan hatte mich noch zu Lebzeiten ihres Gatten nach St. Moritz in ihr Haus eingeladen. Tief verschneit fand ich es vor. Und Familie Karajan: Großartige Gastgeber, aber voll beschäftigt.

Die Halle mit Fenster zum Garten hatte oben noch einen Balkon. Gleich dahinter lag das Gästezimmer. Um möglichst niemanden zu stören, vor allen Dingen nicht den strengen Dirigenten, frühstückte ich auf diesem Balkon, konnte dadurch Herbert von Karajan beim Frühstück beobachten. Was um ihn herum war, kümmerte ihn nicht. Dachte ich! Und dann dies: „Ej Roger, guten Morgen. Ich bin auch ein Mensch, kannst deinen Kaffee in die Hand nehmen, hier runterkommen, mit mir reden." Erschrocken nahm ich meine Tasse und setzte mich zu ihm. Er lachte. „Hast du Angst vor mir?" – „Ich nicht, aber die anderen."

Daraus ergaben sich Spaziergänge und viele Gespräch über Menotti und Hans Werner Henze.

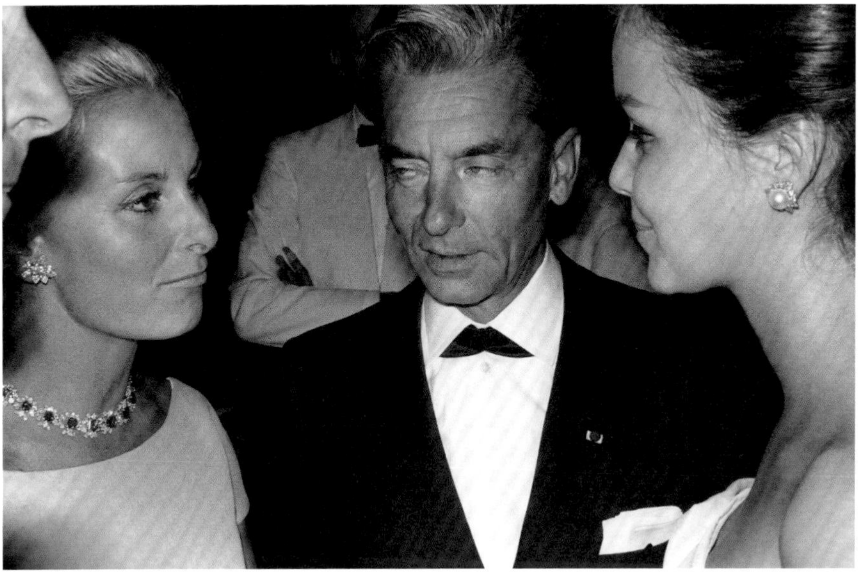

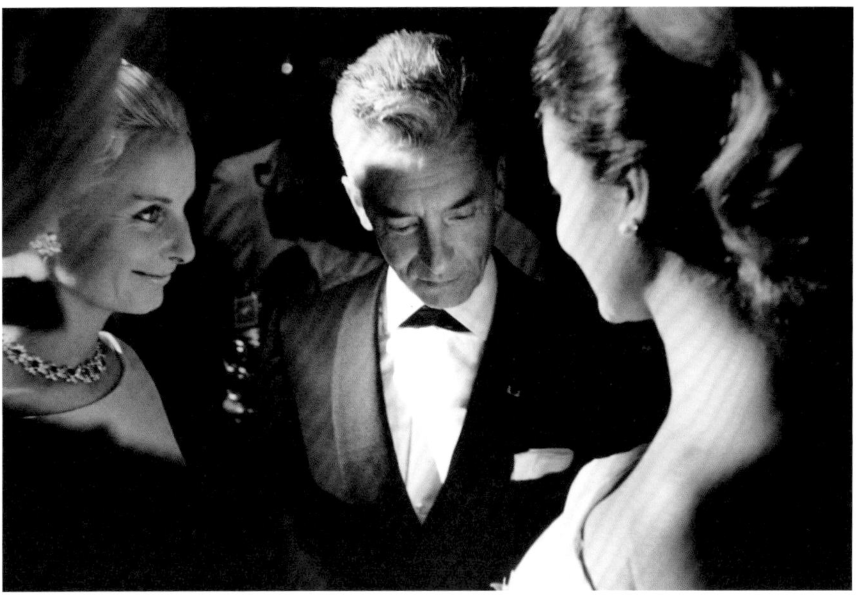

Mit Ehefrau Eliette (links) und einer „Verehrerin". Salzburg, 1965

44. Marius Müller-Westernhagen

Rockmusiker, geboren am 6. Dezember 1948 in Düsseldorf

Keine Ahnung mehr wo, durch wen. Irgendwann war er da, vielleicht durch einen Agenten. Oder Besetzungsbüro Studio Hamburg. Er spielte in einer dieser Serien, die ich in Hamburg wöchentlich ablieferte. Wir waren oft zusammen. Ich drehte mit Katrin Schaake. Marius wohnte im Haus Bellevue 39a, in dem ich auch Gast war und Marius als Gast mitgebracht hatte. Es gab ein kleines Apartment zum Garten. Wir waren viel in Lokalen, sehr viel mit Musikern zusammen. Dann kam Katrin, und er verschwand wie im Nebel. Aus dieser Ferne kam er dann nach einem Außenalster-Spaziergang zum Tee auf Max Schelers Terrasse, real, auch Katrin war real. Gleich um die Ecke war das Haus Kunterbunt mit Otto und Udo Lindenberg, auch das lag an der Strecke.

Theo gegen den Rest der Welt (1980, Regie: Peter F. Bringmann) war ein Film, bei dem ich mich mal wieder als Fotograf herumtrieb. Was für manchen aus der Filmbranche unverständlich war. Wie kann man als Regisseur, dessen Filme drei Bundesfilmpreise gewonnen haben, als Fotograf in der Branche arbeiten? Ganz einfach: Ich liebe die Fotografie.

Der „Armani-Rocker" ein Scheiß-Schimpfwort für einen guten Sänger. Bundespräsident Rau verlieh Marius das Bundesverdienstkreuz am Bande. Um den Hals gehängt am 4. April 2001 von Bundeskanzler Gerhard Schröder. Den Lubitsch-Preis hat er auch bekommen, für *Theo gegen den Rest der Welt*.

Einer von Marius' Songs: *Folge mir, ich bin ein Alphatier*.

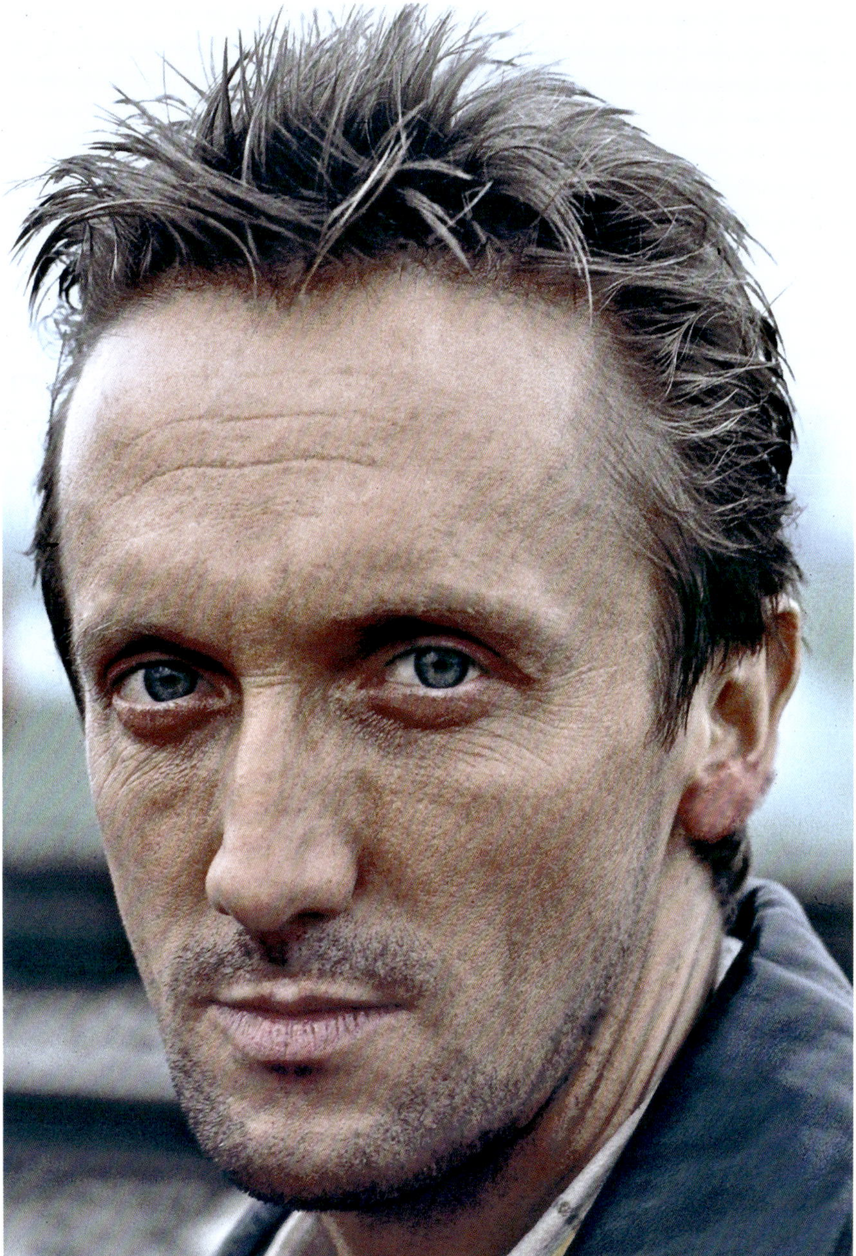

Marius Müller-Westernhagen als Titelheld in *Theo gegen den Rest der Welt*, 1980

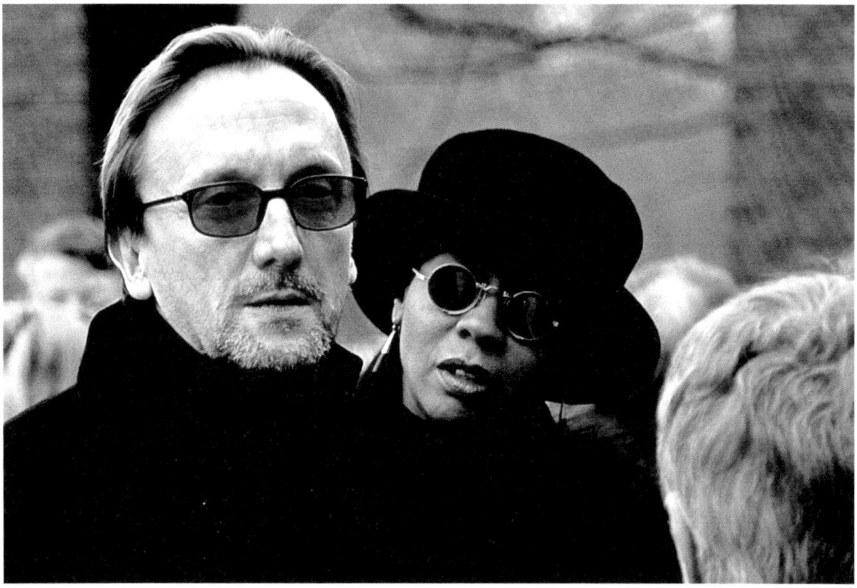

Mit zweiter Ehefrau auf Max Schelers Beerdigung in Hamburg, 2003

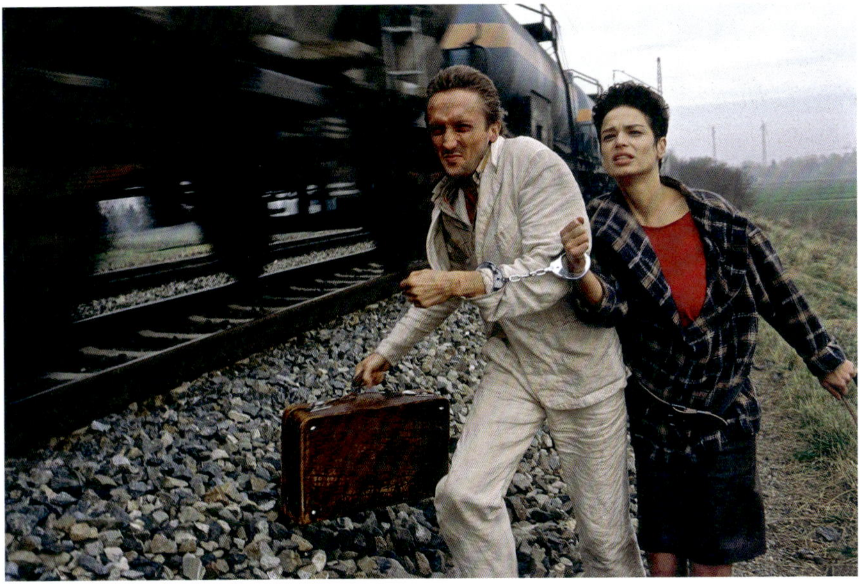

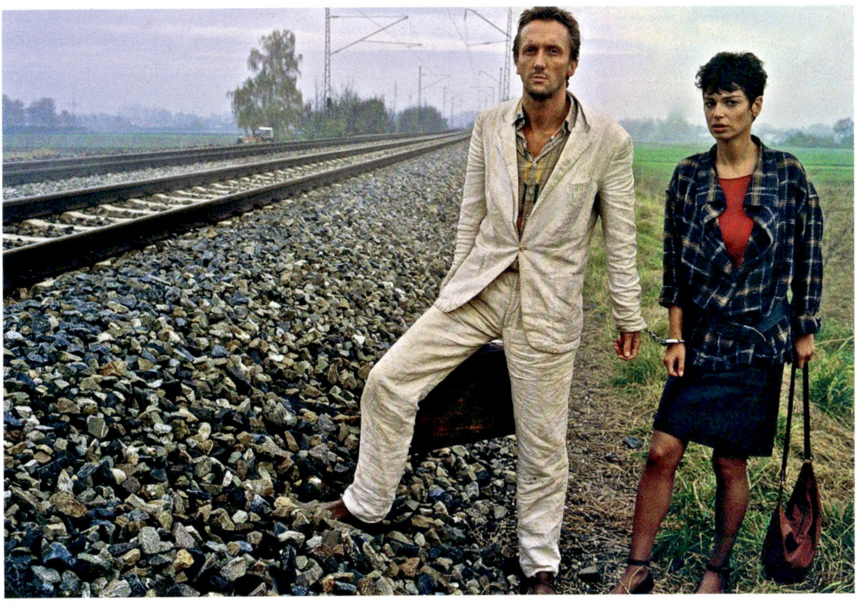

Marius Müller-Westernhagen mit Claudia Demarmels in
Theo gegen den Rest der Welt, 1980

45. Hannelore Auersperg

Schlagersängerin, geboren am 30. Mai 1942 in Linz

Ufa-Nachwuchsschule Berlin. Gleich nebenan ist der Botanische Garten, und wie in diesem Garten entfalteten sich auch in unserer Schule immer wieder seltene, strahlende Blumen. Die neueste Blüte war Hannelore Auer, gut gelaunte Ausstrahlung, immer ein Lächeln im Gesicht, nicht aufgesetzt, sondern echt. Sehr österreichisch. *Tausendmal möchte ich dich küssen* – mit diesem Lied eroberte sie 1957 zu Recht den zweiten Platz im Wiener Schlagerwettbewerb. Damals als Freundin von Regisseur Antel, und alle Freundinnen wurden in der Schule geparkt.

Hannelore war eine Ausnahme. Geboren 1942 im schönen Mai in Linz. Sie arbeitete hart an ihrem Erfolg, war auch nicht sehr lange unsere Mitschülerin, ihr erfrischendes Wesen fehlte uns später.

Mit Hetty Auersperg, die gerade Arndt von Bohlen und Halbach geheiratet hatte, Baron Felix Pereira sowie verschiedenen anderen Gebirglern, die alle zusammen im Münchner Franziskaner essen waren, traf ich Hannelore wieder. Unterdessen seit 1968 mit Alfie Prinz von Auersperg verheiratet, 1979 geschieden. Es traf sich doch gut mit Auer und Auer, meinte Felix Pereira.

Hannelore heiratete 1979, sofort nach der Scheidung, Heino (Heinz Georg Kramm). Fasziniert beobachtete ihre ganze Umgebung dieses Zusammengehen, Hannelore hatte immerhin viele Jahre als Prinzessin gelebt, auch nach der Trennung von Alfie war sie noch immer stark in diesen Kreis eingebunden. So waren Hannelore und Heino zum Beispiel zu Helmut Bergers Geburtstag in Bad Ischl angesagt, doch dann kam die Absage: Hetty Auersperg war an diesem Tag gestorben, Hannelore eilte nach Kitzbühel zu ihrer toten Schwägerin.

Linz, Österreich, 26. Oktober 2019, TipsArena, sehr gut besucht, alles Heino-Fans. Hannelore: „In meiner Heimatstadt gibt er sein letztes Konzert, mir zuliebe. Seid ihr bitte da?“ Margit und ich waren da! *Karamba, Karacho, ein Whisky* und *Schwarzbraun ist die Haselnuss, schwarzbraun bist auch du …* Heino (geb. 1938 in Düsseldorf) arbeitete sich durch sein gesamtes Repertoire. Achtzig Jahre alt und über zwei Stunden auf der Bühne. Tapfer. Der Schluss – ein Lobgesang auf Heino, von Hannelore gesungen, komplett in Schwarz gekleidet, in Trauer um den letzten Auftritt. Das Bild zeigt diesen Moment.

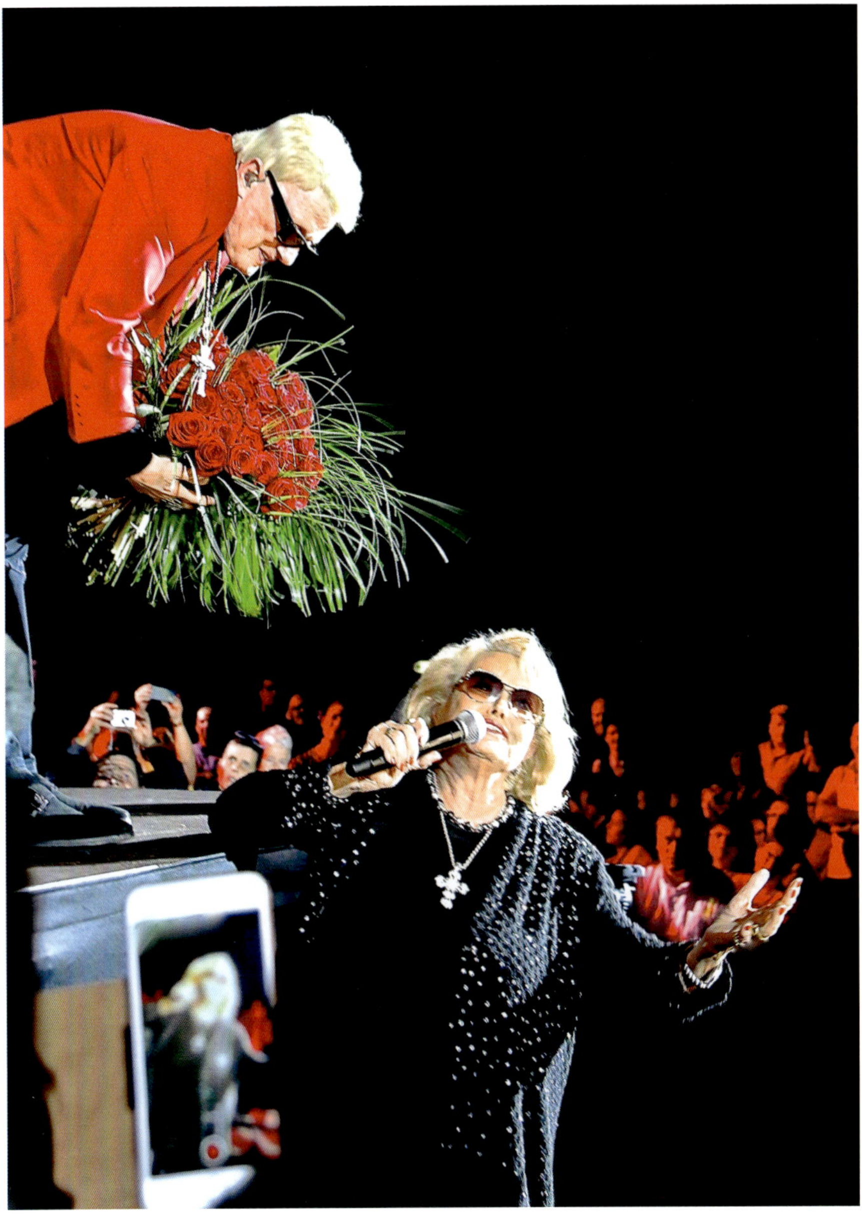

Hannelore Auersperg beim letzten Konzert ihres Mannes Heino. Linz, 2020

46. Udo Jürgens, 1979

Musiker, geboren am 30. September 1934 in Klagenfurt am Wörthersee, gestorben 2014 in Münsterlingen

Am 1. September 1979 war gutes Wetter in Zürich, als ich ankam. Aber bis ich endlich Udo Jürgens gefunden hatte, war der Himmel bedeckt, fast neblig. Kronenhalle als Treffpunkt. Großartiges Essen, aber die Schweizer spinnen mit den Preisen. Kaum gegessen, wir hatten telefoniert, kam Udo mit Alfred Biolek, eine Stunde Verspätung. Sie hatten Verhandlungen, worüber, wurde nicht erwähnt. Udo begrüßte mich auch freundlich, war angespannt, wahrscheinlich war die Diskussion doch härter: Der Mann, der noch dabei war, vom WDR, hörte nicht auf, weiterzureden. Das Essen kam. Dann wurde ein Taxi bestellt, Biolek und der Typ mussten zum Flieger. Wir tranken noch aus, quatschten über eine frühere nächtliche Begegnung in Hamburg. Auf der Straße schnell noch ein paar Bilder. Dann ging es in sein Büro: Produktion, die komplette Mannschaft war noch da. Alle ziemlich jung, ca. sechs bis acht Personen.

Das „Sie" gab es nicht, auch der Gast, in dem Fall ich, war „du". Udo klärte mich auf, was jeder in dieser Firma machte. Ich hörte noch etwas von einer Diskothek am See. Mitarbeiter-Stimmung, auf jeden Fall an diesem Tag, war klasse. Es kamen wieder welche, es musste noch mal was besprochen werden, in einem Beisel um die Ecke. Diesmal machte ich einen Spaziergang am See, wegen des Wetters konnte man nicht weit sehen. Nach eineinhalb Stunden ging ich zurück, der Kellner: „Sind Sie Fritz? Alle sind ins Büro gegangen." Dort sagte mir einer seiner Mitarbeiter: „Er ist beim Schneider, komm, ich bring dich hin."

Udo wurde gerade ausgemessen, eigentlich müsste der Schneider doch seine Maße haben. Kleiner Umtrunk zum Abschied, jetzt ging es in Udo Jürgens' Wohnung. Wir waren nur noch zu zweit. Udo setzte sich ans Klavier, spielte und sang seine neuesten Lieder, eine Stunde lang, ganz alleine für mich. Ich fühlte mich sehr geehrt. Dazwischen bekam ich natürlich noch mal was zu trinken. Dann sprang er auf. „Ich brauch ein Bad." Verschwand, ich hörte das Wasser rauschen. Er kam im berühmten weißen Bademantel wieder: „Wenn ich in der Wanne bin, kannst du gern Fotos machen."

Die Bilder machte ich, in der Hoffnung, dass sie scharf wären, trotz des Alkohols. Dann trottete ich ins Hotel, zwei Uhr nachts.

Eines seiner Lieder heißt: *Nur ein Narr sagt Dankeschön.*

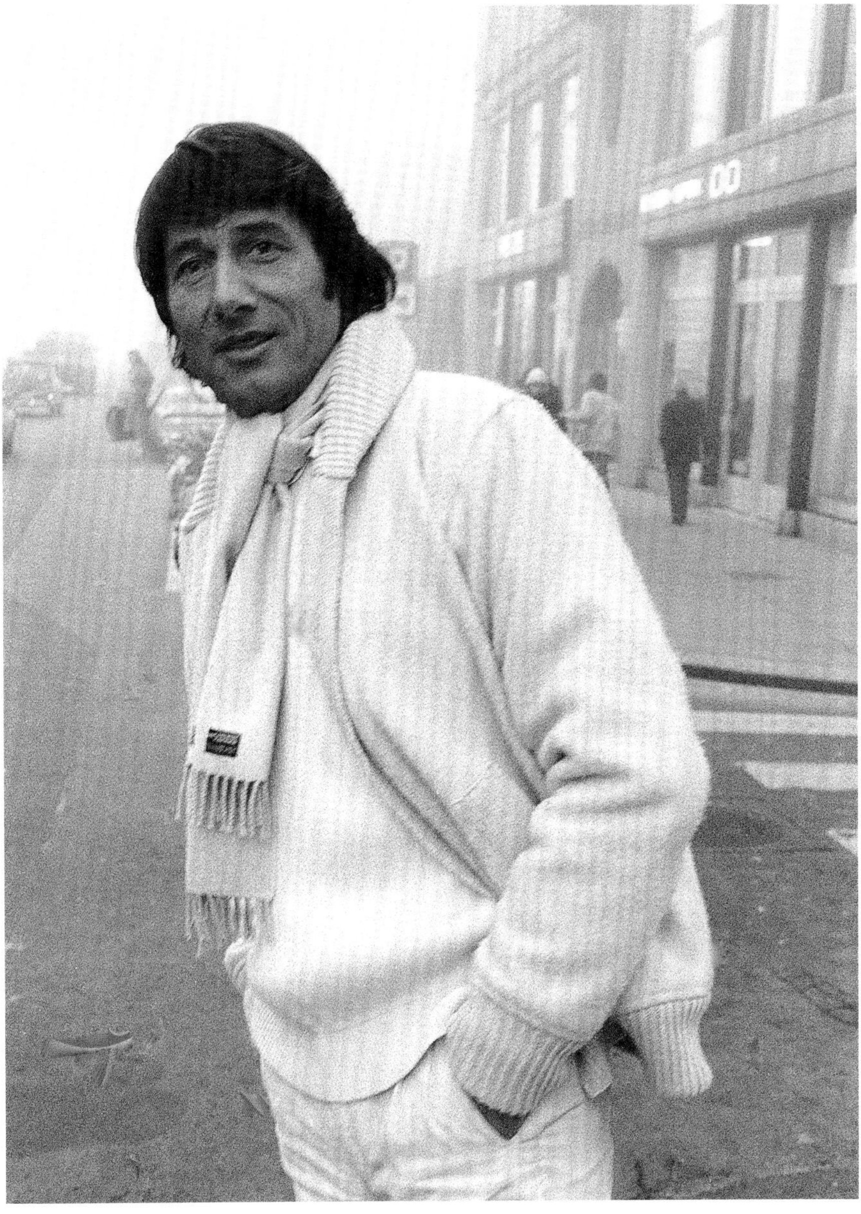

Udo Jürgens. Zürich, September 1979

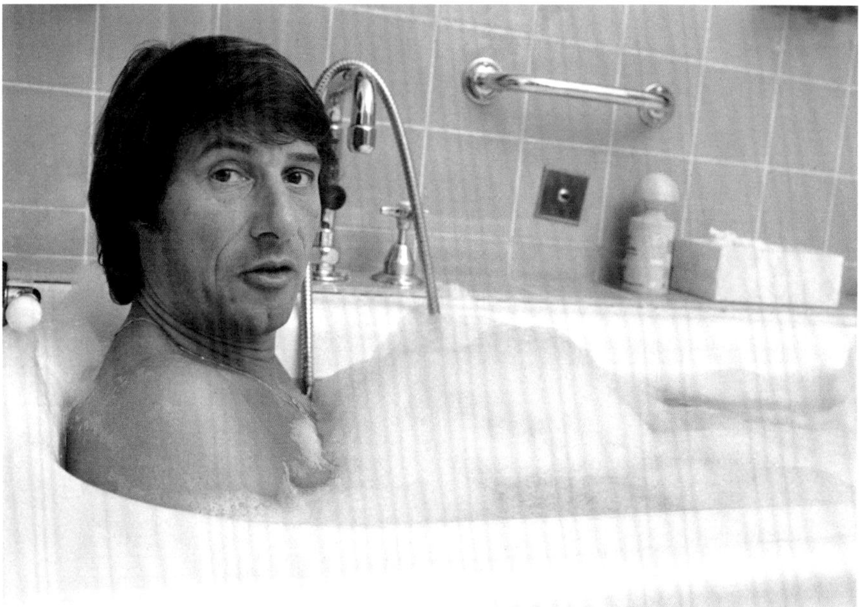

Beim nächtlichen Bad in seiner Züricher Wohnung. September 1979

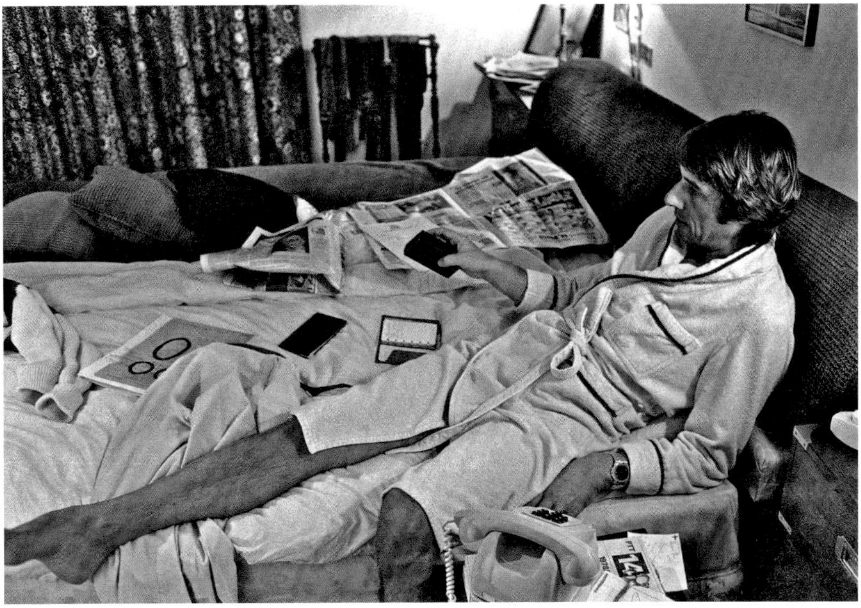

In der Züricher Wohnung. September 1979

47. Peter Kraus

Sänger, geboren am 18. März 1939 in München

Das fliegende Klassenzimmer, weit entfernte Erinnerungen. Erich Kästner hatte das Buch geschrieben, darum habe ich den Film gesehen. Mit Michael Verhoeven und Peter Kraus, beide habe ich später kennengelernt.

Peter Siegfried Krausnecker, am 18. März 1939 in München geboren, ist Österreicher, sein Vater Fred war ein bekannter Sänger, Kabarettist, Schauspieler und Regisseur. Zwanzig Spielfilme habe ich gezählt, die Peter bis zum Jahr 1969 als Schauspieler gemacht hat, dann spielten wir zusammen im Spielfilm *Lovemaker*. Doris Kunstmann, Christiane Krüger, Antonio Sabàto, der sympathische Italiener, Peter und ich, die erdigen deutschen Raufbolde, schlagende Verbindungsstudenten. Im Film hat uns der italienische Ingenieur natürlich die Frauen abgeworben. Während der Dreharbeiten erkannte ich die antideutsche Haltung nicht, aber das fertige Kunstwerk, gezeigt 2020 im Filmmuseum Frankfurt, offenbarte, welch schlechten Eindruck der Regisseur Liberatore von uns hatte. Doris Kunstmann, Hauptdarstellerin, lebte in Italien einige Zeit mit Liberatore zusammen, konnte ihn anscheinend nicht vom Gegenteil überzeugen. Der Film hat für München eine Zeitzeugen-Funktion, wir drehten unter dem Marienplatz in dem Moment, als zwei riesige Bohrmaschinen sich trafen. Die Tunnel der U3 und der U6 waren zusammengeführt.

Tutti Frutti, die erste Single von Peter Kraus, mit Little Richards Texten, von Peter ins Deutsche übersetzt, kam 1956 mit einem Riesenerfolg auf den Markt. Gleich noch hinterher *Sugar Baby* – der deutsche Elvis Presley war geboren, 600.000 Auflage. Insgesamt müssen es siebzehn Millionen Tonträger sein, ob alle von Gerhard Mendelson für Polydor produziert wurden, müssen wir Peter Kraus fragen.

Das Fotomodell Ingrid Nieuweboer heiratete 1969 den vielbeschäftigten Peter, sie wohnten in Schwabing, irgendwo zwischen Friedrich- und Herzogstraße. Manchmal haben wir uns beim Einkaufen getroffen.

Silbernes und Goldenes Ehrenzeichen für Verdienste um das Land Wien. Echo für das Lebenswerk, Österreichisches Ehrenkreuz für Wissenschaft und Kunst, Platin-Romy der Akademie für sein Lebenswerk.

Die vielen Erfolge haben ihn angestachelt, weiterzumachen. Nebenbei ist er noch Winzer, in Gamlitz, Steiermark, hat er seinen Hof. Er tritt immer noch

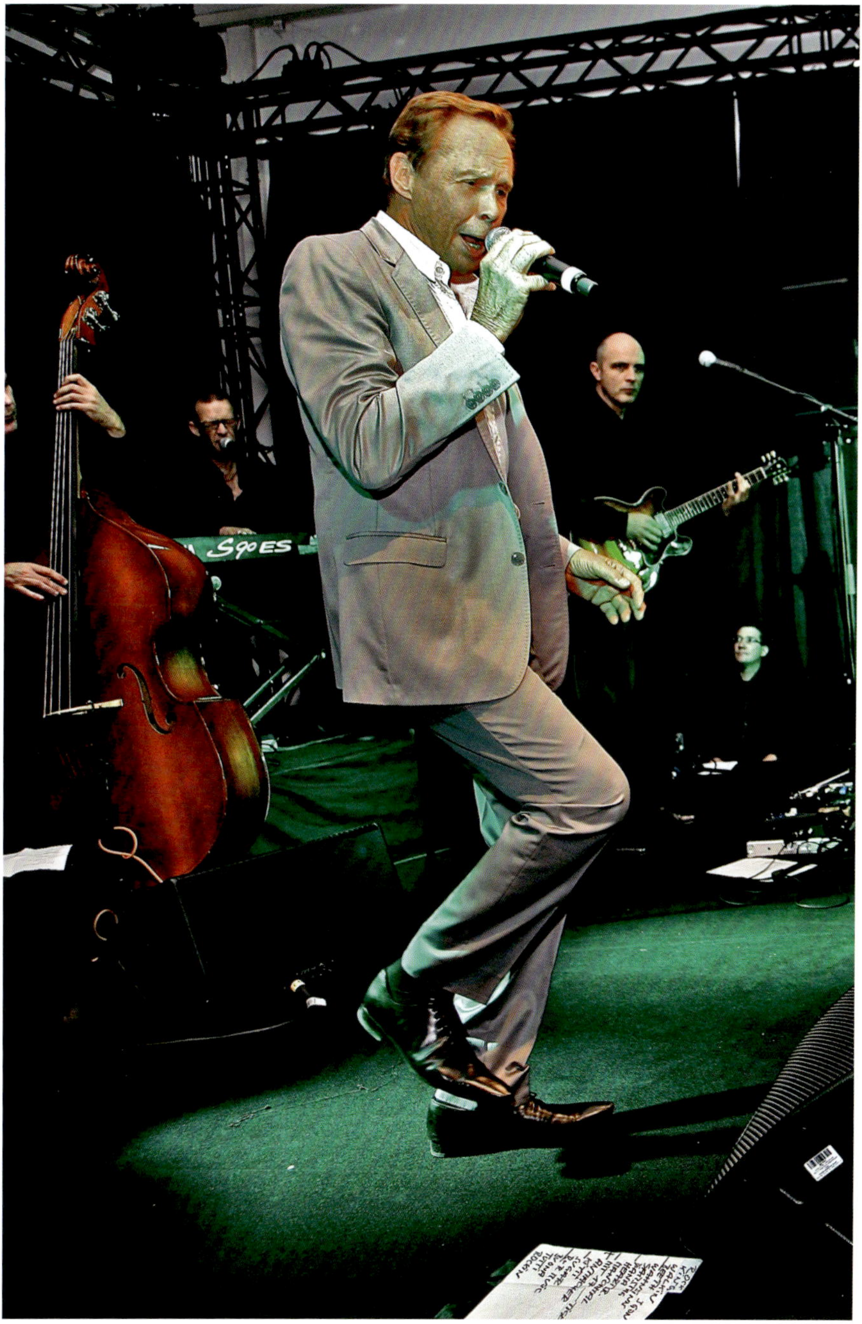

Peter Kraus bei einem Auftritt im Haus der Kunst, München, 2016

auf, einmal auf einem Privatfest im Haus der Kunst. Dort habe ich bewundernd zugeguckt, wie er diesen Haufen älterer Leute, vielleicht ehemalige Fans, in Bewegung gebracht hat, sie drehten sich wie in alten Zeiten. Speziell Friedrich von Thun, nur den Wepper Fritz habe ich nicht tanzen sehen. Sogar Elvira Bach, Berliner Malerin, drehte sich zu den alten Liedern.

Achtzehn Folgen *Bäng Bäng*, 1970, als Showmaster und vierzehn Folgen *Herzlichst*, wo er ausländische Stars vorstellte. Obendrein malt er, diese Bilder wurden in Zürich und St. Moritz ausgestellt. Ich hoffe, noch mehr von dir zu sehen, unserem bayerisch-österreichischen Elvis.

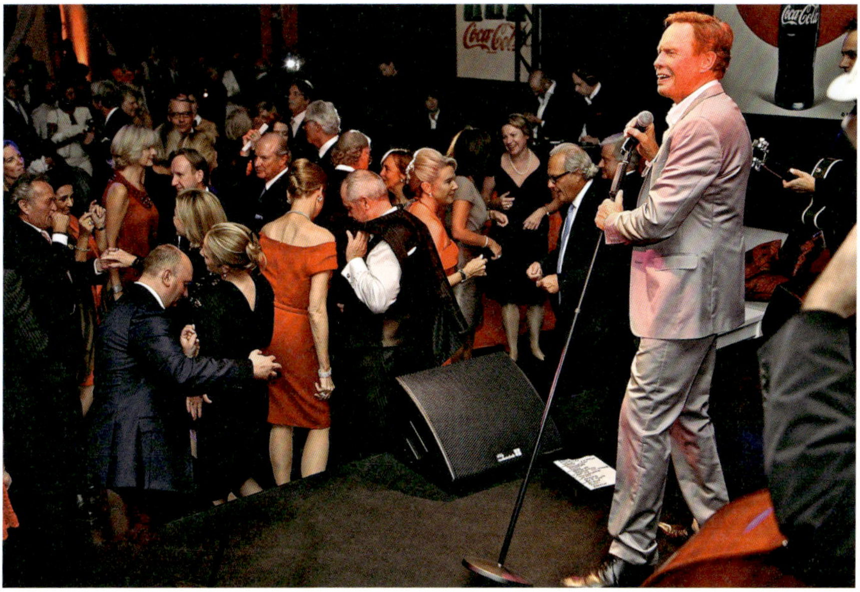

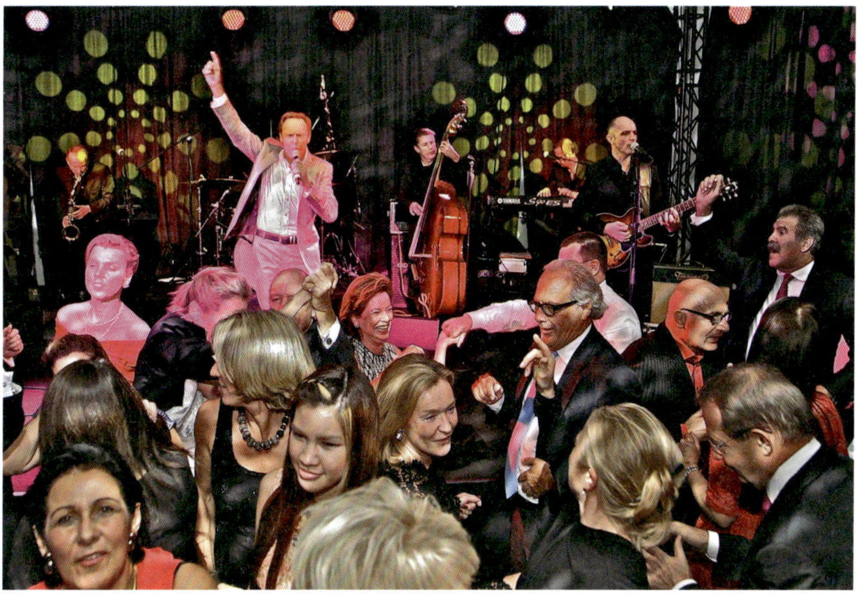

Im Haus der Kunst in München, 2016

48. Udo Lindenberg

Rockmusiker, geboren am 17. Mai 1946 in Gronau

Vor langer Zeit drehte ich im Studio Hamburg als Regisseur verschiedene Vorabendserien: *Der Fall von nebenan, Die schöne Marianne, Motiv Liebe, St.Pauli-Landungsbrücken.* Auf einem Flug von München in die Hansestadt klopfte mir ein junger Typ in Lederjacke auf die Schenkel: „Ej, Roger, erkennst du mich?" Neben mir im Mittelgang kniete Udo Lindberg. Natürlich erkannte ich ihn. Er setzte sich neben mich.

Es ist nicht zynisch gemeint, wenn ich jetzt seine Daten niederschreibe, denn jeder kennt ihn, aber meine letzte Erfahrung in Sachen Berühmtheiten war die: Ich liefere ein verkauftes Beatles-Bild aus, treffe eine Gruppe junger Leute, anscheinend Studenten. Die kannten die Beatles nicht! Lieber Udo, es soll dir nicht so widerfahren.

Udo Lindenberg, geboren am 17. Mai 1946 in Gronau an der holländischen Grenze. 50.000 Einwohner, jetzt steht dort ein übermannsgroßes Lindenberg-Denkmal, außerdem haben sie noch ein Rock'n'Popmuseum in einer alten Fabrik eingerichtet. Udo hatte drei Geschwister, der Bruder Erich war Kunstmaler, die Begabung liegt in der Familie. Sein Vater war Installateur.

Mit fünfzehn begann er eine Kellnerlehre im Breidenbacher Hof in Düsseldorf, bediente des Öfteren auch den Lift. Ging viel in die Altstadt, damals gab es noch Musikanten in Kneipen, und er spielte als Schlagzeuger mit. Der Jazzer Gerold Flasse, er und andere Musiker spielten ein Jahr lang, 1963 bis 64, in einem Club der Amerikaner, Wheelus Air Base, nahe Tripolis, Libyen. Nach den anscheinend fürchterlichen Erlebnissen dort ging er nach Gronau zurück, ließ sich therapeutisch behandeln. Es folgte der Militärdienst als Kanonier bei der Raketenartillerie in Wesel. Danach ging er nach Hamburg. Später arbeitete er mit dem Saxophonisten Klaus Doldinger in München zusammen. 1973, erster Auftritt mit dem „Panikorchester". Danach habe ich einunddreißig Auszeichnungen und Musikpreise gezählt (Stand 2019).

Also, Udo saß neben mir und erzählte von einem Film, den er drehen wollte, in dem er die Hauptrolle spielte und im Finale Bundeskanzler wird. Natürlich wurden Kameramänner ausgesucht oder vielmehr von mir empfohlen, ein guter Aufnahmeleiter, ohne Frage: Bernd Burgemeister. Die Stewardess musste einen Block bringen, alles wurde notiert.

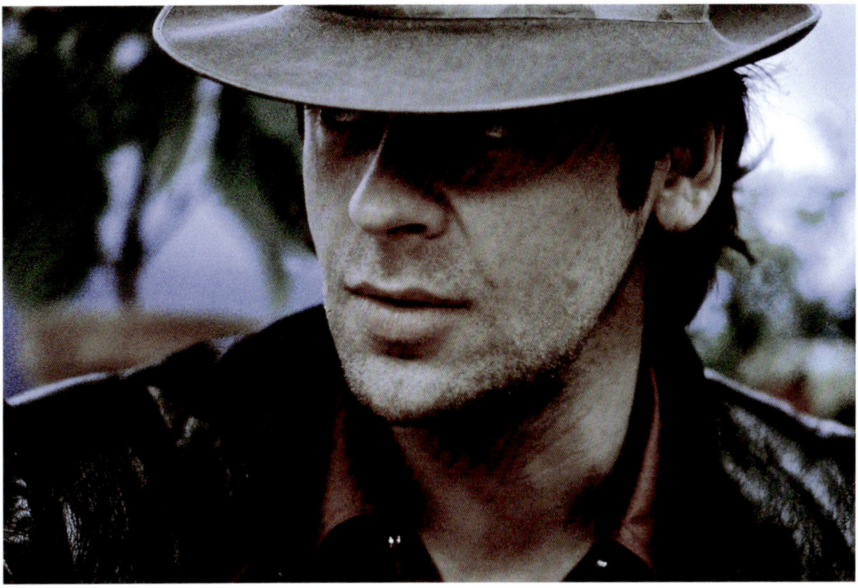

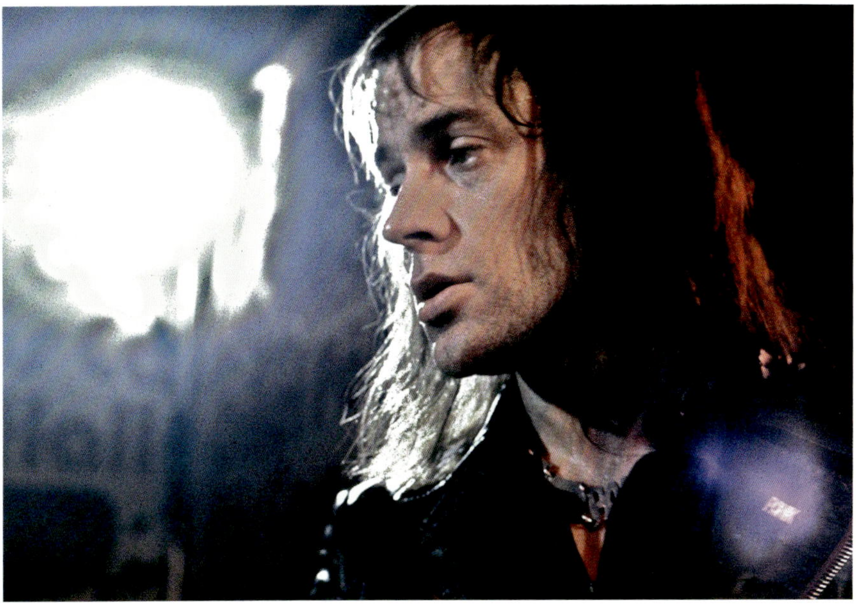

Udo Lindenberg, *Alles klar auf der Andrea Doria*. Hamburg, 1973

Nach einigen Wochen trafen wir uns wieder, durch Marius Müller-Westernhagen, der eine kleine Rolle in einer meiner Serien spielte. Mit Katrin Schacke zog er zusammen in die Milchstraße, Ecke Mittelweg. Vorher wohnte er in der Bellevue 39a oder in der Villa Kunterbunt im Rondeel 29.

Wir trafen uns öfter, meistens zu einem Auftritt mit Udo und einer zusammengewürfelten Band. Dann ein Drehtag, ich weiß nicht mehr wo, alle Udo-Freunde waren da. Große Schwimmhalle. Die meisten in Badeklamotten, Morgenmänteln, andere ohne alles, einige Mädchen hatten den Bikini aufgemalt. Domina, die berühmte Größe von der Herbertstraße, allerdings in einem einteiligen blauen Badeanzug. Viele plantschten in Straßenkleidung im Wasser.

Eine Irrsinns-Stimmung mit vielen Getränken. Udo in einem schwarzen Morgenmantel aus Seide, mit Goldeinsätzen. Auch er landete im Pool, höflich zog ihm einer noch den Mantel aus. Manche hatten ihre künstlerische Begabung entdeckt und malten farbige Linien auf nackte weibliche Körper. Dazwi-

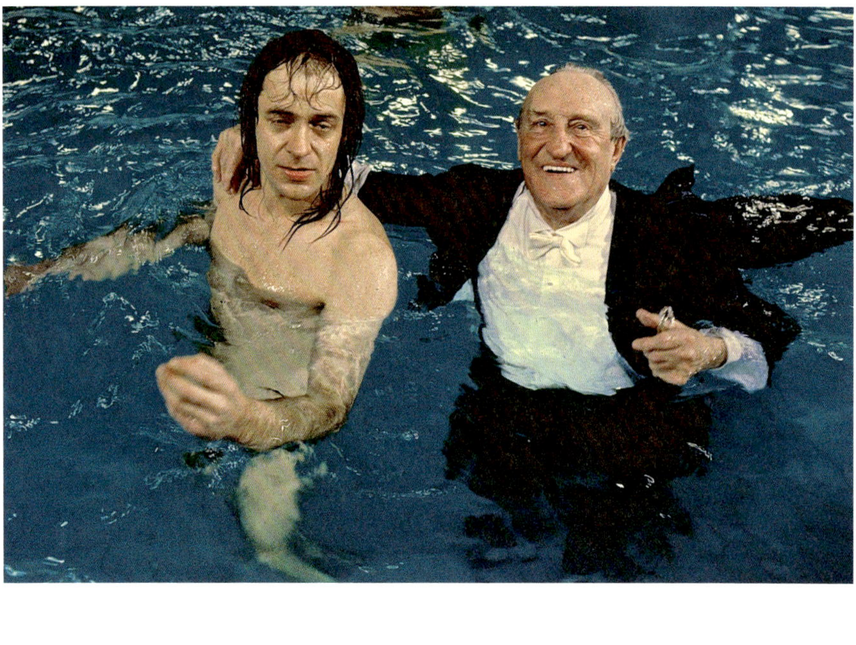

oben und rechts: Nach einem Drehtag in Hamburg, 1972/73

schen noch einige Beleuchter, Kameramänner und Schauspieler. Wer das Ganze dirigierte, erschloss sich mir nicht. Wie ich nach Hause kam, ist mir bis heute nicht bekannt. Am nächsten Tag in Udos Büro, alle wieder auf den Beinen. Der Dreh ging weiter, auf der „Andrea Doria".

Vor vier Jahren gingen Margit und ich über den Jungfernstieg in Hamburg, direkt hinter uns hörte ich Udos Stimme. Ich drehte mich um, ob er mich erkannt hat, weiß ich nicht, neben ihm lief Nena. Jedenfalls grüßte er mich, ich deutete auf Margit: „Du hast doch mal im Breidenbacher Hof gearbeitet, ihrer Familie gehörte er damals, habt ihr euch nie kennen gelernt?" Natürlich wusste ich, dass es nie Gelegenheit gegeben hatte. Die Antwort habe ich nicht mehr verstanden, denn ein Autogrammjäger drängte sich dazwischen.

Oft habe ich mir Gedanken gemacht, konnte ihn aber nie fragen, was die Lederjacke für Erich Honecker, das Geschenk von 1987, symbolisch ausdrücken sollte.

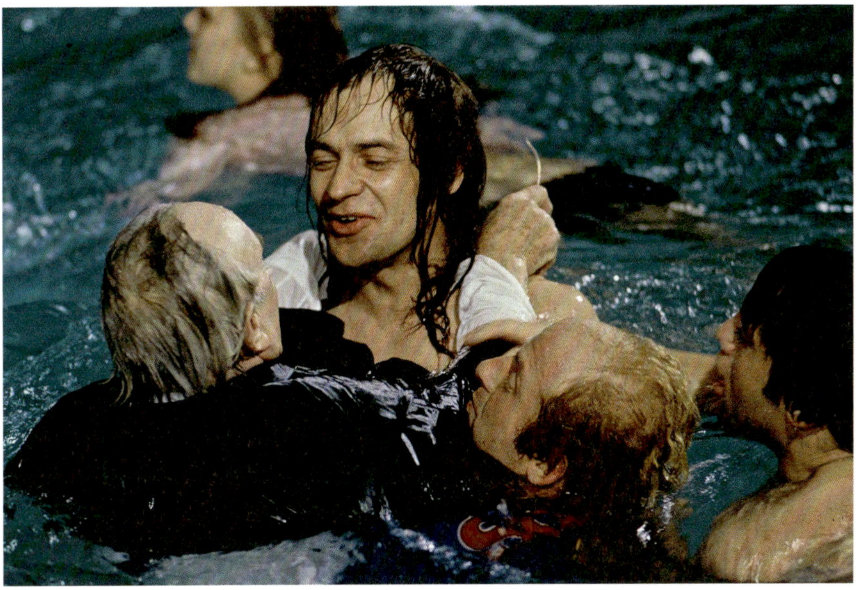

49. Vicky Leandros

Sängerin, geboren am 23. August 1952 in Paleokastritsa auf Korfu

In der Bar bei Toni, Palace Hotel in St. Moritz, du mit erstem Mann und Kind, Reisners waren auch mit von der Partie. Da haben wir uns kennengelernt. Das klingt sehr persönlich, aber eine Liebeserklärung sollte es nicht werden, oder vielleicht doch …

Persönlich wurde es durch die Hochzeit 1986 mit dem Freiherrn Enno von Ruffin, mit dem ich viele Nächte in St. Pauli verbracht habe. Seit vierhundert Jahren bewirtschaften die Ruffins das sechshundert Hektar große Gut Basthorst. Um das weiter zu betreiben, kamen zwei deiner Mädchen zur Welt, Milana und Sandra. Was vielleicht verloren geht, ist der Name Ruffin.

Vassiliki (Vicky) Papathanasiou wurde am 23. August 1952 in einem wunderschönen Ort am Meer auf Korfu geboren. Damals lebten dort ca. dreihundert Menschen, die hatten zwei Buchten mit Sandstrand für sich. Vier Jahre nach Vickys Geburt entschloss sich der Sekretär des Innenministeriums und Sänger Leo Leandros, nach Hamburg zu ziehen, von seiner Frau ließ er sich drei Jahre später scheiden. Vicky, die bei ihren Großeltern in Griechenland lebte, zog nach Hamburg, besuchte dort das Gymnasium an der Wartenau. Vater Leo, der Zeit brauchte, um sich als Musiker durchzusetzen, machte seine Tochter zu einer der erfolgreichsten Sängerinnen Europas. Mit süßen dreizehn Jahren trat sie das erste Mal vors Publikum, mit sofortigem Erfolg.

Zahllose Alben und Singles in fünfunddreißig Ländern. *Theo, wir fahr'n nach Lodz*: Der Hit erinnerte mich daran, dass ich halber Pole bin, und wo Lodz liegt.

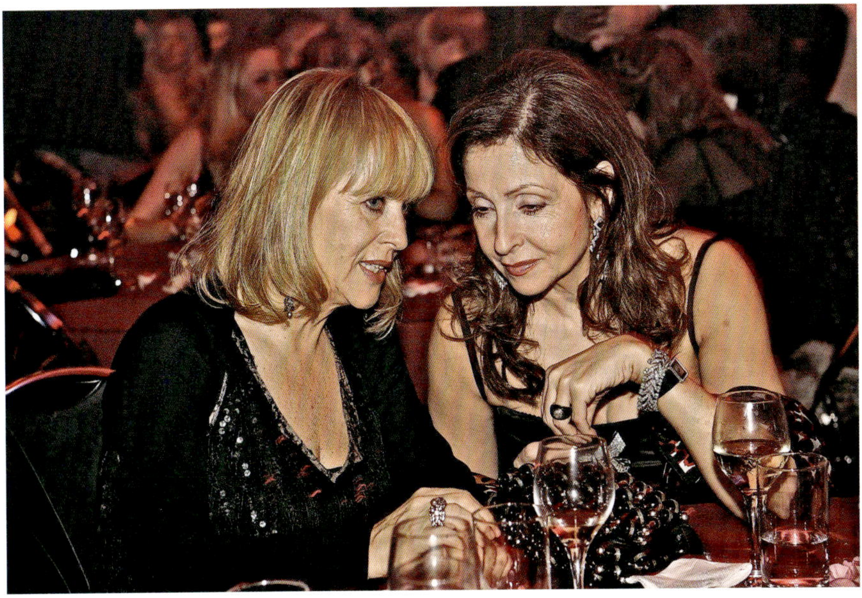

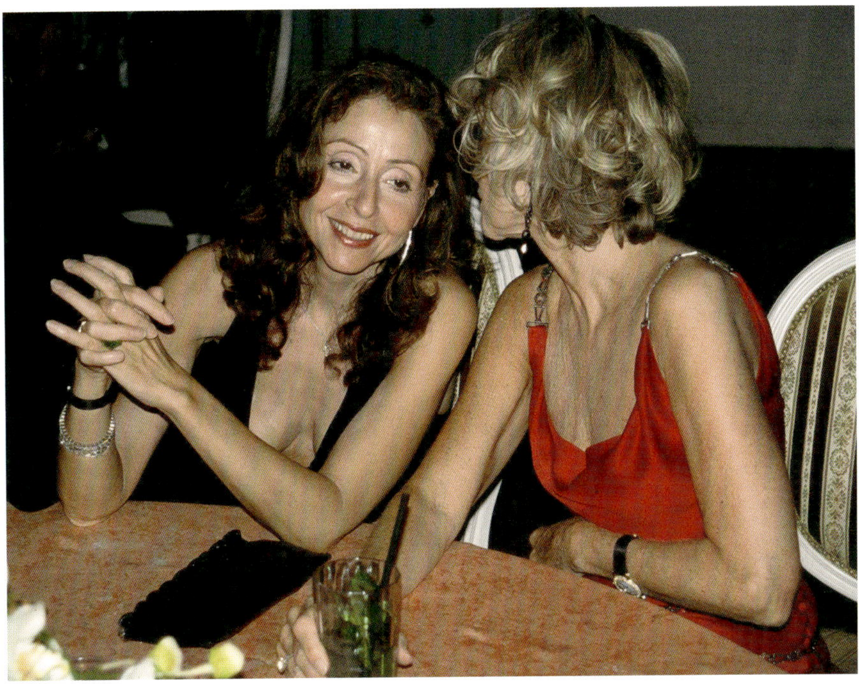

oben: Vicky Leandros mit Patricia Riekel. München, 1986
unten: Mit Margit Friedrich. München, 1986

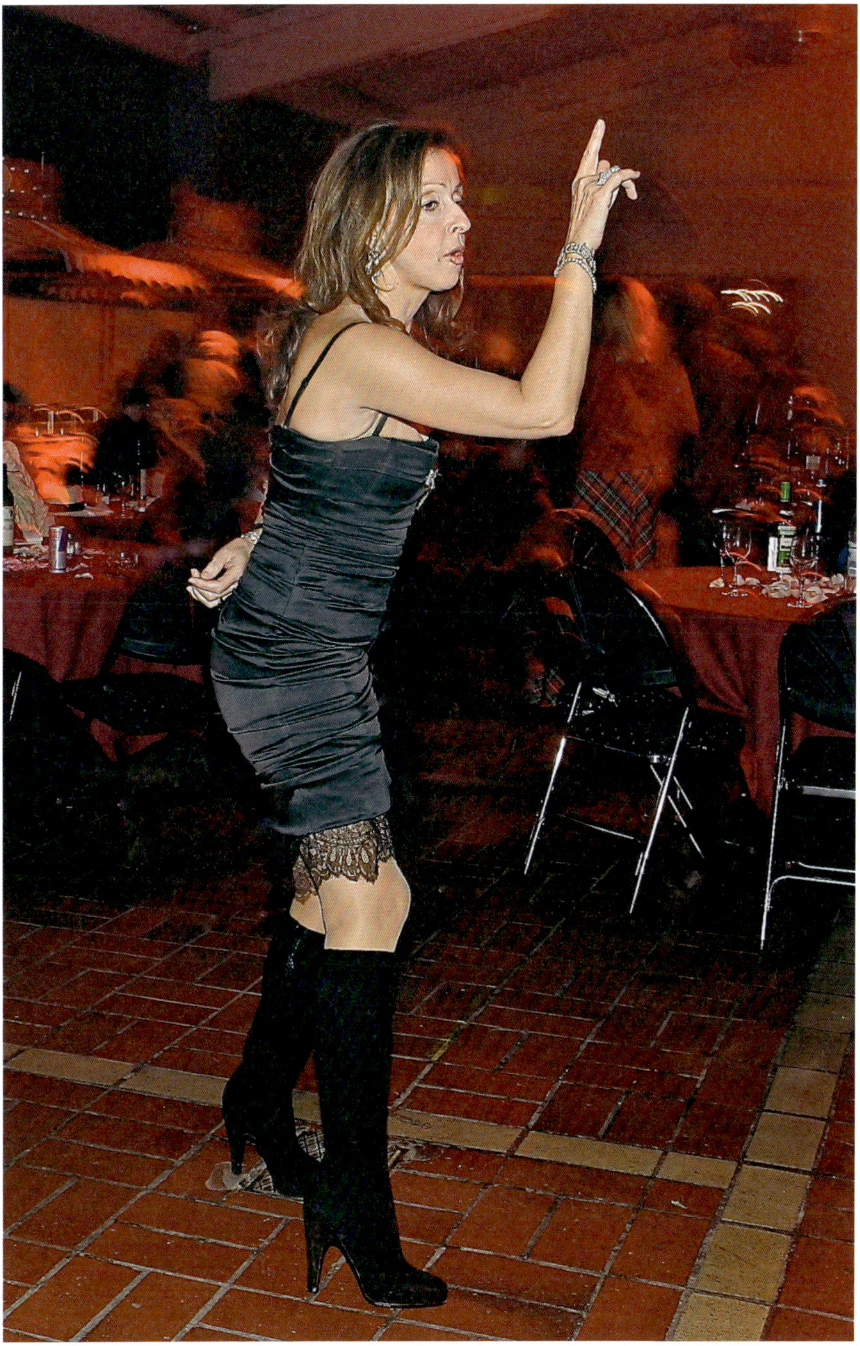

Vicky Leandros. München, 1986

50. René Weller

Berufsboxer, geboren am 21. November 1953 in Pforzheim

„Hier ist der Schönste, leider nicht persönlich (*Disco-Musik ertönt im Hintergrund*). Der Champ ist leider außer Haus, sprechen Sie, ich rufe zurück." Diese Ansage auf René Wellers Anrufbeantworter wird heute so nicht mehr zu hören sein.

Mein Besuch in Pforzheim beim neunmaligen deutschen Meister, Ex-Amateur mit dreihundert Kämpfen: Wir treffen uns im Rewell-Sportstudio. Doris managt den Laden, auch sie eine Sportlerin, Taekwondo-Expertin, hundertfünfundsechzig Zentimeter groß, kurzer Haarschnitt, energisches, aber sympathisches Gesicht. „Du bist der Fotograf? René kommt gleich." Unterdessen studiere ich die René Weller-Ledermoden, die er entworfen hat. Betrachte eine Jacke. Doris: „Du kannst sie haben, wir stellen die her." – „Danke, du siehst, ich hab schon eine."

Wenn ich mich noch an den Wagen erinnern könnte, in dem René mit Schwung ankommt – auf jeden Fall hat er einen gewaltigen Sound. „Du bist der Roger! Bist du nicht ein Freund von der Barbara, von der Valentin?" Ich nickte. „Die kommt auch von hier, die hat noch ein Haus in Pforzheim. Komm, Schätzchen, wir fahren nach Hause". Schmal, hundertsiebenundsiebzig Zentimeter groß, Stiefel mit hohen Absätzen, gut gebauter, ausgeglichener Körper. Bei jedem Schritt ist der Sportler zu erkennen.

Geboren in Pforzheim am 21. November 1953. Mit sechs Jahren bereits im Judo-Club. Lernte zwei gegensätzliche Berufe, Heizungsmonteur, dann aber Goldschmied. Der Trainer Heinz Weishaar hat früh seinen unbändigen Mut erkannt. René: „Ich habe dem Heinz meine ganze Karriere zu verdanken."

Knallhart fährt er vor mir durch die Stadt, ich habe Mühe, mitzuhalten. Dann auf einmal scharfes Bremsen vor mir, fast wäre ich auf den teuren Schlitten draufgeknallt. Ich sehe, wie René aus dem Wagen springt. Steige auch sofort aus. Er beschimpft den Fahrer. „Du Hodenkobold! Du Wichser! Hast den Führerschein aus dem Bodensee geangelt!?" Sein Gegenüber ist groß, kräftig, da kommt Doris ins Spiel. Die ist ausgestiegen, kennt die Situation aus vorhergehenden Erfahrungen, mischt sich ein, sagt zu dem Großen: „Willst du den deutschen Meister Weller im Boxen verhauen?" Sie lacht, der Große lacht auch. Am Ende tauschen sie Visitenkarten, und weiter geht es in den Erlenweg.

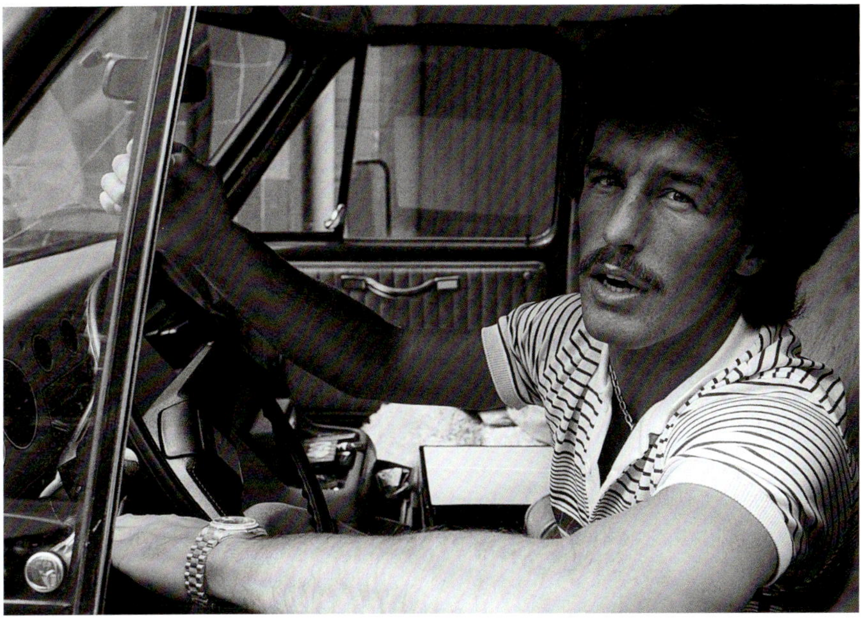

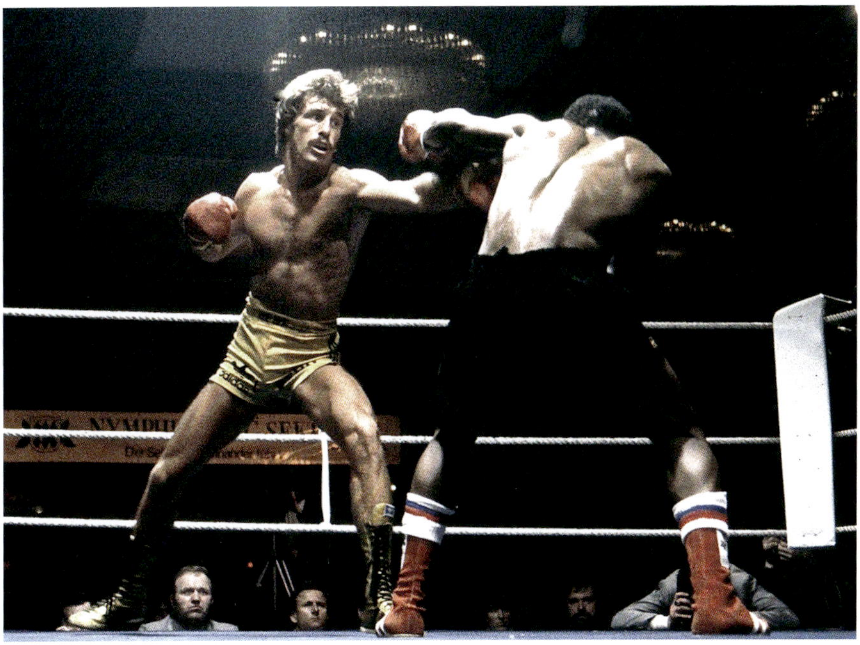

oben: René Weller in Pforzheim, 1982
unten: Boxkampf im Hilton. München, 1982

So ein Zwischenfall macht gute Laune, auf jeden Fall bei René. Schwups, steht er in einem kleinen weißen Höschen vor mir, neben dem Schlafzimmer ein riesiges Solarium. Er legt sich rein. „Wenn ich morgens aufwache, mache ich die Sonne an, leg mich hin, träume weiter, lass mich gewaltig bräunen, da kriegen meine Gegner Angst, die glauben, sie müssen gegen einen Schwarzen kämpfen!“ Die Wohnung: drei Zimmer, Küche, Bad. Und einige Regale voller Trophäen aus aller Welt.

„Ich muss mich endlich umstellen, raus aus der Amateurliga, Profi muss ich werden, da gibt es weniger Pokale, aber umso mehr Geld. Es passt ja kein Preis mehr ins Regal. Um die vielen in den unterschiedlichsten Arenen der Welt gewonnenen Kämpfe aufzuzählen, bin ich zu faul. Nein, besser können das die Sportjournalisten.“

Öfter war ich bei Boxkämpfen nahe an den Matadoren, nie habe ich einen so glasklar kalten, von Emotionen freien Boxer erlebt wie René. Falls er nervös war, konnte er es gekonnt verbergen.

„100 Years of British Boxing Tournament“ – der gefürchtete Wiktor Rybakow, zweifacher Europameister, tritt gegen ihn an. René Weller gewinnt. Gegen einen berühmten Italiener hat er dann verloren, viele sind sich sicher, das geschah wegen der knallharten Morddrohung der Mafia.

Also Profi-Status, dafür braucht man auch einen Profi-Gegner: „Wir suchen einen starken Mann, kein Fallobst.“ Zu früh gesagt. René bekam richtig Ärger mit der deutschen Gerichtsbarkeit. Wegen Kokainhandels und Hehlerei wurde er zu sieben Jahre Haft verurteilt, davon musste er vier Jahre absitzen.

Der schöne René – er betreibt jetzt ein Boxstudio.

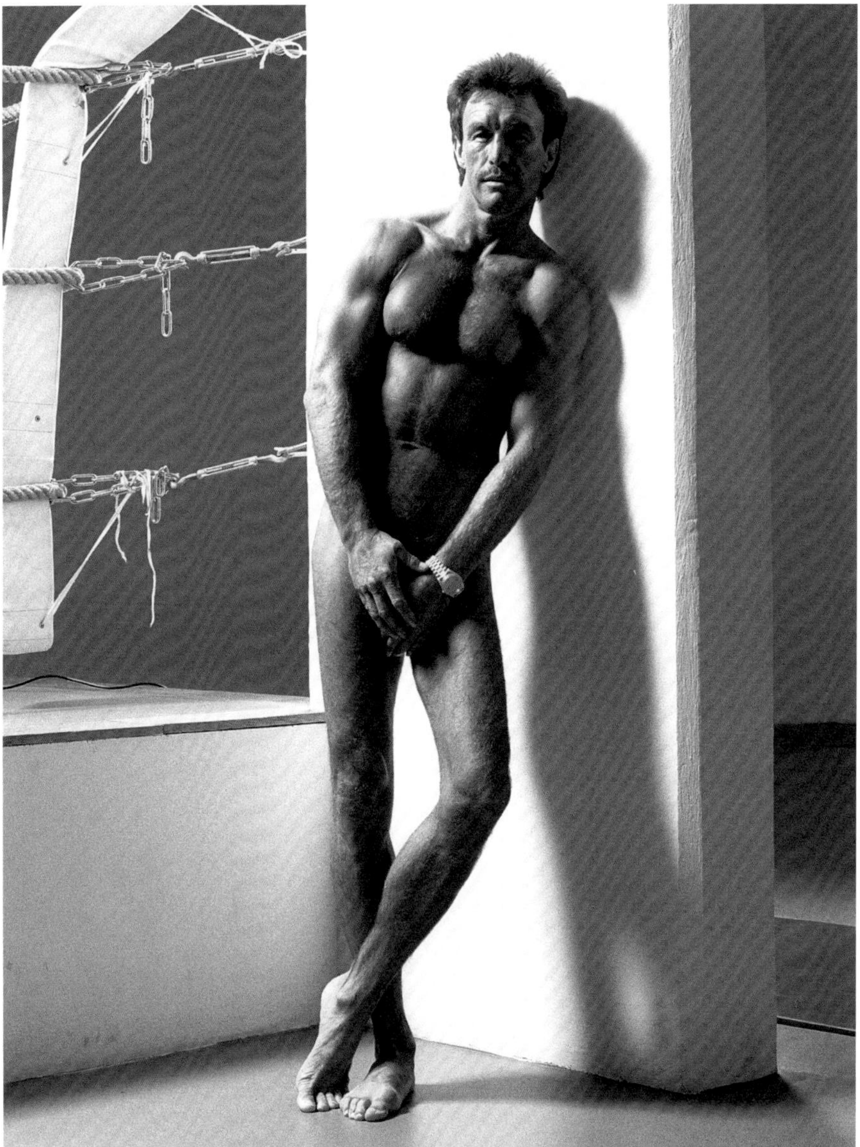

René Weller. Pforzheim, 1986

51. Nutte auf St. Pauli – ein fiktiver Monolog

Anonyme Prostituierte, Hamburg, St. Pauli

Hinten ist Lärm zu hören, bauen den Fischmarkt auf. Ich geh jetzt. Na, ich geh noch nicht, manchmal kommt ja einer von denen vorbei. Der Jackie wird sauer sein, noch keinen richtigen Verdienst, den Fuchzger glaubt er mir nicht. Da kommt doch ein Kerl … Scheiße, der geht bloß pissen. Jetzt wird's hell, ob die Ariane da oben besser dran ist? Hm, der Will is heut nicht vorbeigekommen. Hab keine Lust mehr. Manchmal ist auch gar nichts los, wo bleiben die Penner? Den Hunderter von Will möchte ich schon noch packen, der is immer fix, na ja, vielleicht kommt er ja noch. Kein Auto schleicht vorbei, was ist nur los heute? Vielleicht haben sie da oben an der Pinneberger Straßensperre … diese blöden Bullen … dann geht der Fischmarkt auf, dann müssen sie alle durchlassen … Mist, der verfickte falsche Tag … heute ist kein Markt. Durch das ewige Rumstehen verlierst das Zeitgefühl … der Jackie könnt sich schon um einen anderen Platz kümmern.

Die Albaner, mit denen kannst schon reden … Es geht ja nur um einen Platztausch …die Kunden wollen auch jemand Neues … ha ha. Neue Besen kehren besser … bunter anziehen, vielleicht sollte ich das mal … solange ich hier stehe … was war das? Man sollte in ein „Winning Team" – was heißt hier „Team"? Dieser Jackie ist doch kein Team … der haut mir auf die Schnauze, wenn ich nicht in seinem Stil weitermache. Der Arsch, was bildet er sich ein, die Arschgeige? Der Ball … da liegt ein Ball auf der Straße. Wie kommt er dahin? Warum rollt er nicht … weiter … wie das Kind aussieht …wahrscheinlich war's so ein Kinderschnaker … hätte er Geld hinlegen sollen … die Kinder hier sind doch alle verdorben … hier in dem Strichviertel … was die alle so mitkriegen mit den Bordsteinklatschen… diese Kinder, man sollte dieses Sankt Pauli kinderfrei halten … Ich glaube, da kommt ein Auto … wieder nichts … Diese hohen Absätzen tun weh vom Rumstehen, hab unten schon Watte reingelegt … aber es hilft wenig … die verdammten Schuhe … wenn's Sommer wäre, könnte ich die Dinger ausziehen. Jetzt kommt Licht … ja, jetzt komm schon, Jackie, hol mich ab … wo der steckt, in welcher Kneipe der wieder rumsitzt mit meinem Geld …

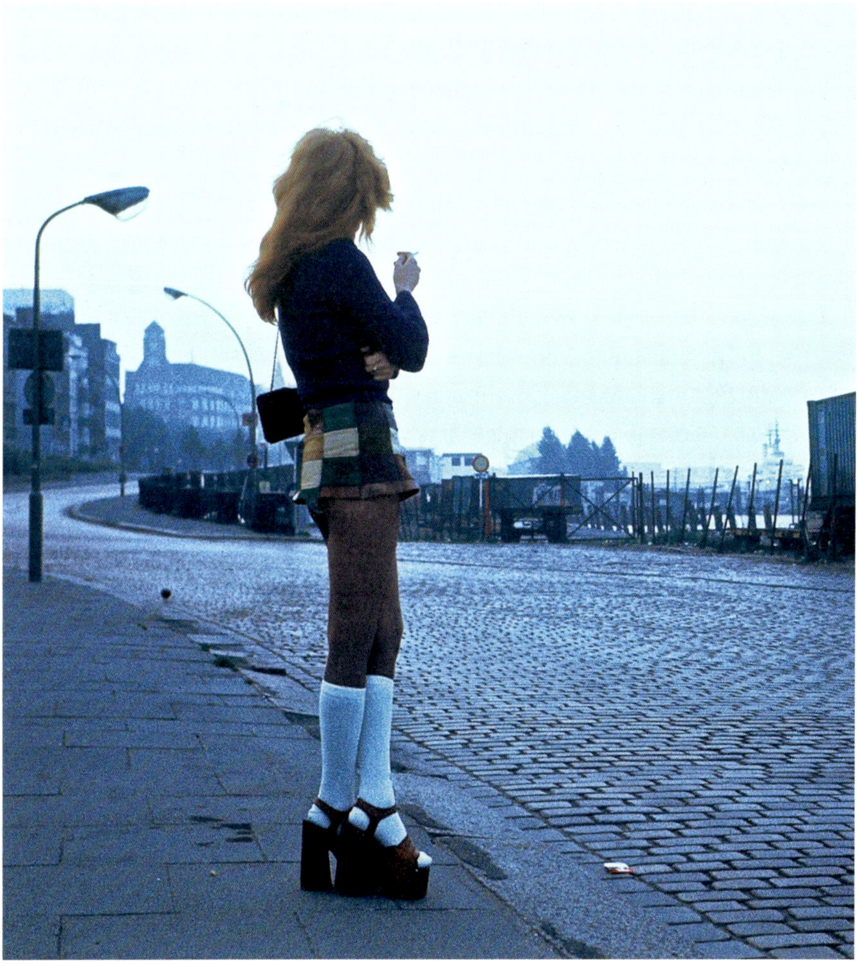

St. Pauli Fischmarkt. Hamburg, 1980

52. Konstanze Vernon

Balletttänzerin, geboren am 2. Januar 1939 in Berlin, gestorben 2013 in München

Wie viele Mitarbeiter hatte die *Allgemeine Musikzeitung*? Ob deren Chefredakteur Friedrich Herzfeld zu seinen Kollegen am 2. Januar 1939 sagte: „Jetzt trinkt bitte mit mir, nicht auf Neujahr, sondern auf meine Frau Theresia. Wir haben heute eine Tochter bekommen, sie wird Konstanze heißen, sie wird sicher Musikerin"?

Mit sechs Jahren kam sie zum Ballett-Unterricht bei Tatjana Gsovsky, Konstanze war so gelehrig und begabt, dass sie mit vierzehn Jahren bereits im Berliner Staatsballett tanzte, mit siebzehn Jahren die jüngste Solistin war. Heinz Rosen, der viele große Ballett-Ensembles in die Münchner Musikwelt brachte, holte Konstanze Vernon 1963 an die Bayerische Staatsoper. Bis 1981 war sie dort Primaballerina. Zusammen mit den Tänzern Winfried Kirsch und Heinz Bosl feierte sie Riesenerfolge. Nach dem Tod von Heinz Bosl 1975 setzte sie ihre ganze Energie für die von ihr angeregte Heinz Bosl-Stiftung ein.

Frau Professorin Konstanze Vernon war Gründungsdirektorin des Bayerischen Staatsballetts. Im schönen St. Moritz habe ich sie nicht nur mit dem Rechtsanwalt Rolf Bossi beim Skifahren gesehen, sie unterrichtete auch ein Sommersemester lang hier. „Die Luft hier oben, Roger, tut der Seele, dem Geist und der Lunge gut."

Es rappelte alle fünf Minuten in der Hohenzollernstraße, ich wohnte in der Nummer 34a, am Nikolaiplatz kehrte die Tram um und verschwand manchmal in der Wilhelmstraße, im kleinsten Straßenbahndepot der Stadt München. Aber groß genug, um, nach der Renovierung, die Heinz Bosl-Stiftung samt ihrer Gründerin Konstanze aufzunehmen.

Wie viele bayerische Orden gibt es? Den Bayerischen Verdienstorden, den Bayerischen Maximiliansorden für Wissenschaft und Kunst, die Bayerische Verfassungsmedaille in Silber und in Gold, die Bayerische Verdienstmedaille in Silber und „Pro Meritis". Dazu noch den Kulturpreis der Bayerischen Landesstiftung, den Oberbayerischen Kulturpreis, den Kulturellen Ehrenpreis der Landeshauptstadt München. Nicht zu vergessen der Deutsche Tanzpreis.

Es fehlen noch einige, die Konstanze Vernon verliehen bekam, und es wären noch mehr geworden, hätte sie uns nicht am 21. Januar 2013 verlassen. Sie wurde in München beerdigt.

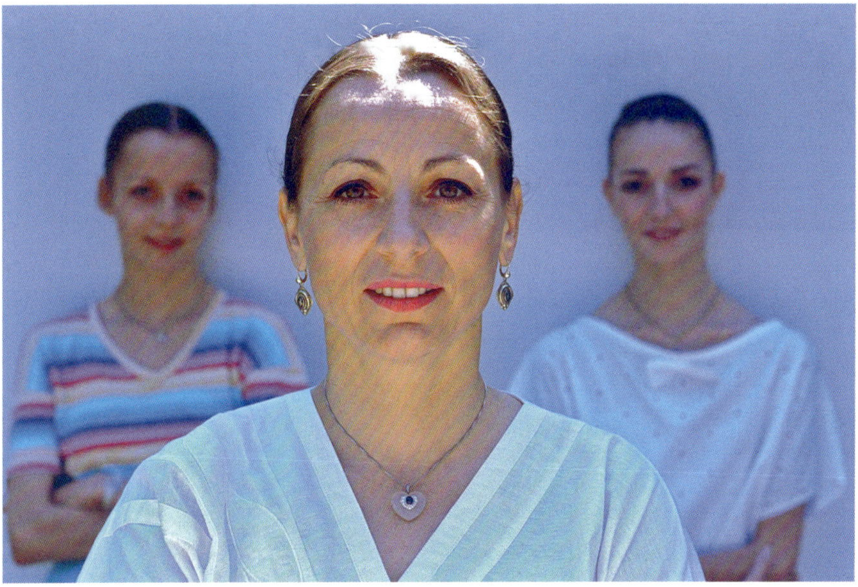

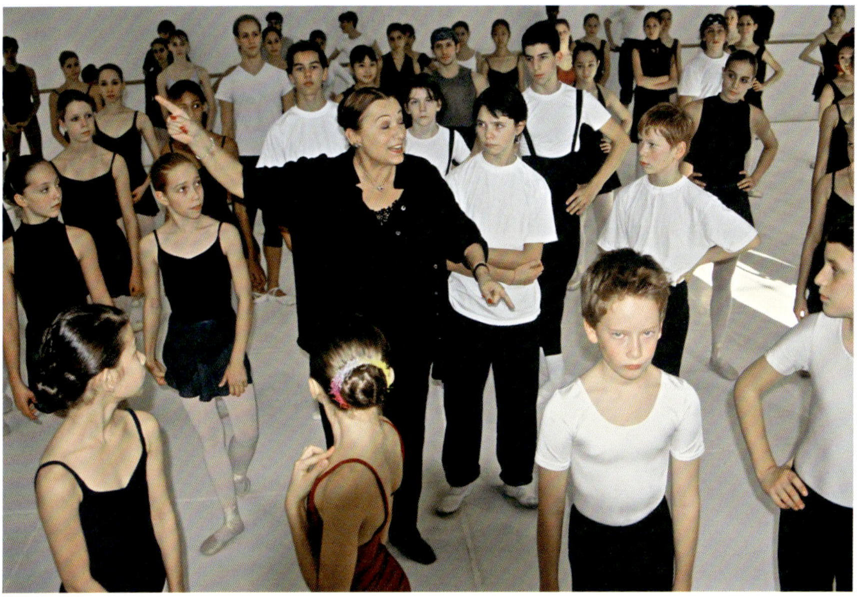

oben: Konstanze Vernon. St. Moritz, 1991
unten: Konstanze Vernon in ihrer Münchner Tanzschule, 1996

53. Gianni Versace

Modedesigner, geboren am 2. Dezember 1946 in Reggio Calabria, gestorben 1997 in Miami Beach

St. Barth in der Karibik, kleine Insel mit französischen Einwohnern aus der Bretagne, mit viel Glück trifft man auf Frauen mit weißen Häubchen beim Kirchgang. Aber sonst sieht und sah man z. B. Sylvester Stallone, Calle Bismarck, Roswitha Heyne oder Olivier Picasso und fast alle italienischen Modedesigner: Giorgio Armani saß dort am Strand, am Governor's Beach Gianni Versace, nicht weit weg seine Schwester Donatella. Und auf der anderen Seite auch noch der Bruder Santo. Wir lernten sie alle kennen.

Seit Albert Eickhoff 1977 in Italien Versace entdeckte, mit dem Model Jerry Hall im Stadttheater von Lippstadt eine farbenfrohe Modenschau inszenierte, ging es weltweit rasant schnell zum Erfolg.

Giovanni Maria Versace, am 2. Dezember 1946 in Reggio Calabria geboren: Als Stoffeinkäufer im Schneidergeschäft seiner Mutter machte er seine ersten Modeerfahrungen. In Mailand 1972 ging der Architekturstudent zum Lernen in die Modefirmen *Callaghan, Genny* und *Complice*. Seine Heimat an der Straße von Messina hatte er hinter sich gelassen, eröffnete 1978 in der Via Spiga, Mailand, seine erste Boutique. Bald tauften ihn die anderen Designer „Meister des Neobarock". Dazu passte, als Warenzeichen, der Kopf der Medusa. Er entwarf alles, Rosenthal etwa brannte Versace-Porzellan.

Irschenberg, Autobahn München–Salzburg, eine Einladung in das Bauernhaus eines Münchner Clubbesitzers: niedrige Decken, kleine Fenster, Swimmingpool im Haus. Jedes Teil – Geländergriff, Waschbecken, Wasserhähne, Essgeschirr, Teller, Tassen, Teppiche, Handtücher und Vorhänge – war von Versace. In dem gedrungenen Haus wirkte diese bombastische Dekoration wie ein Totschlag. Bei einer Einladung in Hamburg erzählte ich Santo von diesem Haus, er wollte nach München kommen und es unbedingt besuchen und fotografieren. Die Erlaubnis hatte ich, aber es kam nicht dazu. Sein Bruder Gianni wurde am 15. Juli 1997 vor seinem eigenen Haus in Miami ermordet.

Die Firma wurde umgestaltet, Allegra, Donatellas Tochter, erbte fünfzig Prozent, Santo dreißig Prozent, Donatella zwanzig Prozent.

Von null auf eine Milliarde Umsatz in so kurzer Zeitspanne – eine große Leistung von Gianni Versace!

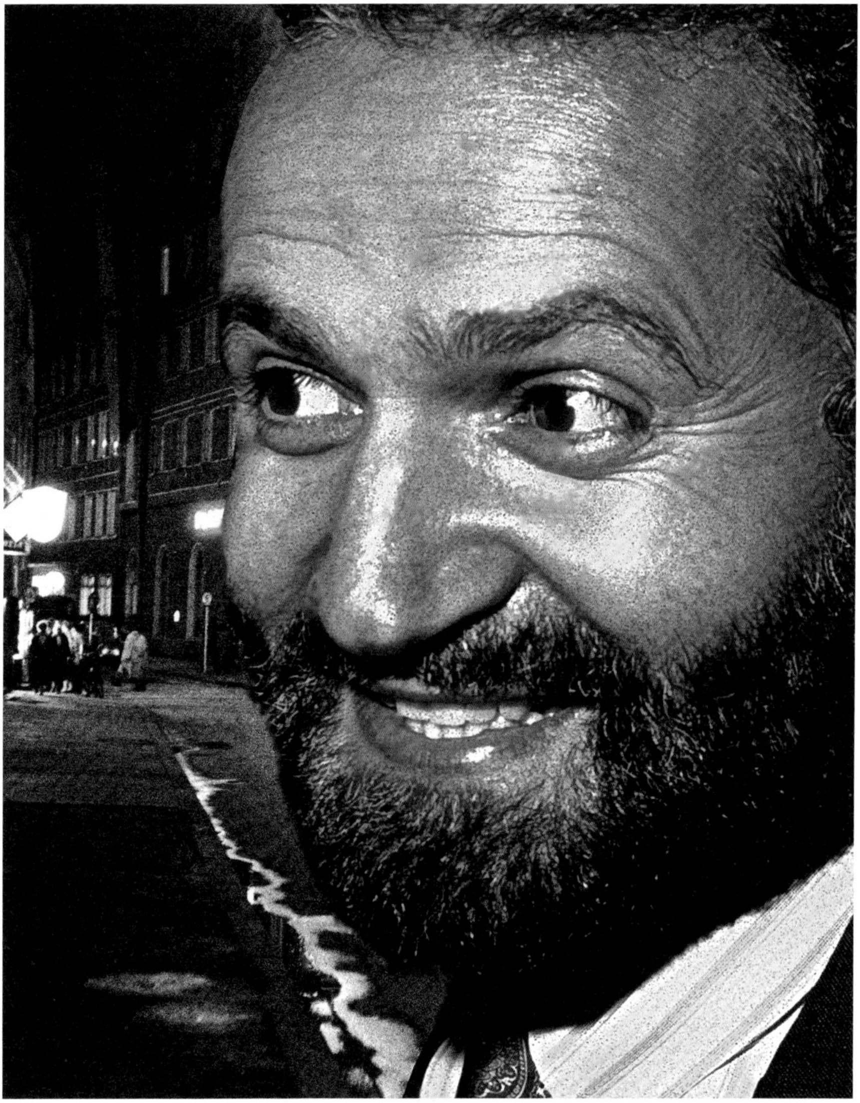

Gianni Versace. München, Am Platzl, 1978

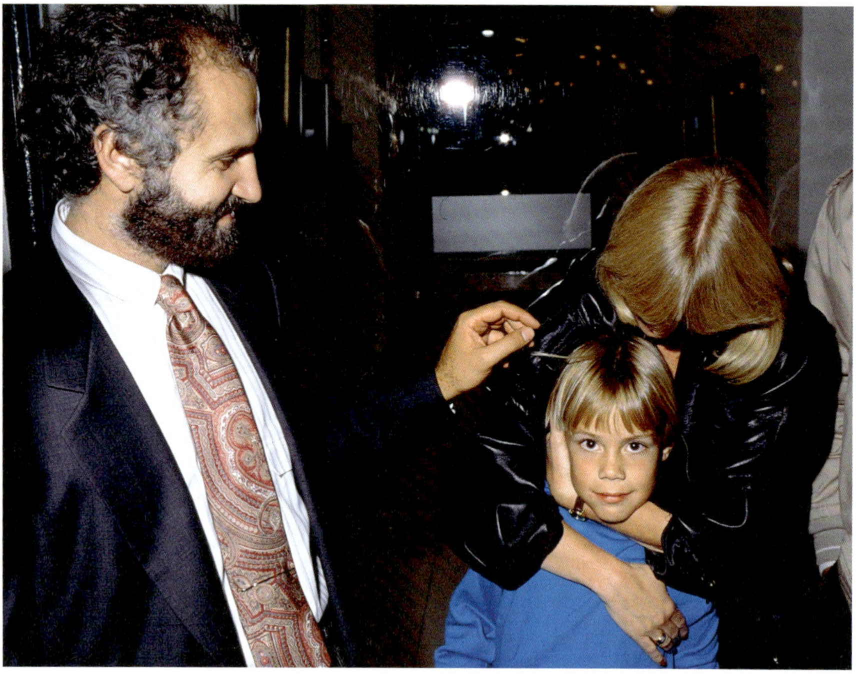

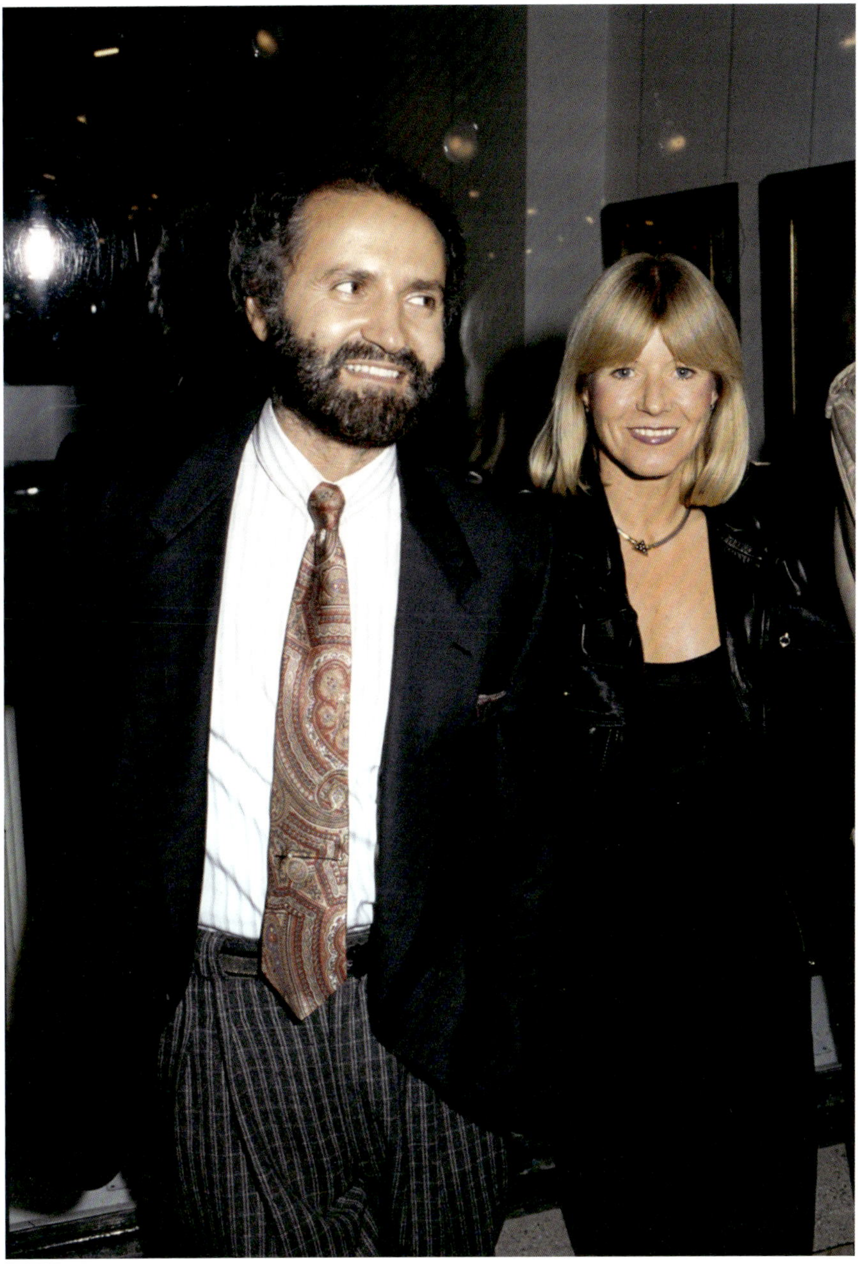

links und oben: München, Am Platzl, 1978

54. Hubert Burda

Verleger, geboren am 9. Februar 1940 in Heidelberg

Dr. Hubert Burda, geboren am 9. Februar 1940 in der Studentenstadt Heidelberg. Vier Jahre nach mir, ich im Nachbarort Mannheim-Käfertal, ich wollte nicht auf ihn warten, denn das musste ich viele Jahre später, in München, öfter. Nicht allerdings in London: Hubert schrieb seine erste Reportage für den Burda-Verlag, und ich machte die Fotos dazu. Im Familienbetrieb hatte er noch nicht angeheuert. Studierte in München Kunstgeschichte bei Hans Sedlmayr an der Ludwig-Maximilians-Universität, außerdem Archäologie und Soziologie.

In seiner Studienzeit hatten wir viel Kontakt, dann kam *M – Die Zeitschrift für den Mann*. Das Blatt, das sein katholischer Vater wegen der halbnackten Mädchen einstellte. Merkwürdigerweise findet man keinen Nachweis, außer in Wikipedia, dass *M* an die Zeitschrift *Twen* angelehnt war. Und als merkwürdig habe ich es damals empfunden, dass Hubert nicht ein Wort darüber sprach. Sein Partner Schünemann wusste, dass ich zur Gründungsredaktion von *Twen* gehörte, er sprach öfter mit mir darüber.

Harry Lindermeier, Bernd Herzsprung, Willy Bogner, Fritz Wepper, Poldi von Bayern mit den dazugehörigen Frauen und ich, wir waren ein Freundeskreis: Kanufahrten auf der Isar und viele Lokalbesuche mit gemeinschaftlichem anschließenden Singen. Oder Silvesterfeier in Hubert Burdas Haus in St. Moritz. Mitternachtswanderung zum Stazersee. Wie immer war Hubert bester Laune.

Öfter gingen wir mit Skilehrer Florineth, der im Anbau an Burdas Haus wohnte, auf die Berge, manchmal mit dem Hubschrauber. Einmal fuhren wir über einen Steilhang, Florineth rief: „Die Hände aus den Schlaufen!“ Und ab ging das Schneebrett. Alle schafften es hinunter. Eine Schönheitschirurgin aus Zürich war mit auf der Tour, gab uns allen in ihrem Haus in Champfèr zum Verkraften des Geschehens Gläser voll Champagner aus.

Es hat lange gedauert, bis ich als freier Mitarbeiter im Hause Burda anerkannt wurde. Die Kollegen im Verlag hielten mich für einen Spion von Hubert und misstrauten mir deshalb. Hubert misstraute mir, weil ich zu gut aussah.

Andy Warhol kam 1983 zur Eröffnung des Burda-Verlagshauses, klebte und malte Bilder für den Eingang. Der Verlag wurde immer größer. Ich habe gelesen, dass 2019 ca. 12.000 Mitarbeiter in Burda-Betrieben beschäftigt waren und es sechshundert Medienprodukte im Portfolio gab.

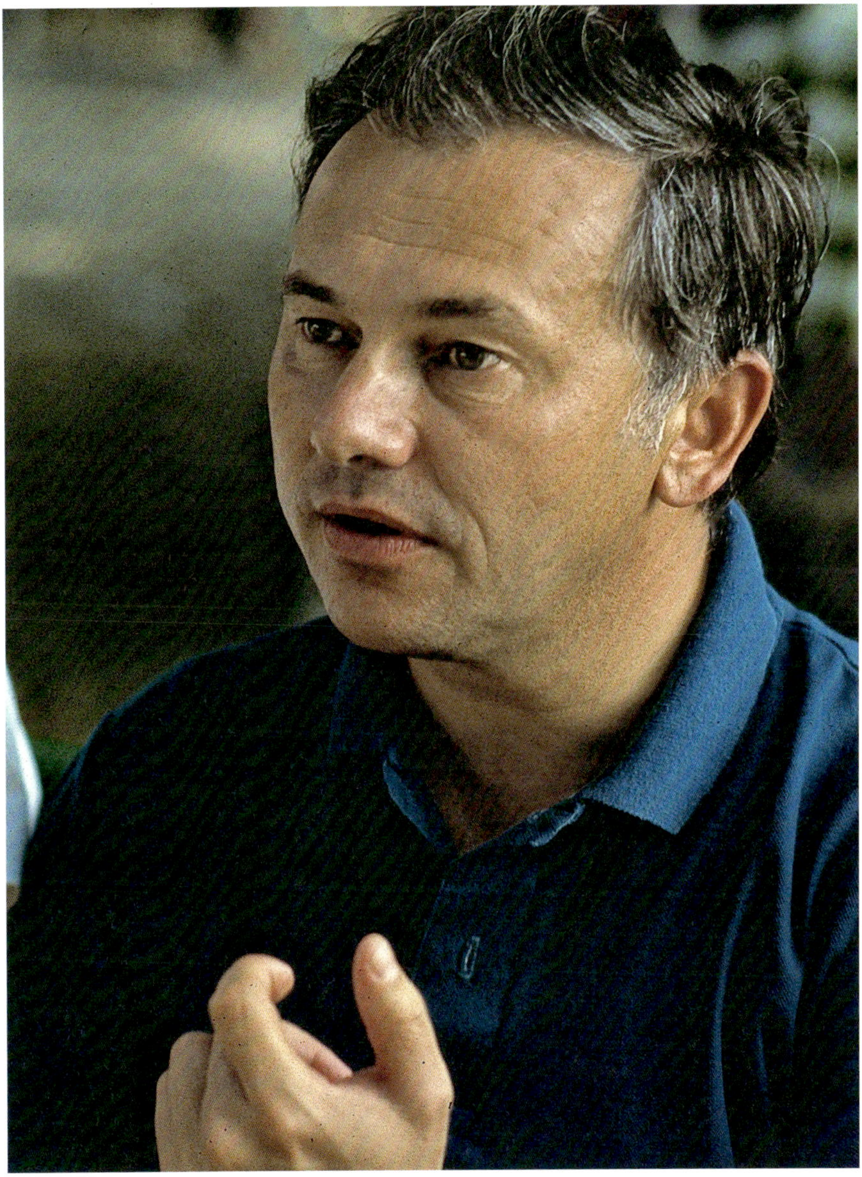

Hubert Burda in München in den 1980er Jahren

Hubert stiftete 1975 den Petrarca-Preis, danach kamen noch viele Stiftungen und Preise. Eine Million für das Jüdische Zentrum am St.-Jakobs-Platz in München, die jüdische Gemeinde bedankte sich und hat einen Saal nach dem Spender benannt. Bei der Verabschiedung der Chefredakteurin Patricia Riekel in Huberts Wohnung nahe der Leopoldstraße waren viele Journalisten geladen, und genau vor denen sagte Hubert Burda und deutete auf mich: „Seht ihr den Roger? Sieht er nicht gut aus? Er hat viele Frauen kennen gelernt. Aber ich habe einen Verlag und bin reich." Meine Frage: „Wer hat das lustigere Leben?"

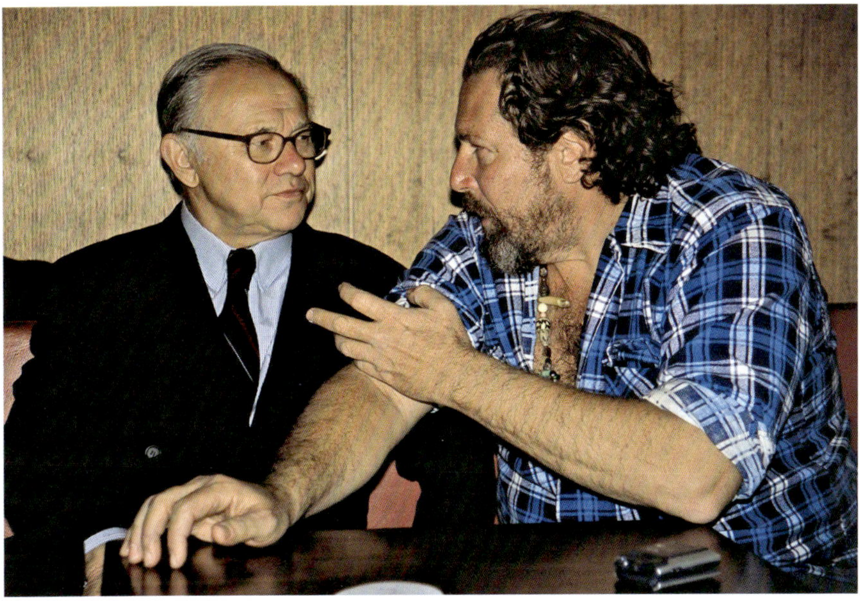

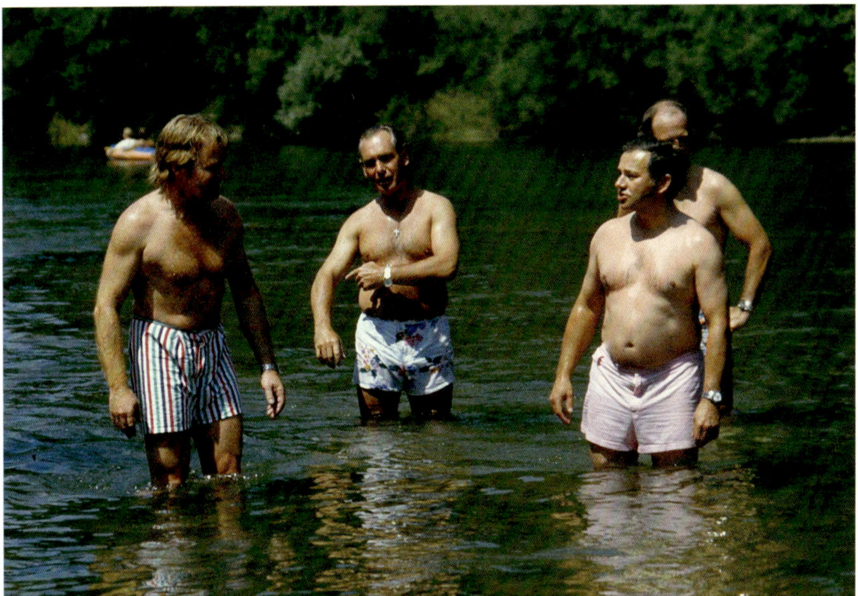

oben: Hubert Burda mit Julian Schnabel, 2012
unten v. l.: Beim Baden in der Isar. Fritz Wepper, Harry Lindermeier und (hinter Burda) Willy Bogner, 1992

55. Karl Lagerfeld

Modedesigner, geboren am 10. September 1933 in Hamburg, gestorben 2019 in Neuilly-sur-Seine

Denk ich an Lagerfeld, fällt mir sofort der Fotograf Reinhart Wolf ein. Sie waren miteinander befreundet, beide ähnlich affektiert, obwohl in Wahrheit keiner es in dem Punkt mit Lagerfeld aufnehmen konnte. Reinhart, 1930 in Berlin geboren, Karl Lagerfeld am 10. September 1933 in Hamburg.

Beide trugen Handschuhe, Reinhart war Lehrer an der Bayerischen Lehranstalt für Photographie, Friedrichstraße in München, zog nach Hamburg. Karl 1952 nach Paris, wo sein Vater ein Büro hatte. Dort wohnte er in einem Heim für Minderjährige in der Rue de la Sorbonne. Wurde Schneiderlehrling bei Pierre Balmain. Wechselte nach drei langen Jahren zu Jean Patou.

Das Wohnheim hatte er bald vergessen, mit Häusern in Paris, Monte Carlo, Biarritz, Vermont, New York und der neoklassizistischen Villa Jako in Wilmans Park, Blankenese. Seiner Mutter kaufte er nach dem Tod seines Vaters das Château de Penhoët in der Bretagne. Es wurde nach ihrem Tod schnell verkauft. Recht bald war auch die Villa an der Elbe auf dem Markt, für 9,85 Millionen Euro – ob und für wie viel sie verkauft wurde, weiß man nicht. Das Handicap: strengster Denkmalschutz.

Die Bekleidungsindustrie hat Karl als hochbegabten Modedesigner sehr reich gemacht. Obwohl ich für die französische *Vogue* Mode fotografiert habe, möchte ich über die Qualität und Schönheit keine Meinung haben, die Bewertung vielmehr den Käuferinnen überlassen.

Freundlich war er sehr, meine Frau Margit und ihre Schwester Renate flogen mit der Concorde, Paris–New York, saßen getrennt, er bekam das mit, ohne Aufforderung bot er seinen Platz an und setzte sich in die gegenüberliegende Sitzreihe.

Die erstaunlichste Lagerfeld-Geschichte für mich: in dreizehn Monaten hat er dreiundvierzig Kilo seines Körpergewichts verloren und nie wieder zugenommen. Und das bei seiner Eitelkeit – die fehlenden Kilos müssen doch Falten hinterlassen haben! Im Hotellift in Apolda fragte ich, wie lange er zum Umziehen braucht, denn das hatte er gerade vor. „Warte nicht, ca. eineinhalb Stunden."

Nochmals durften wie ihn erleben, als die Hannover-Familie mit dem

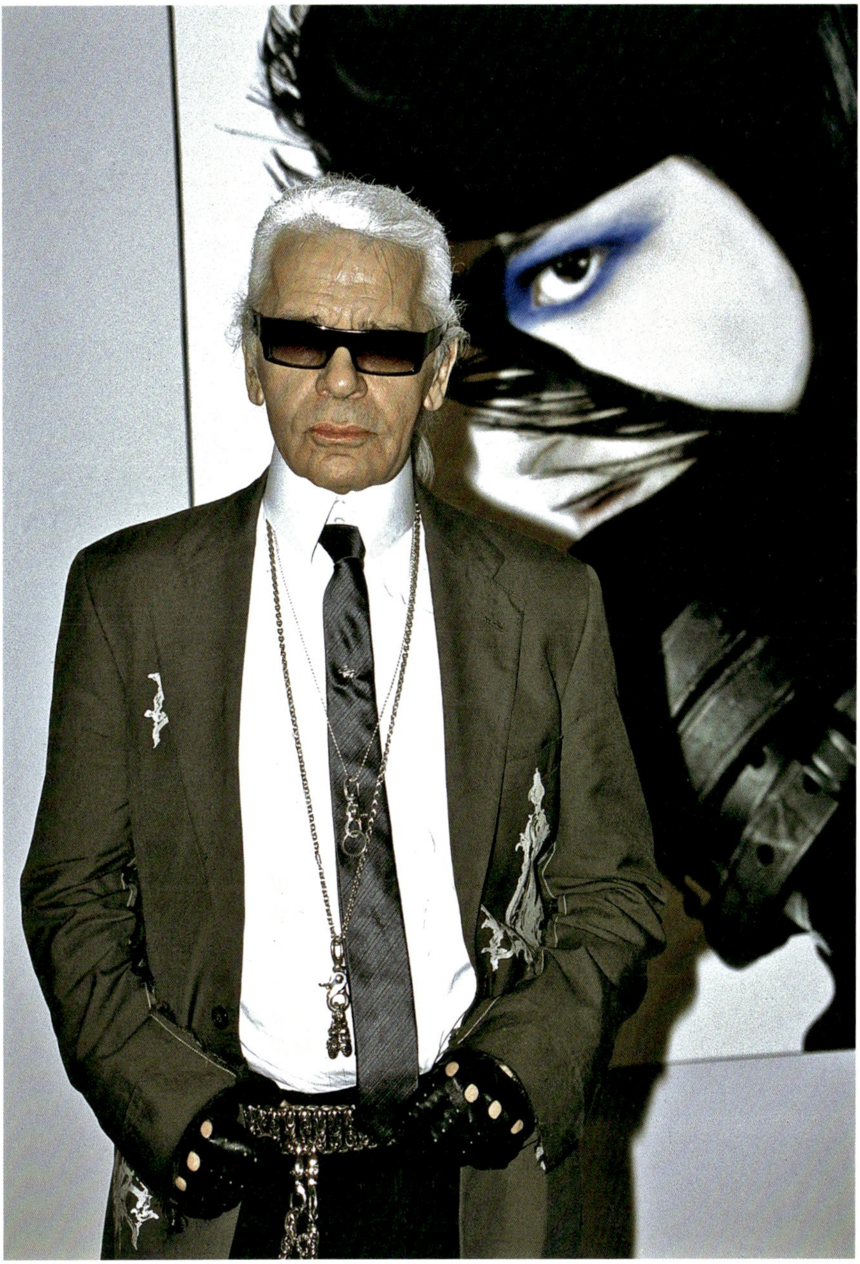

Karl Lagerfeld. Apolda, 2013

Monte Carlo-Ballet in der Münchner Oper Gastgeber war, da drehte er richtig auf und sprach mindestens eine Stunde mit meiner Frau. Der weiß gepuderte Zopf tanzte mit jeder Kopfbewegung aufgeregt hin und her.

Nachdem sein Begleiter und Freund Jacques de Bascher gestorben war, wollte er eigentlich nur noch alleine leben. Karl Lagerfeld starb am 19. Februar 2019 in Neuilly-sur-Seine.

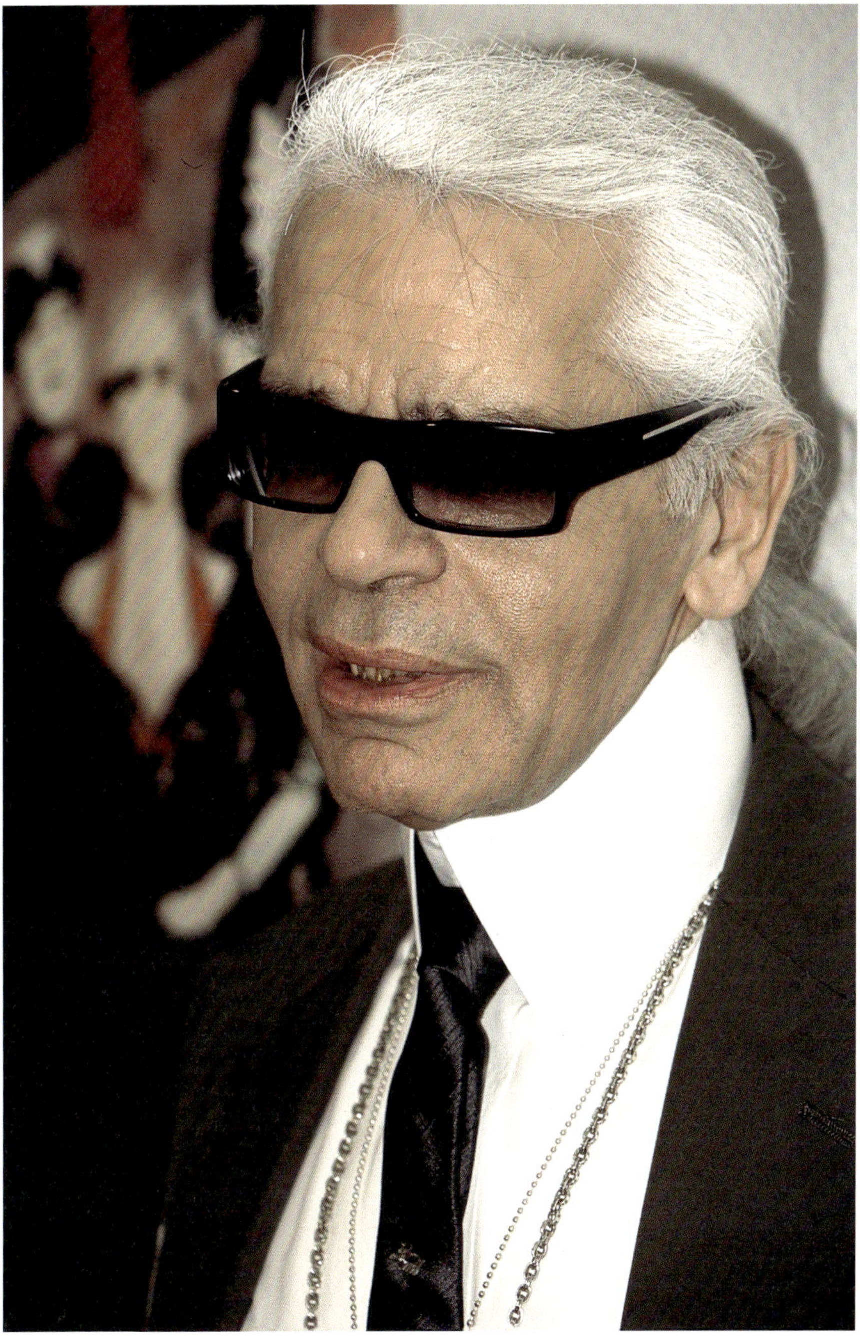

Karl Lagerfeld. Apolda, 2013

56. Babette Étienne

Schauspielerin, geboren am 6. Juni 1957 in Suresnes

Eine schöne Reihe von Vornamen – Élisabeth Odette Olympe – gaben die Eltern dem am 6. Juni 1957 geborenen Mädchen. Aufgewachsen in der Nähe des Mont Valérien, Bois de Boulogne. Das klingt nach einer schönen Landschaft, ist aber nur zwölf Kilometer vom Pariser Zentrum entfernt. Auf der anderen Seite der Seine liegt das berühmte Hippodrom Longchamp. Die Stadt Suresnes hat 50.000 Einwohner, ist aber ein Stück Paris.

Babette hat mindestens zwei Schwestern, die ich kenne. Eine ist bildhübsch wie sie, eigentlich ein Zwilling. Babette lernte auf einer Hochzeitsgesellschaft der Medienbranche den faszinierenden Johnny Hallyday kennen (eigentlich Jean-Philippe Smet, den Künstlernamen Hallyday übernahm er von seinem amerikanischen Ziehvater Lee Hallyday, der ihn Johnny genannt hatte). Babette war so begeistert – er übrigens auch –, dass kurz danach geheiratet wurde, 1981. Sylvie Vartan, berühmte Sängerin, hatte sich einige Tage vorher aus der Ehe Vartan-Hallyday entlassen.

Das Erstaunliche: Trotz großer Liebe – Johnny war ganz verrückt nach Baby – hat diese Ehe nach der bombastischen Hochzeit in Los Angeles nur exakt fünfundsechzig Tage gehalten. Die große Frage: fünfundsechzig Tage im Bett, oder waren auch einige freie Tage dazwischen? Also gut, bleiben wir bei fünfundsechzig Tagen.

Jetzt kam ein Freund von mir, Otto Kern, Hemdenhersteller aus Kaiserslautern. Deutscher Industrieller, habe ich gelesen, das klingt nach altem, gut angezogenem Mann mit Bäuchlein. Dem war aber nicht so. Kein großes Auto zum Gebrauch, aber sieben rote Ferraris in seiner Tiefgarage, diese Sammlung zeigte Otto Kern gern mit Stolz seinen Freunden, er erzählte, welchen Aufwand es kostete, diese antiken Benzinmonster zu finden.

Groß, schlank, gewellte blonde Haare, Jeans und meistens eine Lederjacke, sieben Jahre älter als Babette, sportlich, und das alles mit blauen Augen. Aus seiner ersten Ehe kam das Bedürfnis, immer nach St. Barth zu fahren. Ottos Frau war dort zu Hause, Otto kaufte ein tolles Haus mit Blick aufs Meer. Babette war die Hausfrau, viele Gäste kamen, täglich ein großes Essen, zur Hilfe stand ihr ein französischer Koch aus Paris, festangestellt, zur Seite. Dieser Koch war auch im Landhaus bei Deauville in Frankreich zur Stelle. Und in gemieteten

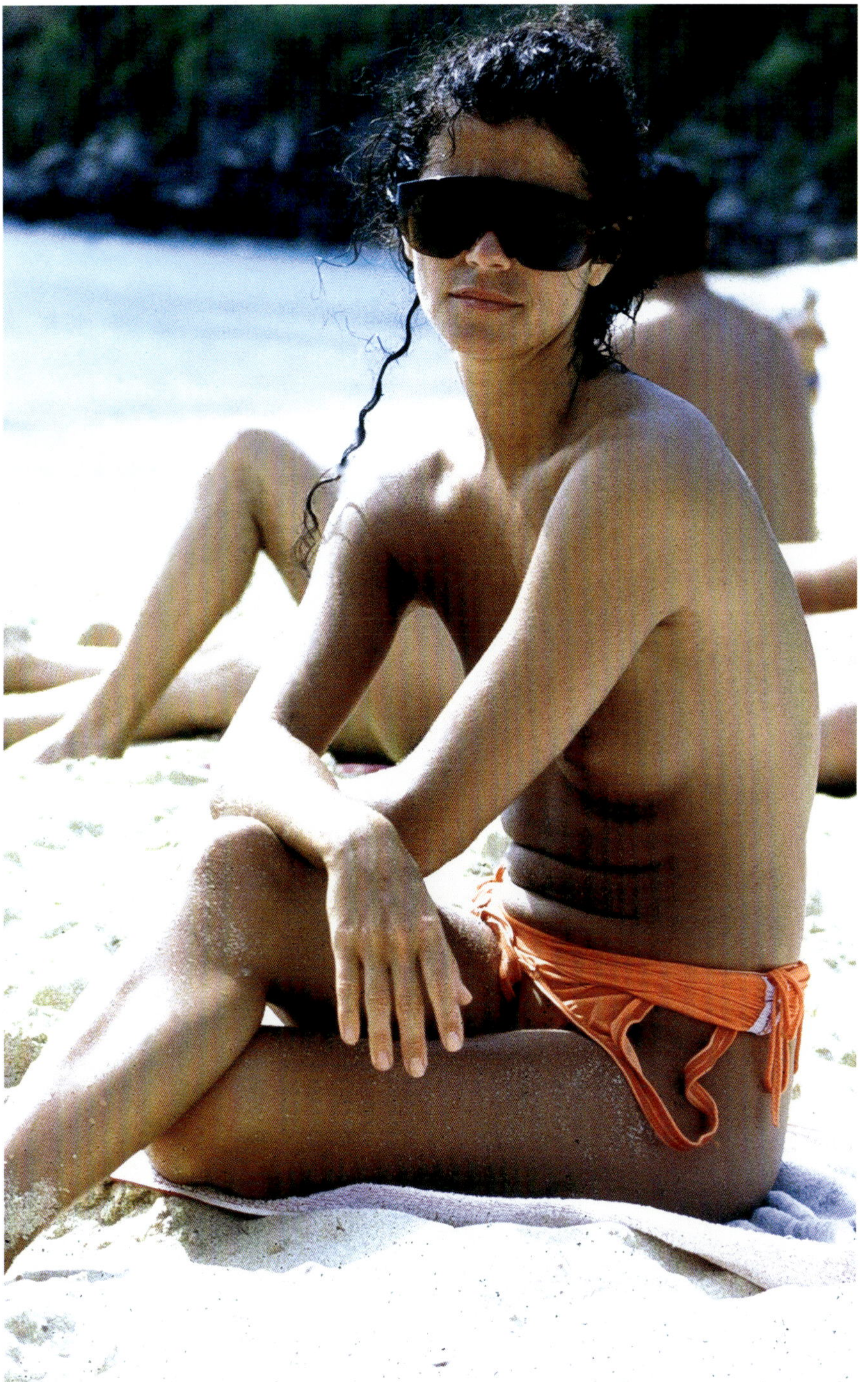

Babette Étienne am Strand von St. Barth, Karibik, 1991

Ferienhäusern, zum Beispiel in Kitzbühel oder St. Tropez. Hier fühlte sich Babette besonders zu Hause, hier hatte sie mit Louis de Funès in fast allen Gassen vor der Kamera gestanden. Die Gendarmen aus dem Badeort wurden weit über Frankreich hinaus bekannt.

Johnny war noch in Erinnerung, „er ist gegangen, er ist nie zurückgekommen“ aus den Armen von Nathalie Baye. Babette: „Es war eine kalte Dusche.“ Von Otto Kern bekam sie einen Sohn, Otto Amadeus Kern. Der treulose Vater verließ sie wegen Sarah, die er heiratete. Die zweite kalte Dusche.

Otto starb nach einem Fenstersturz in Monaco am 11. Dezember 2018, Babette lebt mit ihrem Sohn in Paris.

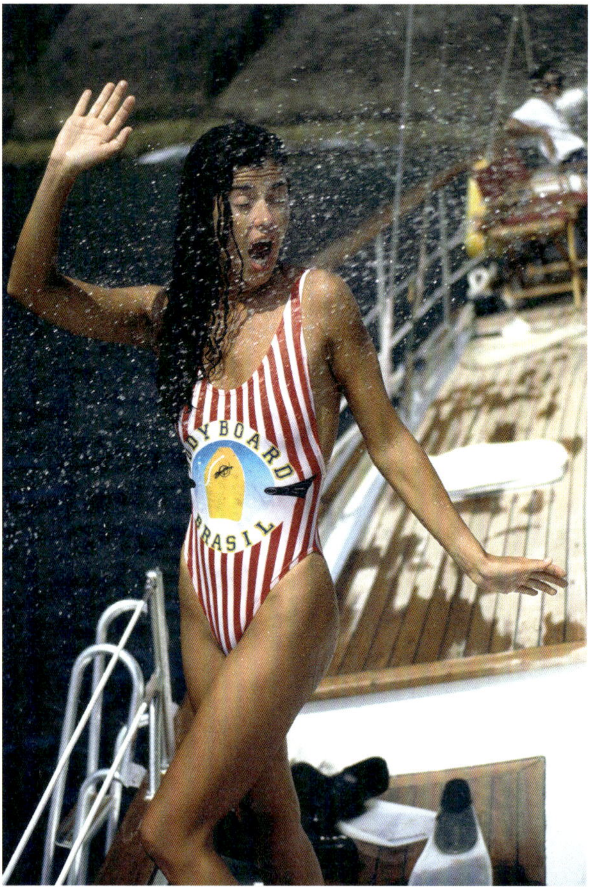

Babette Étienne. Korsika, 1990

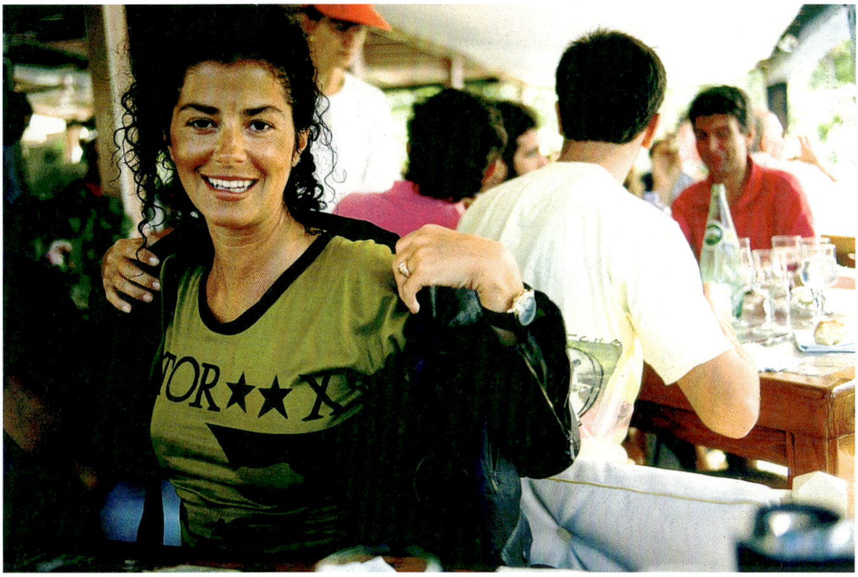

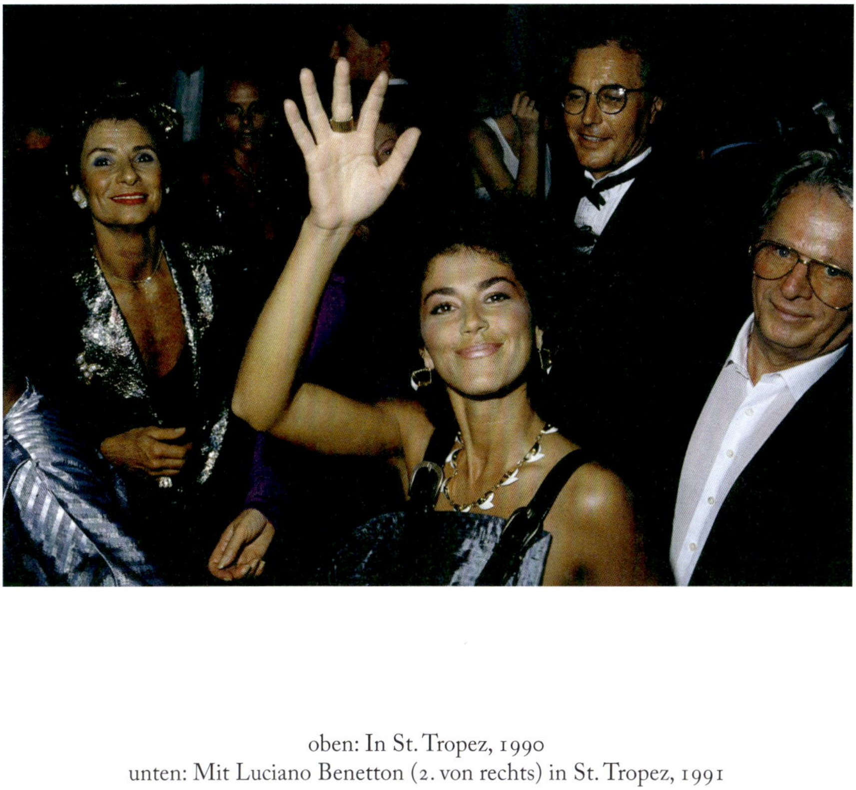

oben: In St. Tropez, 1990
unten: Mit Luciano Benetton (2. von rechts) in St. Tropez, 1991

57. Hermann Bahlsen

Backwarenfabrikant, geboren am 6. November 1927 in Hannover, gestorben 2014 in Wiesbaden

„Life is sweet“

Backwarenfabrikant Hermann Bahlsen, geboren 1927 in Hannover, lebte bis 2014 dort, mit kleinen Unterbrechungen. Maschinenbau-Studium an der Northwestern University in Evanston, Illinois, 1993, nach einem Streit mit seinen Vettern Lorenz und Werner Bahlsen verließ der Kekshersteller die Firma und ließ sich auszahlen.

Drei Kinder gab es aus erster Ehe. „Knackfrisch, das muss ein Leibniz sein“, lautete der Werbespruch, und nach diesem Motto heiratete Hermann Bahlsen mit 81 Jahren seine Sprachtrainerin Katja Korkowski, blieb verheiratet bis zu seinem Ableben. Durchschnittlich dreitausend Mitarbeiter, Umsatz fünfhundertvierzig Millionen Euro (2019). 150.000 Tonnen Backwaren jährlicher Verkauf, die Strecke zum Mond…

Vor dem modernen Verwaltungsgebäude in Hannover steht ein Mann, nicht sehr groß, elegant angezogen, mit der kühlen Fassade eines Hannoveraners. „Sind Sie der Mann von der *Quick*?“ – „Ja, der Fotograf, der Schreiber meldet sich extra an.“ – „Gut so, dann fangen wir sofort an.“ Irgendwoher zaubert Herr Bahlsen einen großen Keks, ca. 40 x 50 Zentimeter. „Wo soll ich mich platzieren? Da unten sieht man die Verwaltung im Hintergrund.“ Er setzt sich, deutet auf seinen übergroßen Keks. Der knackt nicht, aber gleich fahren wir rüber in die Produktion. Das Fotografiertwerden gewohnt, fast wie ein Model, zeigt er mir seine verschiedenen Ausdrucksformen, sein Mienenspiel.

In der Produktion ist es laut, Bänder laufen, mit unendlich vielen Süßigkeiten. Viele Arbeiterinnen konfektionieren die süße Ware, ziemlich schnell, ohne sich zu unterhalten. Die flinken Hände boten dem Chef auch sofort seine Produkte zum Probieren. Was mich faszinierte, war die familiäre Stimmung. Viele der Mitarbeiterinnen wurden mit Namen begrüßt, einige bekamen sogar einen Kuss auf die Wange. Ob es immer so ist oder Theater für den Fotografen, konnte ich nicht erkennen.

Anschließend Mittagessen, ganz schnell und kurz, Herr Bahlsen erzählte mir, das Wort „Keks“ sei eine Wortschöpfung seiner Firma: Früher wurde Cakes gesagt. Jeder echte Bahlsen-Leibniz-Keks muss mit zweiundfünfzig

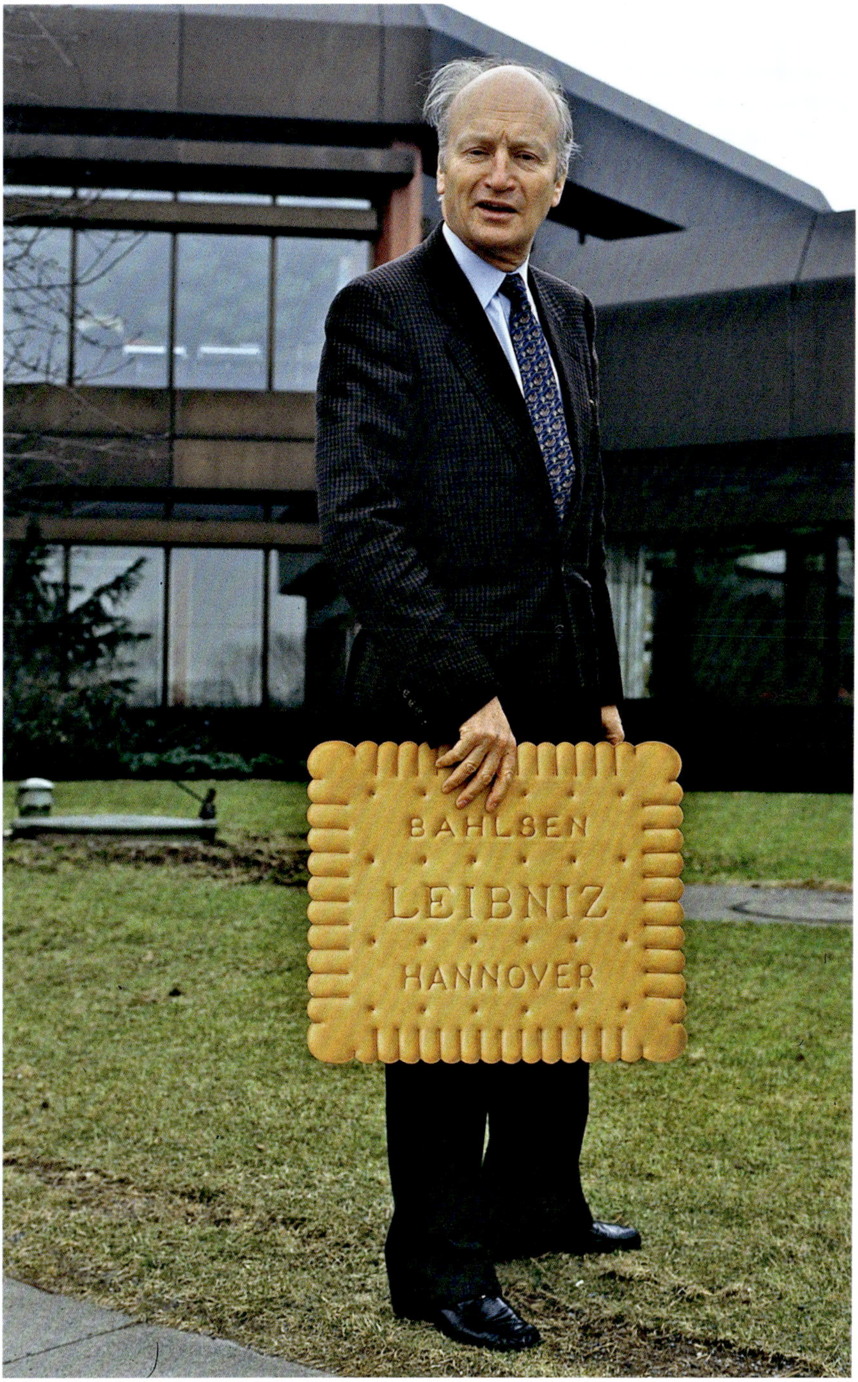

Hermann Bahlsen. Hannover, 2008

Zähnen bewehrt sein. Der berühmteste Hannoveraner war Gottfried Wilhelm Leibniz (1646–1716), Philosoph der frühen Aufklärung, ihm wurde der Keks gewidmet.

Zwei Mitarbeiter, der Werbefachmann und eine Publicity-Dame, schleppten mich in einen Ausstellungsraum, hier waren alle Produkte aufgebaut, von jeder Sorte ein Stück zum Mitnehmen. Dann noch eine Mappe mit allen möglichen Beschreibungen zur Firma.

„Wiedersehen, ach, stopp, Herr Bahlsen erwartet sie dort vorne um die Ecke, an seiner Garage." Dort war er, jetzt auch im blauen Arbeitskittel. Motorhaube weit geöffnet. Montierte etwas an der Maschine: „Hier, Herr Fritz, der hat jetzt 300.000 Kilometer drauf, aber nur dank meiner ständigen Betreuung. Den gebe ich nie aus der Hand, so ein fremder Mechaniker ruiniert mir meinen Liebling." Dabei tätschelte er den Motor wie ein lebendiges Wesen. Ich erwartete förmlich, dass der Wagen reagierte wie ein Hund und zu ihm aufschauen würde.

Das Tempo und die präzise Zeiteinteilung braucht man sicher, um so eine große Firma auf Trab zu halten. Ich war zufrieden, fasziniert von den vergangenen zweieinhalb Stunden, und schon wieder zurück auf dem Weg nach München.

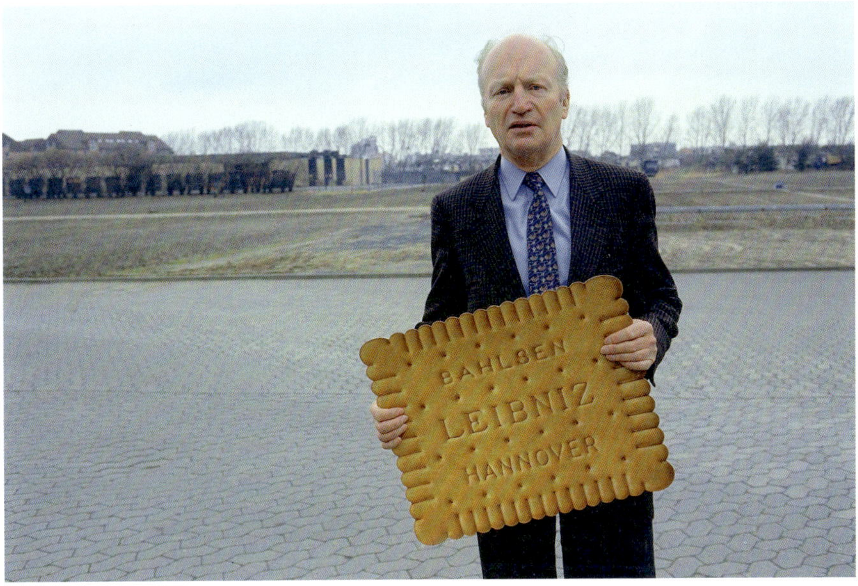

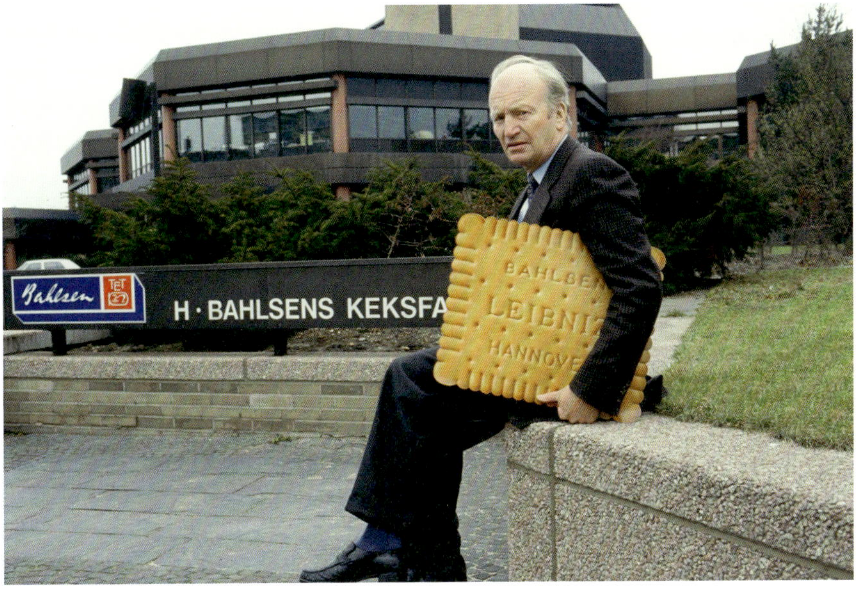

Vor dem Bahlsen-Stammsitz, Hannover, 2008

58. Gunter Sachs

Industriellenerbe, geboren am 14. November 1932 in Mainberg, gestorben 2011 in Gstaad

Düsseldorfer Stadtmarathon, die Sonne scheint, 7. Mai 2011. Nervige Anfahrt, viele Bekannte, ca. dreihundert Gäste, Herr Alfred Eickhoff feiert, in der Langen Foundation in Neuss. Großes, künstliches Wasserbecken vor dem modernen Museumsbau, alle Gratulanten stehen in einer lange Reihe um das Becken zum Händeschütteln mit den Gastgeber, uns schräg gegenüber steht eine Gruppe von Gunter Sachs-Freunden. Plötzlich große Unruhe, die Fürstin Manni Sayn-Wittgenstein-Sayn fällt fast in Ohnmacht, setzt sich hin. Alle schreien und einige heulen, dann kehrt wieder Stille ein, jemand muss mächtig um Ruhe gebeten haben. Es war wie auf einer Opernbühne, wo der ganze Chor vom Lachen in Trauer verfällt.

Nach der Begrüßung gehe ich zu Fürstin Manni, sie flüstert: „Sag es keinem, der Gunter ist tot." Sie war eine seiner engsten Freundinnen. Doch nach einiger Zeit wissen es mehrere. Udo Jürgens macht ein betrübtes Gesicht und singt nicht. Ob einige der Sachs-Freunde das Fest verlassen haben, weiß ich nicht mehr. Patricia Riekel, Chefredakteurin der *Bunte*, hielt eine fabelhafte Rede, hatte keine Ahnung von Gunter Sachs' Tod. Das Fest ging lustig weiter.

Gunter Sachs, am 14. November 1932 geboren in Schloss Mainberg, Schweinfurt, drei Söhne Rolf, Alexander und Christian Gunnar, drei Frauen, Annemarie Faure, Brigitte Bardot und zuletzt Mirja Larsson, von 1969 bis 2011. Die Eltern waren Elinor von Opel, Tochter des Gründers der Opel-Autowerke, und Willy Sachs, ihm gehörte Fichtel & Sachs. Es gab noch den älteren Bruder Ernst Wilhelm Sachs, gestorben 1977 in Val-d'Isère beim Helikopter-Skifahren.

Am Ebertplatz in Köln hatten wir die Redaktion der Zeitschrift *Twen*, gegenüber wohnte ich. Alle waren ganz gespannt auf den, den Gerd Nickstadt angekündigt hatte, denn natürlich wussten wir, wer Gunter Sachs war. Sportlich, jung, sehr gut aussehend, lustige Stimmung verbreitend. Er gefiel uns allen.

Gerd Nickstadt, Drehbuchautor, hatte mit Gunters Unterstützung „Nick's Men Shop" am Ku'damm in Berlin sowie gegenüber der Oper in München – fast hätte ich Sylt vergessen – aufgemacht. Ich glaube, Joop war im Sylter Geschäft Verkäufer.

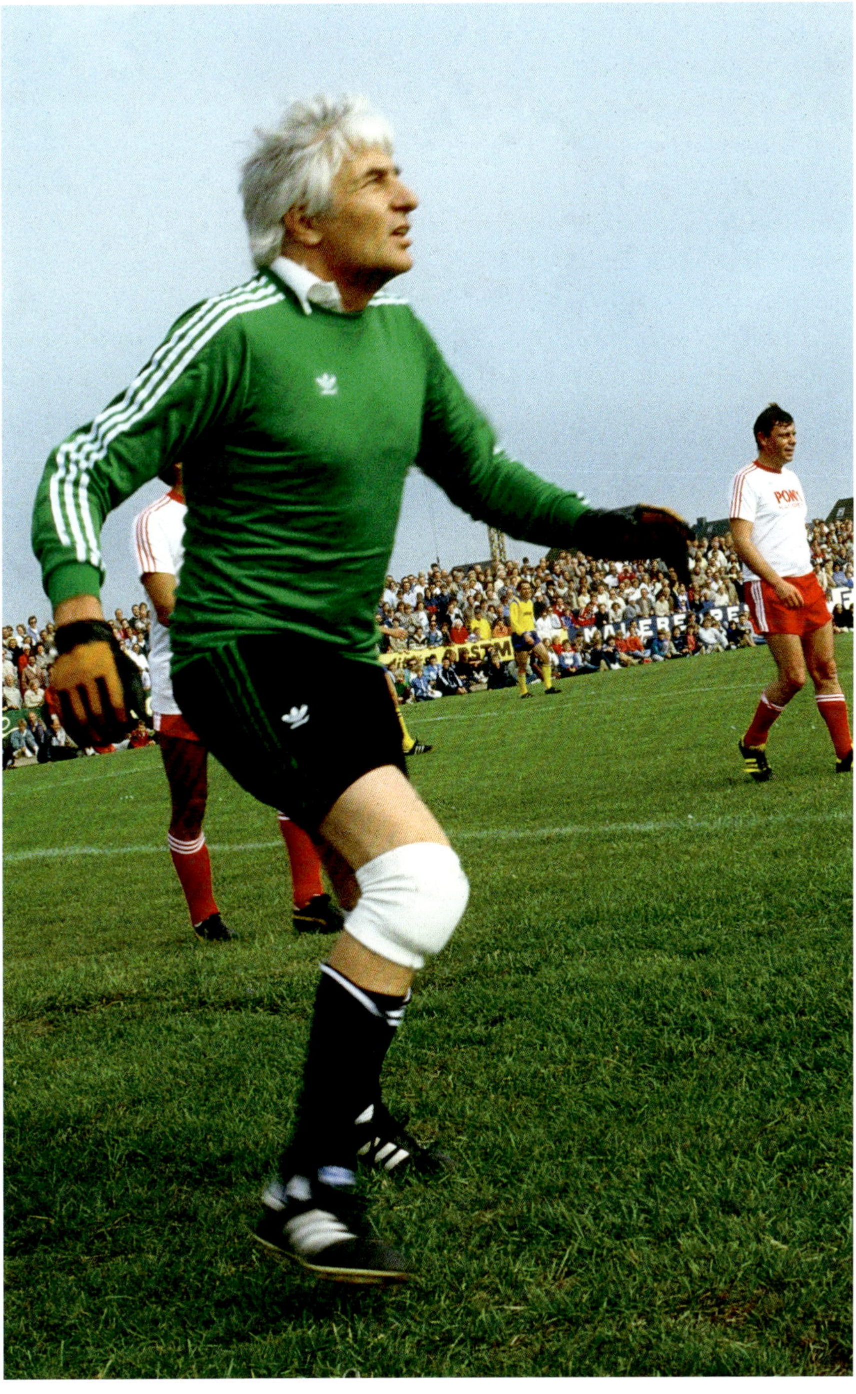

Gunter Sachs auf Sylt, 1993

Heute ging es um Jeans, die Nickstadt herstellte und die mithilfe von *Twen* unter die Käufer gebracht werden sollten. Das Geschäftliche machte Christa Peters, die Fotos auch.

Gunter Sachs war ein Mythos, schon zu Anfang meiner Zeit in München. Gelegentlich konnte man ihn treffen, im berühmten Hot Club unter dem Augustinerkeller, dort mussten wir alle hin. Auch zum Faschingsball des Hot Club im Haus der Kunst. Natürlich kannten viele der interessanten Mädchen ihn, wenn nicht, dann dauerte es nicht lange. Mit Soraya ging er essen. Mit Gabriele Henkel plante er ein Museum „Modern Art". Er fotografierte die besten Models, in St. Tropez sowie in dem riesigen Studio bei München-Riem. Sein Bruder Ernst kam auch oft in die Stadt und besuchte Yella Bleyler. Heiratete aber dann das Fotomodell Lo, das Starmodell des Fotografen Karl-Heinz Ludwig (Pseudonym: Khan).

St. Tropez hatte es uns allen angetan: Gunter mit seinen finanziellen Möglichkeiten. Otto Kern baute die Hinterhöfe zu Boutiquen um. Ich durfte auf Kosten der Verlage dort lustig leben, musste dafür Bilder abliefern. Zum Beispiel: „Gunter wirft vom Helikopter Rosen auf Brigitte Bardot." Oder: „Essen bei Eliette von Karajan, in ihrem Haus direkt am Meer." Gunter mochte mich auch, ich wurde oft von ihm eingeladen und fotografierte ihn häufig. Vielleicht war es auch sein zweiter Vorname, Fritz, mein Familienname, der ihn erinnerte, mich zu rufen.

Gunter fehlt auf jeden Fall. Keiner hat seinen Tod verstanden. Einen kleinen Hinweis gibt's, Tradition: Vater Willy Sachs hat sich 1953 auf dieselbe Weise das Leben genommen.

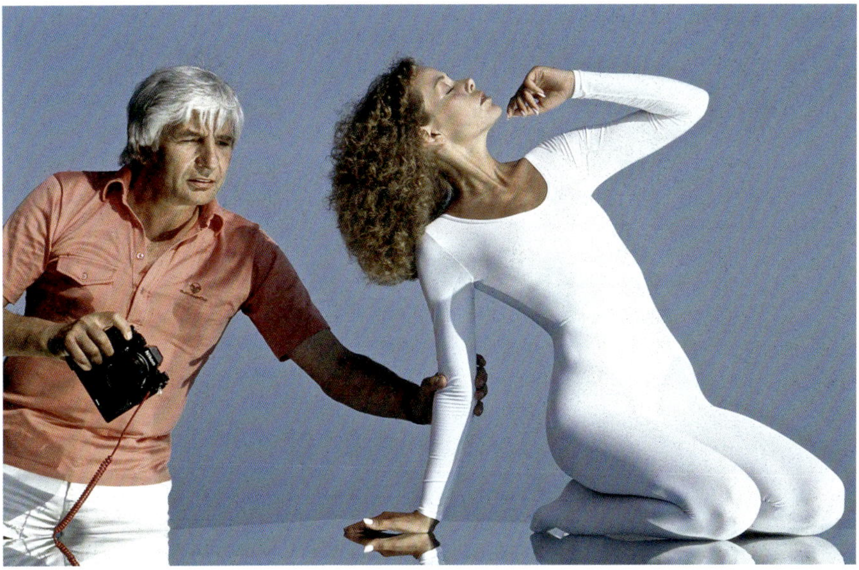

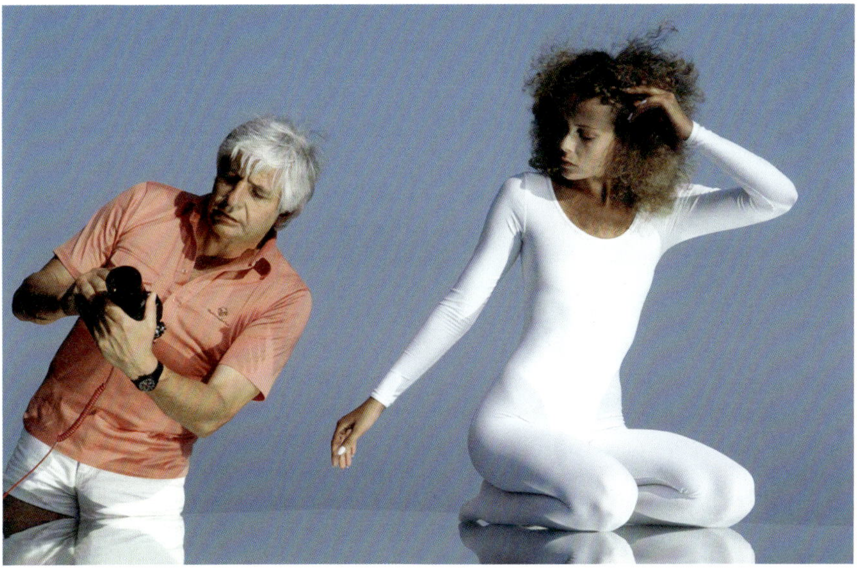

Gunter Sachs fotografiert ein Model in St. Tropez, 1992

59. Charles Schumann

Gastronom, geboren am 15. September 1941 in Kirchenthumbach

Karl Georg Schumann wurde am 15. September 1941 in Kirchenthumbach, Oberpfalz geboren. Da war ich knapp fünf Jahre alt und nur ca. fünfzig Kilometer entfernt, in Amberg. Ob die katholischen Eltern Schumann Charles nach Konnersreuth zu Therese Neumann, der stigmatisierten Leidenden, gebracht haben, um ihn auf sein Priesterdasein vorzubereiten? Laut Charles ging immer einer aus der Landwirtsfamilie ins Gottesamt. Viel zu früh, mit neuneinhalb Jahren, musste er auf Wunsch seiner Eltern ins jesuitische Priesterseminar nach Regensburg.

Als Erstgeborener – das war Charles – hatte er nach Oberpfälzischer Sitte eigentlich den Hof übernehmen sollen. Der Bruder war wohl der bessere Bauer. War Charles nach Familienansicht der bessere Priester?

Für ihn selbst galt das jedenfalls nicht – sobald er konnte, verließ er Regensburg. Dann zog er durch die Welt. Von den vielen Aussichtstürmen in der Gegend von Kirchenthumbach, aus Stein bis Stahl, war nur Horizont zu sehen, mit kleinen Hügeln.

Bundesgrenzschutz, Ausbildung beim Auswärtigen Amt. Machte den Horizont weiter, bis zu einem Biergarten in Ferrara. Zwei Jahre lang dauerte diese erste Begegnung mit der Gastronomie.

1974 in Harry's New York Bar, Falkenturmstraße, München, war die nächste, dann kamen die Warsteiner-Brüder Peter und Claus Cramer, eröffneten 1982 drei Lokale, Madrigal, Schumann's und eine Bar Ecke Max-Joseph-Straße, Maximiliansplatz. Charles Schumann wurde Chef in der Maximilianstraße im Schumann's. Über die vereinbarten Besitzverhältnisse weiß ich nichts.

„Swimmingpool", grüner Drink, eine Charles-Kreation. Doch das war es nicht, sondern Wodka Orange, was mir Charles im strömenden Berliner Regen bei einer Buchvorstellung brachte. „Hier, damit du nicht ertrinkst." Mit diesen Worten ist er mir hundertfünfzig Meter durch das Wasser entgegengelaufen. Danke!

Nach Mieterhöhung durch den Hausbesitzer zog Charles zum Odeonsplatz. Meine Lieblingsbar, trotz der berühmten Launenhaftigkeit des boxenden Betreibers. Seine Maxime im Verhältnis zu Gästen: „Man darf ihnen nicht zu nahe kommen und muss gewisse Distanz halten."

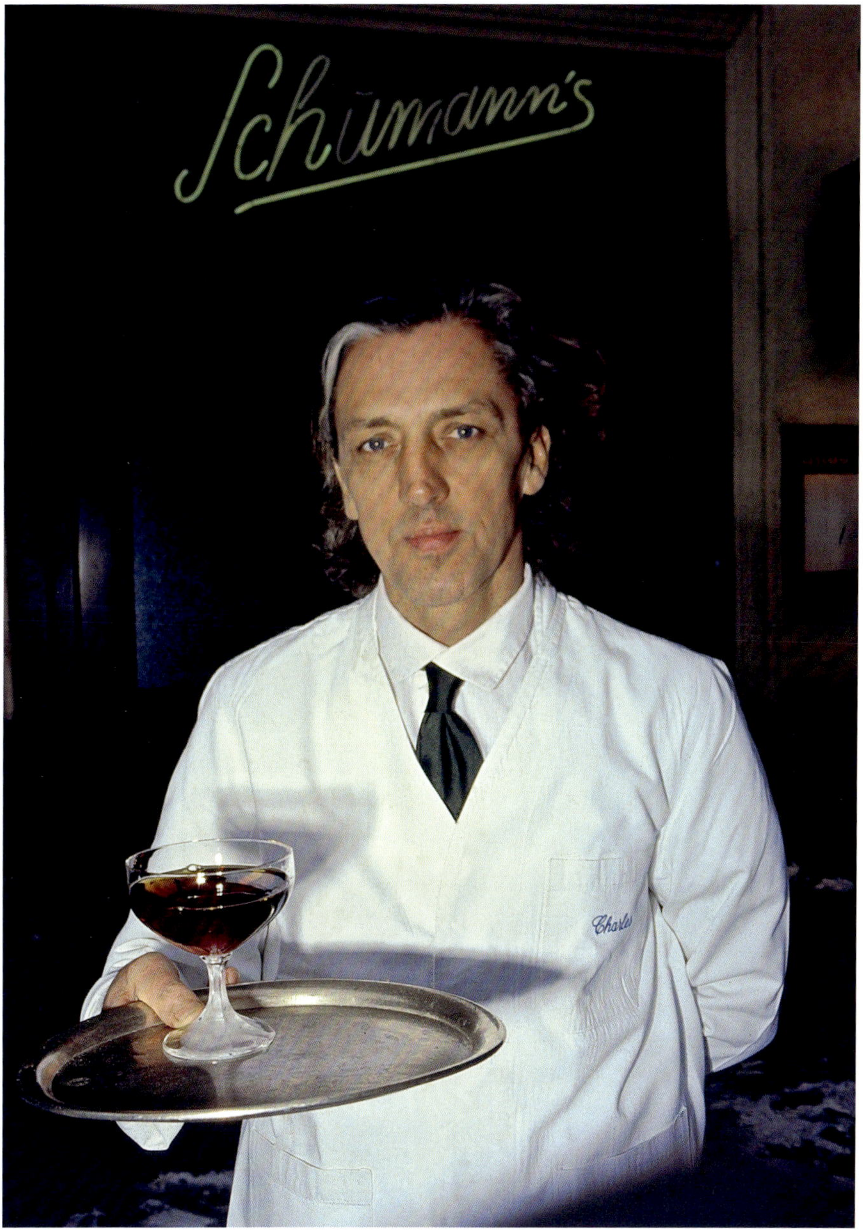

Charles Schumann vor seinem Lokal an der Münchner Maximilianstraße, 1982

60. Elsa Martinelli und Brigitta Notz

Schauspielerin, geboren am 30. Januar 1935 in Grosseto, gestorben 2017 in Rom

1991, Porto Cervo, Sardinien, Costa Smeralda, in der Bucht von Cala di Volpe. Mittagszeit vor der Modeboutique der Schweizerin aus Gstaad, Brigitta Notz. Ein von mir erfundenes Gespräch zwischen der Geschäftsinhaberin und der berühmten Schauspielerin Elsa Martinelli folgt, aber zunächst die Protagonistinnen:

Brigitta Notz, mit einem Finanzier verheiratet, in der europäischen Gesellschaft sehr zu Hause, mit einem Domizil in Gstaad. Achtzehn Jahre war sie alt, da lief sie ihrer Mutter in Graz davon, schnurstracks nach Rom in die Hände des Marquis Spinola. Das dritte Wort in Italienisch: „Amore", nach „Grazie" und „Spaghetti", lernte sie von ihm. Sie wurde Vorführmodell, z. B. bei Valentino. Viel zu oft begegneten wir uns. Auf einer Party in Stockholm brachte sie es fertig, mich auf den Boden zu legen, indem sie mir beim Dinner, von dem ich kurz, einer Dame helfend, aufstand, den Stuhl unter dem Hintern wegzog. Es tat gemein weh, danke den Freunden, die mich festhielten, ich hätte sie sonst bösartig verhauen.

Elsa Martinelli – eine Sage: Kein Fotograf, der bekannt war, hat es verpasst, sie zu fotografieren. Geboren in Grosseto am 30. Januar 1935. In fast allen Magazinen der Welt war sie einmal auf dem Titel. Ihr Leben angefangen hat sie angeblich als Bardame. Designer Roberto Capucci, fünf Jahre älter, entdeckte sie und beschäftigt sie als Erster als Vorführmodell. Karriere dann blitzschnell, Heirat mit dem Grafen Franco Mancinelli Scotti di San Vito, erste Filmrollen mit Kirk Douglas, dann fast mit jedem Star der Welt. Beste Schauspielerin 1956 in Berlin, 1968 den Kollegen Willy Rizzo geheiratet, ca. fünfzig Filme mit Starbesetzung hat sie in ihrem Leben gemacht. 2017 gestorben in Rom an Krebs.

Hier also der imaginierte Dialog:

Elsa: Siehst du das Schild da, siehst du's? „Geöffnet bis 20 Uhr." Ich war hier, wo warst du?

Brigitta: Komm, Schätzchen, ich musste mal, kann ich dir was schenken dafür?

Elsa: Gestern, ich wollte mich für den Abend einkleiden. Dann musste ich mit den alten Lumpen zum Essen gehen. Geschenke kannst du jemandem, der es notwendig hat, geben.

Brigitta: Da schau her, als wenn ich dir Mist geben würde. Ich weiß, du bekommst alles umsonst, also führ dich nicht so auf.

Elsa: Wohin gehst du eigentlich, wenn du musst? Wie lange brauchst du? Una mezz'ora habe ich gewartet.

Brigitta: Na und? Also, was ist mit dem, gefällt es dir nicht?

Elsa: Jetzt gefällt mir erst mal gar nichts. Also, erst mal muss ich wohin.

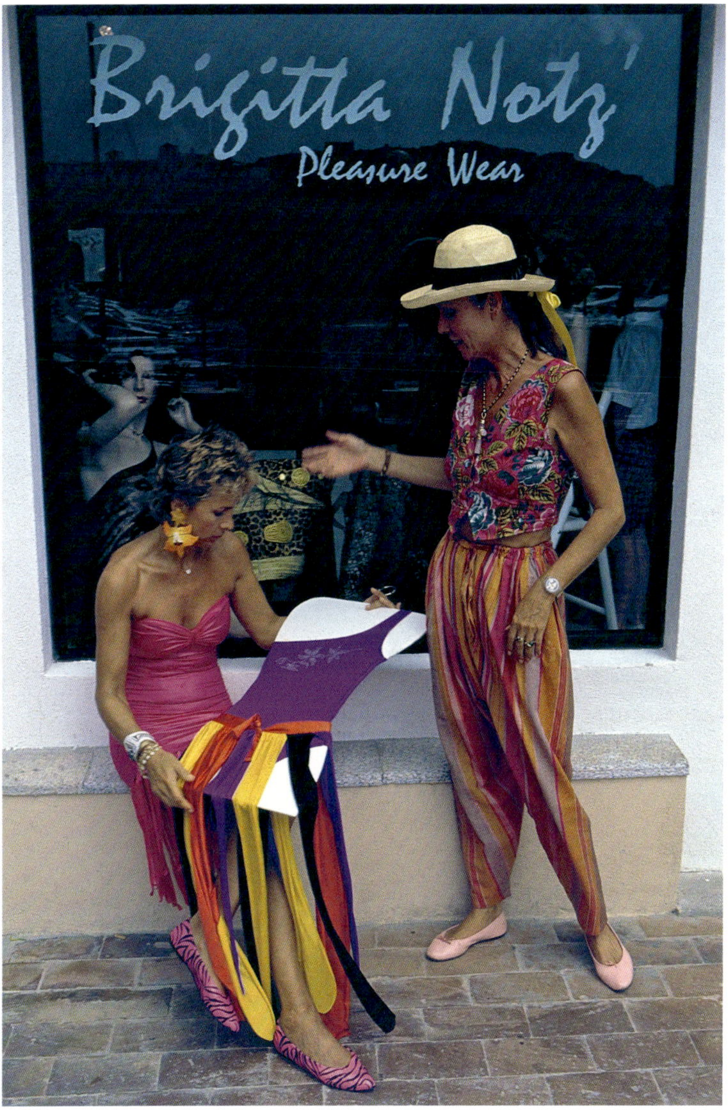

Porto Cervo, Sardinien, 1991

61. Burt Lancaster

Schauspieler, geboren am 2. November 1913 in New York,
gestorben 1994 in Los Angeles

Palermo, 1963. Tags zuvor stürmten die Garibaldi-Truppen durch die Altstadt, vorneweg Mario Girotti, damals hieß er noch so, kurz vor seiner Umwandlung zum Terence Hill. Luchino Visconti auf einem Balkengestell neben der Kamera: „Va bene, a domani." Heute in der Stadtmitte, Via Roma, vielmehr auf der Piazza Croce dei Vespri: Vor dem Palazzo Gangi-Valguarnera sitzt Burt Lancaster, Weltstar mit ca. hundertzwanzig Spielfilmen. Es ist gemein heiß im Palazzo, geduldig hört er mir zu, welchen Film ich machen will.

Dann reden wir über die Nazis und den Film *Urteil von Nürnberg*. Burt Lancaster hat eine strenge Meinung zur Welt, er als Atheist hat zum Erstaunen der Produzenten, obwohl er schon in jede erdenkliche Rolle geschlüpft ist, die Rolle des Ben Hur abgelehnt: das Drehbuch, die aufdringliche Moral des Christentums, konnte er nicht gutheißen. Die Rolle übernahm dann Charlton Heston.

Filmfestival in Cannes: Das Prachtwerk *Il Gattopardo* mit Lancaster, Delon, Claudia Cardinale gewann die Goldene Palme, zum Auftakt – keiner weiß mehr, wer die Idee hatte (natürlich der Produzent) – kamen Burt Lancaster, Claudia Cardinale und Luchino Visconti mit einem ausgewachsenen Leoparden auf den Boulevard de la Croisette. Schnell wurden sie runter zum Strand verwiesen. Das Tier war besonders groß und knurrte.

Lancaster habe ich noch einmal getroffen, in Stein bei Nürnberg, als sie bei Toni Faber-Castell im Schloss der Hauptverwaltung einen Film drehten.

Am 20. Oktober 1994 starb er in Los Angeles. Ich vermisse dieses Gebiss, dieses Lachen, vor allem in seinen ersten Filmen – je mehr Charakterrollen er spielte, umso weniger gab es zu lachen.

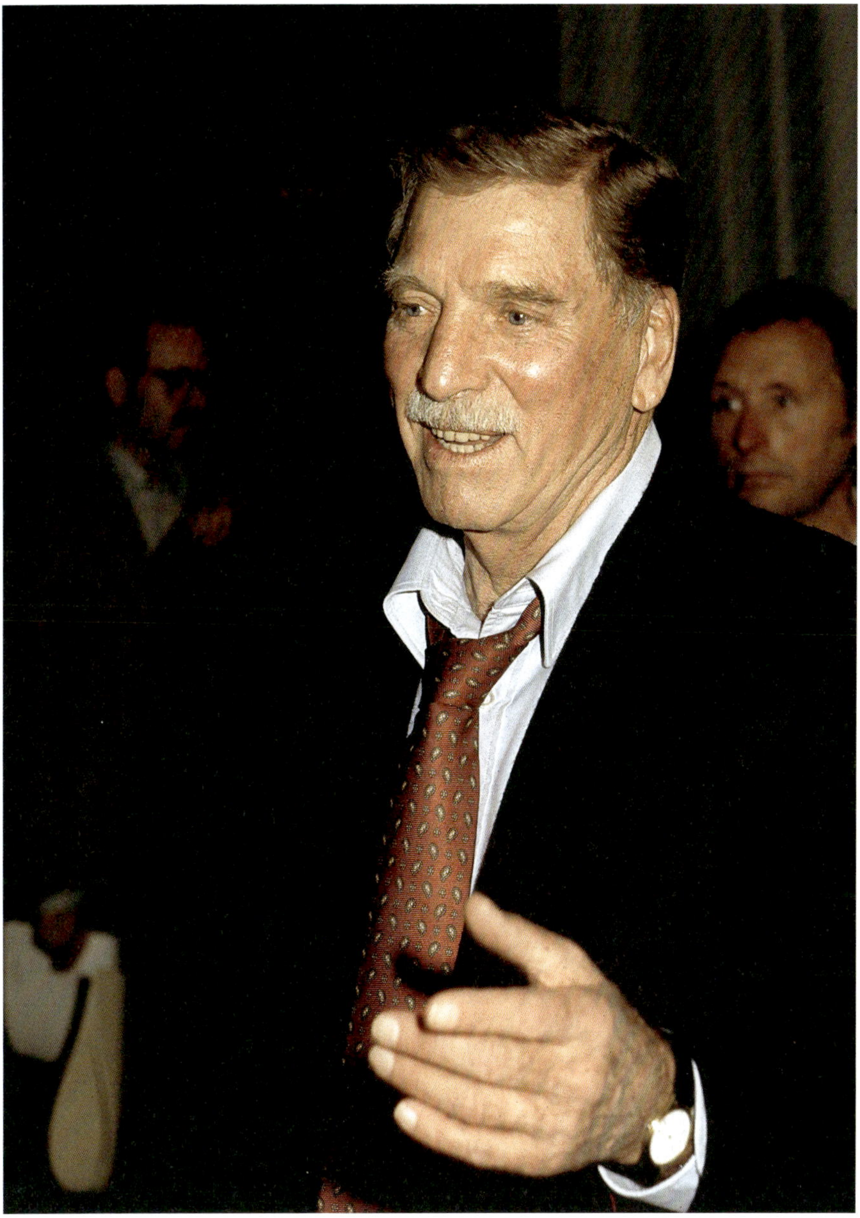

Burt Lancaster bei Dreharbeiten im Faber-Castell Schloss bei Nürnberg, 1992

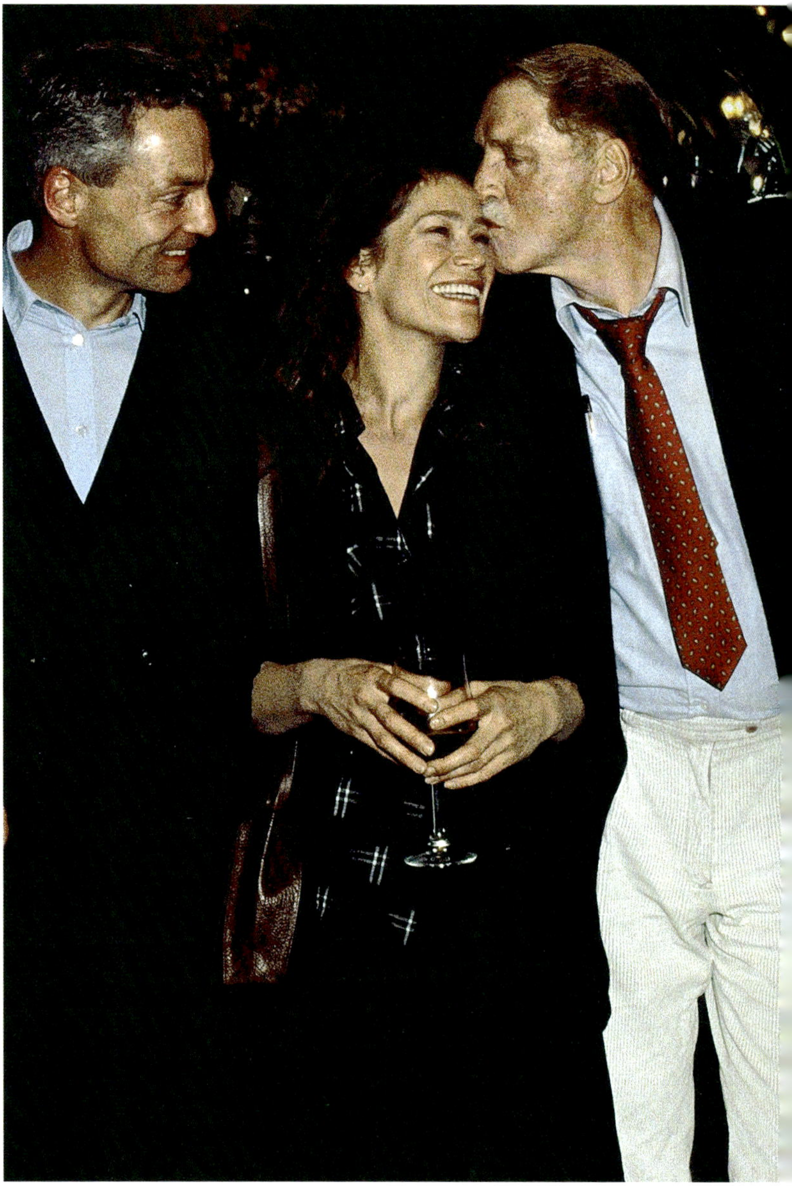

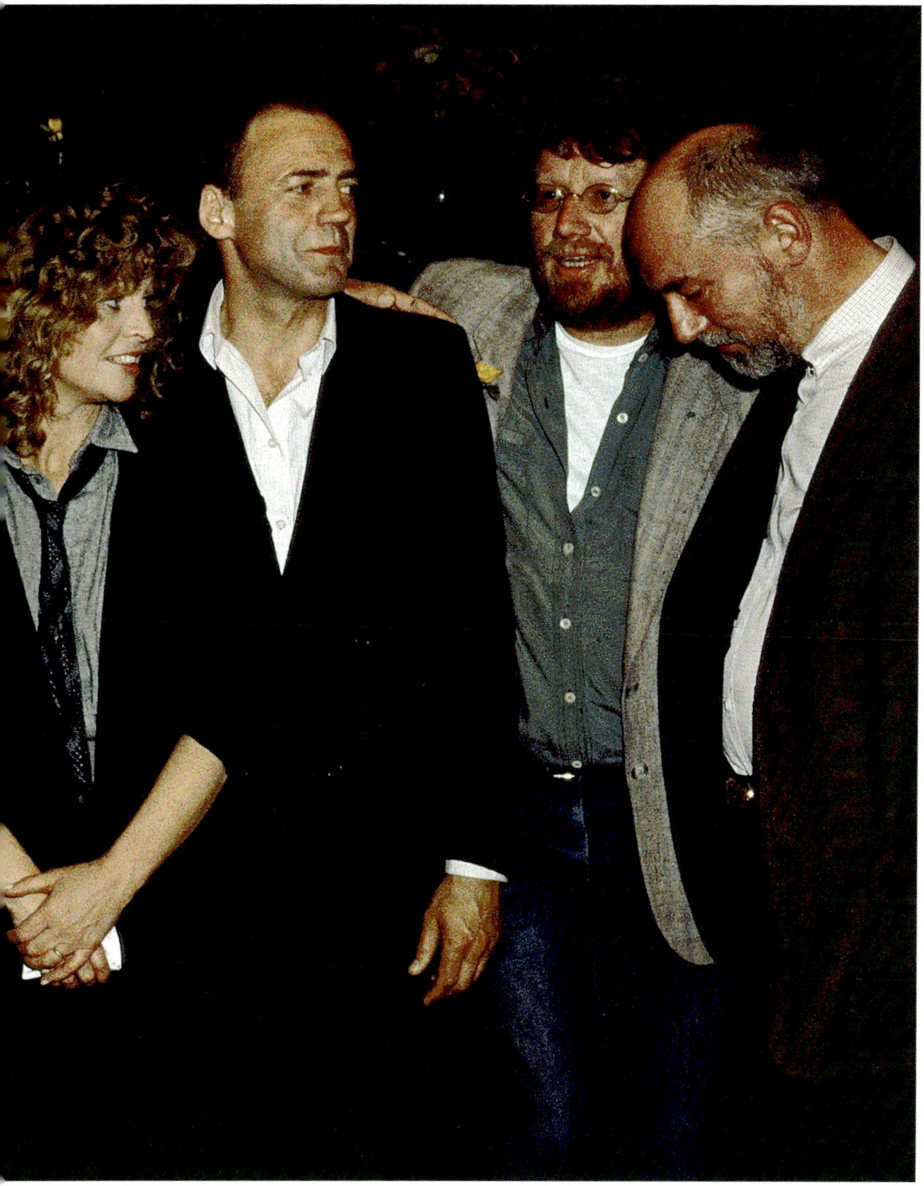

Burt Lancaster mit (von links): Dieter Laser, Tina Engel, Julie Christie, Bruno Ganz, Bernhard Sinkel, Martin Benrath. 1992

62. Ursula Andress

Schauspielerin, geboren am 19. März 1936 in Ostermundigen

Bad Rappenau. Was hat Ursula Andress mit diesem Ort zu tun? Zunächst mal nichts, auch ihr deutscher Vater Rolf Andress, Diplomat, kommt nicht von hier. Ursula ist unsere heilige Symbolfigur. Nahe der Großtankstelle für Lastwagen an der Autobahn Nürnberg–Mannheim ein Hotel, Museum/Hotel, könnte auch am Highway in den USA stehen, amerikanisches Gefühl.

BikiniARTMuseum: da ist sie drin, die perfekte Kopie von Ursula Andress im nachgemachten Bikini. Der echte sollte in L. A. bei Icons & Legends am 12. November 2020 versteigert werden, einer von uns Kuratoren sollte rüberfliegen und mitbieten. Das erste Angebot waren angeblich 300.000 Dollar.

Aber was reden wir über den Bikini? Zumal ich, der ich den Originalinhalt in echt Ende Oktober 1962 direkt vor der Nase hatte. Ohne Zuschauer, außer Alicia Clark und Ursulas Ehemann John Derek. Und das auch noch im Bikini, am Strand von Acapulco, Mexiko. Die *Bond*-Premiere am 2. Oktober 1962 war vorbei, der Erfolg riesig. Eine Million Dollar Produktionskosten, gegen spätere *Bond*-Filme eine Kleinigkeit. Fünfzig Millionen Einspielergebnis. Der Trubel um diese Bikini-Frau aus der Schweiz hat Ursula so verschreckt, das sie sofort in die Arme ihres Mannes flüchtete und beide zusammen nach Mexiko. Dort mit meiner Freundin Alicia Clark und mir ausgingen.

Ursula war einfach, direkt, sympathisch, kein Star-Getue. Unsere zweite Begegnung war lustig: Der Filmproduzent Harry Joe Brown forderte meine Frau Margit und mich auf, mit auf eine Party zu gehen. In Los Angeles. „Kannst du uns einfach mitnehmen?" – „Filmleute gehen immer."

Die Gastgeberin war Dean Martins Frau. Tür geht auf, Jeanne Martin sieht Harry Joe Brown, schüttelt den Kopf: „No." Zu mir: „Dich kenne ich doch, warte …", macht eine Handbewegung nach innen. „Haben wir uns in Mexiko kennengelernt?" Deutet auf Ursula Andress. Die begrüße ich, stelle Margit vor, Ursula nimmt meine Frau bei der Hand und verschwindet mit ihr. Harry musste gehen, zu mir sagte Jeanne Martin: „Du kommst mit." – „Den Harry Joe kann sie nicht ausstehen. Dass er sich überhaupt hertraut!", sagt Ursula, die uns herumführte.

Noch einmal spielte sie in einem *Bond*-Film mit, *Casino Royal*. Wieder im Bikini.

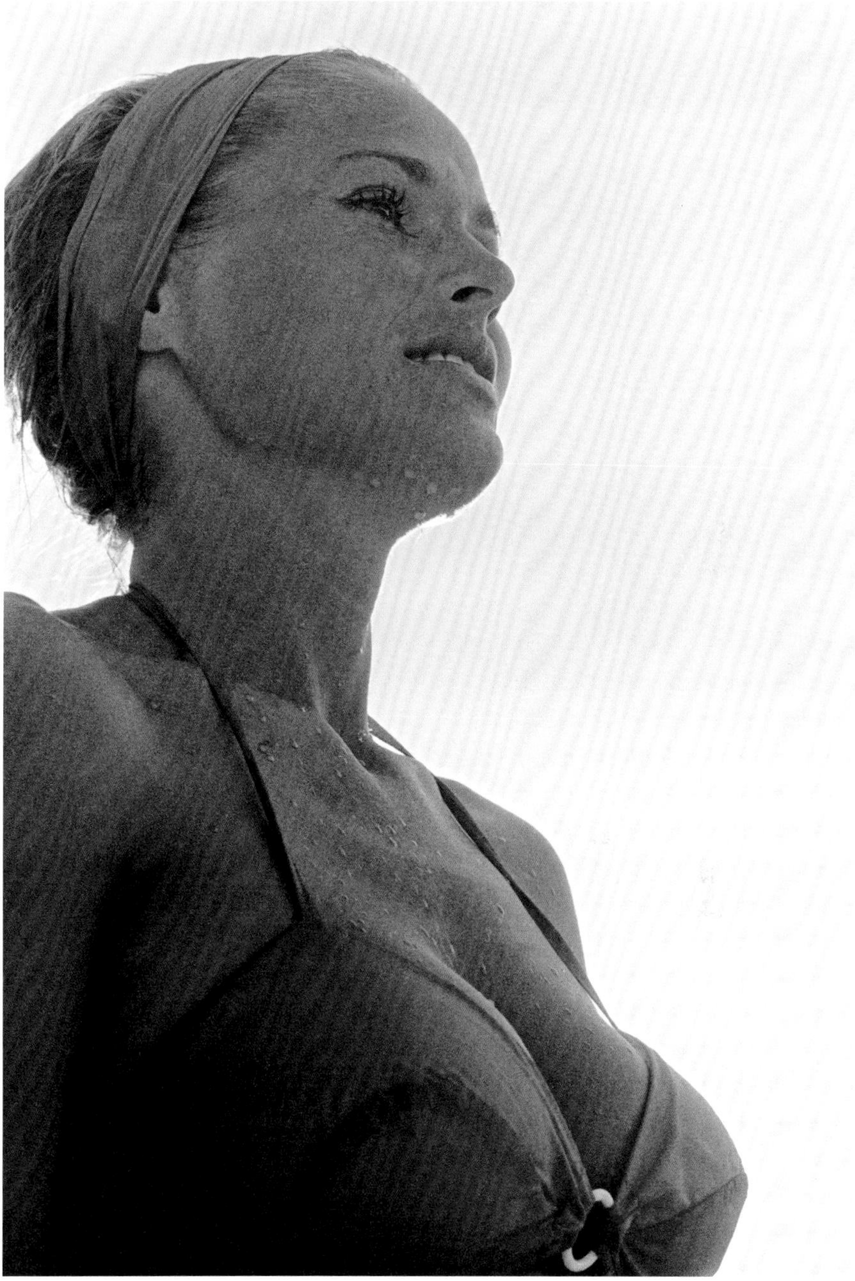

Ursula Andress. Acapulco, Mexico, 1962

Helmut Berger, Ursula Andress und ich gingen essen. In Rom, Gartenlokal. Als Ursula mal rausging, meinte Helmut, zu mir gebeugt: „In Hollywood nennt man sie ‚Ursula Undress'".

Eifersüchtig auf Belmondo (den er mochte) war Helmut, dass der mit Ursula zusammen war. Leider war er nicht mit beim Essen.

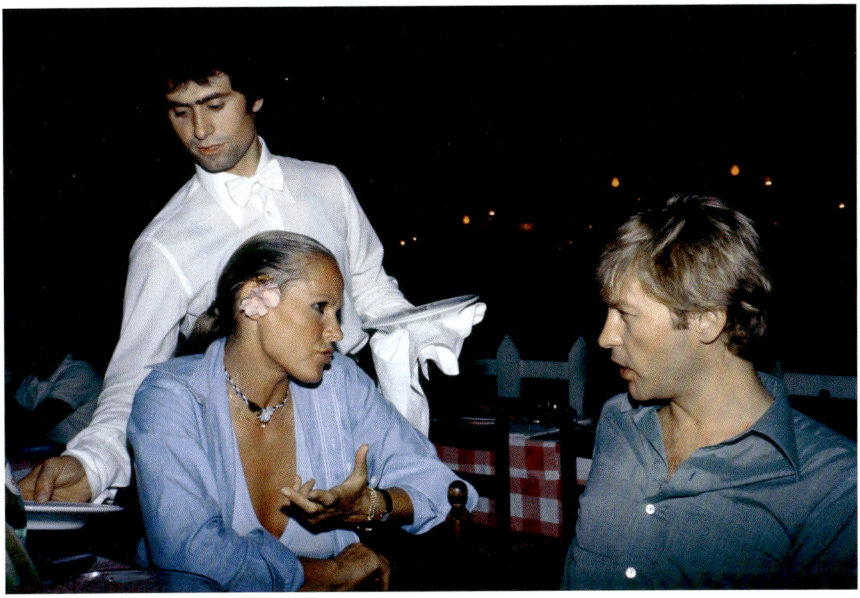

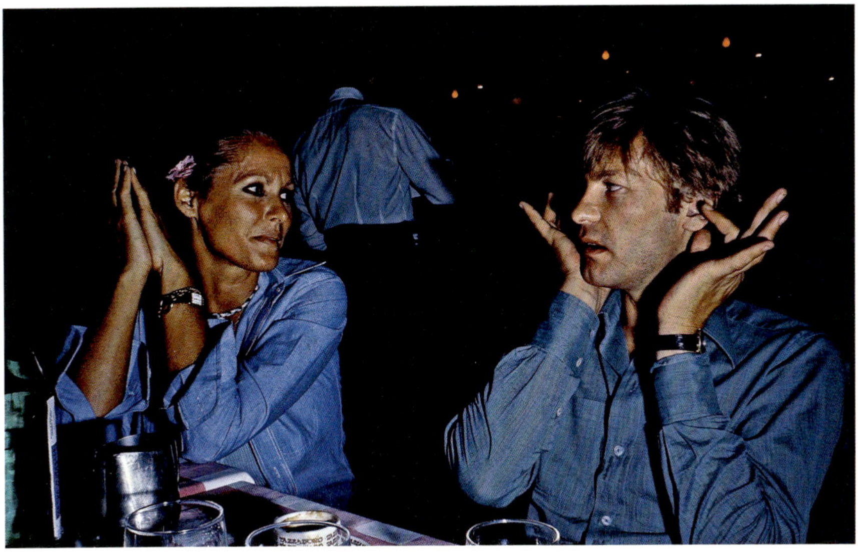

Mit Helmut Berger. Rom, 1974

63. Shelley Winters

Schauspielerin, geboren am 18. August 1920 in East St. Louis, gestorben 2006 in Beverly Hills

Ein Wohnwagen, tolles Wetter für Januar in Berlin, Karussell, einige Buden und eine Bahn mit elektrischen Autos zum Selberfahren. Aber nur wenige Menschen für einen Kirmesplatz. Drehort in der Nähe der Avus. Der Kölner Walter Bockmayer, ein bisschen Fassbinder-Kopie, dreht hier seinen Film *Looping*, mit Christian Blech, Barbara Valentin, Sydne Rome, Ingrid Caven, Adrian Hoven und der Oscar-Preisträgerin Shelley Winters. Ihre blecherne Stimme mit dem amerikanischen Englisch ist laut zu hören. Rolf Bührmann, Freund von Bockmayer und Produzent, stürzt auf den Wohnwagen zu, reißt die Tür auf und macht „Pssst!"

Es ist ein Tonfilm der hier gedreht wird, die Hollywood-Mutter macht das „Pssst" nach, ist still. Denn Disziplin hat sie nach ca. fünfundneunzig Spielfilmen. Für mich Sinnbild einer lauten Amerikanerin, Vater: jüdischer Emigrant aus Österreich, Herr Schrift.

Hat sich, wenn schon Amerika, gleich in die Mitte begeben, an den Mississippi, nach East St. Louis, Illinois. Hier kam dieses amerikanische Wesen in die Welt, am 18. August 1920. Bald war sie in New York und schlug sich dort mit allen möglichen Arbeiten durch, um das Actors Studio von Lee Strasberg zu finanzieren. Viele kleine Rollen, dann kam das Musical *Oklahoma* auf die Bühne und ihr Durchbruch.

Universal Pictures wollten sie als Sexbombe aufbauen, aber ihr Interesse galt mehr den Charakterrollen, und sie hatte kein Problem, die kompliziertesten Figuren zu spielen. Trotz vieler Filmerfolge kehrte sie immer wieder auf die Theaterbühne zurück. Und trotz vier Ehen war sie berühmt für ihre Affären mit einer erstaunlichen Sammlung von Stars: William Holden, Sean Connery, Burt Lancaster, Errol Flynn, Marlon Brando. Und sie erkannte schon früh die Begabung von De Niro, also förderte sie ihn.

Sechs Golden Globe-Nominierungen und ein Golden Globe, Emmy Award, viele Ehrungen kamen noch hinzu. Darum soll sie *Looping* zum Erfolg verhelfen, denn es leuchtet auch noch ihr Stern auf dem „Walk of Fame".

Oliver Reed hat bei der *Johnny Carson*-Talkshow ein falsches Wort über die Frauen gesagt, nachdem sie die Runde schon verlassen hatte. Da sprang sie

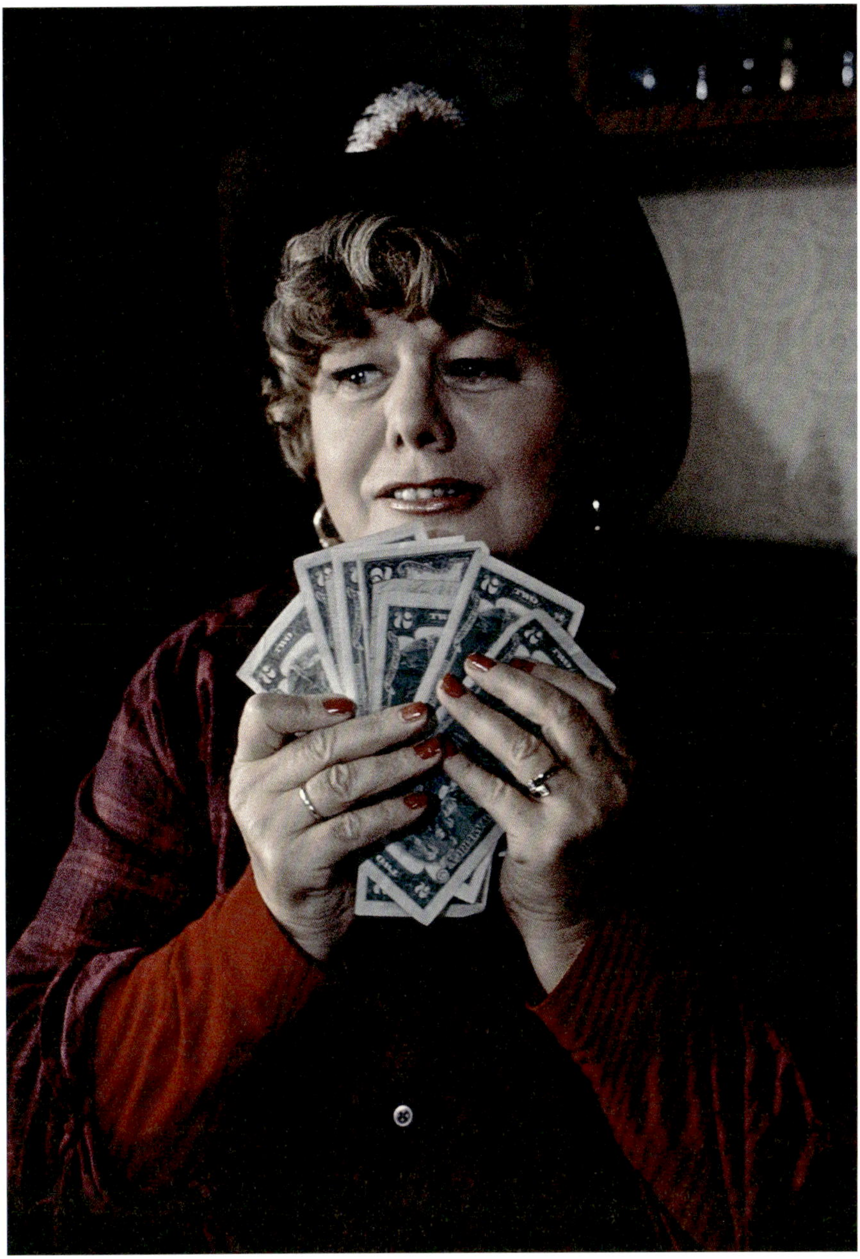

Shelley Winters. Berlin, 1980

nochmals energisch in den Raum und goss ihm ein Glas Rotwein über den Kopf. Meinem Lieblingsdarsteller!

Als rührend empfinde ich, dass sie nach neunzehn Jahren Zusammensein ganz kurz vor ihrem Tod am 14. Januar 2006 schnell noch ihren letzten Ehemann geheiratet hat.

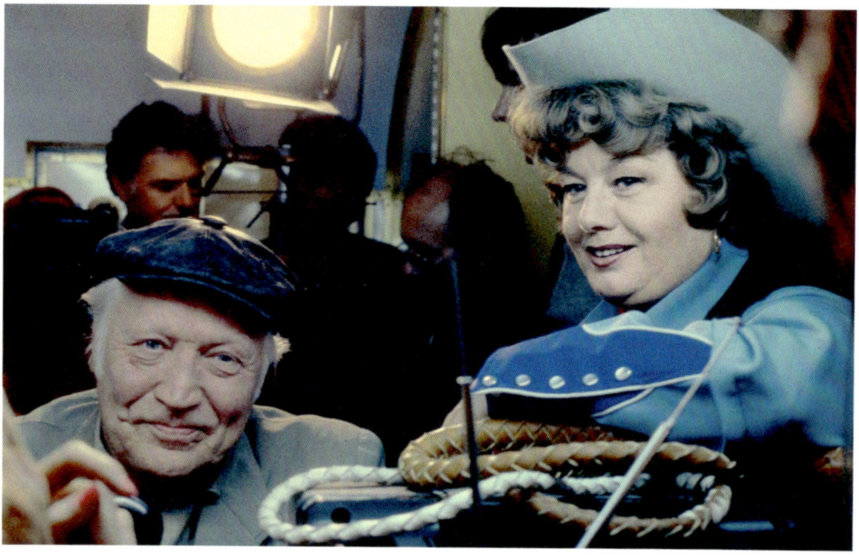

Mit Christian Blech bei den Dreharbeiten zum Film *Looping*, Berlin, 1980

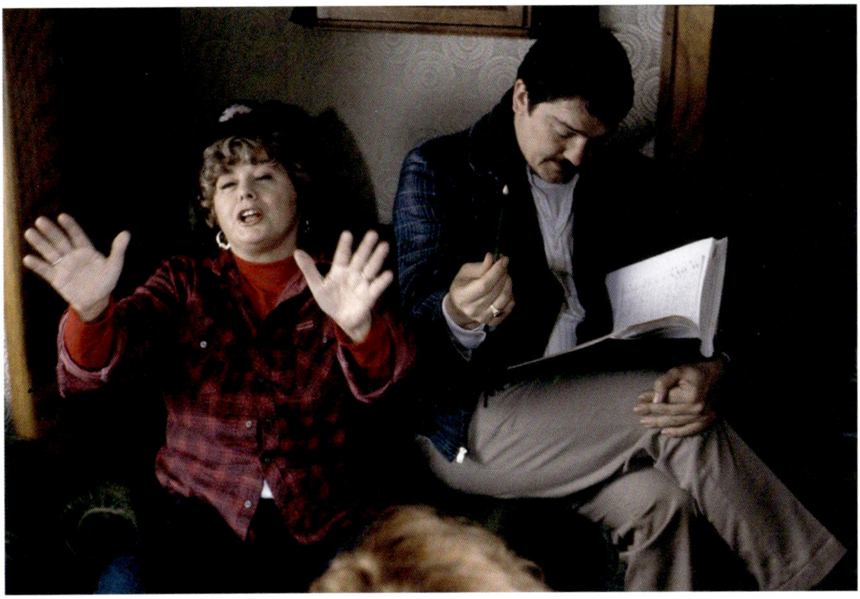

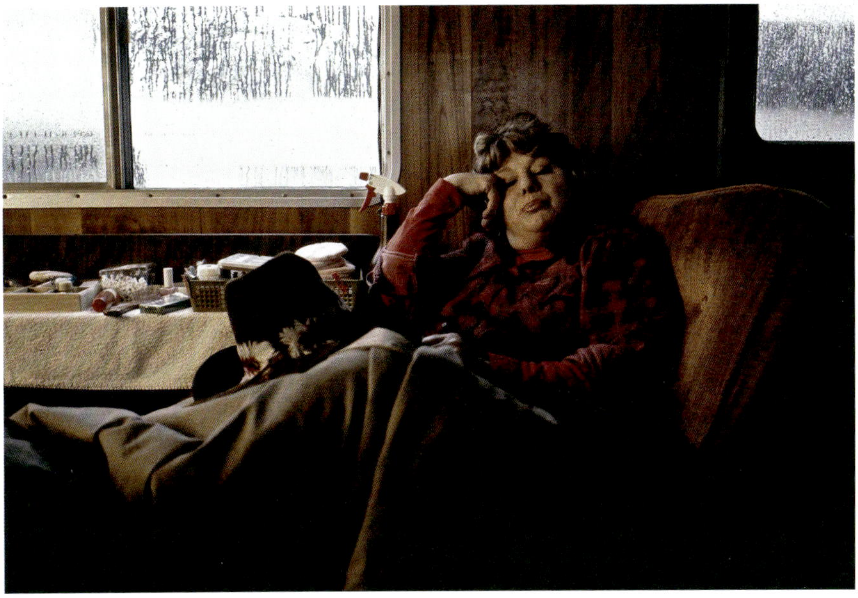

oben: Mit Regisseur Walter Bockmayer
unten: Im Wohnwagen während der Dreharbeiten zu *Looping*. Berlin, 1980

64. Rod Steiger

Schauspieler, geboren am 14. April 1925 in Westhampton, gestorben 2002 in Los Angeles

Italien, 1963, Spoleto, auf der Dachterrasse im dritten Stock an der Piazza del Duomo: Kleine Gesellschaft, alle Neuankömmlinge, wenn sie zu den auftretenden Künstlern gehörten, wurden dort empfangen – allerdings nicht immer vom Maestro Gian Carlo Menotti persönlich. Ein großartiger Rundblick über den Domplatz und Caio Melisso, das Schmuckstück unter den kleinen Opernhäusern, befriedigte die Besucher, der ausgezeichnete Wein tat das Übrige. Claire Bloom, Rod Steiger waren diesmal die bevorzugten Gäste. Bewundernd schlich ich um Rod Steiger herum, er sah mich an: „Wer sind Sie?" – „Einer der vielen Hilfskräfte von Maestro Menotti. Heute Abend darf ich Sie in die Oper bringen, wenn Sie damit einverstanden sind. Im Musical *Oklahoma* fand ich Sie phantastisch, der Song *Pore Jud is Daid*." Rod Steiger lachte. „Das hat ein anderer gesungen, aber das Musical war okay." Er hatte ein offenes, verschmitztes Gesicht.

In einer angeblich stürmischen Nacht wurde Rodney Stephen Steiger am 14. April 1925 in einem Wohnwagen in Westhampton auf Long Island im Staat New York geboren, Sein Vater verließ heimlich das Kind und die immer angetrunkene Mutter. Spätestens jedes halbe Jahr wechselte die Mutter den Wohnort.

Seine Mutter trat den anonymen Alkoholikern bei, Rod Steiger sagte dazu: „Sehr, sehr stolz war ich auf meine Mutter, sie hatte es durchgestanden und nicht mehr getrunken." Dennoch floh der Sechzehnährige nach vielen familiären Streitigkeiten in die Arme der US Navy, machte seine Ausbildung in Newport, Rhode Island. Später dann die „Battle of Iwo Jima", eine Schlacht zwischen den USA und Japan um eine vierundzwanzig Quadratkilometer große Insel, und mittendrin der junge Rod Steiger.

Zurück von der Navy, besuchte er das Actors Studio, von Lee Strasberg lernte er das von ihm entwickelte „Method Acting", bei dem es um größtmögliche Einfühlung in die darzustellende Figur geht. Rod war für diesen Schauspielstil besonders geeignet, akzeptierte ihn ganz und gar.

In ca. hundertzwanzig Filmen hat er mitgespielt, 1968 bekam er den Oscar für seine Rolle in *In der Hitze der Nacht*. Viele weitere Preise hat er in seiner

Filmkarriere gewonnen, darunter 1964 den Silbernen Bären in Berlin für den Film *Der Pfandleiher*.

Geißendörfer hat ihm die Hauptrolle in Thomas Manns *Zauberberg* gegeben. Er spielte diesen Part meiner Meinung nach ausgezeichnet.

Leider verstarb er 2002 in Hollywood, im Los Angeles Hospital.

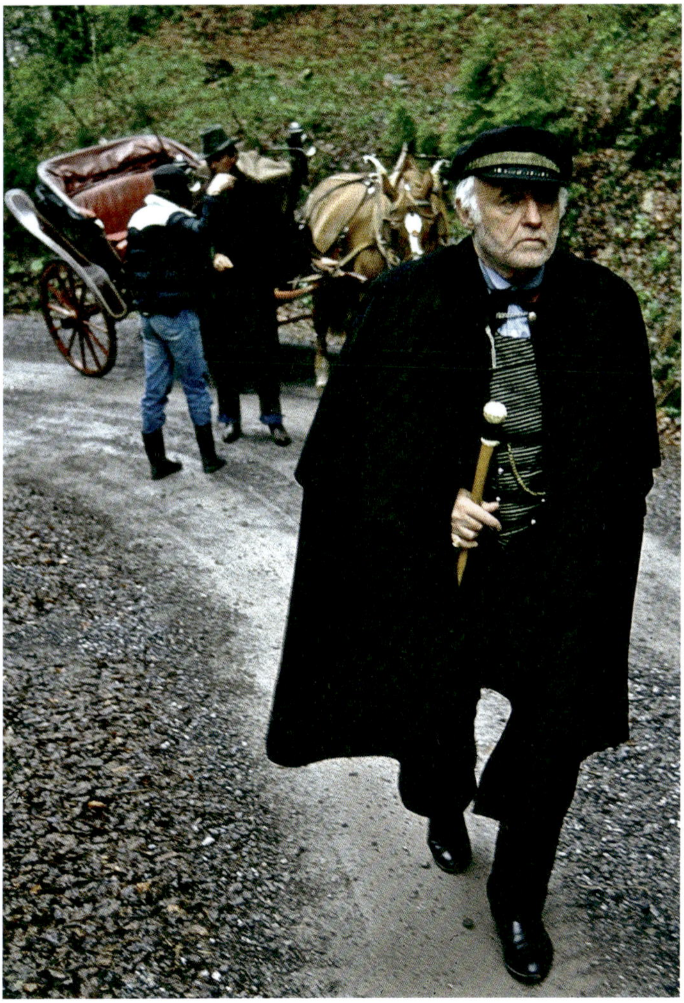

Bei den Dreharbeiten zu *Zauberberg*, 1982

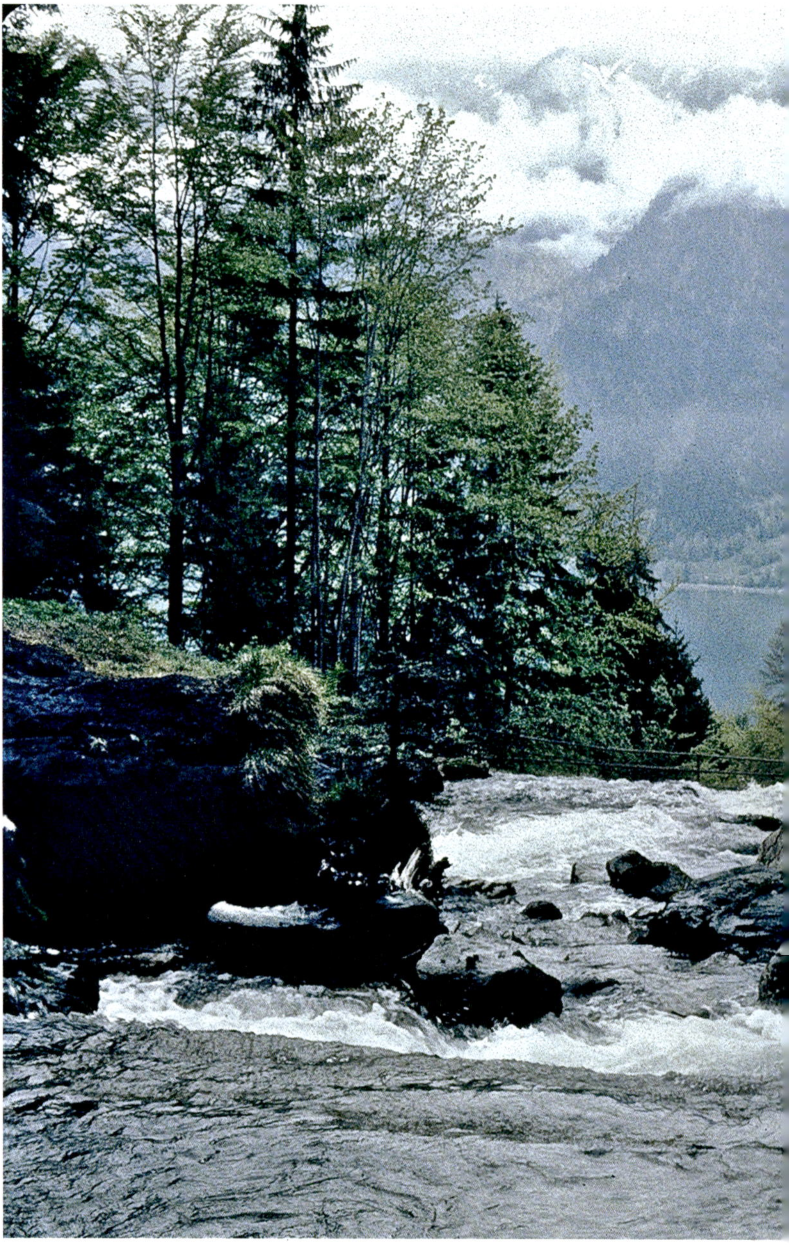

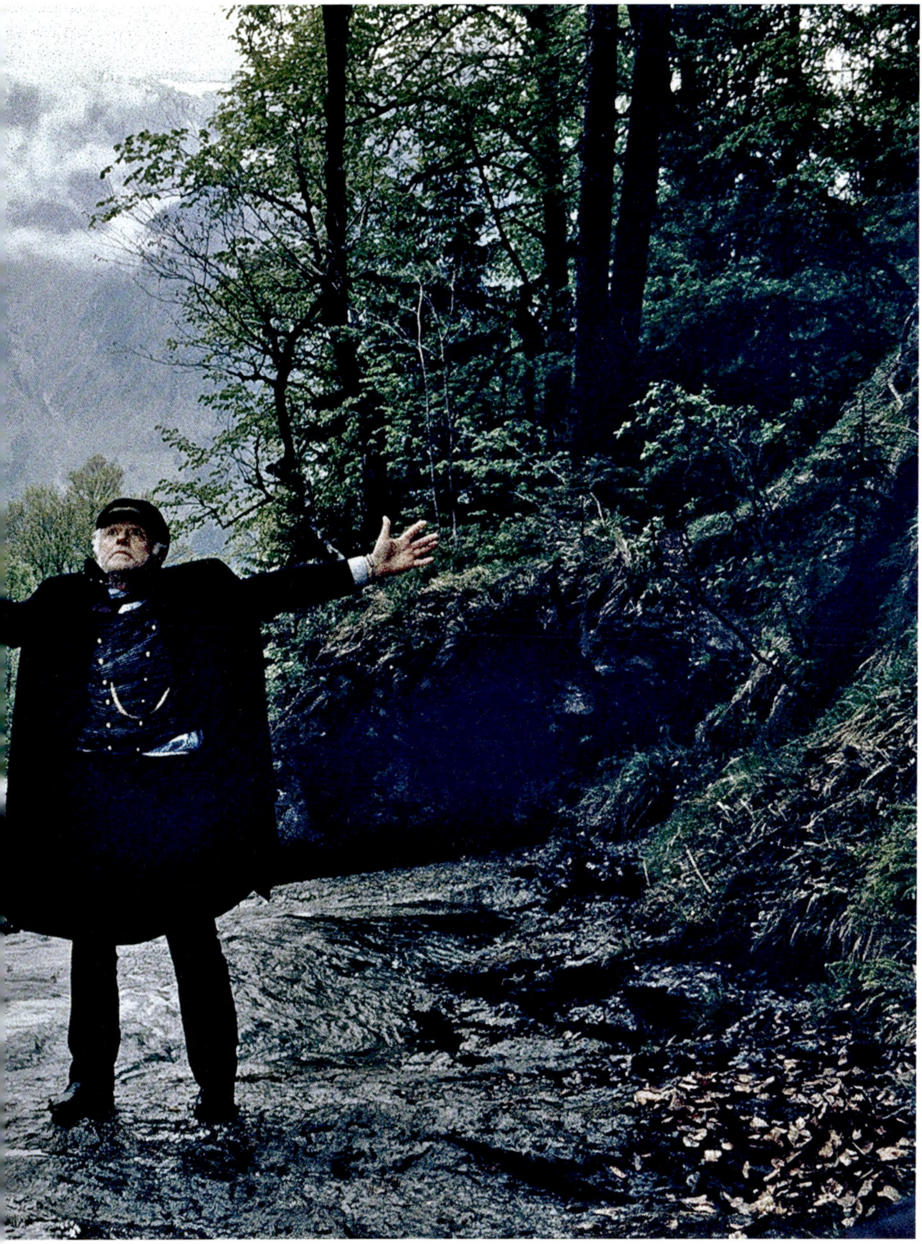

Als Mynheer Peeperkorn in Hans W. Geißendörfers Thomas-Mann-Verfilmung des *Zauberberg*, 1982

65. Sydne Rome

Schauspielerin, geboren am 17. März 1951 in Akron

1974/75 schwärmte der Regisseur Jochen Richter von Sydne Rome: „Was für ein unglaubliches Mädchen, Riesen-Ausstrahlung! Ich drehe einen Film mit ihr.“

Jochen war mein Regieassistent gewesen im Film *Mädchen Mädchen*. Natürlich wurde auch ich aufmerksam, in der Münchner Filmszene in Schwabing hörte man nur Lobenswertes. 1972 spielte sie mit Marcello Mastroianni die Hauptrolle in *Was?* unter Polańskis Regie. Außerdem *Reigen* mit Helmut Berger und ca. vierzig andere Produktionen. Jochen Richters Film mit ihr, *Umarmungen und andere Sachen*, wurde kein großer Erfolg.

Spiegel-Kritik zum Film *Reigen*: Sydne Rome „ist kein ständig missbrauchtes, weil im Kitsch missbrauchbares Stubenmädchen, sondern ein stets aufgelegtes Callgirl für alle Eventualitäten.“ – Nach meiner Auslegung soll das heißen: „fehlbesetzt oder schlecht gespielt“.

Einige Male habe ich sie flüchtig auf Filmveranstaltung gesehen. Mit Freunden, Karin Feddersen und anderen Filmmenschen.

Im März 1951 wurde sie in Akron, Ohio, USA, geboren. Das Amerikanische konnte sie nie ganz ablegen. Und sie hatte Geschäftssinn – in den 80er Jahren war sie ganz oben auf der Aerobic-Welle, neben Jane Fonda. In der Grainauerstraße in Berlin, direkt hinter dem KaDeWe, hatte ich im vierten Stock eines Werkstatthauses mit eisernem Käfig als Außenlift ein Loft, und wenn ich hinunterfuhr, landete ich im Aerobic-Centre von Frau Rome.

Für die erste Fotositzung hatten wir ein Zimmer in einer typischen Ku'damm-Pension mit Ausblick gemietet. Sydnes Schwester Lisa wurde als Aufpasserin mit hinbestellt. Beide waren bezaubernd. Sehr hilfreich, um ein gutes Titelbild für die *Quick* zu erarbeiten. Es gelang, wurde aber leider nie gedruckt. Der störrische, Schnurrbart tragende Journalist Axel Thorer klopfte alle halbe Stunde an die Tür. Er hätte Hunger. Also packten wir zusammen und gingen essen, ins Fouffi, es wurde ein langer, besoffener Abend.

Einige Tage später nochmals Fotos, diesmal von den Dreharbeiten zu Walter Bockmayers Film *Looping*. Christian Blech, einer meiner Lieblingsschauspieler, dann dieses amerikanische Wesen Shelley Winters, Ingrid Caven, Barbara Valentin und Johanna König (aus der *Ariel*-Werbung).

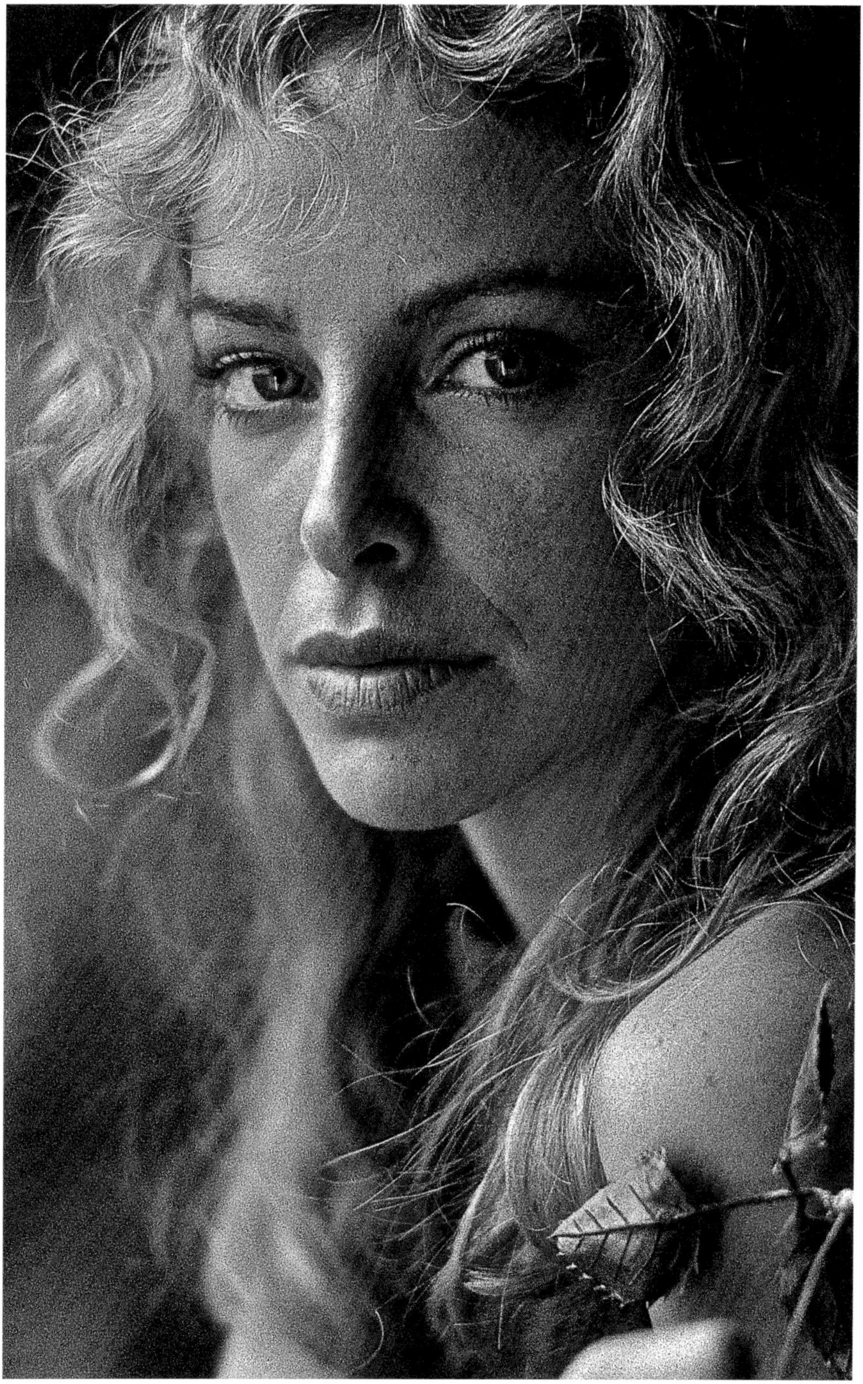

Sydne Rome. Berlin, 1980

Axel Thorer wollte mich überzeugen, noch einen Titel mit Sydnes Schwester Lisa zu machen.

Viele Jahre später bekam ich das fürchterliche Bild mit dem zerstörten Gesicht von Sydne Rome in die Hand, ich war entsetzt. Sydne redet von einem Autounfall, bei dem die zersplitternde Autoscheibe und der Airbag das Gesicht ruiniert hätten. „Schönheitswahn und Botox", schrieben einige Journalisten. Racheakt mit einem Messer quer über das schöne Gesicht, glauben andere.

Sydne Rome lebt heute in Rom, ihr Mann ist Medizin-Professor, sie haben zwei Kinder aus Brasilien adoptiert.

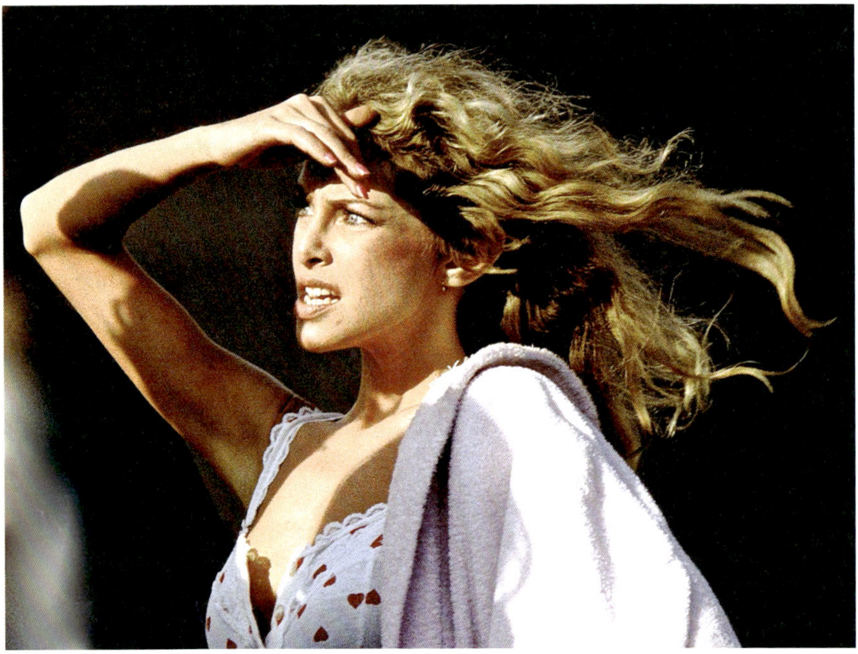

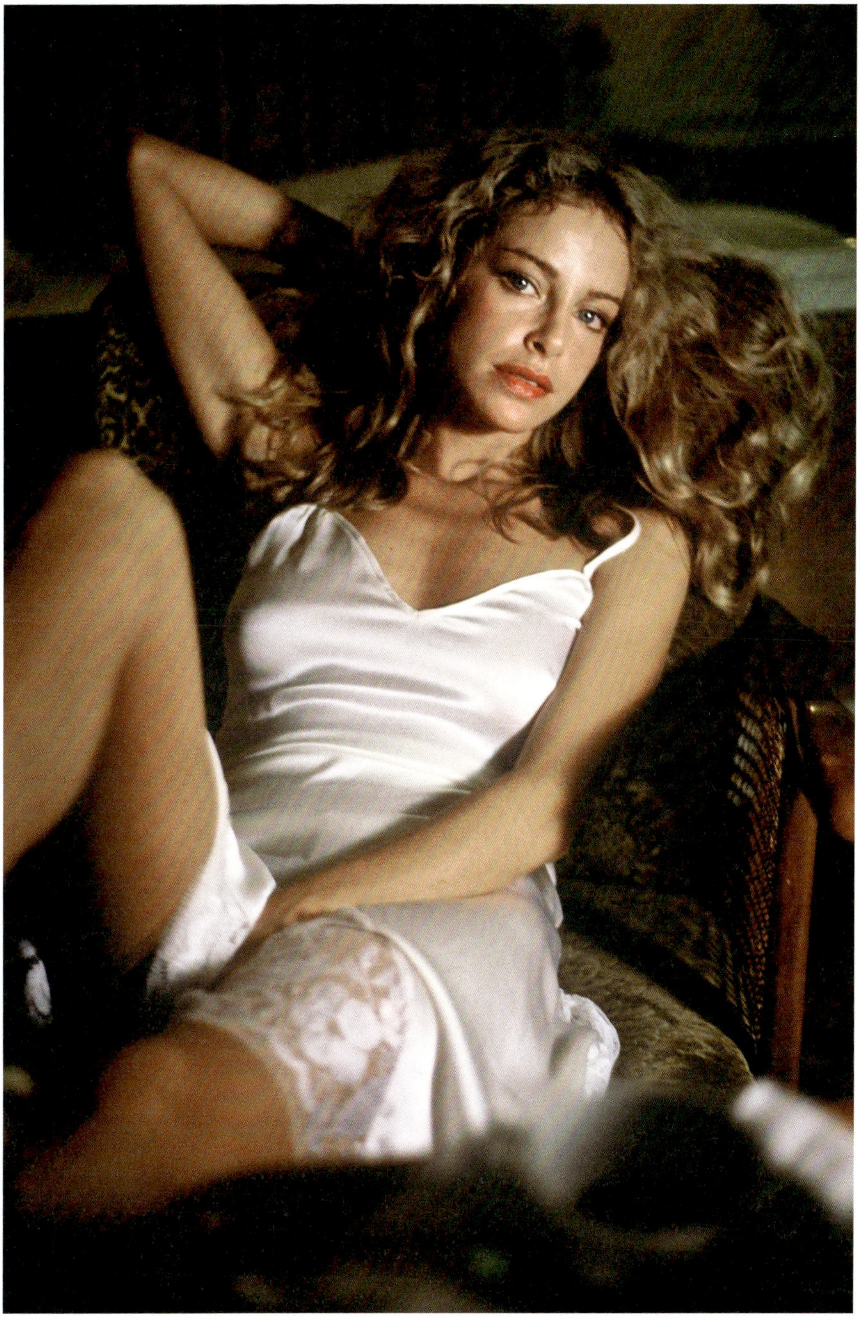

links und oben: Sydne Rome. Berlin, 1980

66. Jerome Robbins

Schauspieler, geboren am 11. Oktober 1918 in New York City, gestorben 1998 in New York City

Alain Mitchet, Freund aus Rom, als Straßenkind in Manhatten geboren, lief mir überall in die Arme, Schauspieler. Übernahm auch bei mir kleine Rollen, kannte Gott und die Welt.

In New York brachte er mich in das Tanzstudio, in dem Jerome Robbins probte. Bilder durfte ich keine machen, ein Grund dafür wurde mir nicht genannt. Alain war sehr beliebt, Robbins fragte ihn sofort, ob er nicht mitmachen wolle: „Ich weiß, du kannst tanzen. Wir sind noch beim Besetzen."

Vortanzen ist fürchterlich. Robbins wollte von den Bewerbern kräftige, harte Bewegungen haben. Alle waren für mein Empfinden ausgezeichnet und echte Typen.

„Alain, lass dir nichts vormachen, die meisten sind sowieso aus seiner Tanzgruppe. Er hat gerade seine eigene Dance Company gegründet, Ballets USA." – „Du tanzt nicht?", fragte Robbins mich. Vor Schreck erzählte ich ihm nichts von dem täglichen zweistündigen Tanzunterricht im Ufa-Nachwuchsstudio.

Dass ich ihn dann so schnell wiedersehen würde, konnte ich nicht ahnen. Wie die vorangegangenen Sommer fuhr ich auch 1958 nach Spoleto, Italien, zum Festival dei Due Mondi, um mehr ehrenhalber daran mitzuarbeiten. Jede Beschäftigung haben wir freiwilligen Helfer übernommen. Größte Belohnung: ein freies Zimmer im Palazzo Campello, der Ort war schön, einen Kardinal gab es hier, eine Burg mit Schwerverbrechern als Insassen, zwei Opernhäuser, ein griechisches Theater und eine grandiose Freitreppe mit Dom dahinter (als Konzertsaal). Sowie den Monte Luca, auf dem von den Bauern auch Trüffel gefunden wurden, die hatte ich gerade eingesammelt.

Auf dem Weg nach Spoleto, am Berghang, gibt es eine Wiese mit einer kleinen Kapelle, da tanzt gerade, sofort erkennbar, eine Ballettgruppe – Jerome Robbins mit seinen Ballets USA. Ein gewaltiger Eindruck, die Tanzenden bei ihren Proben, mit dieser Landschaft von Umbrien im Hintergrund.

Jerome freute sich, mich wiederzusehen, die nächsten Tage verbrachte ich als Beobachter im Probensaal. Der Charme des Spoleto-Festivals besteht darin, dass man in den einfachen Lokalen, die nur zu dieser Zeit offen haben, alle

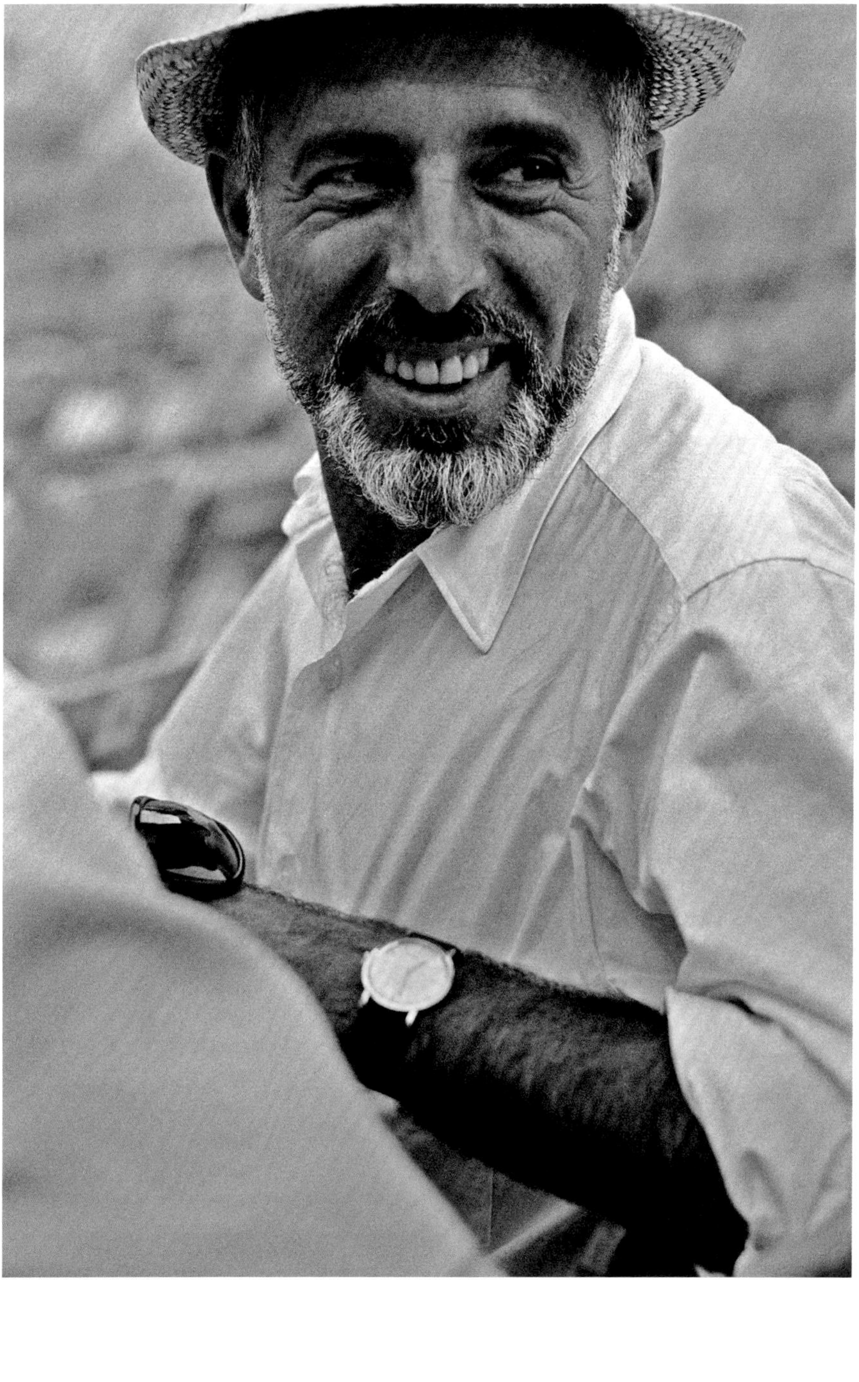

Jerome Robbins. Spoleto, 1958

Mitarbeiter der verschieden Sparten erlebt, vom Tänzer, Sänger, Musiker und Maskenbildner bis zum Beleuchter,.

Jerome Robbins (eigentlich Rabinowitz), geboren am 11. Oktober 1918 in Manhatten, Sohn einer jüdischen Einwanderer-Familie, studierte zunächst ein Jahr Chemie. Mit neunzehn wechselte er als Tänzer in den Musical-Bereich. Blieb fünfunddreißig Jahre dabei. Gewann fünfmal den Tony Award, einen Emmy Award. Inszenierte *Fiddler on the Roof, Gypsy* und viele berühmte Adaptionen für die Balletbühne.

1960 inszenierte er mit Hilfe von Robert Wise den Spielfilm *West Side Story*. Fragt man Leonard Bernstein, wer *West Side Story* erfunden hat, sagt er: Jerome Robbins. Dieser wiederum deutet auf Bernstein. Arthur Laurents hat das Buch geschrieben. Die GEMA weiß das, die Idee stammte von Jerome Robbins, er bekam zwei Oscars dafür, obwohl er nach fünfundvierzig Drehtagen, wegen Überziehung der Drehzeit um vierundzwanzig Tage, gefeuert worden war.

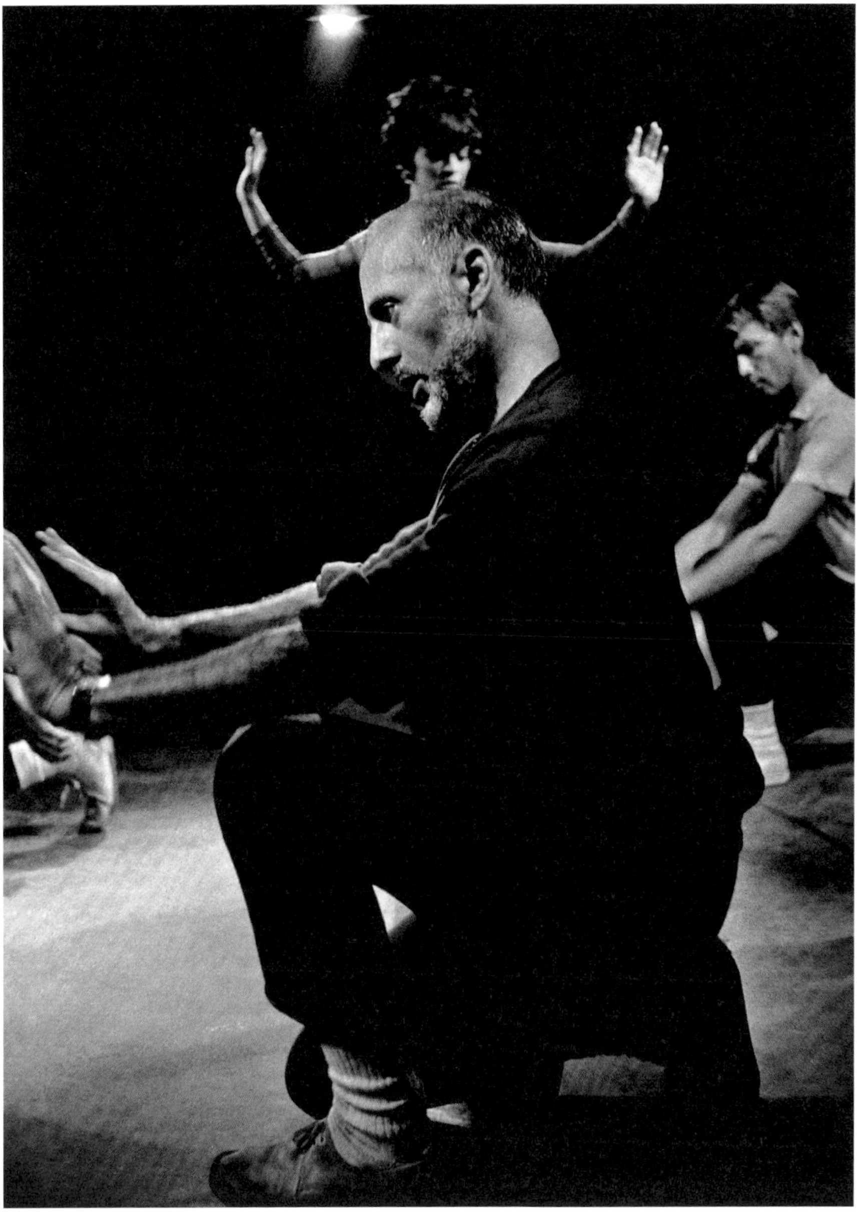

Jerome Robbins. New York, 1957

67. Anthony Quinn

Schauspieler, geboren am 21. April 1915 in Chihuahua, gestorben 2001 in Boston

Mordskerl, dieser Mexikaner. Halt, Halbmexikaner, der Großvater war Ire, der Vater hat schon mit Pancho Villa gekämpft. Das habe ich gelesen, der ist 1923 ermordet worden, dieser Pancho Villa. Anthony Quinn ist in meiner Vorstellung Pancho Villa. Auf jeden Fall hat er das Temperament, sein verschollener Vater wahrscheinlich auch. Die Mutter allerdings war eine echte Mexikanerin. Ob sie nun mit oder ohne Ehemann nach Los Angeles gezogen ist?

Anthony kann ich nicht mehr fragen. Er ist am 21. April 1915 in Chihuahua, Mexiko, auf die Welt gekommen, um diese Welt zu erobern. Obwohl: Als Kind wollte er Priester werden. Papst wurde er immerhin in dem Film *In den Schuhen des Fischers* nach dem Roman von Morris West. Premiere 14. November 1968.

Manuel Antonio Rodolfo Quinn Oaxaca war einhundertsiebenundachtzig Zentimeter groß, nach vielen kleinen Fast-Statisten-Rollen und als Musiker in der Kirchenband, der Internationalen Church of the Foursquare Gospel, heiratete er die Adoptivtochter von Cecil B. DeMille, einem der Gründer der Hollywood-Filmindustrie.

Diese Ehe hat zu seinem Erfolg erst nicht viel beigetragen. In ca. fünfundfünfzig Filmen wirkte er mit, ohne dass er groß bemerkt wurde. Auch geboxt hat er, um Geld zu verdienen. Architekturstudium bei Frank Lloyd Wright. Unzählige Schulen besucht und andere Dinge gemacht. Achthundert Dollar wöchentlich wurden ihm von einem Filmstudio angeboten, er wusste nicht, was er machen sollte. Frank Lloyd Wright sagte ihm „Mach es, bei mir verdienst du nie so viel." Er wechselte ins Studio, bekam am Anfang nur dreihundert Dollar in der Woche. Das war 1941. Erst 1947 wurde er als amerikanischer Bürger anerkannt.

Heute ist die Belvedere County Public Library, L. A. nach ihm benannt. Alle Charaktere, die man sich ausdenken kann, wurden von ihm gespielt: Piraten, Quasimodo, der bucklige Glöckner von Notre-Dame, Militärs, Scheichs, Papst, Indianer, Cowboys. Sorbas, dieser Grieche, genügte ihm nicht, also her mit der Rolle des Reeders Onassis. Davor noch ganz schnell in Federico Fellinis Film *La Strada* mit der großartigen Giulietta Masina, 1954.

Michael Cacoyannis, der beim Spoleto-Festival dei Due Mondi im Juli 1964 *Die Troerinnen* mit Claire Bloom, Rod Steiger inszenierte, wo ich als Hilfs-

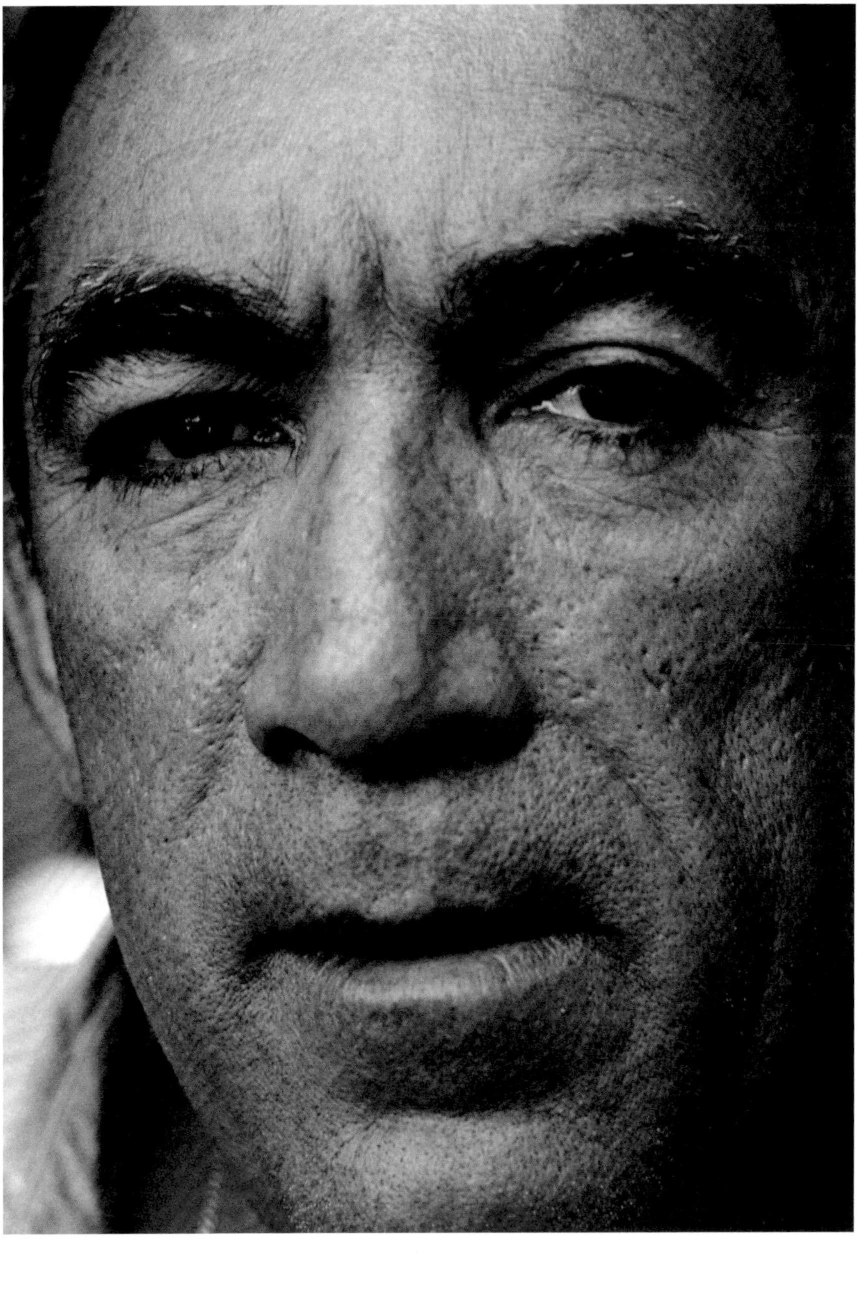

Anthony Quinn. Madrid, 1966

assistent (Kaffee holen) dabei sein durfte, erzählte mir von seinem Projekt *Sorbas*. Auch meinte er, dass vielleicht eine größere Rolle, wenn es zustande käme, allerdings mit wenig Gage, für mich dabei sei.

Da lernte ich in Rom, Gott sei Dank, Anthony Quinn kennen. Er strahlte für mich das aus, was ich ihm angedichtet hatte, Wir waren essen mit einigen Film-Menschen. Richtig kennen gelernt hatte ich Anthony nicht. „Natürlich Deutscher, wie viele hier, bist du Schauspieler?" Ich nickte. Er machte ein Zeichen mit den Fingern für „Kleiner Glücksritter, du schaffst das schon".

Noch einmal habe ich ihn getroffen, Herbert List hatte mir ein Paket Fotos für Vittorio De Sica mitgegeben, sie hatten zusammen ein Neapel-Buch herausgebracht. Piazza Navona, in einem Lokal hat er mich erwartet, da saß er mit Anthony Quinn. Gebauchpinselt war ich, dass Anthony mich wiedererkannt hat. Cacoyannis machte den Film, aber die Rolle bekam ich nicht. Sirtaki, der Tanz, wurde weltberühmt, noch weltberühmter wurde Anthony Quinn und dazu ein griechisches Symbol. Ein riesiges Anthony Quinn-Bild, natürlich von mir, zierte den Eingang zum griechischen Lokal Kytaro in München.

1966 in Madrid. Brüllende Hitze, der Film *Lost Command – Sie fürchten weder Tod noch Teufel* wurde gedreht. Alain Delon und Anthony Quinn spielten die Hauptrollen. Mit Anthony hatte ich eine Verabredung. „Da ist er ja wieder. *Sorbas* hast du verpasst, aber weil ich dich mag, bekommst du den Sirtaki ganz allein für dich."

In großer Form, sehr ausdrucksvoll, damit ich ja mit der Kamera folgen konnte, tanzte Anthony alle Figuren, sogar das Taschentuch wurde, auf den Kopf stehend, mit dem Mund vom Boden aufgehoben.

Zwei Oscars hat dieser gewaltige Darsteller bekommen, dazu noch unzählige andere Preise. Er starb am 3. Juni 2001 in Boston.

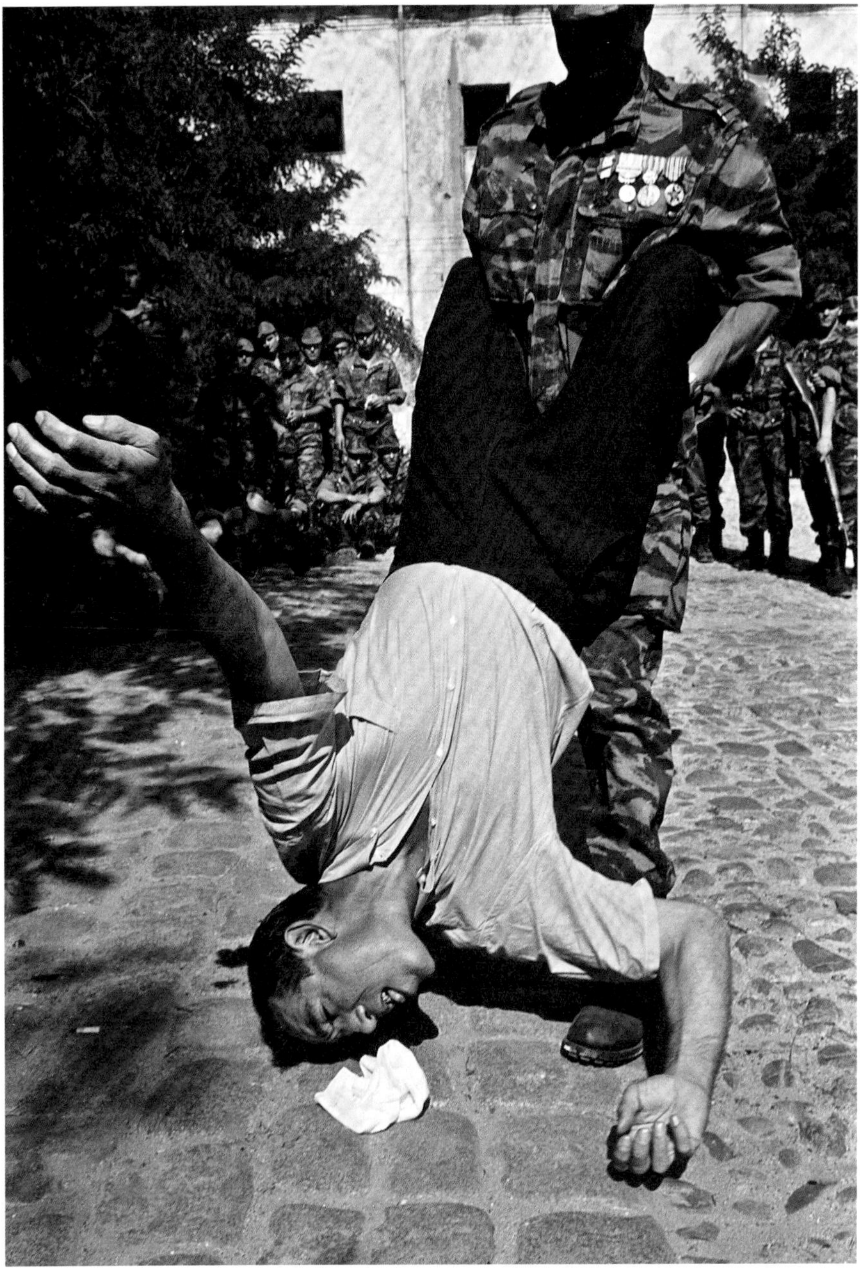

Anthony Quinn tanzt Sirtaki. Madrid, 1966

68. Charles Aznavour

Musiker und Schauspieler, geboren am 22. Mai 1924 in Paris, gestorben 2018 in Mouriès

Du lässt dich geh'n … Kann man von Charles Aznavour nicht sagen. Er war ein Arbeiter, nicht nur, um seine sechs Kinder – Seda, Charles, Patrick, Katia, Misha Lev, Nicolas – zu ernähren.

Dieses Lied hängt mir oft im Gehirn, vor allem in ganz privaten Momenten. Dann noch einer meiner Lieblingsfilme, *Schießen Sie auf den Pianisten.*

Die Berge voll Schnee, Schweiz, 1982, ich warte auf einen Freund im Garten. Ein netter, freundlicher Herr, kostümiert, sitzt neben mir, wir sprechen über alles Mögliche, er um gutes Deutsch bemüht, aus Paris, er kennt Pierre Kalfon, Filmproduzent, einen meiner Uralt-Freunde.

Regisseur Hans W. Geißendörfer dreht hier, im stillgelegten Grand Hotel im Luftkurort Leysen. Alle Drehorte wurden in einen alten Zustand versetzt, auch der Garten. Thomas Mann würde sich freuen über die Gestaltung seines *Zauberbergs.* Auch Luchino Visconti hatte sich mit dem Buch befasst, die deutschen Themen haben ihn fasziniert.

Herzlicher Empfang durch den Regisseur: „Konnte dir keine Rolle geben, aber schau es dir selber an! Der da, mit dem du gequatscht hast, war Charles Aznavour." Geißendörfer lacht. „Die Besetzung wird dir gefallen." Rolf Zacher, Christian Blech: schon zwei meiner Lieblingsschauspieler, und in der Hauptrolle Rod Steiger. Kameramann Michael Ballhaus, bevor er in die USA verschwand.

Tausend Themen hat Aznavour, tausend Chansons produziert, davon achthundert selbst geschrieben, in ca. achtzig Spielfilmen mitgewirkt. Dann war er noch armenischer Botschafter in der Schweiz, armenischer Vertreter bei den Vereinten Nationen in Genf. In Volker Schlöndorffs *Blechtrommel* hat er auch gespielt.

Seine armenische Familie, geflüchtet nach Frankreich, brauchte neunzehn Jahre, bis der französische Staat sie als Franzosen aufnahm. Er wurde am 22. Mai 1924 in Paris, Saint-Germain-des-Prés, geboren. Sein Herz blieb am 1. Oktober 2018 in Mouriès stehen.

Über diesen Mann könnte man unendlich weitererzählen. Er war großartig.

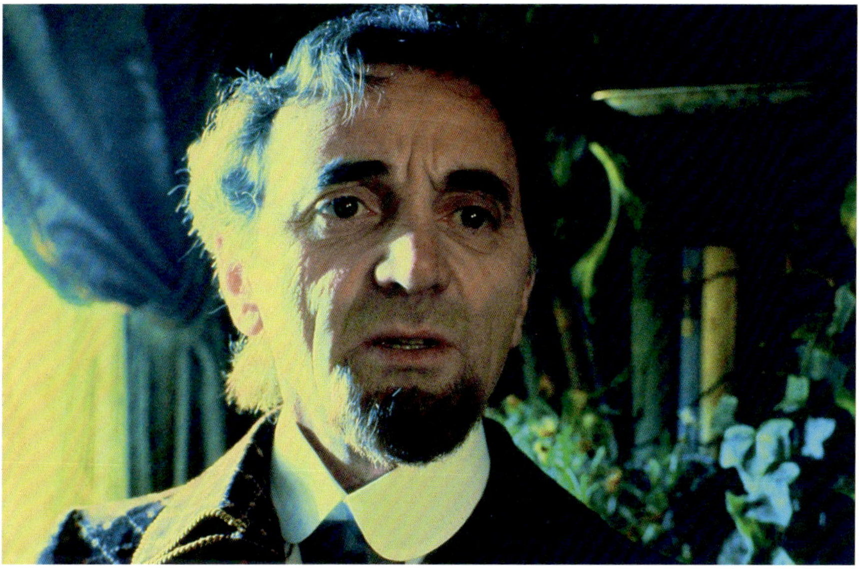

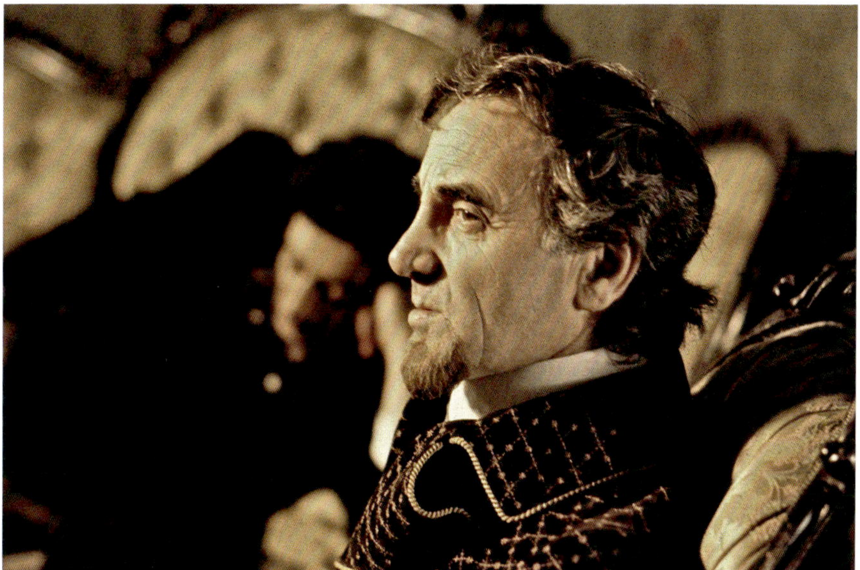

Als Leo Naphta in Hans W. Geißendörfers Thomas Mann-Verfilmung *Zauberberg*. Leysin, Schweiz, 1982

69. Lauren Hutton

Schauspielerin und Fotomodel, geboren am 17. November 1943 in Charleston

Mary Lauren Hutton – wieso muss ich beim Betrachten ihrer Bilder an Botticelli denken? Speziell an *Geburt der Venus*, fast nackt in der Muschel stehend. Blaue Augen hat die Venus nicht, aber Lauren Hutton schon. Ihre Nase ist nicht so zierlich, wie Botticelli sie sich für Frauen in seiner Zeit gewünscht hat. Figur dürfte einigermaßen hinkommen. Das wollte Lauren beweisen, als sie sich mit einundsechzig Jahren nackt ablichten ließ für das US-Magazin *Big*. Natürlich um zu zeigen, dass es Schönheit im Alter gibt.

Wenn man fünfundzwanzigmal auf dem Titelbild der *Vogue* abgebildet war, hat die Welt ein Recht darauf, zu beobachten, wie das im Alter weitergeht. Behaupte ich. Es ging bestens weiter. Ihre erotische Ausstrahlung ist vorhanden, die Zahnlücke zwischen den Schneidezähnen erhöht das noch.

Charleston, South Carolina, kennt jeder, dort wurde Lauren am 17. November 1943 geboren. Der Vater zog in den Krieg. Die Mutter zog nach Miami und Tampa, Florida, ihre Tochter lernte den Vater niemals kennen. Der verstarb mit siebenunddreißig Jahren an einem Herzinfarkt. „Es war das Schmerzlichste in meinem Leben, meinen Vater nie zu treffen." Wie weit diese Tatsache Einfluss auf ihr Leben hatte, hätten ihr sicher manche Psychiater bestätigt. War das der Grund, dass sie jahrzehntelang ihre Freunde nicht preisgab? Man kannte nur ihren Manager Bob Williamson, der angeblich dreizehn ihrer Millionen verschleuderte, ihr aber in siebenundzwanzig Jahren Zusammenarbeit fünfmal das Leben rettete und dafür sorgte „dass sie nicht von der Arbeit verführt wurde".

2000 schloss sich Lauren mit Dennis Hopper, Laurence Fishburne und Jeremy Irons einer Motorradgruppe an, in der Nähe des Hoover-Staudamms stürzte sie bei 160 km/h, mehrere Beinbrüche, gebrochener Arm, gebrochene Rippen und ein Lungen-Durchstich. Zuvor hatte sie gesagt: „Ich liebe das Gefühl, ein nacktes Ei auf diesem pochenden Stahl zu sein."

Zweiunddreißig Filme, das ist sehr viel für ein Top-Fotomodel und für eine Vertreterin vieler Kosmetikmarken, darunter der eigenen, „Good Stuff".

„Wenn du durch genetischen Zufall zum Vorbild wirst, dann sei jemand, zu dem man aufschauen kann." Ein großartiger Ausspruch mit einer gesunden Selbstverständlichkeit. Auch der ist nicht schlecht: „Liebe zu machen ist ein gutes Work-out, Sex ist für mich immer noch ein Schönheitsgeheimnis."

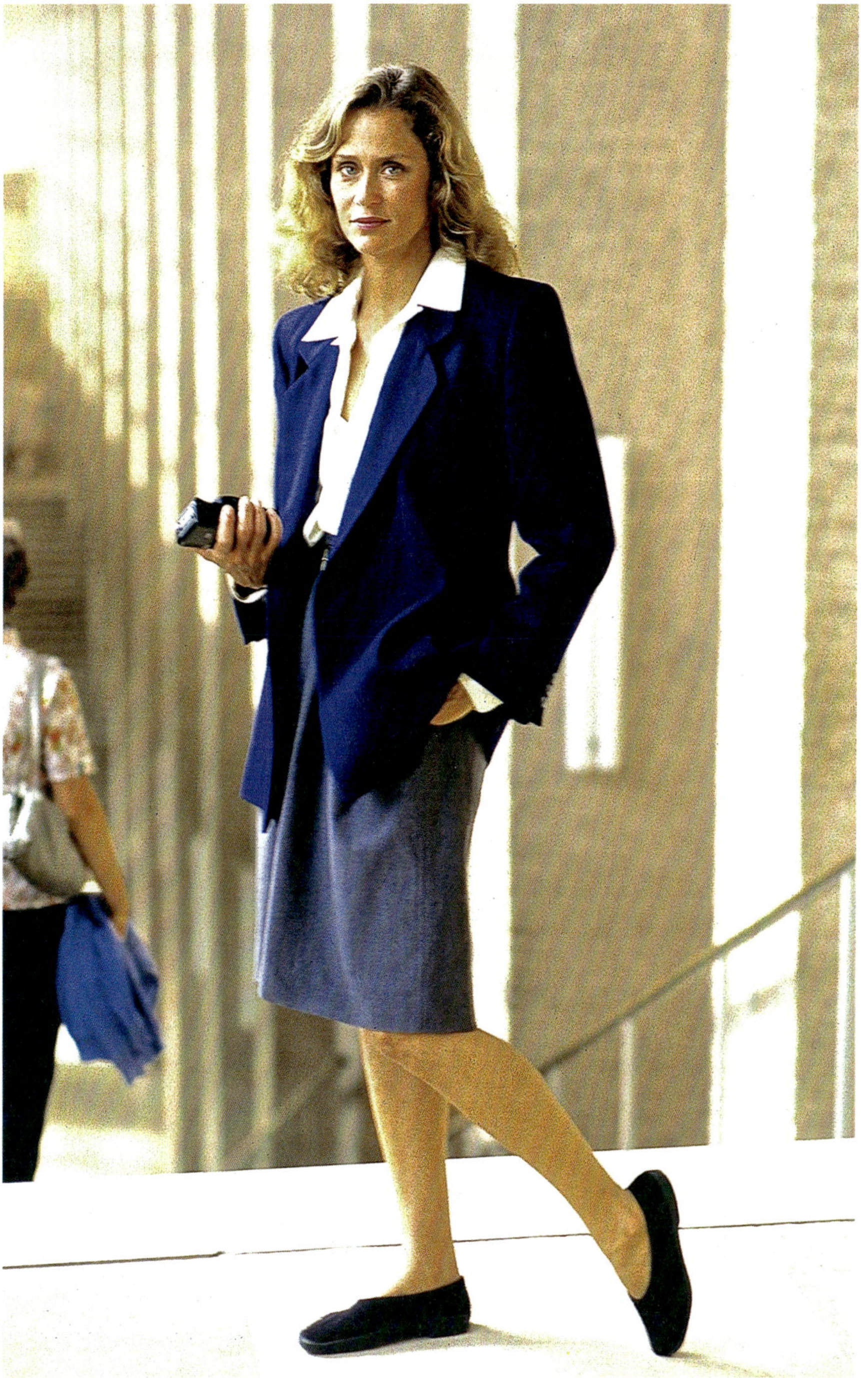

Lauren Hutton, Alte Pinakothek, München

70. Christine Kaufmann

Schauspielerin, geboren am 11. Januar 1945 in Lengdorf, Steiermark, gestorben 2017 in München

Denke ich an Christine Kaufmann, denke ich sofort an Theo Crash, Lindwurmstraße, im Crash, dort, wo barbusige Frauen, ohne die Hände zu benützen, von ihm angefeuert Sauerkraut um die Wette verschlangen. Wo Theo alle damaligen weiblichen Größen der Nachtwelt kennenlernte und morgens um fünf Uhr in meiner Küche in der Siegfriedstraße Frühstück veranstaltete. Dort lernte er auch Christine kennen, ein Wunder, Christine war kein Nachtmensch. Eher arbeitsaktiv.

In Lengdorf, Steiermark am 11. Januar 1945 geboren, die Mutter Genevieve Gavaert, französische Maskenbildnerin, der Vater ein deutscher Luftwaffenoffizier, Johannes Kaufmann. Aufgewachsen in München, ging sie hier zur Balletschule, wurde als Achtjährige von Regisseur Harald Reinl entdeckt. 1954 drehte er mit ihr den Kassenerfolgsfilm *Rosen-Resli*. Sie wurde sofort zum Kinderstar. Arbeitete an ca. fünfzig Filmen mit. Gewann den Golden Globe Award 1962 als beste Nachwuchsdarstellerin mit siebzehn Jahren. Alle waren in sie verliebt und entsetzt, als sie 1963 mit Tony Curtis zum Traualtar schritt. Bei den Dreharbeiten zu *Taras Bulba* hatten sie sich lieben gelernt.

In den Ehejahren wurden Alexandra und Allegra geboren. 1968 war sie frei und wieder zu haben, Theo war wieder da, es folgten noch drei Ehen, mit Achim Lenz, Reno Eckstein und Klaus Zey.

Ihrem Namen getreu, Kaufmann, verkaufte sie alles Mögliche, naturnahe Lebenshilfen. Das berühmte Vorbild in *Kir royal*, Herr Haffenloher (Hemmelrath), Lackhersteller („Ich scheiß dich zu mit meinem Geld"), wurde von ihr gebeten, bei einer Möbelproduktion mitzufinanzieren, ob es gelang, weiß ich nicht.

Ihre Warenliste war erstaunlich, alles Naturerzeugnisse:

Body clean
Face glow
Hair glow
Toe Care
Aqua Oil
Himalaya Waschcreme

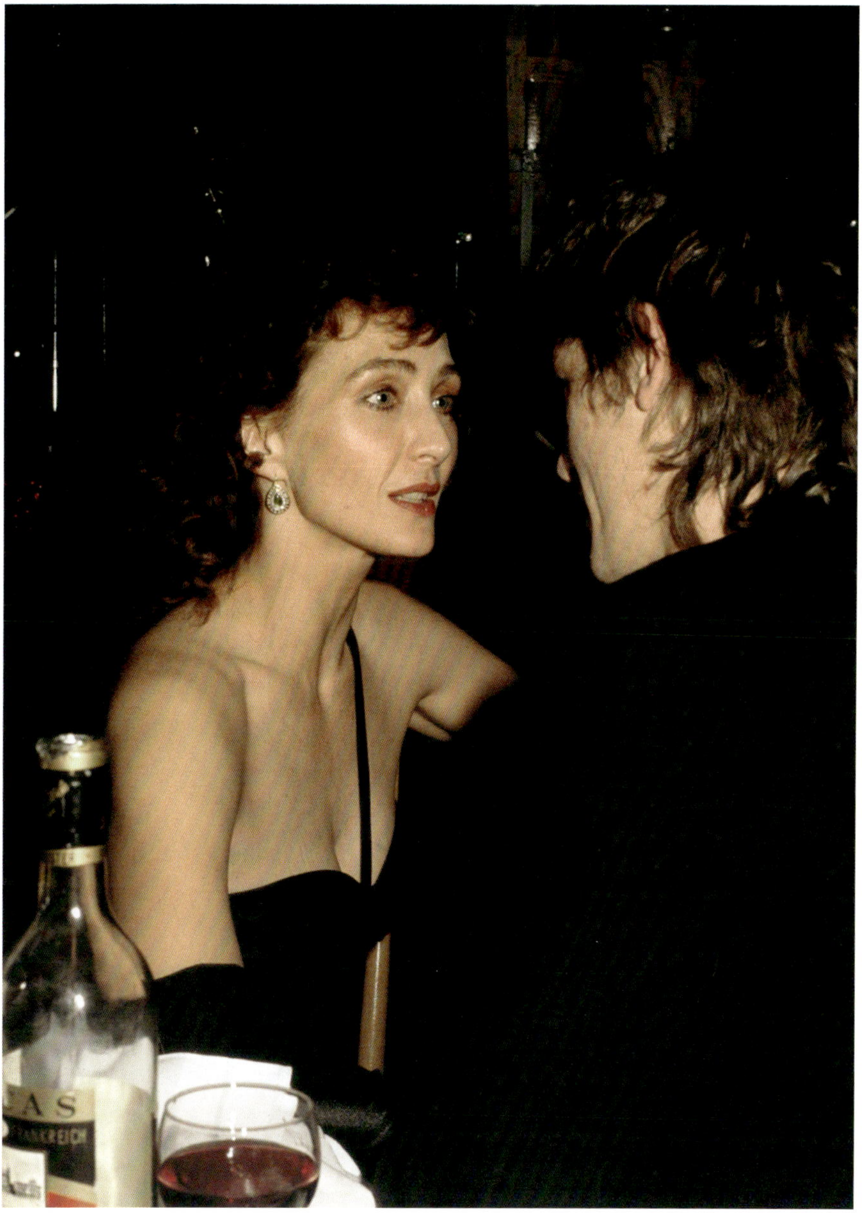

Christine Kaufmann. München, 1993

CHK Schüttellotion
Culture Banana Peeling
CHK Minze Duo
Culture Gel
Collagen-Maske
Culture Coconut Cellulose Maske
CHK Culture Hand Smoother
CHK Coconut Food Scrub
Water Feeling Rosy Emotion
Emotion Water Spring Fever
Emotion Water Romance

mit der Firma Art of Healing.

Wenn ich mich in unserem Schlafzimmer umdrehe, sehe ich ein aufgeblasenes Luftkissen mit einem ausgesparten Platz für den Kopf meiner Frau. Das ist auch ein Teil aus Christine Kaufmanns Bauchladen.

Leider ist sie am 28. März 2017 an Leukämie gestorben, beerdigt wurde sie an der Seite ihrer Mutter in Vernon nahe Paris.

Auch meine Hornhaut schleife ich mit einem CHK-Stein.

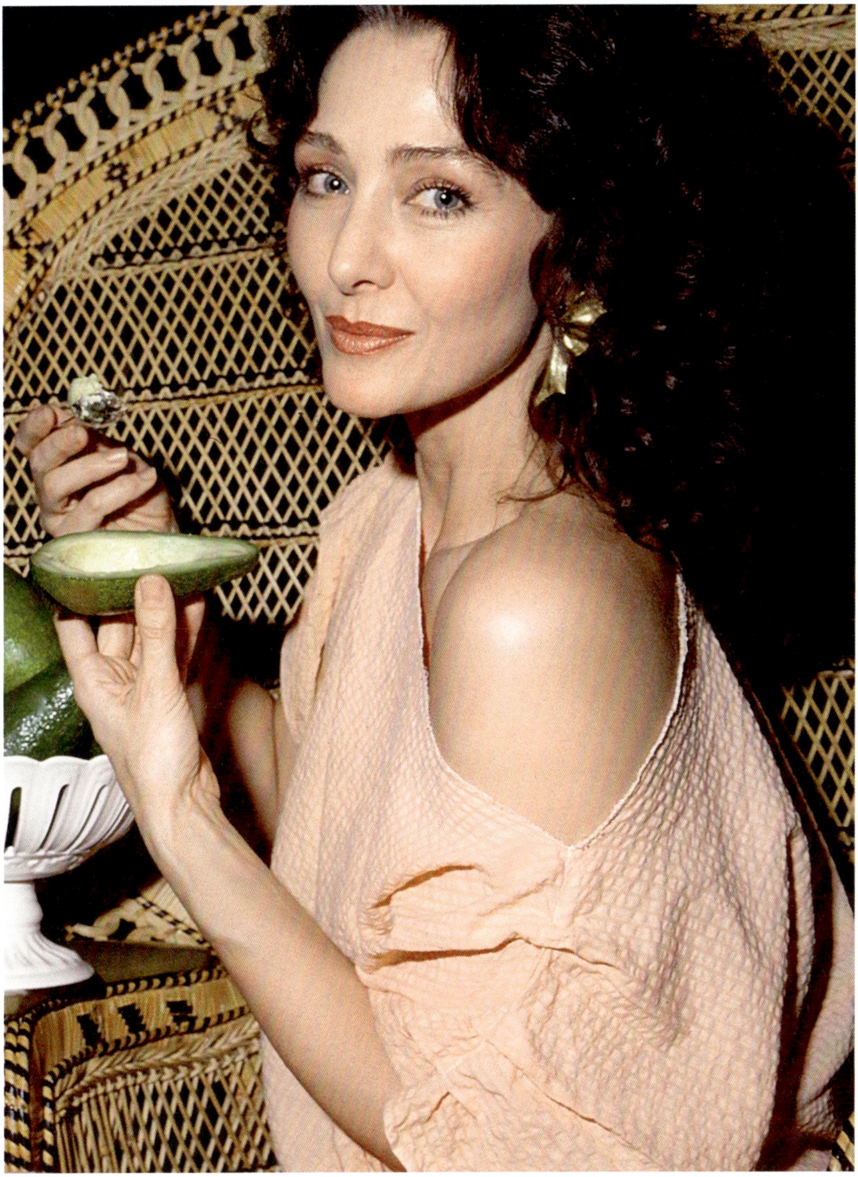

Werbefoto für CHK-Kosmetikprodukte. Bayerischer Hof, München, 1987

71. Uschi Glas

Schauspielerin, geboren am 2. März 1944 in Landau an der Isar

Freunde von mir drehten irgendwo in der niederbayerischen Tundra, ich hatte in der Hohenzollernstraße 36a das Studio vom Fotografen Karl Heinz Ludwig übernommen. Ein Tonassistent war bei den Arbeiten dabei, brachte mir eine Kamera zurück, in Begleitung eines sehr hübschen Mädchens, Ursula.

BMW zahlte 1966 9,1 Millionen für die Werksübernahme Glas aus Dingolfing, das konnten wir 1964 nicht wissen. Aber das wäre der Wert dieses Wesens, wenn's die Tochter der Landmaschinenfabrik Glas gewesen wäre. Das flüsterte der Assistent mir heimlich ins Ohr. Wollte er angeben oder wusste er wirklich nicht, dass Vater Glas zwar dort arbeitete, aber noch nicht mal verwandt war mit dem Besitzer?

Uschi benahm sich nicht wie ein Landei, sondern spazierte sehr locker durch meine beiden Studios, nahm Fotos in die Hand: „Du kannst ja mal Bilder von mir machen." Dass sie schon in einer Firma, Maschinen Bayer in Dingolfing, als Buchhalterin gearbeitet hat, wussten wir nicht, aber sie strahlte Sicherheit im Umgang mit Fremden aus.

Die nächste Begegnung mit Helga Ursula Glas, geboren am 2. März 1944 in Landau an der Isar, fand in Begleitung eines weiteren Freundes statt, Bobby Arnold, Sohn des berühmten August Arnold, der das Malteserkreuz für die Filmkamera entwickelt hat, vierundzwanzig Bilder in der Sekunde, damit lernten die Fotos laufen. Seine Firma auch, Arri: mit deren Hilfe und der von Bobbys Vater konnte ich meinen ersten Spielfilm, *Mädchen, Mädchen*, fast ohne Geld produzieren.

Die beiden jungen Leute machten einen glücklichen Eindruck, wir haben uns in der Agentur Alexander, die auch meine damalige Frau Helga Anders betreute, öfter getroffen. Später haben Bobby und Max Graf Lamberg die Plätze getauscht, aus Ursula war längst Uschi geworden, das Schauspielen übte sie mit Anne-Marie Hanschke. Dann kam ihr Ehemann Bernd Tewaag und heiratete 1981 die unterdessen sehr berühmte Uschi, sie bekamen drei Kinder, Benjamin, Alexander Christoph und Julia.

1984, *Mama Mia – Nur keine Panik* war der Film, in dem ich auch mit ihr spielen durfte. Vor Kurzem im Bayerischen Hof haben Uschi und ich noch mal Fotograf und unbedarftes Mädchen für die Fernsehkamera nachgespielt.

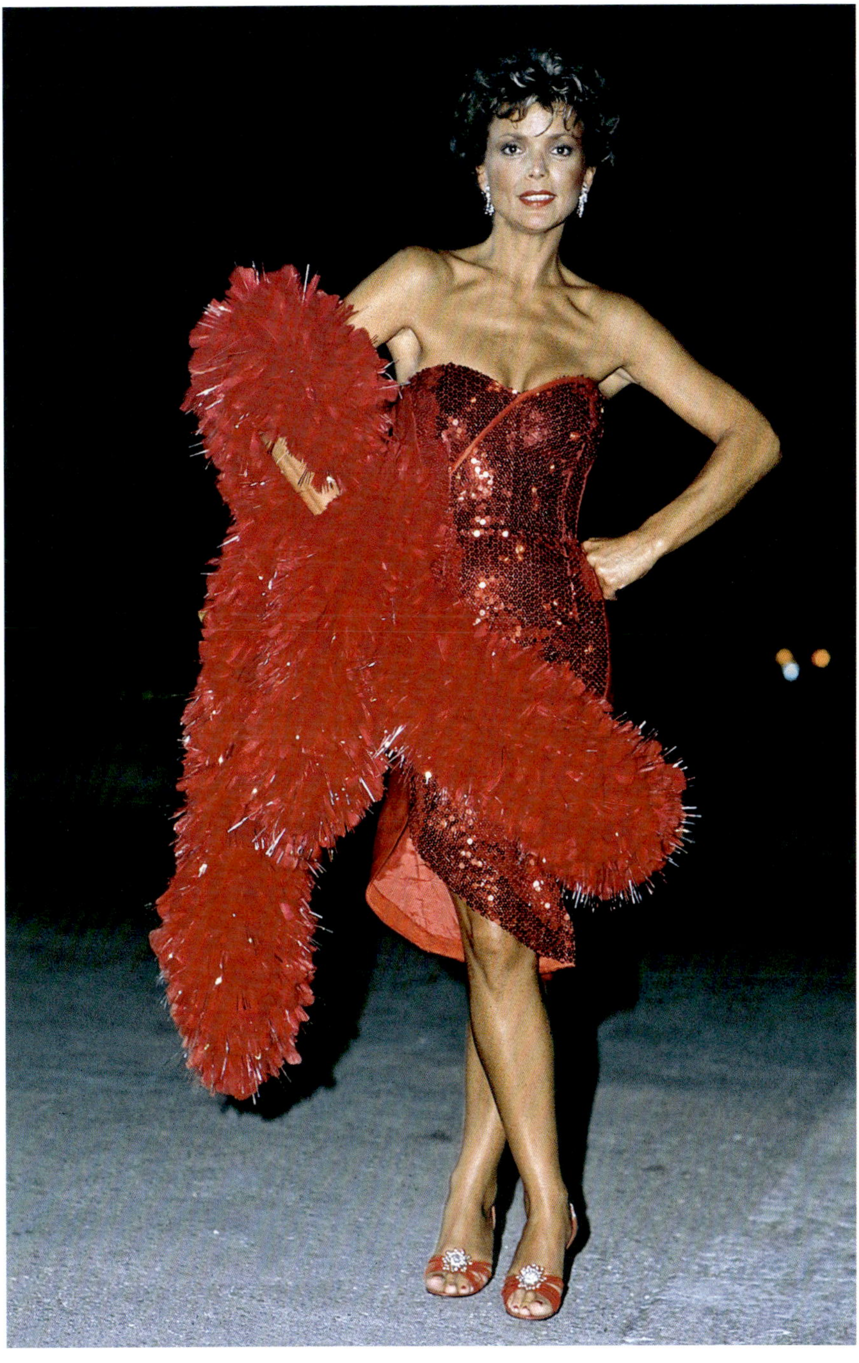

Auf Ibiza, 1984

Der Erfolg lässt sich an diesen Zahlen ablesen: ca. fünfzig Spielfilme, sechzig TV-Filme, fünfzehn Stücke im Theater gespielt. Veröffentlichungen ohne Ende, zwölf Drehbücher geschrieben und bearbeitet und dafür unendliche viele Preise, Bravo Otto, Bambi, Romy, Goldene Kamera usw. eingeheimst sowie Bundesverdienstkreuz erster Klasse. „brotZeit e. V." ist eine ihrer großen sozialen Leistungen, zusammen mit ihrem jetzigen Ehemann, Dieter Hermann.

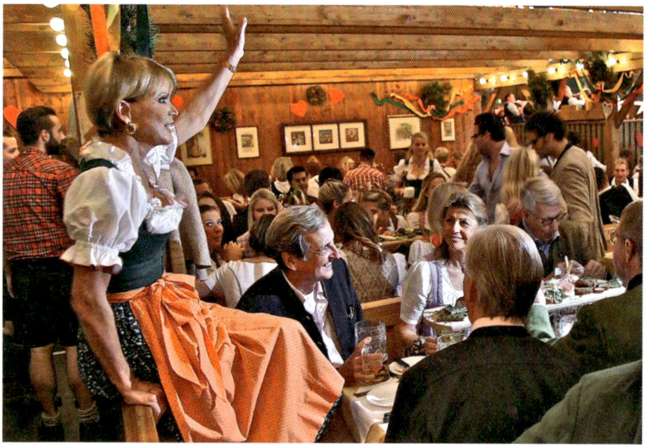

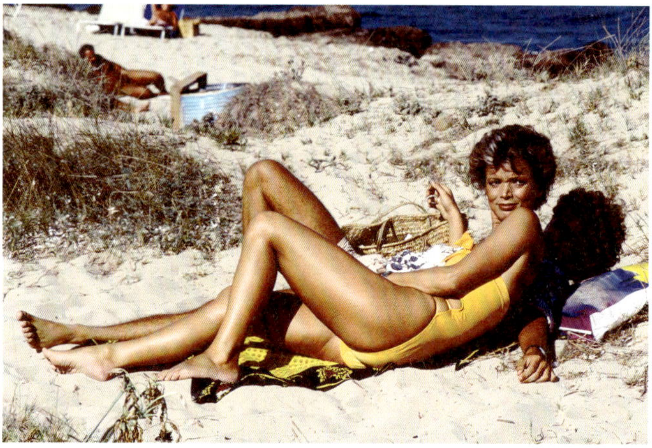

oben: Auf dem Oktoberfest. München, 2015
unten: Bei Dreharbeiten zu *Mama Mia – Nur keine Panik*. Ibiza, 1984

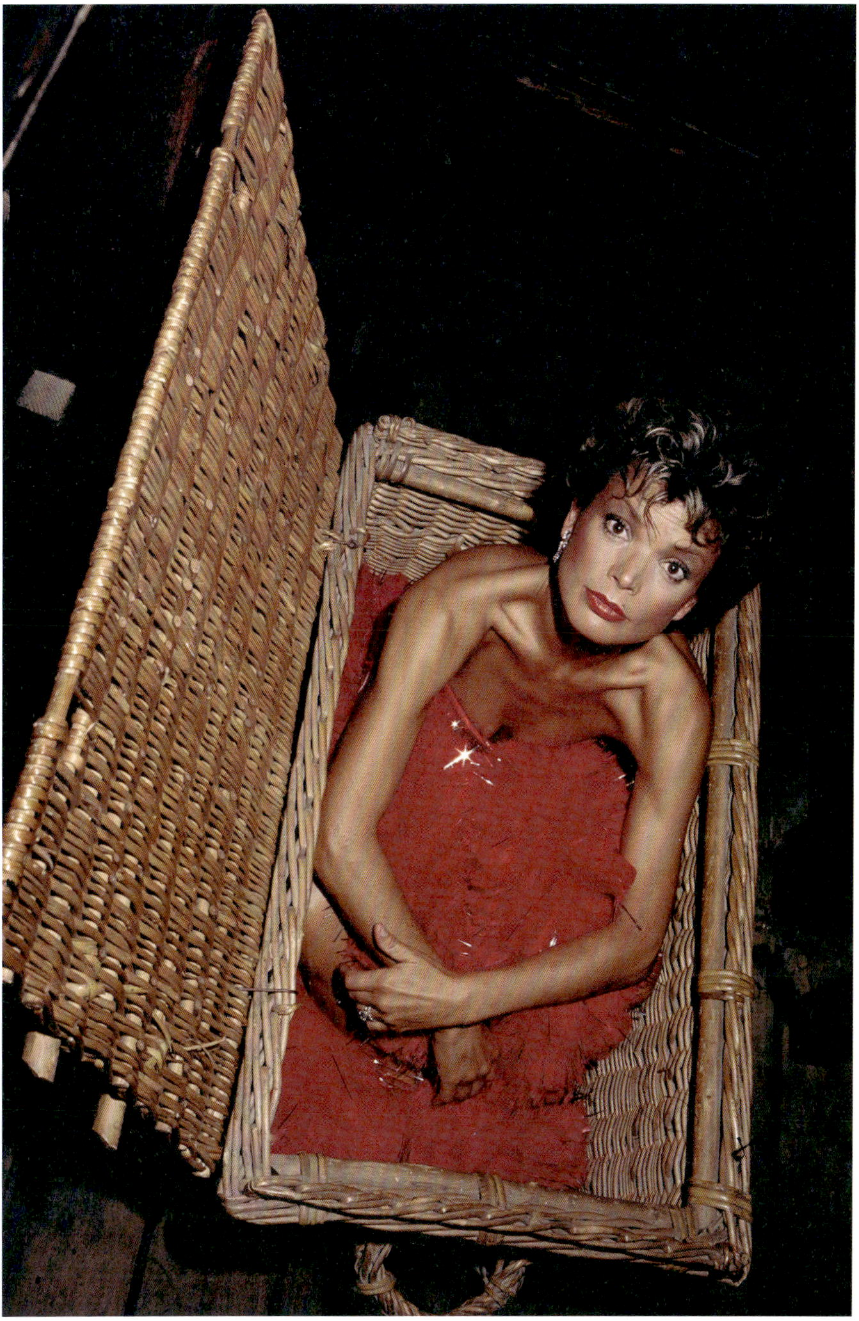

Uschi Glas. Ibiza, 1984

72. Bea Fiedler

Schauspielerin und Fotomodel, geboren am 28. Juni 1957 in Duisburg

„Ich bin ein Star." Stimmt, sie ist ein Star, trotzdem wurde sie für das Dschungelcamp nicht gewählt, aus meiner Sicht wäre sie eine enorme Bereicherung für die eingeschlafene Veranstaltung gewesen. Vielleicht war das Dschungelcamp nicht schlafen gegangen, sondern die Fernsehgucker.

1957 wurde sie in Duisburg geboren, damals eine finstere, verrauchte Stadt, ich weiß es aus meiner Arbeit beim *Kölner Stadtanzeiger* und vom Besuch meiner Verwandten in Essen, Gladbeck. Dass ein so perfektes, sauberes Wesen aus diesem Drecksloch hervorkam, erstaunt.

Pfarrer Kneipp-Stadt Bad Wörishofen: Gerüstet mit drei Blitzen und verschiedenen Lichtgeräten, stand ich in einer kleinen Schwimmhalle. Die Halle verfügte über einen besonders starken Wasserstrahl, der unter Wasser das überquellende Körperfett wegpusten sollte. Es brauchte dazu allerdings einige Tage. Der Bademeister und Unterwassermasseur sagte: „Das bekommen wir hin, ich verspreche Ihnen, das ist auf den Fotos zu erkennen." Ein Unterwassermassierfoto war meine Aufgabe. Es wurde extra ein Glaskasten gebaut, damit sollten Bilder gleichzeitig über und unter Wasser gelingen. Wo ist das Playmate vom Juni 1977? Bea Fiedler kam lachend im Bademantel angeschossen, sehr genau wurde der Bademeister abgeschätzt. Mit mutigem Sprung war sie nackt im Pool. Herr Wendig, so hieß der Masseur, flüsterte: „Kein Fett." Ich, abwinkend: „Die Bilder müssen ja auch ansehnlich sein".

Dann begann dieses Martyrium, elf Stunden verbrachte Bea im Wasser, zweimal weigerte sich der Masseur, weiterzumachen, mit einer kleinen D-Mark-Gabe löste sich das Problem. Auch ich stand im Wasser, mit dem Glaskasten, Kamera darin. Ständig fielen wegen Wasserdampf und Feuchtigkeit die Blitze aus. Erschöpft kamen wir zum Ende. Bea hatte meine volle Bewunderung, kein einziges Mal hatte sie sich beschwert. Wahrscheinlich war sie um fünf Zentimeter geschrumpft, die Haut ganz runzlig. Ihr Gesicht war nach dieser Tortur allerdings noch in bester Form.

Bea hat im Laufe der Zeit – angefangen mit *Hurra, die Schwedinnen sind da* und dreimal *Eis am Stiel* – ca. dreißig Filme gedreht, mit Erfolg. Nur in der falschen Sparte. Eine Verschwendung von besten Ressourcen, mit einem perfekten, bildschönen Körper.

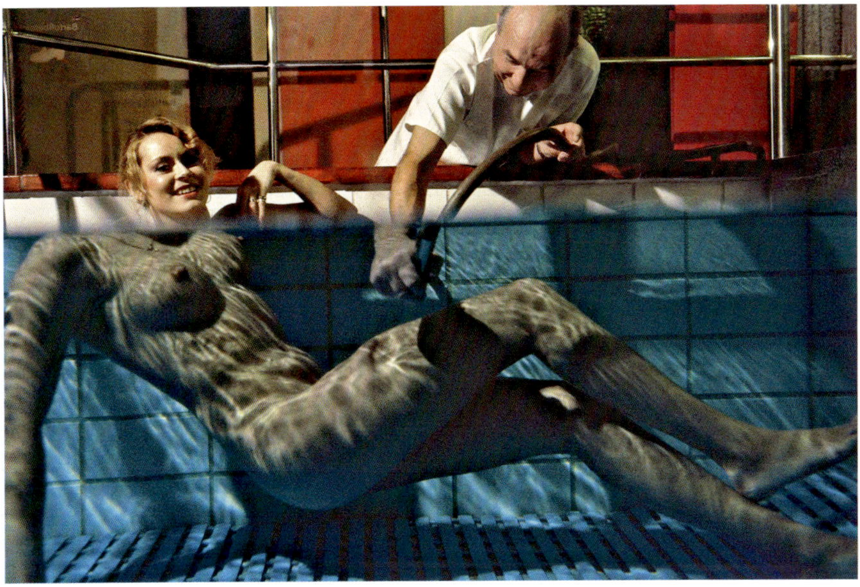

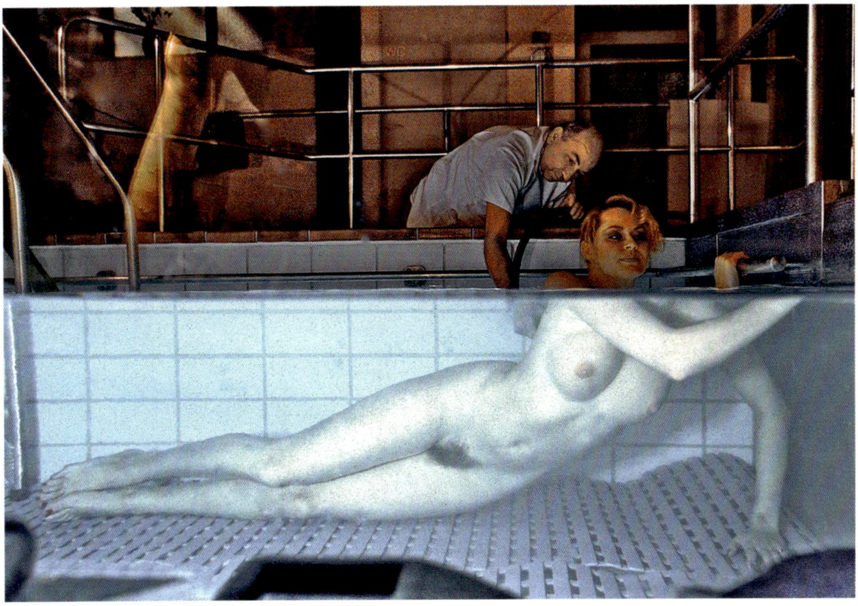

Werbekampagne für Bad Wörishofen, 1982

Wenn eine Schauspielerin von ihrem Fach geprägt ist, kommt sie unmöglich wieder heraus, denn auch Filmemacher sind bürgerliche Spießer, das hat Bea immer weiter nach Ibiza getrieben und dort festgehalten. Einige Jahre später habe ich einen zwölfminütigen Dokumentarfilm über *Bea in Ibiza* gedreht. Zitat Bea: „Wenn ich schon diese Filme drehe, kann ich auch in echt so leben."

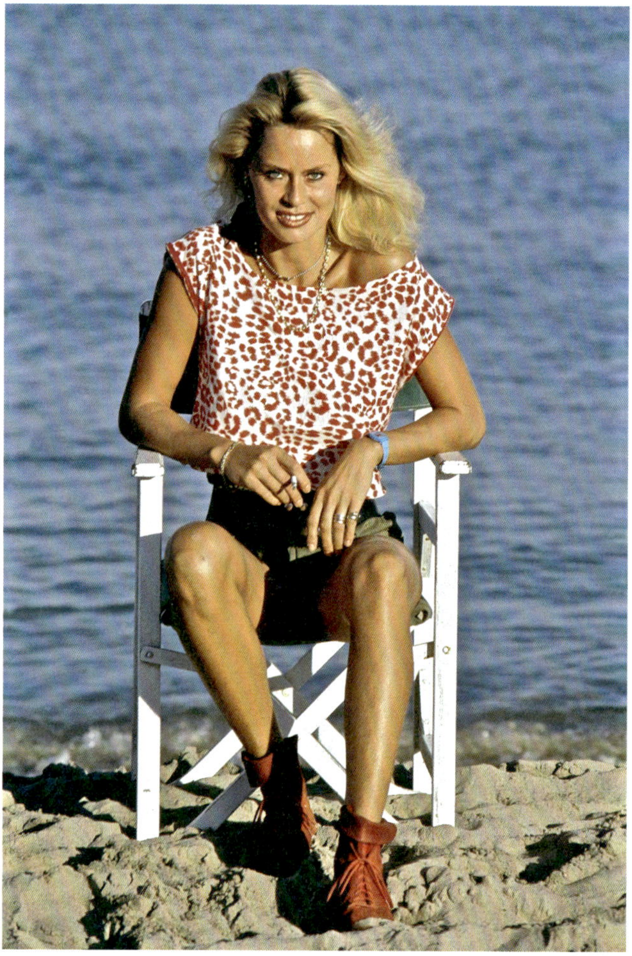

Bea Fiedler auf Ibiza, 1981

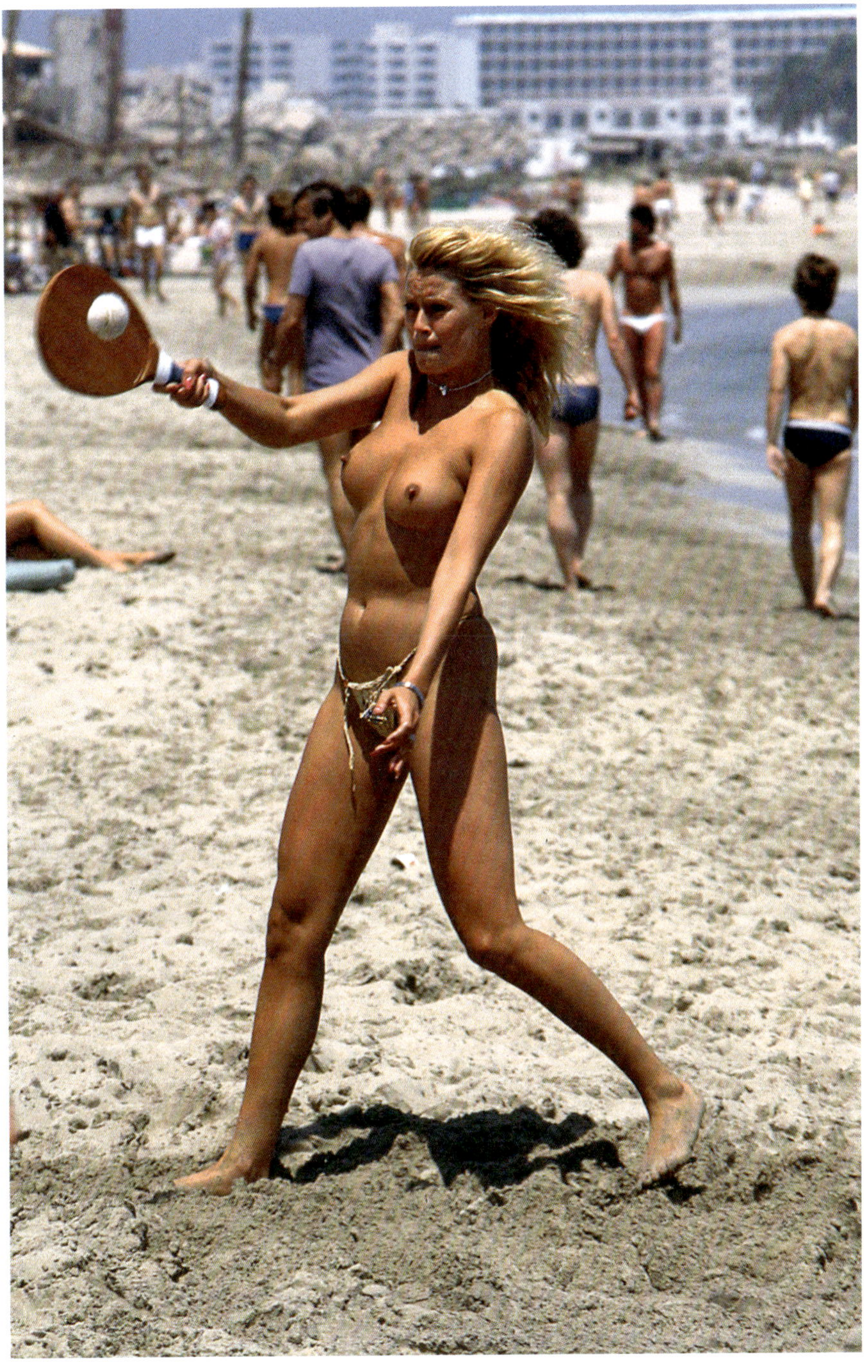

Ibiza, 1979

73. Ingrid van Bergen

Schauspielerin, geboren am 15. Juni 1931 in Danzig

Das Erstaunliche ist, was dieser Lehrer-Beruf hervorbringt. Politiker und Künstler, meistens Schauspieler. Es muss in den viel besprochenen Genen liegen. Ob es ein Lehrer-Gen gibt? Auf jeden Fall war auch Ingrids Vater Lehrer, sie hat ihn nur zehn Jahre erlebt, am 22. Juni 1941 fiel er am ersten Tag des Unternehmens Barbarossa. Die Zeit war nicht freundlich für eine Witwe mit vier Kindern, speziell in diesem Landesteil zwischen Danzig und Masuren: Militär, Polen, Deutsche, Russen ziemliches Durcheinander. Für Ingrids Mutter ging die Flucht weiter auf dem Dampfer Moltkefels nach Lübeck über die Ostsee. Zweitausend Flüchtlinge. Die Russen hatten das nicht gern, und ein Bomber versenkte das Schiff. Fünfhundert Tote – mit einem der Rettungsboote kamen sie zurück ans Land. Doch die Mutter gab nicht auf, mit dem nächsten erreichbaren Boot kamen sie nach Kopenhagen, dann ins Auffanglager Skagen, wo die fünf bis 1948 lebten.

1950 kamen sie nach einigen Zwischenstationen in Reutlingen an, Ingrid machte hier ihr Abitur. Das war damals nicht der richtige Ort für eine blonde Neunzehnjährige, ein lebenshungriges Wesen. Großstadt Hamburg, staatliche Hochschule für Musik war schon besser, dort nahm sie Schauspielunterricht, später auch noch Gesangsstunden. Sofort begann ihre Karriere, von Regisseur Helmut Käutner entdeckt, in ca. zweihundert Filmen und TV-Produktionen hat sie mitgewirkt. Mit ihrer rauchigen Stimme war ihr Fach schnell gefunden: Geliebte, Strichmädchen, die böse Seite des Weiblichen. Natürlich war sie auch auf vielen Theaterbühnen zu sehen. Dann die erste Hochzeit, mit Erich Sehnke, und dazu die erste Tochter, Andrea. Der zweite Mann, Michael Hinz, war ein Freund von mir, wohnte in München, Schwabing, damals haben wir uns öfter getroffen.

Am 1. Februar 1977: In einen Lokal, Brienner Straße, saßen am Nebentisch das Fotomodel Lo Sachs, Klaus Knaths und einige andere, wir haben uns unterhalten. Dieser Klaus Knaths gefiel mir besonders gut, auch meine Begleiterin hörte nicht auf, mit ihm zu flirten. Am nächsten Tag traf ich in der Maximilianstraße Ingrid van Bergen, erzählte von dem gestrigen Abend, dass der Klaus bei meiner Freundin gut angekommen war. Sie wollte wissen, wer sonst dabei war: „Lo Sachs …“ Sie verabschiedet sich wie immer.

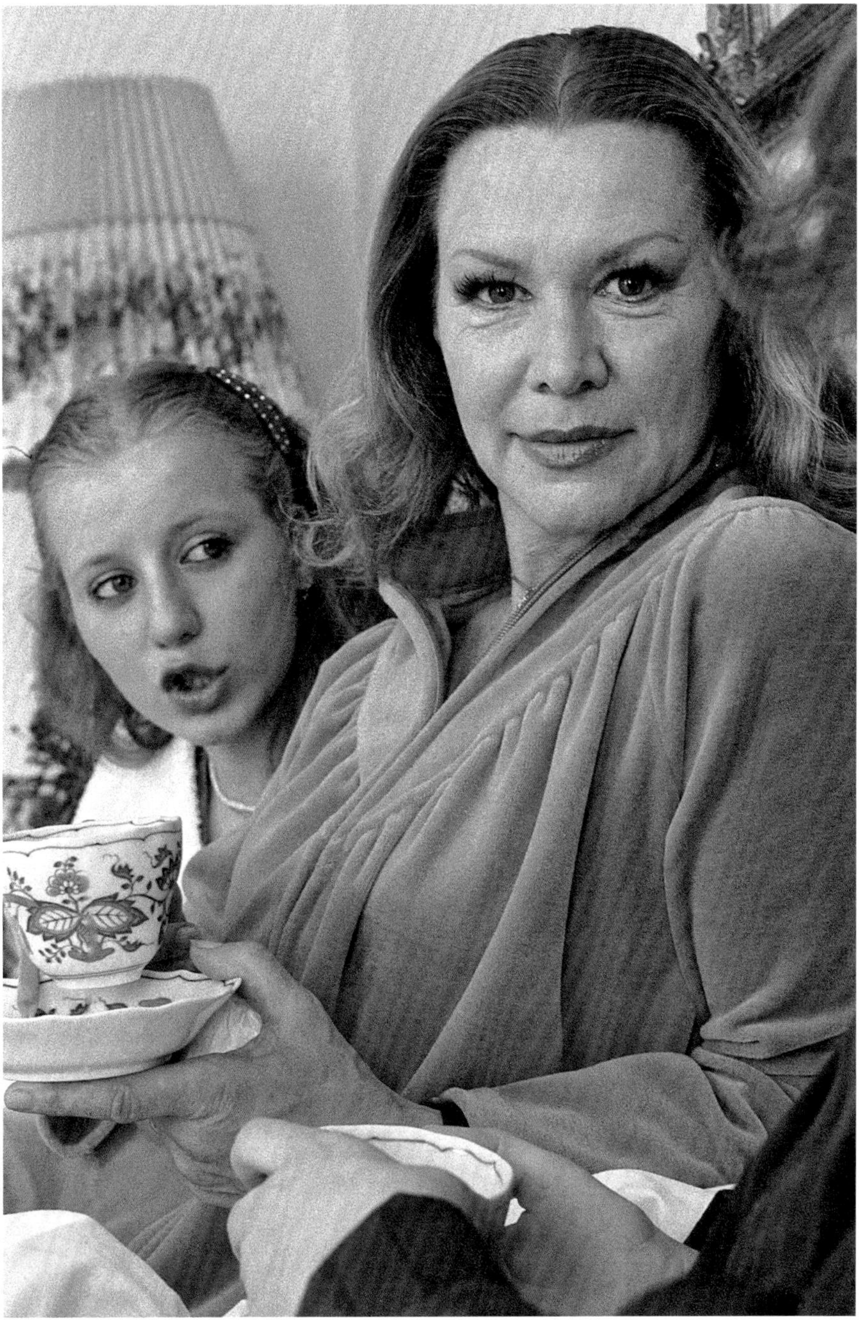

Auf Freigang aus der Haft mit Tochter. Oberammergau, 1979

Dann der Presse-Knall: „Ingrid van Bergen erschoss ihren untreuen Geliebten.“ Alle Zeitungen und Sender waren voll mit immer Neuem von der grauenhaften Tat. Was ich hörte: Ingrid wartete auf ihn, war stinksauer, hat eine ganze Flasche Wein ausgetrunken, nahm zur Beruhigung Valium-Tabletten. Wollte sich umbringen, holte die Pistole, da kam er zurück. Sie schoss auf ihm, während er mit seiner Mutter telefonierte. Er sagte zu seiner Mutter: „Die schießt auf mich“, da kam der zweite Schuss, er torkelte in den Garten, verblutete auf dem Rosenbeet. Ingrid telefonierte mit der Polizei: „Hier ist ein Toter.“ Dahinter der schöne Starnberger See.

Rolf Bossi, der Staranwalt, verteidigte sie. Auch ich war als Zeuge geladen. Urteil am 27. Juli 1977: wegen Totschlags sieben Jahre, die verbrachte sie in der JVA Aichach, mit einer Unterbrechung: Ich durfte sie für zwei Tage abholen und zu ihren Töchtern bringen.

Diese zwei Tagen waren sehr ausgelassen in einem Oberammergauer Hotel, phantastische Töchter und eine sehr souveräne Mutter. Kein Wort über die Tat, keine Diskussion. Am 2. Oktober 1981 wegen guter Führung entlassen. Nach Versuchen, wieder in die Branche zu kommen, was anscheinend sehr schwierig war, holte sie sich über hundert Tiere in die Finca auf Mallorca, lebte dort, bis sie 2001 in die Lüneburger Heide zog.

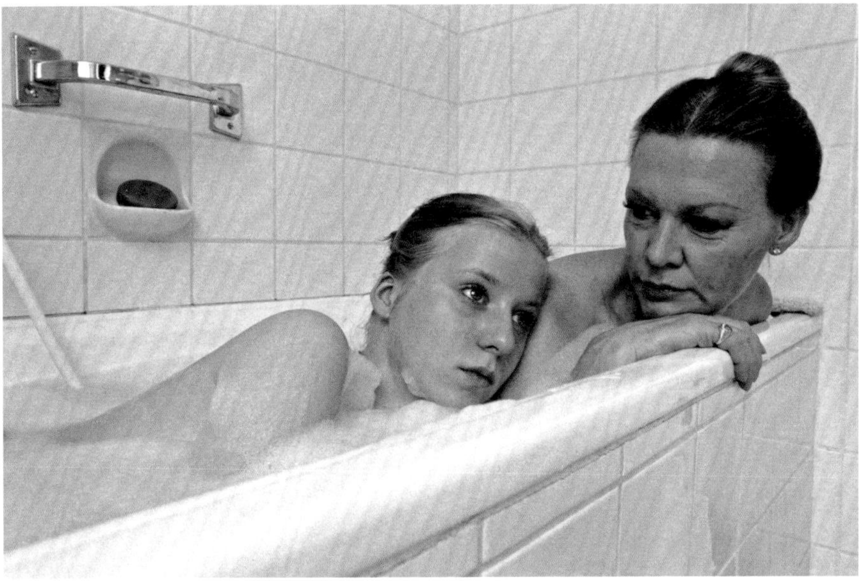

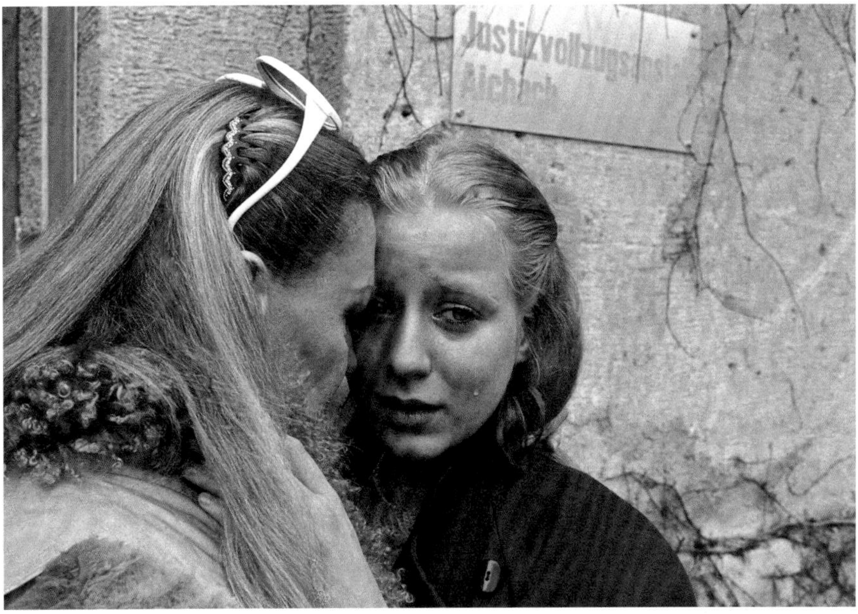

oben: Mit Tochter Andrea. Oberammergau, 1979
unten: Trennung von Tochter Andrea vor der Rückkehr in die JVA Aichach, 1979

74. Iris Berben

Schauspielerin, geboren am 12. August 1950 in Detmold

Leider habe ich kein Foto von Willy Bogner an meinem Schneidetisch in der Siegfriedstraße, Schwabing. Im kleinsten Raum unserer Wohnung saß er, auf dem Bildschirm das Siegestor, auf dem Siegestor das „Stehaufmädchen“, das feminine junge Ding Iris Berben. Ich habe mich nur gefragt, woher er die Erlaubnis hatte, auf dem Symbol des Friedens zu drehen. Aber Willy, unser Skiass, durfte das. Noch nicht zu Ende gedacht, stand sie in meiner Tür. Iris, zwanzig Jahre alt.

Iris Renate Dorothea wurde am 12. August 1950 in Detmold geboren, ihre Eltern ein Wirtepaar, vier Jahre später ging es nach Hamburg. Dann in verschiedenen Schulen und Internaten.

1968 nach München in die Arme von Abi Ofarim, Potsdamer Straße 1a, mit kleinem Balkon, ich sehe beide von dort oben winken, es kann auch eine andere Straße gewesen sein. Dann rief Rudolf Thome an und drehte mit ihr 1968 *Detektive*. Sergio Corbucci, Italowestern-Regisseur, gab ihr die Rolle in *Zwei Companeros* mit Franco Nero und Jack Palance.

„Stehaufmädchen“, der Willy Bogner hatte recht damit, unterdessen sind es über hundertfünfzig Filme und TV-Produktionen. Drei von mir, *Die schöne Marianne*, *Motiv Liebe*, *St. Pauli-Landungsbrücken*.

Für alle ihre Aktivitäten hat sie verdienter Weise reichlich Preise und Orden bekommen. Der Bayerische Verdienstorden wundert mich für eine SPD-Anhängerin, auch das Bundesverdienstkreuz erster Klasse.

München, Maria-Theresia-Straße, mit Gabriel Lewy, war ein guter Platz für lustige Feste, die wir bei euch gefeiert haben.

Mich berührt: Ich habe das Filmen aufgegeben, du bist Präsidentin der Deutschen Filmakademie, meine Wohnung sowie das Produktionsbüro in Berlin habe ich aufgelöst, du bist dort ganz hingezogen.

Ist Heiko Kiesow gut zu dir? Es muss so sein, nach deinem Ausspruch zu schließen: „Je älter ich werde, desto mehr nähere ich mich meiner Jugend mit achtzehn.“

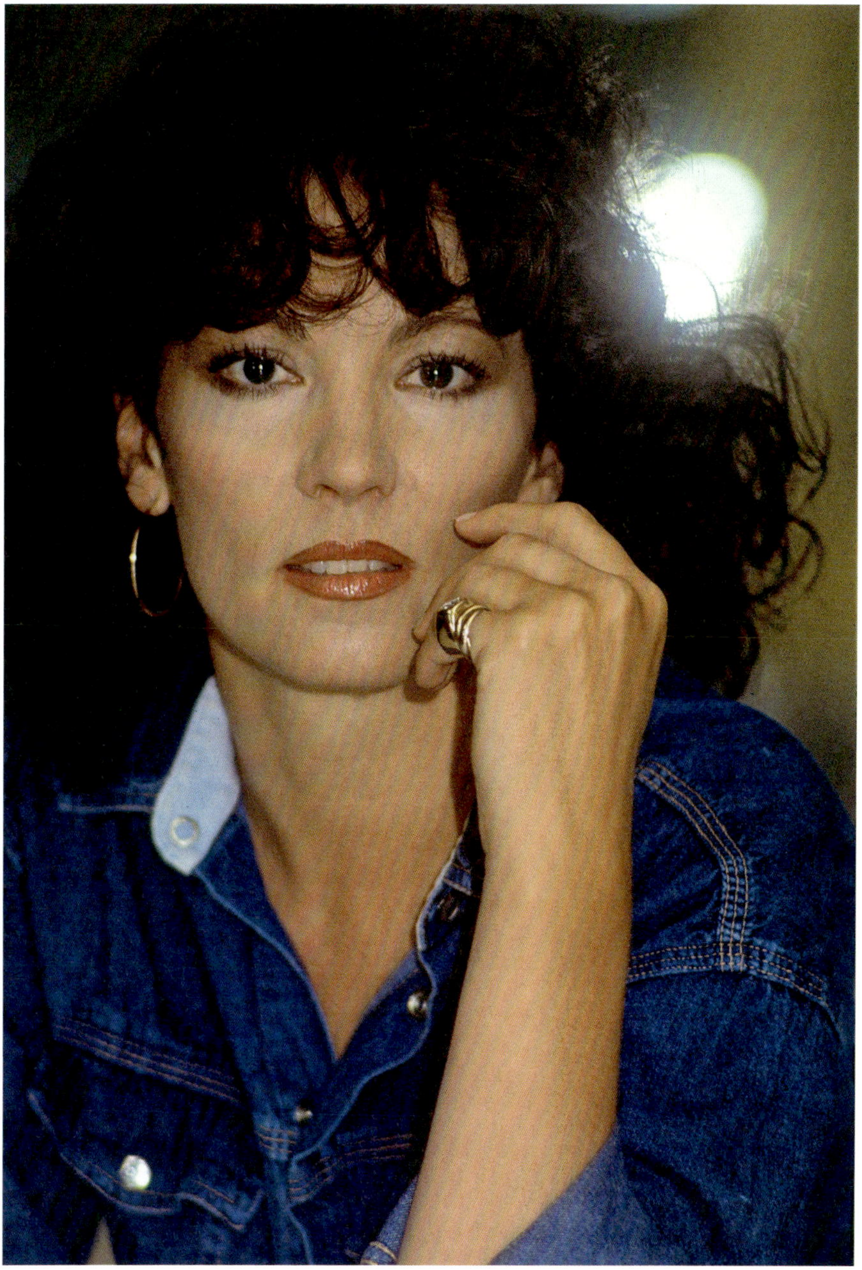

Im Café Wiener Platz. München, 1992

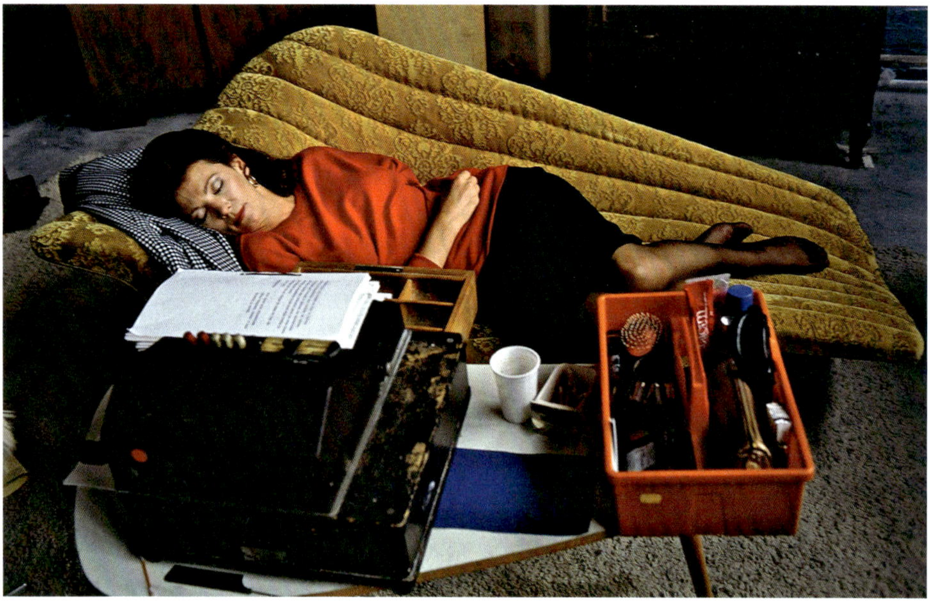

Iris Berben. Berlin, 2006

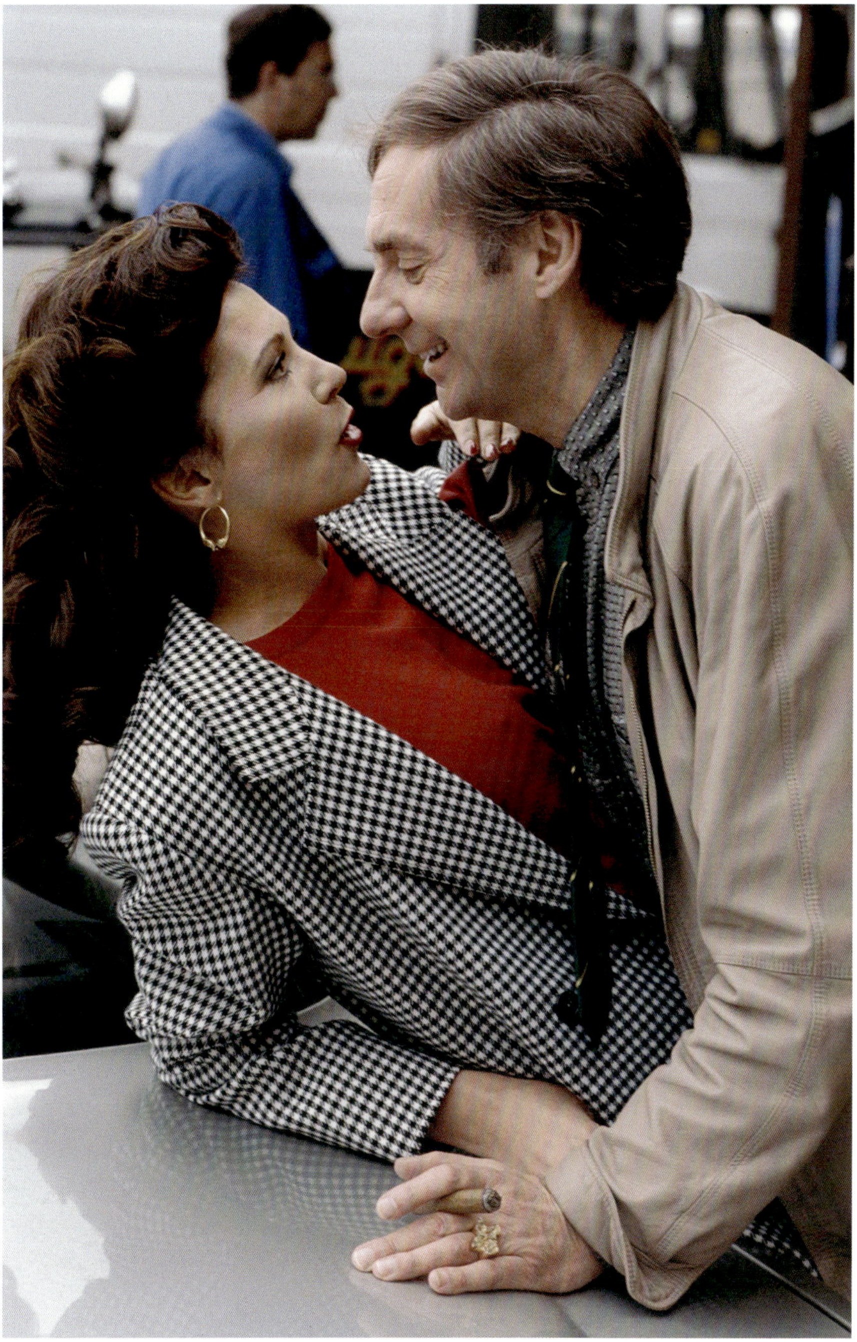

Mit Harald Juhnke bei Dreharbeiten zu *Sigi, der Straßenfeger*
von Wolf Gremm, 1984

75. Helga Anders

Schauspielerin, geboren am 11. Januar 1948 in Innsbruck, gestorben 1986 in Haar

Ewig habe ich an diesem Buch herumgedoktert, verworfen, zu ungewohnt. Dann der Auftrag von der *Quick*, im richtigen Moment wollten die einen Bericht über junge, neue, frische Schauspielerinnen machen. Da gab es Schwabinchen, dann diese Mädchen aus der Ufa-Nachwuchsschule, in der ich war. Hannelore Elsner, die in München mit Peter Wortmann durch die Kneipen zog. Marion Wedekind und noch viele andere. Uschi Glas.

In Salzburg drehte Géza von Radványi *Der Kongress amüsiert sich* mit Lilli Palmer, Curd Jürgens sowie einer jungen, begabten Helga Anders. Morgens vor Drehbeginn, sieben Uhr, hatte ich die Verabredung in Salzburg. Ein dünnes Wesen mit langen Haaren, zum Drehen bereit, für eine Ballszene, gerade siebzehn Jahre.

„Hallo, kannst du mir ein Glas Champagner besorgen? Jetzt! Ich bin die Helga, beeil dich, wir haben nicht lange Zeit." Ins Haus kommend hatte ich eine Art Büffet gesehen, also hin, die hatten Champagner. Helga war glücklich. Das hätte mir eine Warnung sein sollen, aber ich übersah das, dachte gar nicht nach. Für mich gab es keine kindlichen Säufer.

Ich machte meine Fotos, auch Curd Jürgens stellte sich in Position. In einer Pause kam Helga: „Morgen bin ich zwei Tage zu Hause am Tegernsee, komm doch, da kannst mit Ruhe Fotos machen, soll ich eins dieser Kostüme mitbringen? Wir wohnen in Finsterwald, ganz am Ende, alle kennen mich. Also so gegen vierzehn Uhr, okay?" Weg war sie. Schönstes Wetter war am Tegernsee, ein kleines Häuschen am Ortsende, mit Helga und Mutter, die schon auf mich warteten. Viel Schnickschnack bayerischer Art in dem Haus, Kuchen mit Kaffee, in Tassen mit Löwen. Später machten wir die Fotos auf den Wiesen hinterm Haus. Damit war ich überzeugt, die Hauptdarstellerin für meinen Film gefunden zu haben. Einen Enzian musste ich noch trinken. Zu Hause angekommen, Fernseher an, da lief die Serie *Ferien in Lipizza* mit vielen weißen Pferden und Helga in der Hauptrolle, meine Begeisterung kannte keine Grenzen.

Am nächsten Tag musste ich noch mal zu ihr, auf nach Finsterwald. Die beiden weiblichen Wesen hatten schon ausgelotet, dass ich sehr interessiert war. Bertl, meine künftige Schwiegermutter, hatte noch eine Freundin zur Unter-

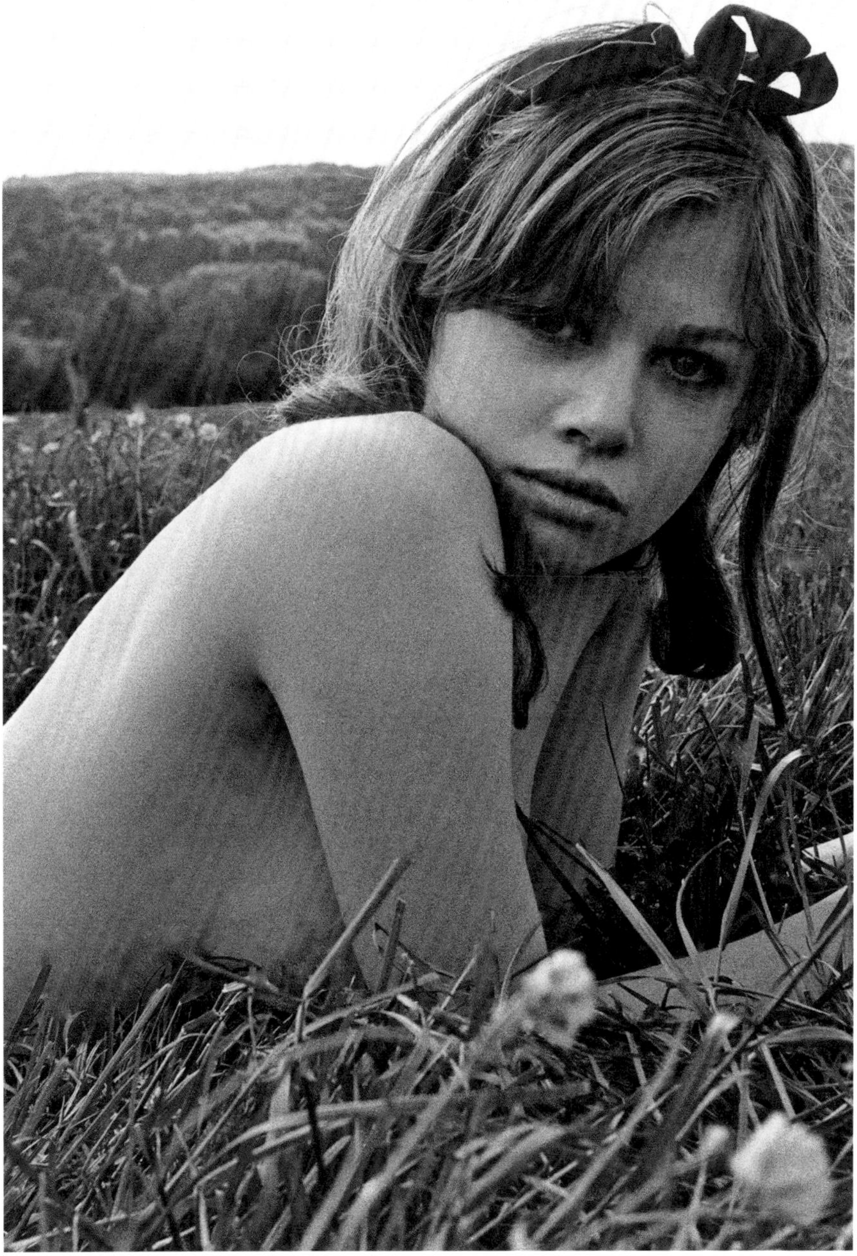

Helga Anders. Finsterwald am Tegernsee, 1965

stützung, es war ein lustiger Nachmittag, es war auch ein gutes Abendessen und viel Wein. Auf einmal war es spät. Freundin verabschiedet sich. Bertl meinte, ich habe zu viel getrunken, solle nicht mehr Auto fahren. „Kannst ja hier übernachten, und morgen bringst du Helga nach Salzburg." Gesagt, getan. Dann ging alles blitzschnell. Wir drehten mit Hellmut Lange, Klaus Löwitsch, Jürgen Jung meinen Film *Mädchen, Mädchen*, Prädikat Wertvoll, er kam auch sofort in die Filmtheater, Helga gewann auf den Berliner Filmfestspielen das Filmband in Gold als beste Nachwuchsschauspielerin. Den Bundesfilmpreis. Helga bekam ein Kind, unsere Tochter Leslie. Und ich war auf einmal verheiratet. Wir drehten noch zwei weitere Spielfilme, *Häschen in der Grube*, *Mädchen mit Gewalt*. Fürs ZDF *Zwischen uns beiden*, Arthur Brauss in der Hauptrolle.

Helga neigte immer zum Trinken, was katastrophal war, verliebte sich ständig in ihre Filmpartner. Aber als wir zusammen in *Zuckerbrot und Peitsche* die Hauptrollen spielten, verliebte sie sich nicht in den Hauptdarsteller Roger Fritz. Helga war für mich eine der talentiertesten Schauspielerinnen, die ich erlebt habe. Wie die meisten Kinderdarsteller allerdings hoch verdreht und verwöhnt.

Leider zu früh, mit 38 Jahren, starb sie am 31. März 1986. An Herzversagen.

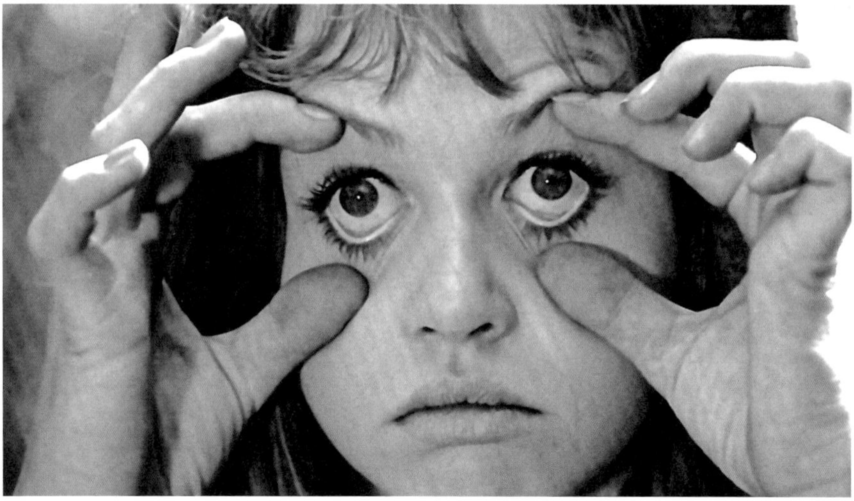

Helga Anders im Film *Mädchen, Mädchen*, 1967

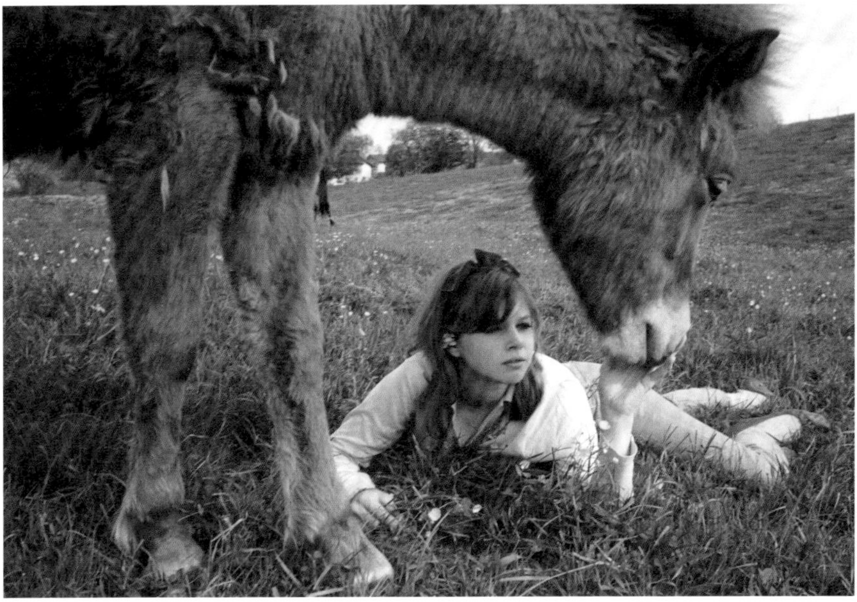

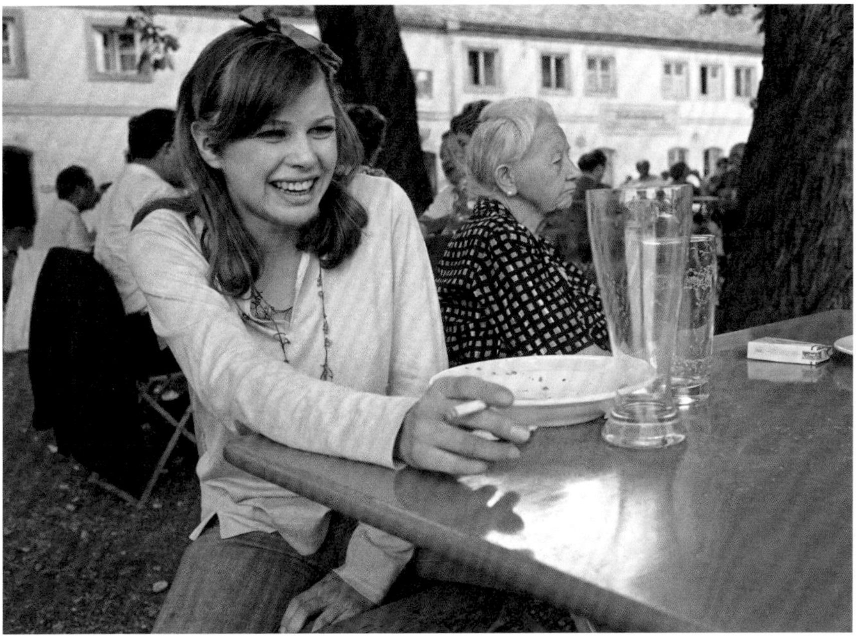

oben: 1975
unten: Im Garten des Herzoglichen Brauhauses Tegernsee, 1975

76. Barbara Rudnik

Schauspielerin, geboren am 27. Juli 1958 in Wehbach,
gestorben 2009 in Wolfratshausen

München, Georgenstraße, einige Schritte von der Leopoldstraße entfernt: der Georgenhof. Dienstags-Stammtisch, der Initiator, Rechtsanwalt Heiner Pollert, nennt es Jour fixe, seit ca. zwanzig Jahren trifft sich der Kreis aus Rechtsanwälten, Maklern, Schauspielern, Autoren und jungen Menschen.

Dort sah ich Barbara Rudnik das letzte Mal, sie sprach mit ihrer Kollegin Lara Körner, irgendwie war sie angeknackst. Nicht dieselbe direkte, offene Ausstrahlung, die sie sonst hatte.

Vor vielen Jahren hatte ich sie gefragt, ob sie eine Rolle in *Frankfurt Kaiserstraße* spielen würde. Entsetzter Augenaufschlag: „In keinem Fall bei dir." Sie wusste gar nicht, mit wem sie redete. Das stellte ich später in Venedig fest. Beleidigt war ich schon, denn Bernd Eichinger hatte den langen Kuss mit Barbara im Zelt beim Formel-1-Rennen auf dem Hockenheimring unterbrochen: „Darf ich dir den Roger vorstellen?"

Im venezianischen Nebel besuchte ich meinen ehemaligen Regieassistenten Jochen Richter (*Mädchen, Mädchen*). Er führte Regie bei dem Melodrama *Am Ufer der Dämmerung* mit Barbara Rudnik und Hans Peter Hallwachs. Barbara, überrascht: „Du bist Regisseur, und du, Jochen, warst sein Assistent?" Vergessen – diesmal will ich nur fotografieren. Eine Gondel, zwei Darsteller, ein Gondoliere, Sonne kam langsam zum Vorschein. Beide eingepackt, frühstückend im Boot. Das Team zitterte vor nasser Kälte. Den Film habe ich leider nie gesehen.

Babara Rudnik, geboren am 27. Juli 1958 in Kirchen, Wehbach, Betzdorf, Bruche, In der Struth und Grindel, das alles ist die Verbandsgemeinde Betzdorf, eine zusammengewürfelte Gruppierung von Dörfern. Barbara hatte zwei Schwestern, der Vater war Dreher, die Mutter Näherin. In Kassel beendete sie ihre Schulzeit in der Herderschule. Dann gab es zu Hause noch ein Museum für Lokalgeschichte, nicht zu vergessen den Drudenstein, ein zwanzig Meter hohes Basaltgebilde. Beuys hätte der Haufen genügt, für seinen Kunstberg vor dem Fridericianum in Kassel, nur empfinde ich persönlich den Drudenstein als echtes Kunstwerk. Babara ist sicher öfters vor dem Drudenstein vom Rad gestiegen, hat zur blauen Madonna einen Blick hochgeworfen, verbunden mit dem

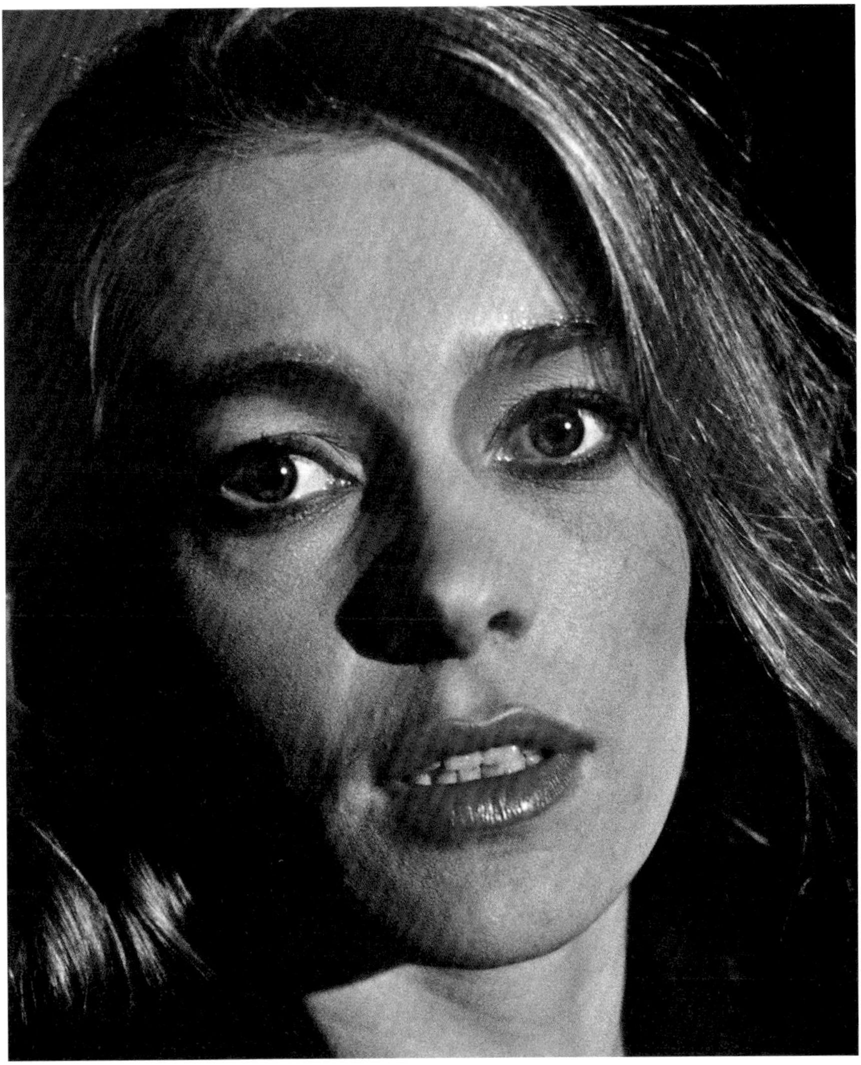

Barbara Rudnik. Venedig, 1983

Gedanken „Wie kann ich dem entrinnen?“ So kam sie 1976 als Buchclubvertreterin nach München. HFF-Schüler entdeckten sie als Darstellerin. Das war eine neue Möglichkeit. Um sie zu perfektionieren, besuchte sie das Zinner Studio für Schauspielkunst. In ca. achtzig Filmen und TV-Werken hat sie mitgewirkt. Meinen Freund Karl Ederer, Koch und Lokalbesitzer, habe ich leider nie gefragt, wie gut sie während ihrer gemeinsamen Zeit kochen gelernt hat.

Eine tapfere, intelligente, fabelhaft aussehende Frau. Ein Star, der keiner geworden ist.

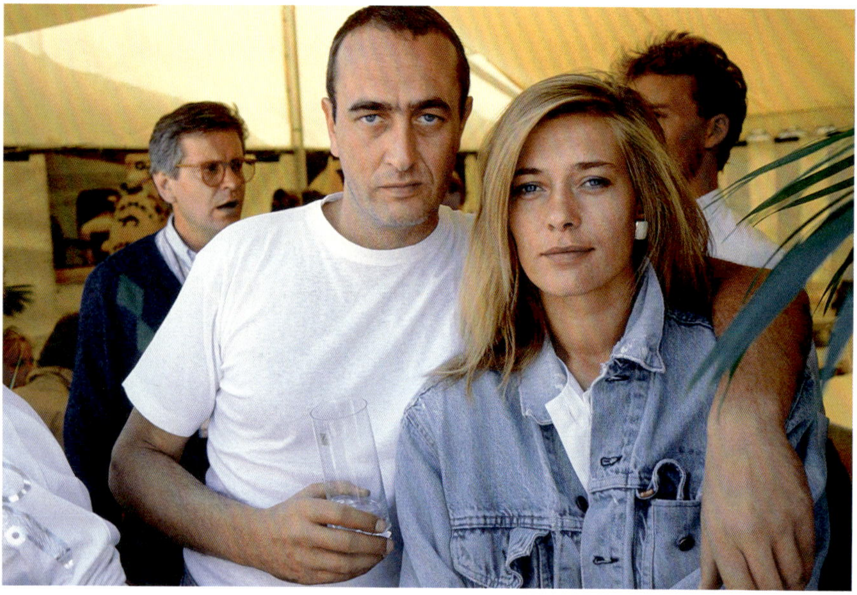

Mit Bernd Eichinger beim Formel-1-Rennen in Hockenheim, 1984

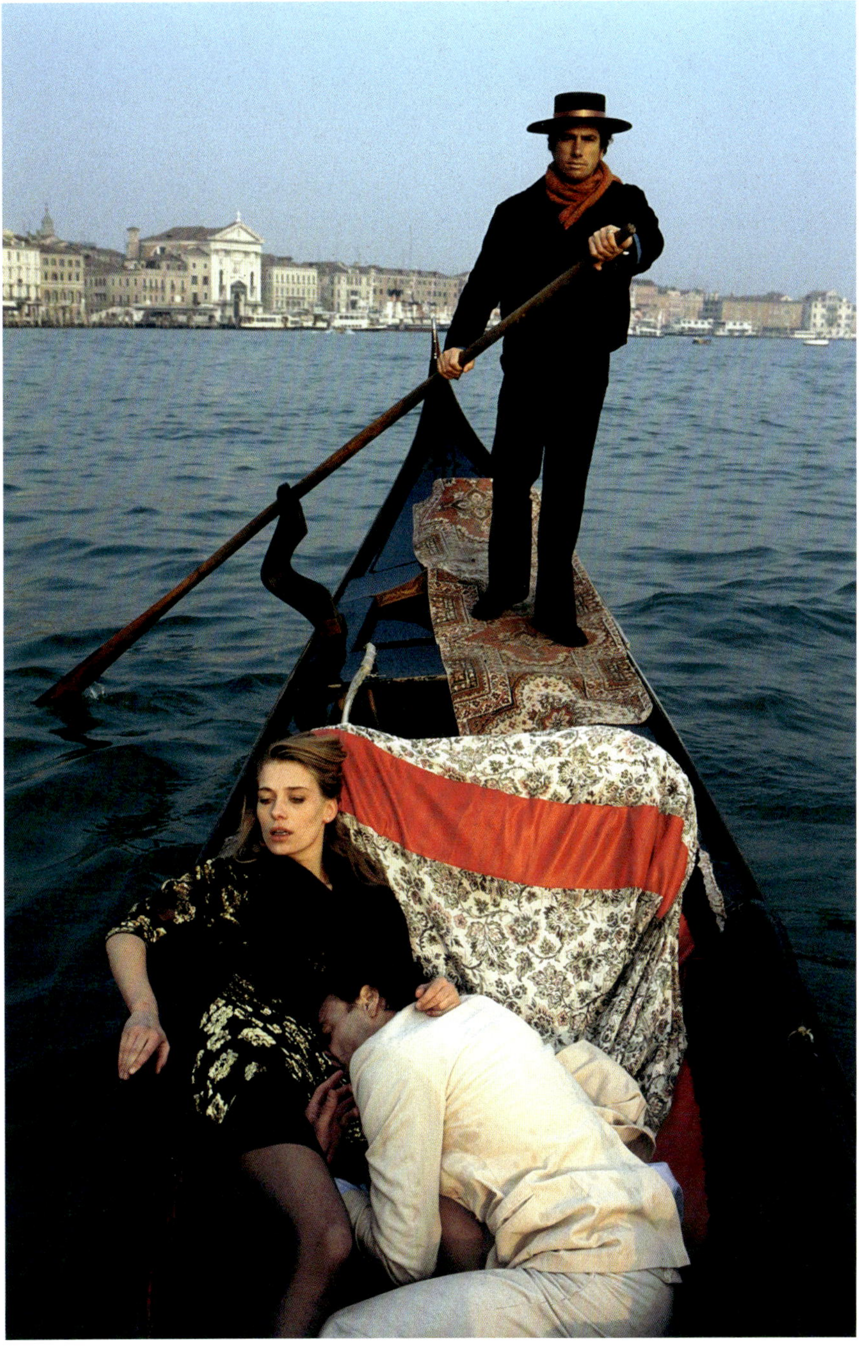

Mit Hans Peter Hallwachs im Film *Am Ufer der Dämmerung*. Venedig, 1983

77. Barbara Schöne

Schauspielerin, geboren am 19. Mai 1947 in Berlin

Tourneetheater im Sommer, durch das schöne, sonnenbestrahlte Land ziehen die Schauspielertruppen mit mindestens einem Star aus TV und Spielfilm, einem Bus und einem Lastwagen mit Kulissen und allem, was sonst auf der Bühne gebraucht wird. Immenstadt heute und morgen Kempten – so geht die Tour mit Barbara Schöne und Horst Jüssen, dem ewigem Gast bei Toni Netzle im Alten Simpl.

Barbara Schönes Erfolg ist gewaltig, die *Quick*-Redaktion will unbedingt einen Titel mit ihr machen. Ich bin gespannt, der Kollege Raimund le Viseur ist schon seit gestern bei ihr, bei den Texten muss ich nicht dabei sein. Da ist das Hotel Hirsch, da kommt auch le Viseur aus der Unterkunft. Mit kleinem Koffer in der Hand. Er winkt, gibt Zeichen. „Sie wartet schon. Du bist spät." Er springt ins Auto, fährt nach München.

Sie hat nicht nur den Namen Schöne – was Barbara die Treppen runterbringt, ist aufregend. Bildschön, superschön, sexy. Eine wohltönende Stimme, sie schaut mich an wie aus dem Märchen *Rotkäppchen*. Schon will ich sagen: „Ich bin nicht der Wolf, sondern der Fotograf." Da hat sie sich bereits an meinen Arm gehängt: „Kommen Sie, es ist nicht viel Zeit, ich muss ins Theater." – „Kann ich dort fotografieren?" – „Ja natürlich, macht Ihre Kamera laut Klack?" – „Nein." – „Gut, dann gehe ich erst mal unter die Dusche, komme schnell nach." Okay, weg war sie.

Später, im Theater: Ich liebe diesen verstaubten Geruch. Garderobe, sie beim Schminken. Die Klein-Mädchen-Blicke irritieren mich. Um meine Gedanken nicht zu verraten, nehme ich sofort die Kamera in die Hand. Wenn ich den Apparat vor das Auge halte, ist er wie ein Schutzschild. Wahrscheinlich sind es nur meine Gedanken, ihre Art ist rein professionelles Vorgehen mit dem Fotografen, damit er die besten Bilder macht.

Horst Jüssen begrüßt mich herzlich, flüstert: „Ist sie nicht toll? Dann mach gute Fotos von ihr, lass dich nicht irritieren." Wie das Theaterstück ist, bekomme ich nicht mit, das Publikum reagiert gut, ich bin mit meinen Bildern beschäftigt.

Nach der Vorstellung von *Spiel mit dem Feuer* arbeiten wir mit viel Flirtereien an dem Titelbild. Es gelingt. Dann geht es ins Hotel. Gott sei Dank sitzt

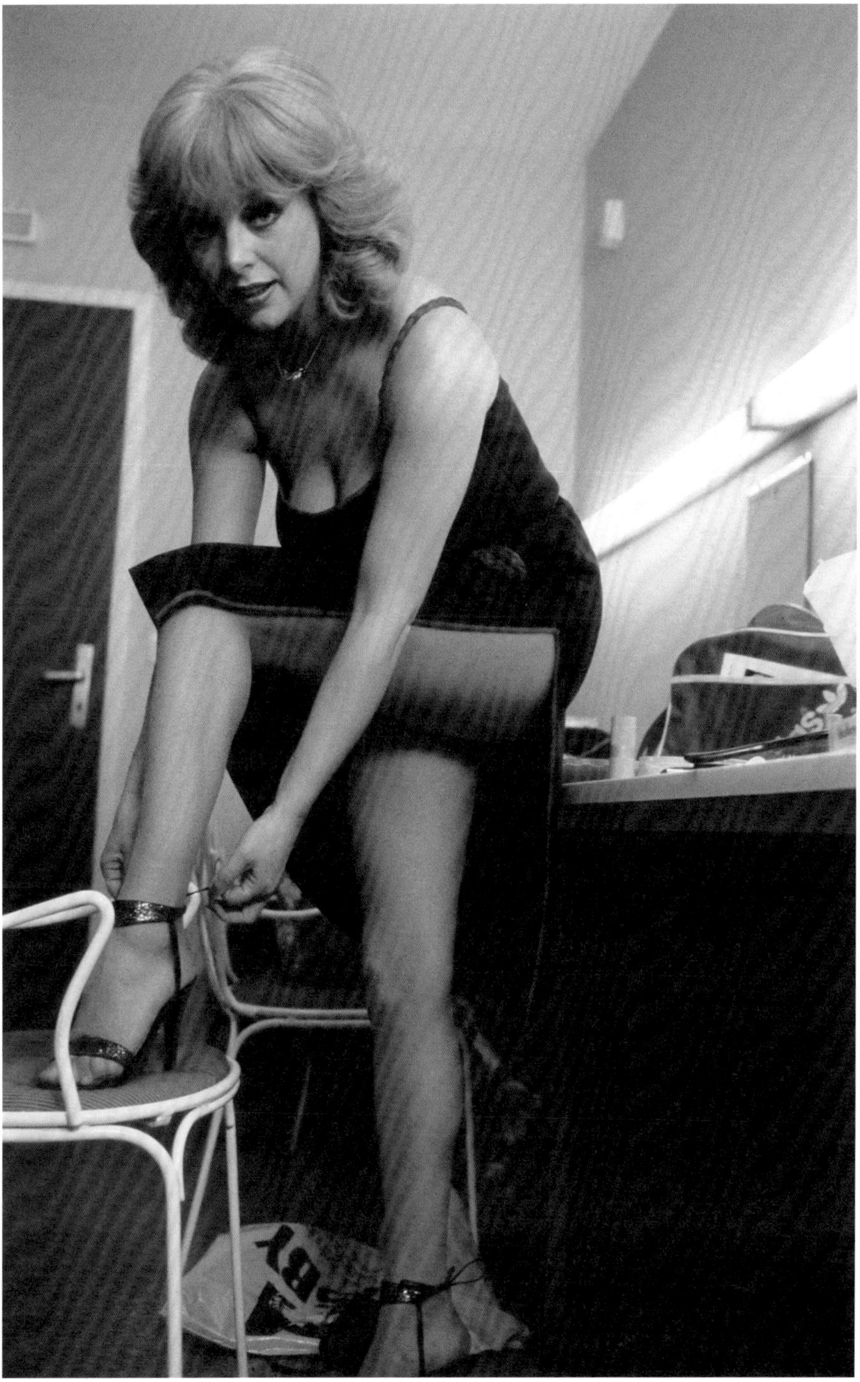

Barbara Schöne. Immenstadt, 1987

Horst Jüssen mit Pier Schmid noch an der Bar. Horst Jüssen und ich nahmen dem Wirt noch sehr viel Alkohol ab. Barbara war müde und verschwand.

Am nächsten Tag nach dem Frühstück fuhren wir, Barbara und ich, außerhalb der Stadt eine Wiese suchen, pflückten Blumen, der Flirt lief weiter, es gelangen noch sehr schöne Bilder. Dann zurück zum Hotel, der Bus wartete schon. Mein Angebot, Barbara nach Kempten zu fahren, lehnte der Theater-Tourleiter strikt ab, aus Versicherungsgründen. Koffer in den Bus, Küsschen, „Wiedersehen". Ab fuhr der Bus.

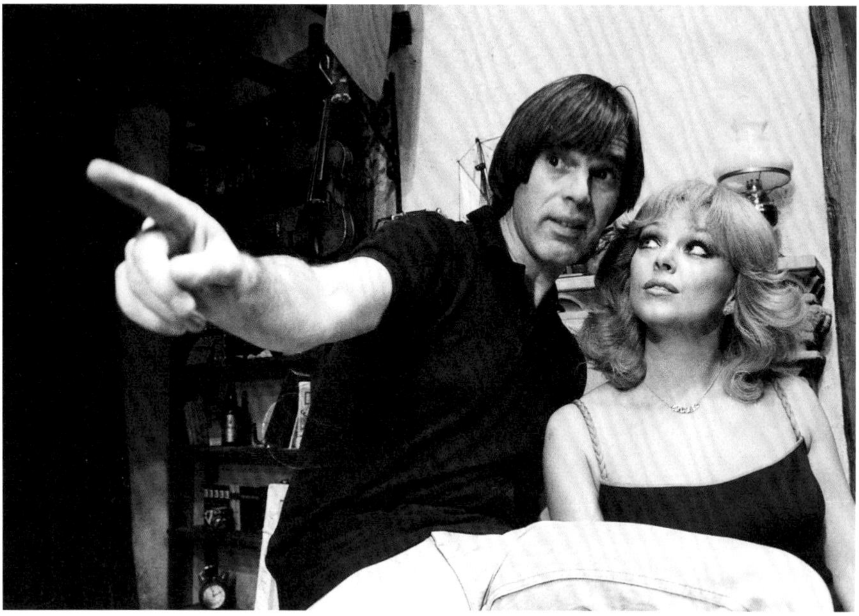

Mit Horst Jüssen. Immenstadt, 1987

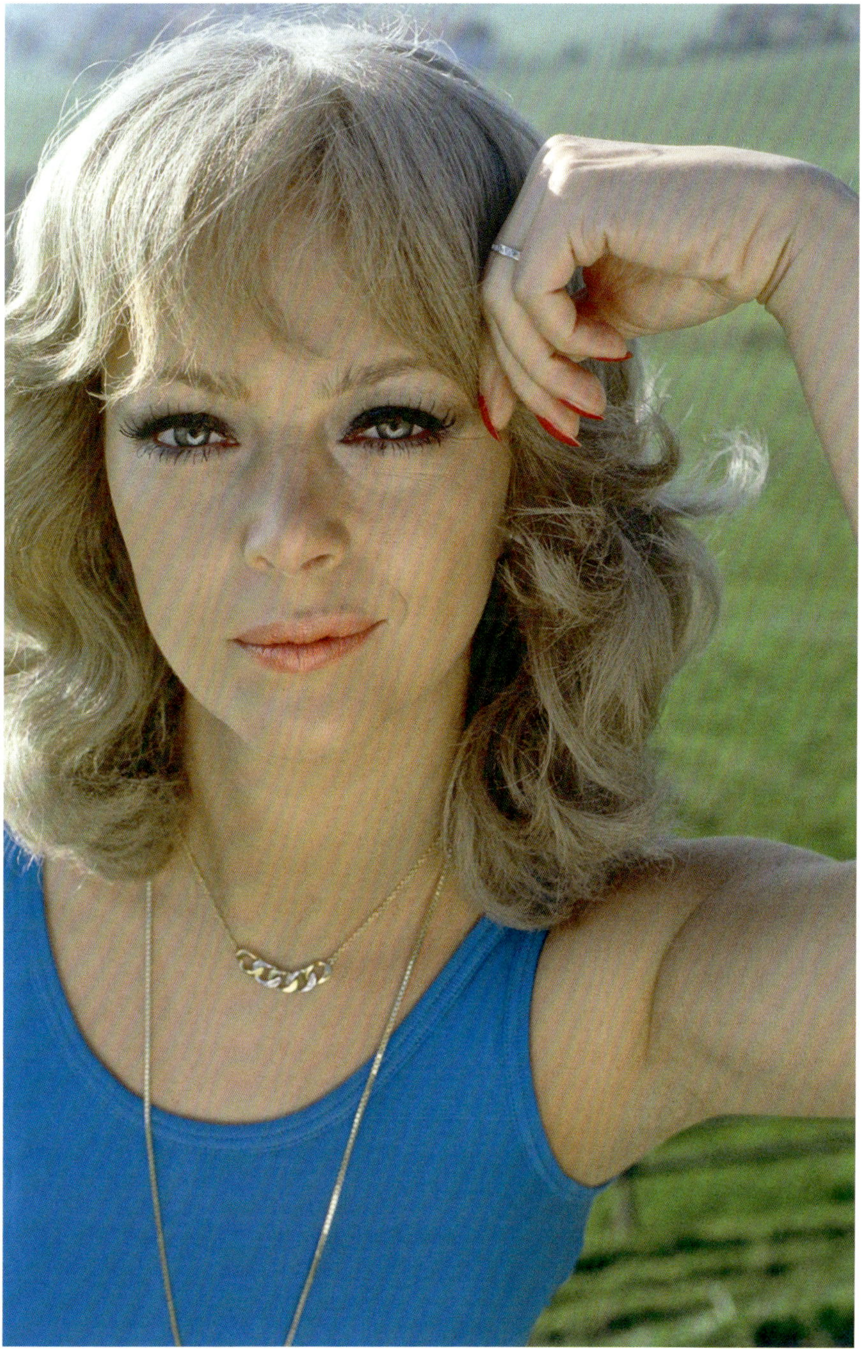

Barbara Schöne. Immenstadt, 1987

78. Christine Schuberth

Schauspielerin, geboren am 11. Februar 1944 in Wien

Die Mädchen aus dem Big Apple, München, Leopoldstraße 23, Dolly Dollar, Uschi Obermaier, Hannelore Elsner, selten Iris Berben, Christine Schuberth, Cleo Kretschmer und noch viele andere drängten in die Medienbranche. Nicht weniger Jungmänner, die dasselbe wollten. An diesem Laden konnte man nicht vorbei, und gegenüber das Nest, ein Café mit den meisten Jungfilmern. Das Oberhausener Manifest wurde dort erfunden und im Ruhrgebiet ausgeführt. Alle wohnten in der Gegend, um die Ecke die Schamonis, Anfang Ainmillerstraße Marangossof, auf 26 ich, weiter hinten, Ecke Römerstraße, Roland Klick, schräg gegenüber Geißendörfer, um die Ecke Haro Senft. Wie sollte da ein junges, energievolles Mädchen ruhig bleiben.

Christine Schuberth, am 11. Februar 1944 in Wien geboren, voller Willen. Aber es ging nicht voran, kein Geld. Der Playboy James Graser erkannte ihre Not und gab ihr in seinem Hotel ein Zimmer, ca. zwanzig Quadratmeter. Mit einer riesigen Bar, die er mal als Rückzugsort für sich eingerichtet hatte. Spartanisch kleine Badewanne und großes Bett, zwei Barhocker und ein Fenster zum Hof. Das Hotel in der Schillerstraße wurde meistens von Frauen bewohnt, die im Bahnhofsviertel ihr Geld verdienten. Christine kämpfte, ihren Beruf als Schneiderin wollte sie nicht ausüben. Sie lernte bessere Leute kennen, mit dem Bruder von Gunter Sachs, Ernst Wilhelm Sachs, wurde sie öfters gesehen, Ernst trennte sich gerade von Lo, seiner Frau.

Alles war rund, ich fotografierte sie für eine Serie in *Quick*, die Stimmung war rund, Christine war rund, rund im Wesen, sehr attraktiv, knuddelig wie eine kleines, unbedarftes Tier. Mit rund meinte ich nicht dick, dick aber kam es von allen Seiten.

Endlich Filme, zwar nicht die besten, z. B. *Das Liebeskarussell*, *Scharfe Schüsse auf Jamaika*, *Heißes Pflaster Köln*. Auf jeden Fall wurden es ca. sechzig Filme, in ihrem Fach auf „sündiges Mädchen“ festgelegt, *Auch fummeln will gelernt sein*, ein Titel in der damaligen Filmwelt, 1972, hielt sie nicht zurück, damit Geld zu verdienen. Selten waren Angebote für ihr schauspielerisches Können dabei.

Schlöndorff mit dem Film *Baal*, mit Rainer Werner Fassbinder in der Hauptrolle, gab ihr so eine Gelegenheit. Zwischendurch war sie auf den Brettern der Löwinger Bühne in Wien. Von 1997 bis 2007 spielte sie in vierhundertdrei

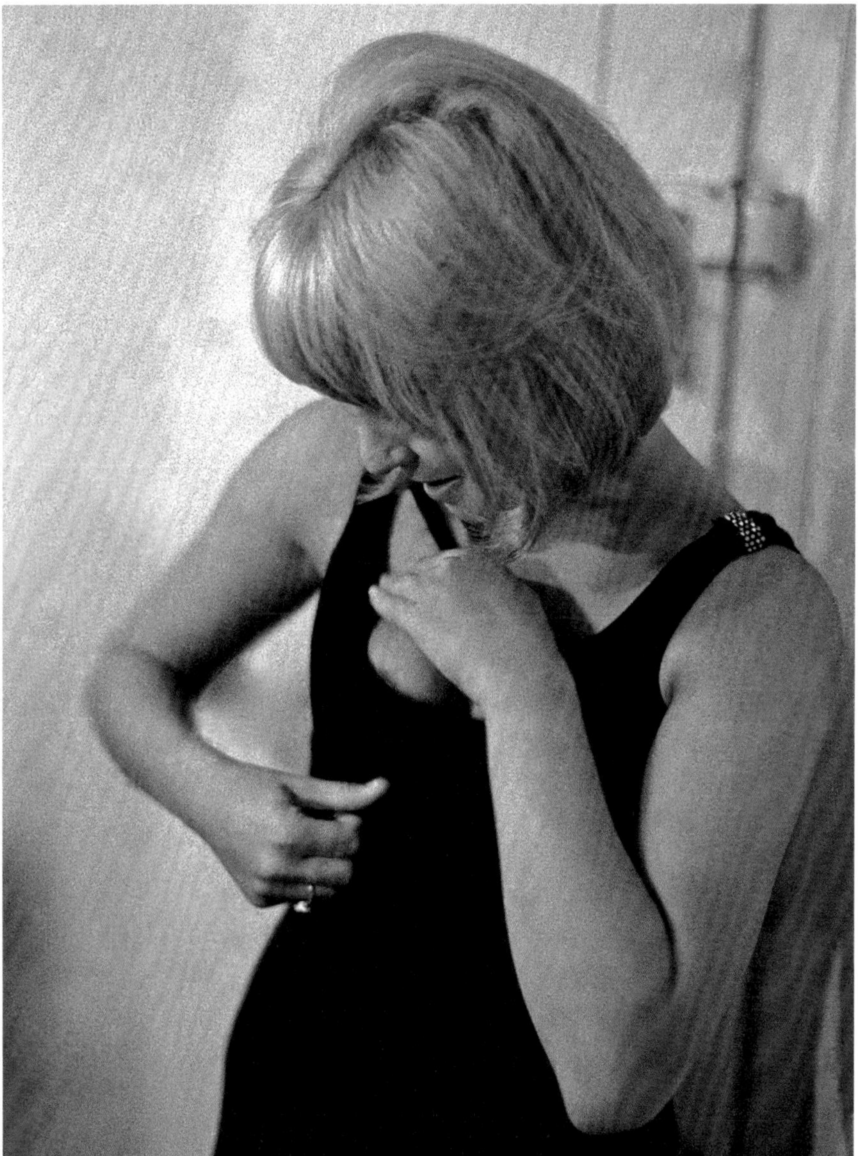

Christine Schuberth. München, 1970

Episoden *Hinter Gittern* im Frauenknast die Rolle der Jeannette Bergdorfer.

Josefine Mutzenbacher: Felix Salten publizierte 1906 diesen Roman, er gilt als Meisterstück erotischer Literatur, jeder Österreicher kennt den Lesestoff. Bis 1970 brauchte es, um ihn zuschauergerecht mit Christine Schuberth zu verfilmen. Kurt Nachmann dirigierte Christine so gut, dass der Film ihr großen Ruhm bescherte, der bis heute anhält.

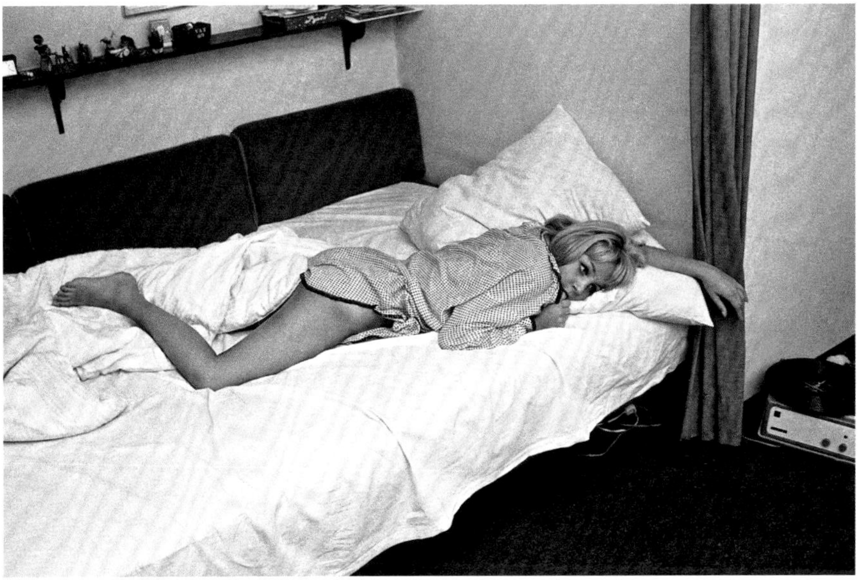

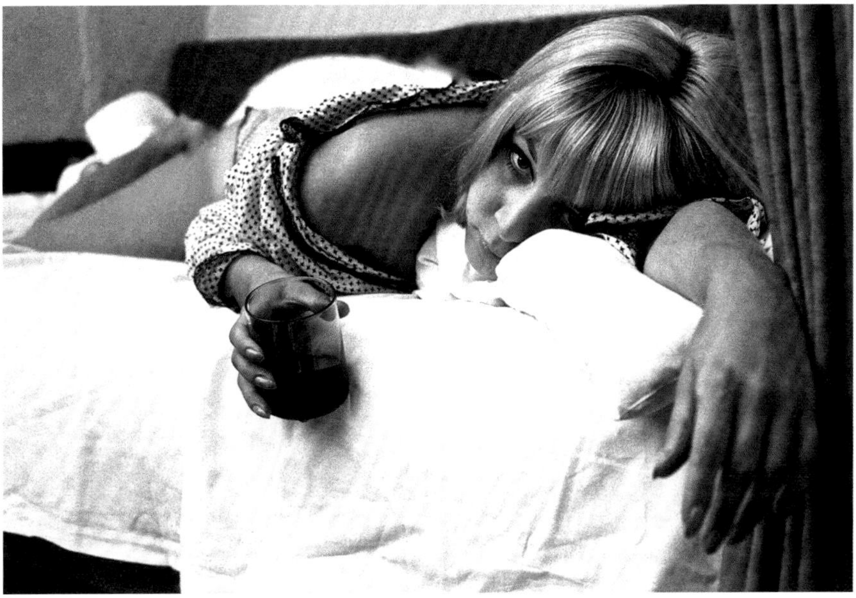

Im Hotel in der Münchner Schillerstraße, 1970

79. Elke Sommer

Schauspielerin, geboren am 5. November 1940 in Berlin

Baronin von Schletz – hört sich an wie einer dieser österreichischen K.-u.-k.-Filme, die die Deutsch sprechenden Emigranten aus Wien importieren. Aber sie ist die Tochter eines evangelischen Pfarrers aus Berlin, die mit ihren Eltern 1942 in die Fränkische Schweiz umzog, bevor es ruppig wurde.

Später, in Italien, als Jungstar – angeblich konnte man den Namen nicht aussprechen –, nannte sie sich Elke Sommer. Geboren am 5. November 1940. Als sie vierzehn war, hat der Vater den himmlischen Herrn bevorzugt, seine Frau Renate sowie sein Kind dem Irdischen überlassen. Die zogen nach Niederndorf, Elke lernte alle Bäuerinnen vor Ort kennen, ist mit ihnen heute noch befreundet. Das habe ich selbst erlebt und fotografiert.

Elke wollte Dolmetscherin werden, ging ins Gymnasium Erlangen, weiter als Au-pair nach Großbritannien, unterdessen spricht sie sechs Sprachen. Eine musste sie ausprobieren, immer von der Mutter begleitet ging es nach Italien. Nach Viareggio, damals ein sehr beliebter Platz, speziell für junge Männer auf Touristinnen-Jagd.

Dort wurden im Sommer immer junge Mädchen, möglichst aus einem Touristenland (das brachte die größtmöglichte Werbung), zur Schönheitskönigin gewählt. Auch unsere Elke kam in diesen Genuss, mit prompter Reaktion von Vittorio De Sica, einem der besten Regisseure. Wenn er nicht gerade im Spielcasino war, kümmerte er sich rührend um junge Darstellerinnen, Elke Sommer hatte in seinen Filmen bis 1959 kleine Auftritte.

In über neunzig Filmen spielte sie. Einer war *Das Totenschiff* mit Horst Buchholz, Atze Brauner gab ihr den ersten Vertrag über drei Jahre. Trotzdem oder gerade deshalb ging sie 1960 nach Hollywood. Spielte öfter auch in Germany, da war etwa 1962 der Film *Das Mädchen und der Staatsanwalt*, unter Jürgen Goslars Regie, mit Wolfgang Preiss, Götz George. Elke als das weibliche Sexmonster. Diese Rolle als Inbegriff des Weiblichen hat sie lange nicht ablegen können.

In den USA heiratete sie 1964 Joe Hyams, wohnte zusammen mit ihm und einem Geist, den sie nicht rausbekamen, in Benedict Canyon in North Beverly Hills. Und der Geist vertrieb – könnte ja sein – Joe Hyams. 1981 war die Scheidung, Joe starb 2008. Elke spielte in New York vier Monate lang auf der Bühne,

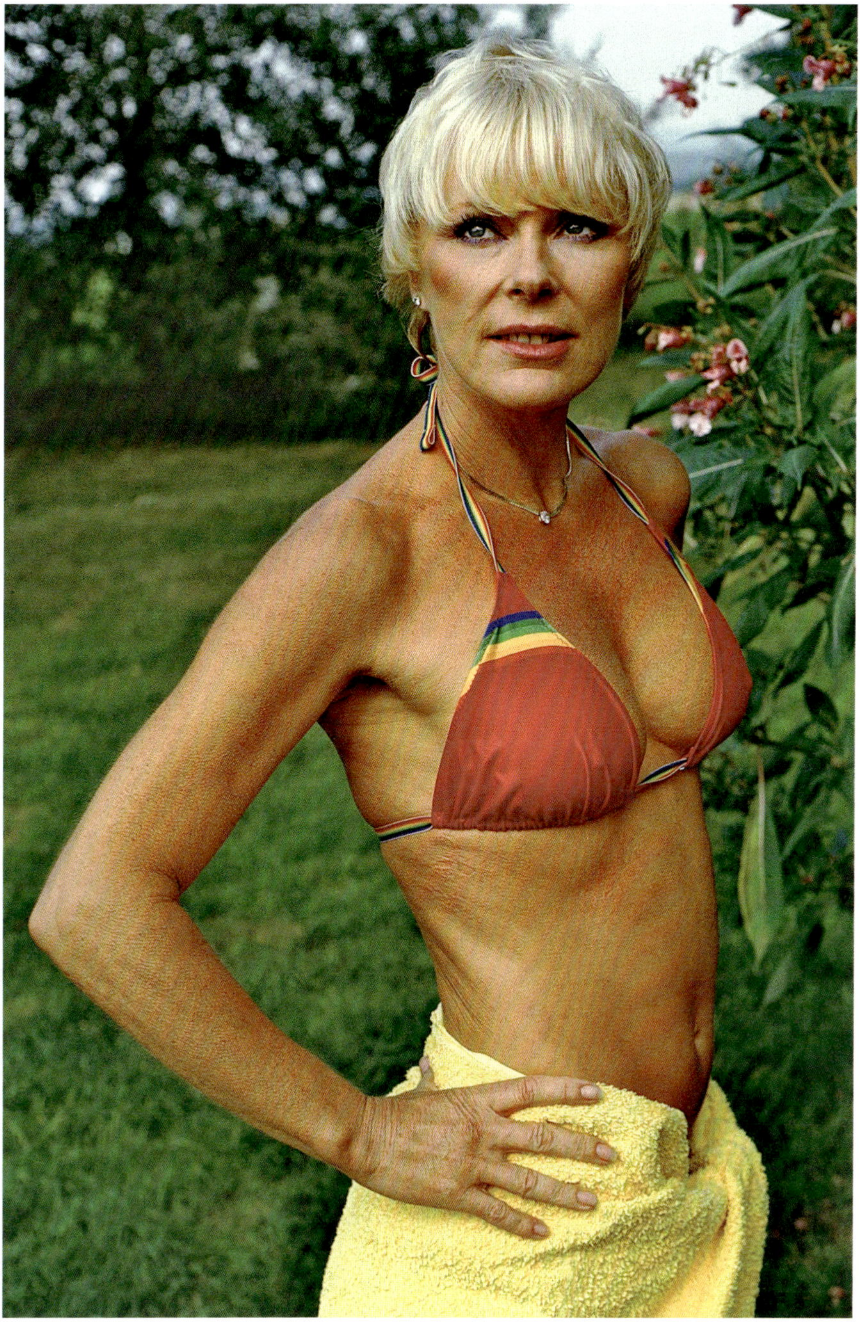

Elke Sommer. Niederndorf, 1985

wohnte im Essex House, der neue Hoteldirektor Wolf Walther verliebte sich in sie. Da er bei jeder Vorstellung im Publikum saß, musste sie in heiraten.

Wir haben uns öfter gesehen, dann wollte die *Quick* neue Bilder. Wie ein eingespieltes Paar arbeiteten wir an diesen Fotos, der Swimmingpool hinterm Haus in Niederndorf war bestens geeignet dafür. Mama versorgte uns. Dann fehlten für das Abendessen Pilze. „Komm, Roger, ich kann sie finden", ab in den Wald. Dort spielten wir Hänsel und Gretel. Wir fanden Pilze, sie zog sich um, ein rotes Kleid. Und dann erklärte sie, was ein Hexengürtel ist: auf einer Wiese haben wir wirklich einen gefunden. Das sind Pilze, die im Boden einen Ring bilden mit zwei Metern Durchmesser. Elke legte sich in die Mitte und bekam immer bessere Laune.

Den Ghost aus Beverly Hills verstand ich, er hat nicht von ihr gelassen.

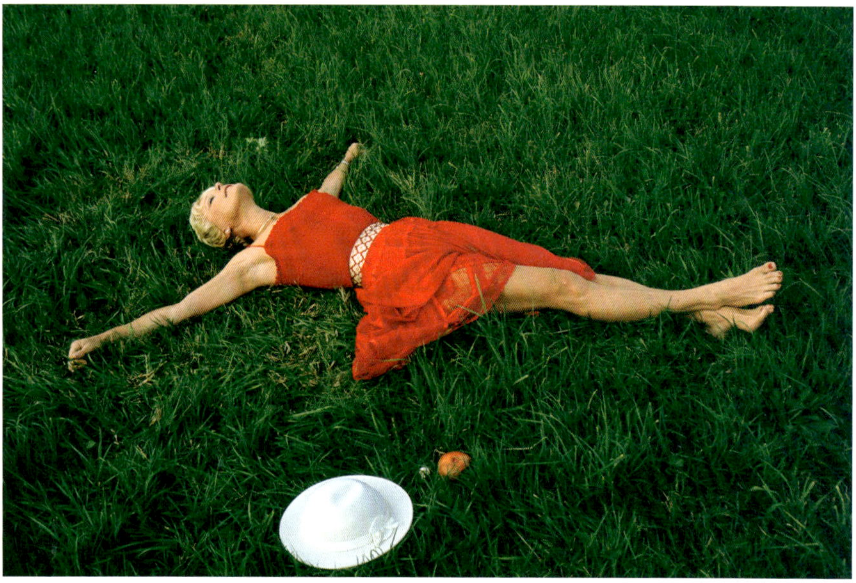

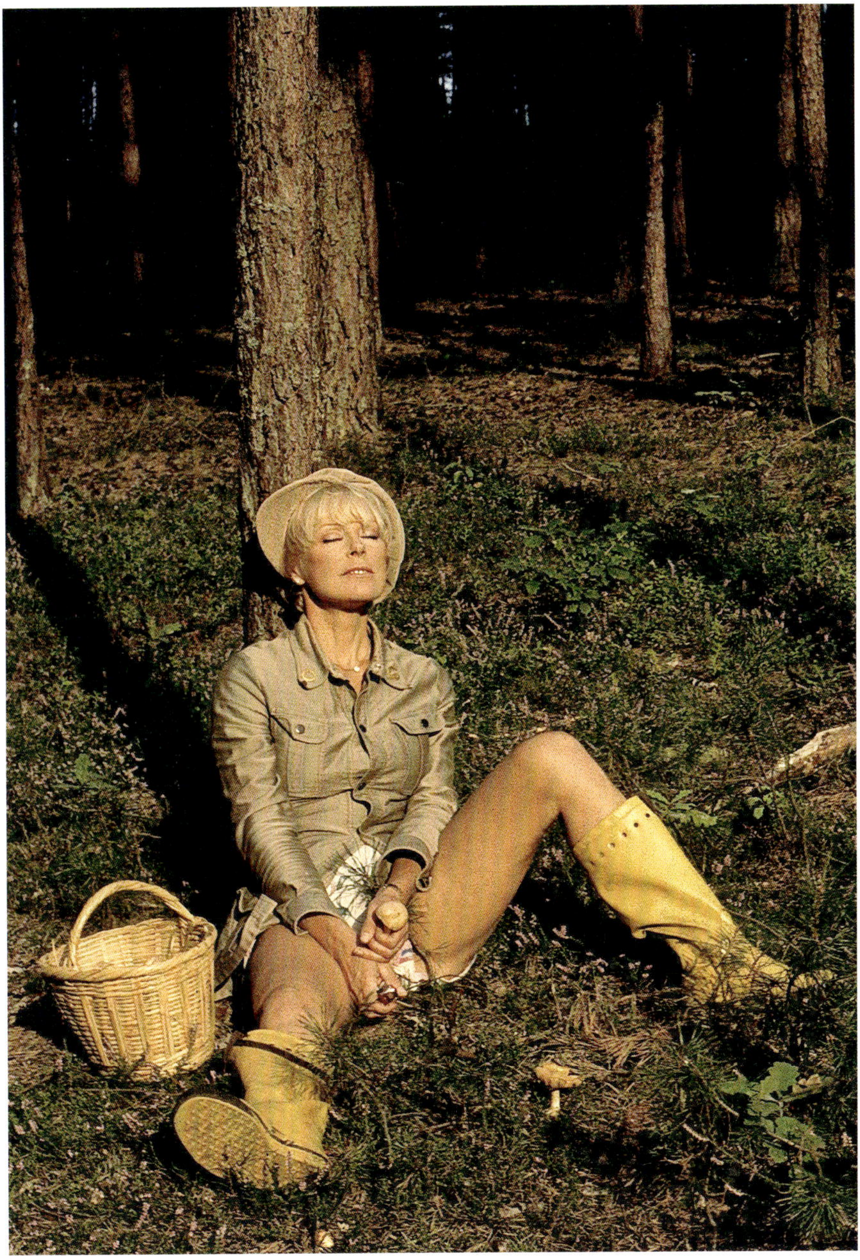

links und oben: Beim Pilzesuchen in Niederndorf, 1985

80. Margit Friedrich

Hotelerbin, geboren am 2. Februar 1950 in Düsseldorf

Da steht die Zeit, da geht der Traum,
Ich gucke, du siehst mich kaum.
Die Holledau ist voller Hopfen,
Du siehst mich nicht, kein Blick,
Ich trink den letzten Tropfen.

Schneppi Beck und Harmstorf tanzen,
Die Unbekannte, das Bier, schade, sie gehört nicht zu mir.
Ich laß meins stehen, geh zum VW Cabriolet
Nicht ins Bett, spät nach Berlin, trunken durch die Nacht
Harald Juhnke wartet um halb acht.

Unter einem Dach, das TV-Spiel schnell gedreht.
Die Begegnung in der Holledau, verweht.

Nach einigen Wochen, die Serie in Berlin ist vertont, gehe ich in München aus, mit Eschenbachs. Da sitzt sie, die Holledau, neben meinen Freunden. Ich bin erschrocken und überrascht. Diesen Freunden hatte ich nichts erzählt, konnte ich auch nicht, ich wusste nicht mal ihren Namen. Margit, ach ja, ich bin der Roger. Steif, ein wenig eingefroren, setze ich mich an den Tisch.

Lebhaftes Gespräch zwischen den beiden, M. + M. Ich versinke in tiefen Gedanken über Zufälle. Walter Eschenbach lauscht dem Gespräch. Macht mir, auf Margit deutend, mit dem Kopf aufmunternde Zeichen.

Also, da sitzt das Wesen, langbeinig, blond, stilsicher angezogen, und verbreitet lachend gute Stimmung. Dann höre ich von ihrem Ehemann – nichts Vorsehung, plumps! Zufälle gibt es, aber nicht für mich. Schade, alles an ihr schien zu mir zu passen.

Doch beim Verabschieden: „Sehen wir uns mal wieder?", ein verlegenes „Ja". Verschiedene Male haben wir uns getroffen, dann ein Brief, voller Absagen und Rücksichtnahme auf ihren Mann. Ich habe verstanden.

Irritiert fuhr ich nach Jugoslawien. Ohne sie zu treffen, wollte ich nicht fahren. Wir haben uns in den Armen gelegen, dann ging es in den Krieg:

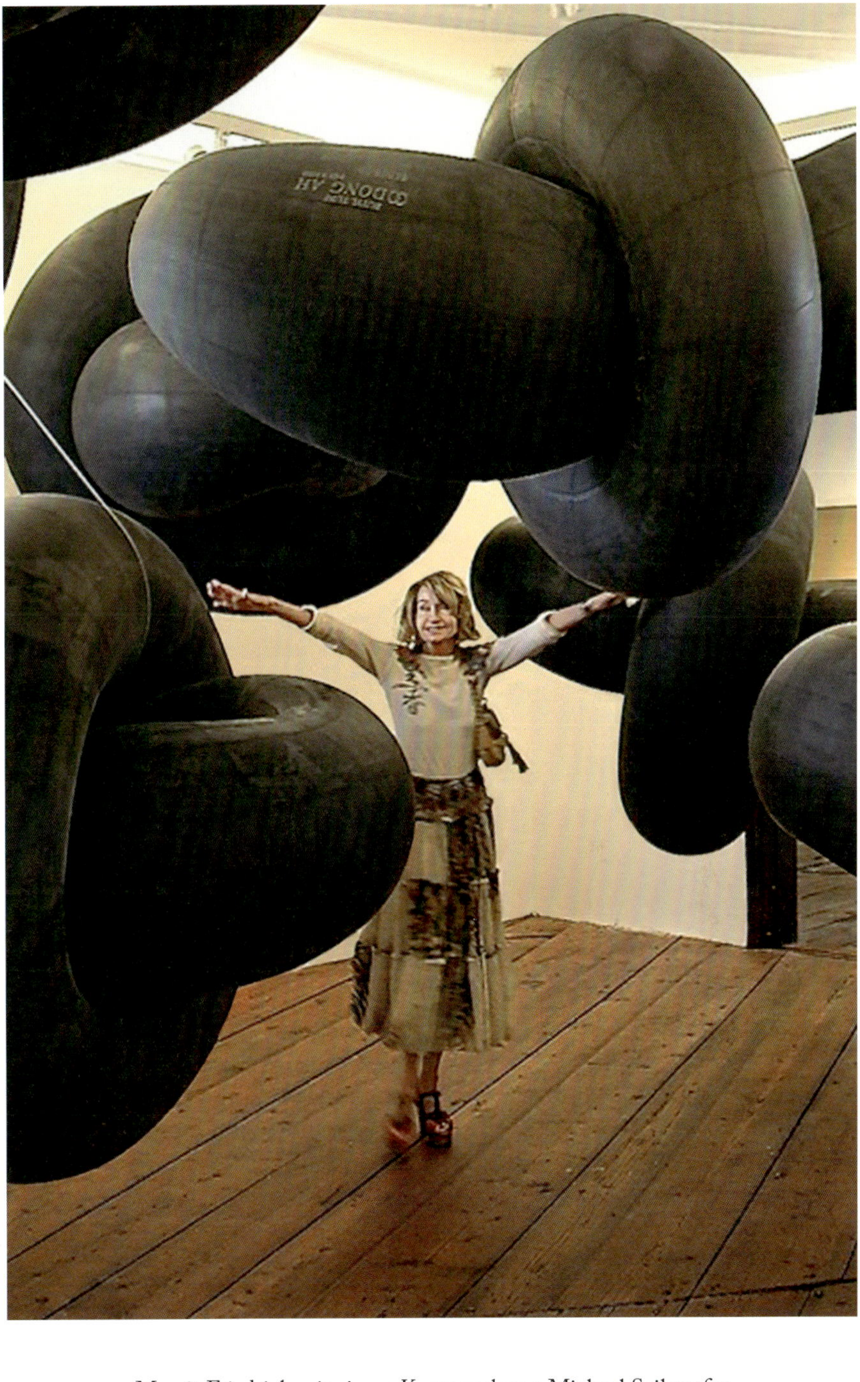

Margit Friedrich mit einem Kunstwerk von Michael Sailstorfer.
Schloss Tüßling, 2017

Steiner – Das Eiserne Kreuz. Feldherr: Regisseur Sam Peckinpah, meine Mörder: James Coburn und Klaus Löwitsch. Arthur Brauss, Burkhard Driest, Fred Stillkrauth und ich hatten eine gute Zeit im Spielkasino, mein Filmname: Triebich. Komisch.

Zurück aus dem jugoslawischen „Film-Kriegsgebiet", mit Abschlussfeier von James Mason und Maximilian Schell. Ein Kriegsfilm, im Nirgendwo gedreht, schweißt mehr zusammen als sonstige Filmarbeit.

Nun das kleinere Krisengebiet in München, nach einigen Hin und Her Scheidung von ihrem Mann, Einzug bei mir. Ich bin glücklich, meine geliebte Margit, wohnte nun bei mir.

Nach einer Ehe mit der Schauspielerin Helga Anders, nach der verrückten Zeit mit der Fotografin Christa Peters war es wunderschön, eine nicht berufstätige Frau an meiner Seite zu haben. Um nichts in der Welt werde ich loslassen. Ihre Familie, Besitzer einiger Hotels, waren mit unserem Zusammensein, soviel ich weiß, zufrieden. So soll es auch weiterhin bleiben. Wir zogen in eine größere Wohnung, groß musste sie sein, so hatte, da wir fast ständig zusammen waren, jeder Platz, sich nach seinem Wohlbefinden auszubreiten. Und Margit hatte Zeit, mich auf vielen Reisen zu begleiten.

Ich liebe meine Frau Margit.

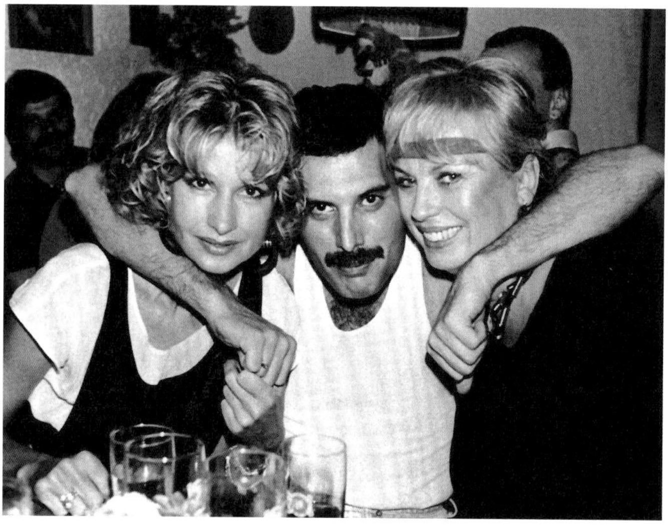

Mit Freddie Mercury und Barbara Valentin. München, 1980er Jahre

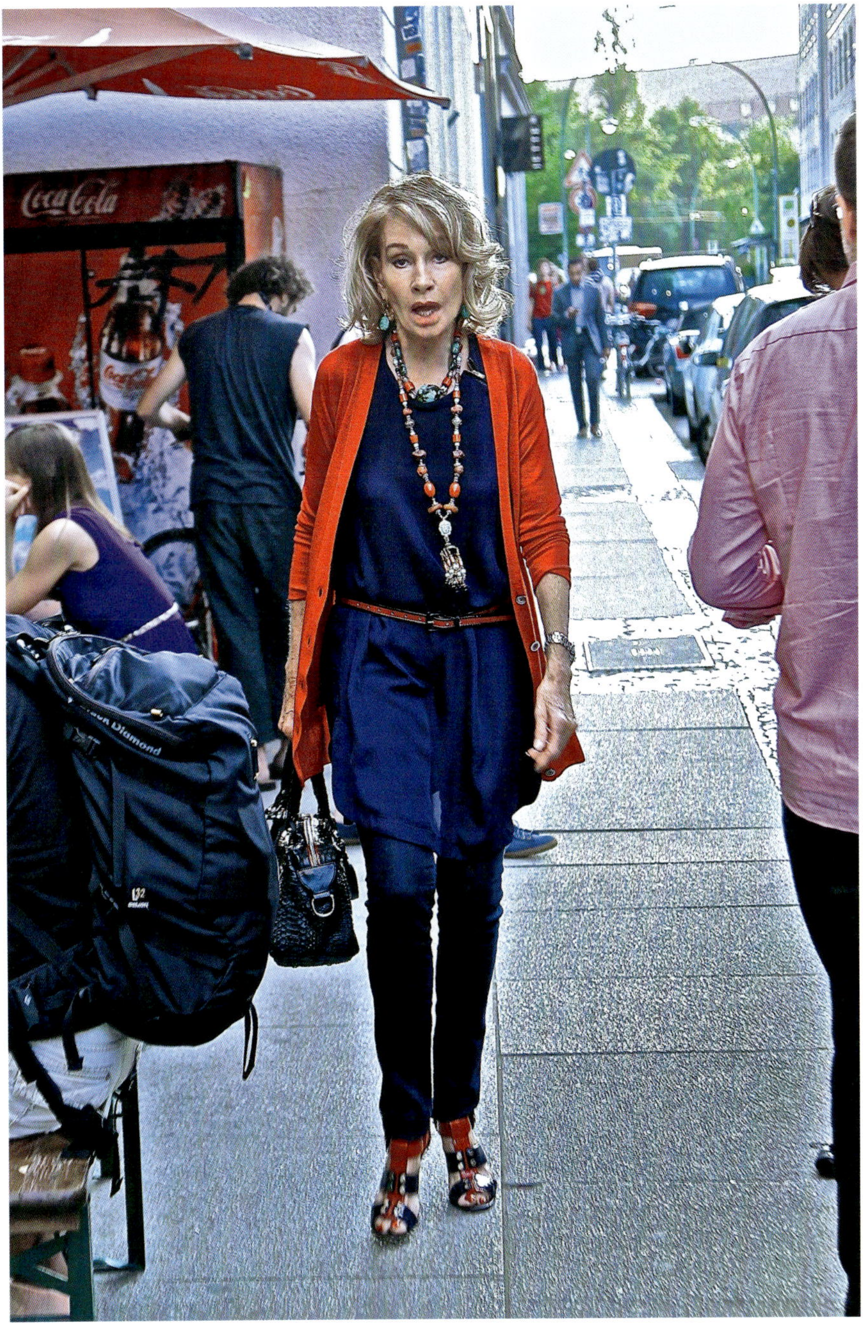

Margit Friedrich. Berlin, 2015

Kleine Selbstbiografie von Roger Fritz

Roger Fritz wurde am 22. September 1936 in Mannheim geboren. Nach mehreren Berufsversuchen (Bäcker, Kellner) lernte er Baustoffgroßhandelskaufmann. Mit der Kamera seines Onkels Hermann machte er die ersten Fotos. 1954 lernte er den Fotografen Herbert List kennen, arbeitete gelegentlich als dessen Assistent. Im selben Jahr wurde Roger Fritz mit dem Preis der Photokina ausgezeichnet, wie auch 1956 noch einmal. Arbeitete für den *Kölner Stadtanzeiger* und die *Münchner Illustrierte.*

In Köln gehörte er zum Gründungsteam der Zeitschrift *Twen*, außerdem fotografierte er für *Stern*, *Quick*, *Jours de France*, *Bunte* und *Vogue*. Drehte seinen ersten Kurzfilm, *Zimmer im Grünen.* Else Bongers, Leiterin der Ufa-Nachwuchsschule für Schauspiel und Regie in Berlin, gab ihm ein Stipendium. 1967 erregte mit seinem ersten langen Spielfilm, *Mädchen, Mädchen,* Aufsehen, für den seine damalige Frau, Helga Anders, den Bundesfilmpreis erhielt. Für den zweiten Film, *Mädchen mit Gewalt*, bekam Klaus Löwitsch den Bundesfilmpreis.

Es folgten Arbeiten als Regisseur und Schauspieler, er arbeitete mit Luchino Visconti und Rainer Werner Fassbinder sowie als Assistent von Gian Carlo Menotti beim Opernfestival dei Due Mondi in Spoleto, Italien. Roger Fritz lebte und arbeitete zeitweise in Rom und New York. Im Studio Hamburg drehte er zahlreiche Serien, u.a. *Die schöne Marianne* mit Hannelore Elsner und *Unter einem Dach* mit Harald Juhnke. Durch eine geplatzte Filmproduktion kam er in den Besitz mehrerer Lokale in München, Pappasito und Mamasita, die unter seiner Führung viele Jahre in Betrieb waren. Die Fotobücher *Querelle*, *Muc People* und *Extrem Bayrisch* sind während dieser Zeit auf den Markt gekommen.

Bildnachweis

Alle Fotografien stammen, wenn nicht anders ausgewiesen, von Roger Fritz. Frontispiz: Herbert List, S. 85: Filmstill von Dietrich Lohmann, S. 93, unten: Gerhard Richter, S. 97: Schirmer/Mosel Verlag, S. 316: Anonymer Fotograf

Wir danken Frau Barbara Sukowa für ihre freundliche Genehmigung, ihr Bild von Roger Fritz auf dem Umschlag verwenden zu dürfen.

©2022 bei Schirmer/Mosel München

Dieses Werk einschließlich aller seiner Teile ist urheberrechtlich geschützt. Sämtliche Arten der Vervielfältigung oder der Wiedergabe dieses Werkes sind ohne vorherige Zustimmung des Verlages unzulässig und strafbar. Dies gilt für alle Arten der Nutzung, insbesondere für den Nachdruck von Texten und Bildern, deren Vortrag, Aufführung und Vorführung, die Übersetzung, die Verfilmung, die Mikroverfilmung, die Sendung und die Einspeicherung und Verarbeitung in elektronischen Medien. Zuwiderhandlungen werden verfolgt.

Lithographie: Bayermedia, München
Druck und Bindung: Beltz, Bad Langensalza

ISBN 978-3-8296-0935-7

Eine Schirmer/Mosel Produktion
www.schirmer-mosel.com